Feißt / Krieger • Das Steuerhandbuch für Freiberufler

Das Steuerhandbuch für Freiberufler

Endlich Klarheit für Selbständige, Freiberufler und alle, die es werden wollen

von

Dipl.-Finanzwirt (FH) Jürgen Feißt

Dipl.-Finanzwirt (FH) Dieter Krieger

2. überarbeitete Auflage

Haufe Verlagsgruppe

Freiburg • Berlin • München

Die Deutsche Bibliothek - CIP-Einheitsaufnahme

Feißt, Jürgen:
Das Steuerhandbuch für Freiberufler: endlich Klarheit für Selbständige, Freiberufler und alle, die es werden wollen / von Jürgen Feißt und Dieter Krieger.
- 2. Aufl. - Freiburg i. Br.: Haufe, 1998
(Praktiker-Reihe)
ISBN 3-448-03702-8

ISBN 3-448-03702-8 Bestell-Nr. 03325

1. Auflage 1997, ISBN 3-448-03483-5
2. Auflage 1998

Lektorat: Rechtsanwalt Michael Bürkle

Umschlag: Buttgereit & Heidenreich, Kommunikationsdesign, Haltern am See
Lay-Out: Michael Wiesinger, Freiburg i. Br.
Satz: Klaus Köhler, Freiburg i. Br.
Druck: F. X. Stückle, Ettenheim

Vorwort zur 2. Auflage

Seit Veröffentlichung der ersten Auflage unseres Steuerhandbuchs für Freiberufler zur Jahresmitte 1997 gab es überraschend wenige Änderungen in den Steuergesetzen. Die herbeigesehnte und mit vielen Versprechungen angekündigte große Steuerreform blieb im politischen Instanzenweg stecken. Mit einem neuen Vorstoß in Richtung Steuerreform dürfte aufgrund der anstehenden Bundestagswahl frühestens 1999 zu rechnen sein.

Im Gegensatz zu den Politikern waren der Bundesfinanzhof und die Finanzgerichte in den letzten Monaten um so fleißiger bemüht, die Unklarheiten zu beseitigen, die der Gesetzgeber mehr und mehr in seinem Paragraphenwerk hinterläßt. Unter den aktuellen Urteilen der letzten Monate haben wir eine ganze Reihe von Entscheidungen gefunden, die auch oder gerade für die Besteuerung von Freiberuflern sehr wichtig sind. Diese Rechtsprechung ist in der vorliegenden Neuauflage des Steuerhandbuchs für Freiberufler berücksichtigt. Aus den vielen Entscheidungen der jüngsten Zeit ragt der Beschluß des Großen Senats beim BFH zum Drei-Konten-Modell heraus. Das höchste deutsche Finanzgericht hat diese Steuersparvariante erneut abgesegnet. Auch hierzu finden Sie eingehende Ausführungen in diesem Buch. Steuer- und Kostenersparnisse lassen sich allerdings auch bei Alltagsdingen erzielen: Wer z.B. weiß, unter welchen Voraussetzungen die Kosten für Fachtagungen abzugsfähig sind oder welche Aufzeichnungsvorschriften für Bewirtungskosten oder Geschenke eingehalten werden müssen, kann die Nachforderung erheblicher Beträge durch den Fiskus vermeiden.

Zielsetzung dieses Buches ist - auch in dieser Neuauflage - die umfassende Information über alle steuerlichen Rechte und Pflichten eines Freiberuflers im betrieblichen Bereich. Für Anregungen und Hinweise aus dem Kreis unserer Leser, die uns bereits in der Vorauflage zahlreich zugingen, sind wir auch weiterhin dankbar und offen.

Die Verfasser — Freiburg, im Oktober 1998

Inhaltsverzeichnis

F

A Begriff der freiberuflichen Tätigkeit

1 Grundlagen

Eine freiberufliche Tätigkeit liegt vor, wenn es sich um eine *wissenschaftliche, künstlerische, schriftstellerische, unterrichtende* oder *erzieherische* Tätigkeit, um einen *namentlich im Gesetz aufgeführten* Beruf oder um einen *ähnlichen* Beruf handelt.

Auch für die freiberufliche Tätigkeit gelten - wie bei den gewerblichen Einkünften - alle positiven Merkmale zur Abgrenzung der Einkunftsart. Die Voraussetzungen

- Selbständigkeit,
- Nachhaltigkeit,
- Gewinnerzielungsabsicht und
- Beteiligung am allgemeinen wirtschaftlichen Verkehr

müssen erfüllt sein.

Zudem muß die Tätigkeit vom Unternehmer aufgrund eigener Fachkenntnisse *leitend und eigenverantwortlich* ausgeübt werden.

Mit bezeichnend und gleichzeitig auch Abgrenzungsmerkmal gegenüber den anderen Gewinneinkünften ist für die freiberuflichen Einkünfte, daß der Einsatz von Kapital gegenüber der geistigen Arbeit und der eigenen Arbeitskraft in den Hintergrund rückt.

2 Tätigkeitsart
2.1 Wissenschaftliche Tätigkeit

Eine wissenschaftliche Tätigkeit ist gegeben, wenn sie entweder darauf gerichtet ist,

- durch Forschung auf einem bestimmten Gebiet neues Wissen hervorzubringen *(reine Wissenschaft)* oder
- die Anwendbarkeit wissenschaftlicher Forschungsergebnisse auf konkrete Lebenssachverhalte zu untersuchen *(angewandte Wissenschaft).*

BEACHTEN SIE:

Zur wissenschaftlichen Tätigkeit rechnet auch die Erstellung von Gutachten. Bei der Gutachtertätigkeit ist allerdings nur dann eine wissenschaftliche Tätigkeit gegeben, wenn sie besonders qualifiziert ist. Sie muß einer Forschertätigkeit vergleichbar sein. Maßstab ist dabei der Schwierigkeitsgrad von wissenschaftlichen Prüfungsarbeiten oder Veröffentlichungen. Beruht ein Gutachten lediglich auf der Anwendung von Marktkenntnissen oder gewerblichen bzw. handwerklichen Erfahrungen - wie beispielsweise im Fall eines Kfz-Sachverständigen ohne Ingenieurstudium -, so fehlt es an der Wissenschaftlichkeit[1].

Arbeitet ein Erfinder mit wissenschaftlichen Methoden, kann auch eine *erfinderische Tätigkeit* wissenschaftlich sein[2].

Der wissenschaftlichen Tätigkeit kann auch eine *Prüfungstätigkeit* zuzuordnen sein. Es ist jedoch erforderlich, daß die Tätigkeit selbständig ausgeübt wird und nicht Bestandteil einer nichtselbständigen Haupttätigkeit ist.

BEISPIEL

Sie sind Hochschullehrer und nehmen während bzw. am Ende des Studiums auch Prüfungen ab. Für diese Prüfungstätigkeit erhalten Sie eine gesonderte Vergütung. In diesem Fall ist die Prüfungstätigkeit so stark mit der nichtselbständigen Tätigkeit als Hochschullehrer verknüpft, daß insgesamt eine nichtselbständige Tätigkeit vorliegt.

Ist dagegen eine Prüfungstätigkeit in wissenschaftlichen Fächern nicht Bestandteil der beruflichen Haupttätigkeit, wird sie in aller Regel freiberuflich sein[3].

2.2 Künstlerische Tätigkeit

Zu den freiberuflichen Tätigkeiten gehört auch die selbständig ausgeübte künstlerische Tätigkeit. Die Abgrenzung der künstlerischen von der nichtkünstlerischen Betätigung ist schwierig, da es an einem allgemeinen Kunstbegriff fehlt[4].

Die künstlerische Tätigkeit wurde in der bisherigen Entwicklung der Rechtsprechung als *eigenschöpferische Tätigkeit mit einer gewissen Gestaltungshöhe* umschrieben[5]. Zunehmend wird jedoch angenommen, daß das Erfordernis einer gewissen Gestaltungshöhe für die Beurteilung nicht mehr entscheidungserheblich ist.

Die Unsicherheit bei der Abgrenzung kann in Zweifelsfällen nur durch Einholung eines Gutachtens behoben werden.

Vom Erfordernis der ausreichenden Gestaltungshöhe wird auf jeden Fall abgesehen und auf die Einholung von Gutachten verzichtet, wenn die künstlerischen Arbeiten *keinen Gebrauchszweck* haben, wie diejenigen der Musiker, Maler und Komponisten. Es genügt in solchen Fällen, daß „nach der allgemeinen Verkehrsauffassung" eine künstlerische Tätigkeit vorliegt.

Anders sind berufliche Tätigkeiten zu beurteilen, deren Ergebnisse *auch einen praktischen Nutzen* haben, wie z.B. die Tätigkeit eines *Restaurators, Modezeichners, Fotografen, Gebrauchsgrafikers* usw. Hier ist zur Annahme einer künstlerischen Tätigkeit erforderlich, daß bei den Ergebnissen der Arbeit das künstlerische Element vorherrscht[6]. Dies muß von Fall zu Fall festgestellt werden, wozu zur Beurteilung auch hier regelmäßig ein *Sachverständigengutachten* einzuholen ist.

2.3 Schriftstellerische Tätigkeit

Die schriftstellerische Tätigkeit verlangt, daß eigene *Gedanken mit Mitteln der Sprache* schriftlich für die Öffentlichkeit *niedergelegt* werden. Nicht erforderlich ist, daß das Geschriebene einen wissenschaftlichen oder künstlerischen Inhalt hat. Demnach ist auch Schriftsteller, wer

- Werbetexte verfaßt, wenn er die grundsätzliche Werbelinie selbst bestimmt;
- ein Vorschriftensuchregister erstellt;

- Rätsel erstellt, die in Zeitungen veröffentlicht werden;
- wichtige Werke der gegenwärtigen Weltliteratur, insbesondere Lyrik, ins Deutsche übersetzt;
- einen juristischen Informationsdienst herausgibt.

BEACHTEN SIE:

Auch wenn ein Übersetzer von Allgemeintexten im allgemeinen nicht schriftstellerisch tätig ist, liegt trotzdem eine freiberufliche Tätigkeit vor. Er übt einen Katalogberuf i.S.d. § 18 Abs. 1 Nr. 1 EStG aus und ist aus diesem Grunde Freiberufler.

Journalisten erfüllen ebenfalls die Voraussetzungen der schriftstellerischen Tätigkeit; sie werden außerdem ausdrücklich im Katalog des *§ 18 Abs. 1 Nr. 1 EStG* aufgeführt.

2.4 Unterrichtende Tätigkeit

Unter Unterricht ist die *Vermittlung von Wissen und Fähigkeiten* durch Lehrer an Schüler zu verstehen[7]. Der Begriff der unterrichtenden Tätigkeit umfaßt die Unterrichtserteilung jeder Art. Eine unterrichtende Tätigkeit ist daher auch *Sport-* und *Gymnastikunterricht*, *Reitunterricht*, *Tanzunterricht* und Unterricht im Rahmen einer *Fahrschule*.

Auch der Betrieb einer *Schule* kann eine freiberufliche Unterrichtstätigkeit sein, wenn der Schulleiter über entsprechende Fachkenntnisse verfügt und er - bei Mitwirkung fachlich entsprechend vorgebildeter Arbeitskräfte - leitend und eigenverantwortlich tätig wird[8].

2.5 Erzieherische Tätigkeit

Während bei der unterrichtenden Tätigkeit die Vermittlung von Kenntnissen und Fertigkeiten im Vordergrund steht, bezweckt die erzieherische Tätigkeit darüber hinaus die *Bildung der Persönlichkeit und die Schulung des Charakters*.

Das Betreiben eines *Kinderheims* ist eine erzieherische Tätigkeit, wenn die auswärtige Unterbringung in erster Linie zum Zweck einer planmäßigen körperlichen, geistigen und sittlichen Formung junger Menschen erfolgt und die erzieherische Tätigkeit der Gesamtleistung des Heims das Gepräge gibt[9]. Bei einem

A

Kindererholungsheim steht dagegen die psychische und physische Erholung im Vordergrund; erzieherische Zwecke treten in den Hintergrund. Regelmäßig handelt es sich bei solchen Heimen um Gewerbebetriebe. In einem *Internat* tritt neben die erzieherische Tätigkeit auch die Beherbergung und Beköstigung der Schüler; Schule und Internat bilden eine Einheit[10]. Im allgemeinen ist in dem Gesamtbetrieb ein Gewerbebetrieb zu sehen.

3 Katalogberufe

Die Katalogberufe sind namentlich im Gesetz aufgeführt. Soweit eine namentliche Nennung erfolgt ist, besteht eine freiberufliche Tätigkeit, wenn sie selbständig ausgeübt wird. Genannt sind dabei:

Heilberufe	Rechts- und wirtschaftsberatende Berufe	Technische Berufe	Medienberufe
Ärzte Zahnärzte Tierärzte Heilpraktiker Dentisten Krankengymnasten	Rechtsanwälte Notare Patentanwälte Wirtschaftsprüfer Steuerberater Beratende Volks- und Betriebswirte Vereidigte Buchprüfer Steuerbevollmächtigte	Vermessungsingenieure Ingenieure Architekten Handelschemiker Lotsen	Journalisten Bildberichterstatter Dolmetscher Übersetzer

4 Ähnliche Berufe

Es ist Voraussetzung, daß diese Tätigkeiten tatsächlich einem der genannten Katalogberufe, z.B. Ärzte usw., ähnlich sind. Ein Beruf ist einem der Katalogberufe ähnlich, wenn er in wesentlichen Punkten mit ihm verglichen werden kann. Dazu gehören die *Vergleichbarkeit der Ausbildung und der beruflichen Tätigkeit.*

Verfügt der Steuerpflichtige nicht über einen entsprechenden Studienabschluß (Autodidakt), muß er eine vergleichbare *Tiefe und Breite seiner Vorbildung* nachweisen. Unterbleibt der Nachweis, geht dies zu Lasten des Steuerpflichtigen. Selbst das Finanzgericht ist in diesem Fall nicht verpflichtet, zur

Tatsachenfeststellung ein Gutachten einzuholen[11]. Da der Nachweis durch Teilnahme an Kursen oder Selbststudium auch den Erfolg der Ausbildung mitumfaßt, ist dieser Beweis regelmäßig schwer zu erbringen[12]. Der Autodidakt kann aber ausnahmsweise den Nachweis der erforderlichen theoretischen Kenntnisse anhand eigener praktischer Arbeiten erbringen. Hierbei ist erforderlich, daß seine Tätigkeit besonders anspruchsvoll ist und nicht nur der Tiefe, sondern auch der Breite nach zumindest das Wissen des Kernbereichs eines Fachstudiums voraussetzt und den Schwerpunkt seiner Arbeit bildet[13]. Der Nachweis ingenieurähnlicher Kenntnisse kann nicht durch eine Tätigkeit erbracht werden, die auch anhand von Formelsammlungen und praktischen Erfahrungen ausgeübt werden kann[14]. Demgegenüber werden an die *Breite der Tätigkeit* geringere Anforderungen gestellt[15], einschränkend bei dem beratenden Betriebswirt ähnlichen Berufen[16]. Ein Hochbautechniker mit den einem Architekten vergleichbaren theoretischen Kenntnissen übt daher auch in den Veranlagungszeiträumen eine architektenähnliche Tätigkeit aus, in denen er lediglich als Bauleiter tätig wird[17].

Ist für die Ausübung des Katalogberufs eine staatliche Zulassung erforderlich, kann die ohne Zulassung entfaltete Tätigkeit nicht ähnlich sein[18].

5 Selbständige Ausübung der Tätigkeit

Zur Annahme einer freiberuflichen Tätigkeit ist es erforderlich, daß die Tätigkeit selbständig ausgeübt wird. Fehlt es an der Selbständigkeit, liegen Einkünfte aus nichtselbständiger Tätigkeit vor. Die Bezüge unterliegen dann als Arbeitslohn der Lohnversteuerung.

Selbständig tätig ist, wer den Weisungen eines Dritten nicht zu folgen verpflichtet ist und auf eigene Rechnung und Gefahr arbeitet. Dagegen grenzt sich die nichtselbständige Tätigkeit dadurch ab, daß die Arbeitskraft einem Dritten geschuldet wird. Die Betätigung steht dabei unter der Leitung eines Arbeitgebers oder der nichtselbständig Tätige ist im geschäftlichen Organismus des Arbeitgebers dessen Weisungen zu folgen verpflichtet[19].

Für die Selbständigkeit nicht ausreichend ist eine - wenn auch weitreichende - Entschließungsfreiheit, wenn diese im Interesse und für Rechnung eines anderen ausgeübt wird (z.B. Geschäftsführer einer GmbH).

Werden nebeneinander mehrere Tätigkeiten z.B. in Form einer Haupt- und Nebentätigkeit ausgeübt, ist für die Frage der Selbständigkeit die jeweilige Tätigkeit für sich zu beurteilen.

BEISPIEL

Sie sind als Beamter in der Steuerverwaltung tätig. Nebenbei halten Sie Vorträge in Ihrem Fachbereich bei verschiedenen Anlässen.
Während Ihre Tätigkeit in der Steuerverwaltung eindeutig als nichtselbständige Tätigkeit anzusehen ist, stellt die Vortragstätigkeit eine selbständige Tätigkeit dar.

Als Einzelfälle aus der Praxis sind zu erwähnen:

- Eine selbständige Tätigkeit eines Rechtsanwalts liegt auch vor, wenn er in eine Sozietät aufgenommen wird und zunächst nur einen festbestimmten Betrag als Gewinnanteil erhält.
- Wer als Angehöriger einer freien Berufstätigkeit Vertretungen (z.B. Urlaubsvertretungen) macht und hierfür eine feste Vergütung erhält, ist gleichwohl selbständig tätig.
- Gutachtertätigkeit eines ansonsten nichtselbständig tätigen Arztes ist eine selbständig ausgeübte Tätigkeit.
- Ein Lehrbeauftragter einer Fachhochschule ist selbständig und somit freiberuflich tätig[20].
- Musiker sind nichtselbständig tätig, wenn sie in einen anderen Betrieb eingegliedert sind (z.B. beim Auftreten in einer Gaststätte)[21].
- Aushilfskräfte, die einfache Arbeiten verrichten, sind i.d.R. nichtselbständig tätig[22]. Läßt die Tätigkeit jedoch Raum für Eigeninitiative und eigene Gestaltung, kann die Tätigkeit auch selbständig ausgeübt werden.

6 Gewinnerzielungsabsicht

Zu den Tatbestandsmerkmalen aller Gewinneinkünfte gehört auch das Erfordernis der Gewinnerzielungabsicht.

Unter Gewinnerzielungsabsicht ist die Absicht zu verstehen, eine Mehrung des Betriebsvermögens im Sinne des § 4 Abs. 1 EStG zu erzielen. Es kommt in diesem Zusammenhang lediglich auf die *Absicht* der Gewinnerzielung an, nicht darauf, ob ein Gewinn tatsächlich erzielt worden ist. Maßgebend ist das Streben nach Betriebsvermögensmehrung in Gestalt eines *Totalgewinns* als Gesamtergebnis des Betriebs von der Gründung bis zur Veräußerung, Aufgabe oder Liquidation[23]. Dabei ist jedoch auch zu berücksichtigen, daß sich bei einer freiberuflichen Betätigung im Gegensatz zu einer gewerblichen Tätigkeit das betriebswirtschaftliche Ergebnis nur schwer prognostizieren läßt, weil hier die verlustträchtige Anlaufzeit länger sein kann. Die Gewinnerzielung muß auch nicht Hauptzweck sein. Fehlt es an der Gewinnerzielungsabsicht, spricht man von *Liebhaberei*.

Probleme bereitet die Gewinnerzielungsabsicht vor allem, wenn die freiberufliche Tätigkeit neben einer Haupttätigkeit mit positiven Einkünften ausgeübt wird bzw. andere Einkunftsquellen zur Verfügung stehen, um den Lebensunterhalt sowie die laufenden Verluste aus der freiberuflichen Tätigkeit abzudecken.

Liebhaberei im Bereich der freiberuflichen Arbeit ist meist in den Bereichen der schriftstellerischen, wissenschaftlichen oder künstlerischen Tätigkeit vorzufinden. Als Beispiele lassen sich hier nennen:

- Sippenforschung eines pensionierten Studienrats;
- Bildhauerei als Nebentätigkeit eines Lehrers;
- Kunstmaler mit wohlhabender Ehefrau;
- Rechtsanwalt, der nebenbei philosophische und naturwissenschaftliche Werke, Dramen, Romane, Kurzgeschichten und Lyrik verfaßt[24].

Werden aus einer künstlerischen Tätigkeit während eines längeren Zeitraums nur Verluste erzielt, kann dies ein Indiz dafür sein, daß dem Steuerpflichtigen eine *Gewinnerzielungsabsicht fehlt* und seine Tätigkeit deshalb als eine steuerlich nicht relevante *Liebhaberei* anzusehen ist. In einem solchen Fall können die aus der Tätigkeit entstandenen Verluste nicht mit anderen Einkünften des Steuerpflichtigen ausgeglichen werden. Bei der Prüfung, ob eine Liebhaberei vorliegt, muß allerdings berücksichtigt werden, daß ein Künstler positive Einkünfte vielfach erst *nach einer längeren Anlaufphase* erzielen kann. Deshalb können z.B. die von einem Kunstmaler erzielten Verluste trotz einer bereits zehnjährigen Verlustphase anerkannt werden[25].

Ebenso wie bei einer künstlerischen Tätigkeit kann auch bei einer schriftstellerischen Tätigkeit die Frage auftreten, ob eine *länger andauernde Verlusterzielung* zur Annahme der *Liebhaberei* führt. Der BFH hat dies bei einem Schriftsteller bejaht, bei dem nach den gegebenen tatsächlichen Verhältnissen keine Aussicht bestand, daß er jemals ein positives Gesamtergebnis erzielt[26].

7 Leitende und eigenverantwortliche Tätigkeit

Zu den Abgrenzungsmerkmalen gegenüber den Einkünften aus Gewerbebetrieb zählt auch, daß bei der freiberuflichen Tätigkeit die *persönliche Arbeitsleistung* im Vordergrund steht. Dieses Merkmal führt zu Problemen, wenn die Tätigkeit nicht alleine, sondern unter Mitwirkung von Arbeitnehmern durchgeführt wird. Die Mithilfe von fachlich vorgebildeten Arbeitskräften führt nicht zu einer gewerblichen Tätigkeit, wenn der Berufsträger weiterhin persönlich die freiberufliche Tätigkeit ausübt und dabei *aufgrund eigener Fachkenntnisse leitend und eigenverantwortlich tätig* ist.

Eine leitende Tätigkeit liegt bei der Ausübung einer freien Berufstätigkeit unter Zuhilfenahme fachlich vorgebildeter Mitarbeiter nur vor, wenn der Berufsträger die Grundzüge für die Organisation des Tätigkeitsbereichs und für die Durchführung der Tätigkeiten festlegt, die Durchführung der Tätigkeiten unter Beachtung der aufgestellten Grundsätze überwacht und grundsätzliche Fragen selbst entscheidet.

Eigenverantwortlich ist die Tätigkeit dann, wenn er seine Arbeitskraft in einer Weise einsetzt, die es ihm tatsächlich ermöglicht, uneingeschränkt die fachliche Verantwortung auch für die von seinen Mitarbeitern erbrachten Leistungen zu übernehmen.

BEACHTEN SIE:

Der Einsatz von freien Mitarbeitern, die ihrerseits freiberuflich tätig sind, berührt die Freiberuflichkeit des Auftraggebers grundsätzlich nicht. Dabei sind jedoch bei der Qualifizierung der Art der Tätigkeit des Mitarbeiters als nichtselbständige oder freiberufliche Tätigkeit neben den steuerrechtlichen Vorschriften auch die des Berufs-, Arbeits- und Sozialversicherungsrechts heranzuziehen.

Die leitende und eigenverantwortliche Tätigkeit des Berufsträgers muß sich auf die Gesamttätigkeit seiner Berufspraxis erstrecken; es genügt somit nicht, wenn sich die auf persönlichen Fachkenntnissen beruhende Leitung und eigene Verantwortung auf einen Teil der Berufstätigkeit beschränkt[27].

Der Berufsträger darf weder die Leitung noch die Verantwortlichkeit einem Geschäftsführer oder Vertreter übertragen. Eine leitende und eigenverantwortliche Tätigkeit ist jedoch dann noch gegeben, wenn ein Berufsträger nur vorübergehend, z.B. während einer Erkrankung, eines Urlaubs, der Zugehörigkeit zu einer gesetzgebenden Körperschaft oder der Mitarbeit in einer Standesorganisation, seine Berufstätigkeit nicht selbst ausüben kann.

Eigenverantwortlichkeit bei verschiedenen Berufsgruppen

Der Begriff der eigenverantwortlichen Tätigkeit kann für die verschiedenen Berufsgruppen allerdings einen unterschiedlichen Inhalt haben. Insbesondere kann der Umfang der für die Annahme eigenverantwortlicher Tätigkeit des Freiberuflers unschädlichen Arbeitsdelegation verschieden sein.

BEACHTEN SIE:

Die hohe Anzahl fachlich vorgebildeter Arbeitskräfte ist i.d.R. ein Indiz, daß eine gewerbliche Tätigkeit vorliegen kann.

Ein Problembereich sind zwischenzeitlich die technischen und naturwissenschaftlichen Berufe geworden, da infolge des Einsatzes von Computern und Analyseautomaten der Anteil der als freiberuflich individuell bestimmbaren Arbeitsleistung entsprechend kleiner geworden ist. Zunehmende Bedeutung gewinnen daher die grundsätzlichen Entscheidungen über die Anwendung von Berechnungs- und Analysemethoden und die bei der Durchführung der Berechnungen und Analysen zu beachtenden Besonderheiten.

Eine gewerbliche Tätigkeit ist jedenfalls in folgenden Fällen anzunehmen:

- Ein Facharzt betreibt eine Arztpraxis, Unfallklinik und Zweiganstalt mit insgesamt sieben angestellten Ärzten[28].
- Ein Steuerpflichtiger unterhält ein Übersetzungsbüro, ohne daß er selbst über Kenntnisse in den Sprachen verfügt, auf die sich die Übersetzungstätigkeit erstreckt.
- Ein Architekt befaßt sich vorwiegend mit der Beschaffung von Aufträgen und läßt die fachliche Arbeit durch Mitarbeiter ausführen.
- Ein Ingenieur beschäftigt fachlich vorgebildete Arbeitskräfte und übt mit deren Hilfe eine Beratungstätigkeit auf mehreren Fachgebieten aus, die er nicht beherrscht oder nicht leitend bearbeitet[29].
- Ein Steuerpflichtiger betreibt eine Fahrschule, besitzt jedoch nicht die Fahrlehrererlaubnis[30].
- Ein Steuerpflichtiger ist Inhaber einer Privatschule und beschäftigt eine Anzahl von Lehrkräften, ohne durch eigenen Unterricht sowie durch das Mitgestalten des von anderen Lehrkräften erteilten Unterrichts eine überwiegend eigenverantwortliche Unterrichtstätigkeit auszuüben[31]. Gleiches gilt für Reitunterricht auf einem Reiterhof[32].

A

- Ein Facharzt für Laboratoriumsmedizin hat nicht ausreichend Zeit für die persönliche Mitwirkung am einzelnen Untersuchungsauftrag[33].

8 Zusammentreffen von freiberuflicher und gewerblicher Tätigkeit

Wird neben einer freiberuflichen eine gewerbliche Tätigkeit ausgeübt, sind die beiden Tätigkeiten *steuerlich getrennt* zu behandeln, wenn eine Trennung nach der Verkehrsauffassung ohne besondere Schwierigkeit möglich ist. Eine getrennte Behandlung wird insbesondere in Betracht kommen können, wenn eine getrennte Buchführung für die beiden Tätigkeiten vorhanden ist; soweit erforderlich, können die Besteuerungsgrundlagen auch im Schätzungswege festgestellt werden[34]. Die getrennte Behandlung ist auch dann zulässig, wenn in einem Beruf freiberufliche und gewerbliche Merkmale zusammentreffen und ein enger sachlicher und wirtschaftlicher Zusammenhang zwischen den Tätigkeitsarten besteht, also eine sog. *gemischte Tätigkeit* vorliegt[35]. Sind bei einer gemischten Tätigkeit die beiden Tätigkeitsmerkmale miteinander verflochten und bedingen sie sich gegenseitig unlösbar, so muß der gesamte Betrieb als einheitlicher angesehen werden[36]. Dies ist insbesondere dann der Fall, wenn sich die freiberufliche Tätigkeit lediglich als Ausfluß einer gewerblichen Betätigung darstellt oder ein einheitlicher Erfolg geschuldet wird und in der dafür erforderlichen gewerblichen Tätigkeit auch freiberufliche Leistungen enthalten sind[37]. In diesem Fall ist unter Würdigung aller Umstände zu entscheiden, ob nach dem *Gesamtbild* die gemischte Tätigkeit insgesamt als freiberuflich oder als gewerblich zu behandeln ist[38]. Abgrenzungsprobleme ergeben sich in folgenden Fällen:

- Werden von Architekten in Verbindung mit gewerblichen Grundstücksverkäufen Architektenaufträge jeweils in getrennten Verträgen vereinbart und durchgeführt, so liegen zwei getrennte Tätigkeiten vor[39].
- Ist ein Steuerberater für eine Bauherrengemeinschaft als Treuhänder tätig, so können einzelne für die Treugeber erbrachte Leistungen, die zu den typischerweise von Steuerberatern ausgeübten Tätigkeiten gehören, als freiberuflich gewertet werden, wenn sie von den gewerblichen Treuhänderleistungen abgrenzbar sind[40].
- Eine getrennte steuerliche Behandlung ist jedoch nicht möglich, wenn ein Steuerberater, der einem Vertriebsunternehmen Interessenten für Eigentumswohnungen nachweist oder Verträge über den Erwerb vermittelt, Abnehmer in bezug auf die Eigentumswohnungen steuerlich berät; die von dem

Vertriebsunternehmen durch Pauschalhonorar mitvergütete Beratung ist Teil der einheitlichen gewerblichen Betätigung[41].

- Die Tätigkeit als Augenarzt und der gleichzeitige Verkauf von Kontaktlinsen kann getrennt erfaßt werden, wobei der Kontaktlinsenverkauf als gewerbliche Tätigkeit anzusehen ist. Das gleiche gilt für den Verkauf von Tierarzneimitteln durch Tierärzte[42].

9 ABC der Tätigkeiten

Die Abgrenzung, insbesondere bei den ähnlichen Berufen, fällt nicht immer leicht. Deshalb ist es verständlich, daß immer wieder Fälle durch die Finanzgerichte entschieden werden müssen. Ein ABC der Tätigkeiten soll daher als Orientierungshilfe dienen, sich im Dschungel der Berufsmöglichkeiten und deren Zuordnung zurechtzufinden. Soweit der Zuordnung ein entschiedener Fall aus der Rechtsprechung zugrunde liegt, ist dies in den Anmerkungen angeführt.

Art der Tätigkeit	Freier Beruf	Gewerbliche Tätigkeit	Sonstiger Selbständiger	Anmerkungen
Anlageberater		✘		BFH, Urteil vom 2.9.1988, BStBl 1989 II S. 24
Architekt	✘			Katalogberuf
Architekt als Gebäudesachverständiger	✘			BFH, Urteil vom 30.4.1959, BStBl 1959 III S. 267
Architekt; Bau von Architekturmodellen		✘		der Bau von Architekturmodellen ist keine dem Architekten vergleichbare und keine künstlerische Tätigkeit; BFH, Urteil vom 25.10.1963, BStBl 1963 III S. 598
Arzt	✘			Katalogberuf
Arzt; Vertretung	✘			BFH, Urteil vom 10.4.1953, BStBl 1953 III S. 142

Art der Tätigkeit	Freier Beruf	Gewerbliche Tätigkeit	Sonstiger Selbständiger	Anmerkungen
Auktionator		✗		BFH, Urteil vom 24.1.1957, BStBl 1957 III S. 106
Aushilfsmusiker	✗			FG Köln, Urteil vom 21.7.1981, EFG 1982 S. 345
Badeanstalt; medizinische		✗		freiberuflich nur, wenn Hilfsmittel wie bei freiem Beruf; BFH, Urteil vom 26.11.1970, BStBl 1971 II S. 249
Bauingenieur; beratender	✗			zur Abgrenzung zum Gewerbebetrieb BFH, Urteil vom 11.9.1968, BStBl 1968 II S. 820
Bauleiter		✗		nicht der Tätigkeit eines Architekten ähnlich, wenn keine wissenschaftliche Ausbildung; BFH, Urteil vom 17.11.1981, BStBl 1982 II S. 492
Bauschätzer; Schadensschätzer	✗			dem Architekten ähnliche Tätigkeit; BFH, Urteil vom 30.4.1959, BStBl 1959 III S. 267
Baustatiker	✗			dem Architekten ähnliche Tätigkeit; BFH, Urteil vom 11.3.1976, BStBl 1976 II S. 380
Bezirksschornsteinfegermeister		✗		BFH, Urteil vom 13.11.1996, BStBl 1997 II S. 295
Bildhauer	✗			künstlerische Tätigkeit, auch wenn er Modelle und Entwürfe für Serienproduktion erstellt
Bildreporter	✗			
Blutgruppengutachter	✗			dem Katalogberuf Arzt ähnlicher Beruf; BFH, Urteil vom 7.2.1985, BFH/NV 1987 S. 367

Art der Tätigkeit	Freier Beruf	Gewerbliche Tätigkeit	Sonstiger Selbständiger	Anmerkungen
Designer	x			freiberuflich; BFH, Urteil vom 14.12.1976, BStBl 1977 II S. 474 künstlerisch; BFH, Urteil vom 23.8.1990, BStBl 1991 II S. 20
EDV-Berater; Entwicklung von Anwendersoftware		x		BFH, Beschluß vom 14.5.1997, BFH/NV 1997 S. 751
EDV-Berater; Betreuung bei und nach erstmaligem Einsatz von EDV		x		BFH, Urteil vom 24.8.1995, BStBl 1995 II S. 888
EDV-Berater; Tätigkeit im Bereich der Systemtechnik	x			dem Ingenieur ähnliche Tätigkeit
EDV-Projektleiter		x		FG Hessen, Urteil vom 28.10.1987, EFG 1988 S. 73
Elektroanlagenplaner		x		gewerbliche Tätigkeit, wenn die für die Vergleichbarkeit mit einem Ingenieur erforderlichen mathematisch-technischen Kenntnisse nicht nachgwiesen sind und keine ausreichende Berufsbreite gegeben ist; BFH, Urteil vom 18.6.1980, BStBl 1980 II S. 121
Filmhersteller	x			künstlerische Tätigkeit, wenn er an allen Tätigkeiten (z.B. Drehbuch, Regie, Kameraführung usw.) selbst mitwirkt; BFH, Urteil vom 2.12.1980, BStBl 1981 II S. 170

Art der Tätigkeit	Freier Beruf	Gewerbliche Tätigkeit	Sonstiger Selbständiger	Anmerkungen
Finanzberater		✗		BFH, Urteil vom 13.4.1988, BStBl 1988 II S. 666
Fitness-Studio		✗		FG Hessen, Urteil vom 12.12.1988, EFG 1989 S. 284
Fleischbeschauer		✗		RFH, Urteil vom 5.1.1938 RStBl 1938 S. 429
Fotograf		✗		Fotodesigner kann künstlerisch tätig sein; BFH, Urteil vom 14.12.1976, BStBl 1977 II S. 474
Fremdenführer		✗		BFH, Urteil vom 9.7.1986, BStBl 1986 II S. 851
Fußpfleger		✗		BFH, Urteil vom 7.7.1976, BStBl 1976 II S. 621
Gartenarchitekt	✗			Gewerbebetrieb, wenn er die Arbeiten mit eigenen Arbeitskräften ausführt; BFH, Urteil vom 27.9.1963, BStBl 1963 III S. 537
Grafiker, Gebrauchsgrafiker	✗			künstlerische Tätigkeit; BFH, Urteil vom 11.7.1960, BStBl 1960 III S. 453 Perspektivgrafiker, Retuscheur und Grafiker keine Freiberufler
Handelsvertreter		✗		BFH, Urteil vom 14.6.1984, BStBl 1985 II S. 15
Hebamme	✗			den Heilberufen ähnlich; RFH, Urteil vom 5.1.1938, RStBl 1938 S. 429
Hellseher		✗		BFH, Urteil vom 30.3.1976, BStBl 1976 II S. 464
Holzschnitzer		✗		wenn er eine handwerkliche Tätigkeit ausübt; BFH, Urteil vom 11.7.1991, BStBl 1991 II S. 889

Art der Tätigkeit	Freier Beruf	Gewerbliche Tätigkeit	Sonstiger Selbständiger	Anmerkungen
Hundezucht		x		
Industrie-Designer	x			sofern künstlerisch tätig (auf den Gebrauchszweck und die spätere Verwendung der Arbeit kommt es nicht an); Abgrenzung selbständige Arbeit/ Gewerbebetrieb siehe H 136 EStH 1984
Inkassobüro		x		BFH, Beschluß vom 4.10.1994, BFH/NV 1995 S. 501
Innenarchitekt	x			
		x		soweit er den Absatz von Möbeln vermittelt; BFH, Urteil vom 14.6.1984, BStBl 1985 II S. 15
Inventurbüro		x		BFH, Urteil vom 28.3.1974, BStBl 1974 II S. 515
Kameramann	x			als Bildberichterstatter für das Fernsehen; BFH, Urteil vom 17.12.1964, BStBl 1965 III S. 143;
	x			Mitwirkung bei der Herstellung von Filmen, soweit künstlerisch tätig; BFH, Urteil vom 7.3.1974, BStBl 1974 II S. 383
Kartograph	x			BFH, Urteil vom 8.6.1995, BStBl 1995 II S. 776

A

Art der Tätigkeit	Freier Beruf	Gewerbliche Tätigkeit	Sonstiger Selbständiger	Anmerkungen
Kfz-Sachverständiger	x			dessen Gutachtertätigkeit mathematisch-technische Kenntnisse voraussetzt, wie sie üblicherweise nur durch eine Berufsausbildung als Ingenieur erlangt werden kann; BFH, Urteil vom 10.11.1988, BStBl 1989 II S. 198;
			x	der als Handwerksmeister von der IHK bestellt worden ist und lediglich Schadensgutachten erstellt; BFH, Urteil vom 7.7.1992, BFH/NV 1993 S. 224;
		x		der als Handwerksmeister von der IHK bestellt worden ist und neben Schadensgutachten auch Gutachten über Schadensursachen erstellt, wenn er die von einem Ingenieur geforderten Fachkenntnisse besitzt und die Ermittlung der Schadensursachen seiner Berufstätigkeit das Gepräge gibt; BFH, Urteil vom 7.7.1992, BFH/NV 1993 S. 224
Klavierstimmer		x		BFH, Urteil vom 22.3.1990, BStBl 1990 II S. 643
Klinik		x		wenn der Unternehmer kein Arzt ist oder aus der Beherbergung und Verpflegung der Patienten ein besonderer Gewinn erstrebt wird; BFH, Urteil vom 15.6.1965, BStBl 1965 III S. 505
Klinischer Chemiker	x			BMF, Schreiben vom 7.11.1980, BB 1981 S. 960
Konkursverwalter			x	BFH, Urteil vom 2.10.1986, BStBl 1987 II S.147

Art der Tätigkeit	Freier Beruf	Gewerbliche Tätigkeit	Sonstiger Selbständiger	Anmerkungen
Konstrukteur		x		bei überwiegender Fertigung von Bewehrungsplänen; BFH, Urteil vom 5.10.1989, BStBl 1990 II S. 73;
		x		qualifizierter Bauzeichner; FG Baden-Württemberg, Urteil vom 27.10.1987, EFG 1988 S. 306
	x			**spezielle** Konstruktion von Spannwerkzeugen; dem Ingenieur ähnlich FG München, Urteil vom 17.12.1996, EFG 1997 S. 680
Krankenpflegerhelfer		x		BFH, Urteil vom 26.8.1993, BStBl 1993 II S. 889
Krankenschwester/ Krankenpfleger	x			FG Niedersachsen, Urteil vom 11.8.1993, EFG 1994 S. 146
Kreditberater		x		BFH, Urteil vom 13.4.1988, BStBl 1988 II S. 666
Künstler	x			der im Bereich der Werbung tätig ist, wenn die Tätigkeit als eigenschöpferische Leistung zu werten ist;
		x		der im Bereich der Werbung tätig ist, wenn sich die Tätigkeit darauf beschränkt, die Rolle eines Produktnutzers zu sprechen oder zu spielen sowie lediglich den Gegenstand der Werbung anzupreisen; BFH, Urteile vom 11.7.1991, BStBl 1992 II S. 353 und 413
Künstlermanager		x		BFH, Urteil vom 19.2.1991, BFH/NV 1992 S. 372
Kursmakler		x		BFH, Urteil vom 15.3.1994, BFH/NV 1994 S. 850

Art der Tätigkeit	Freier Beruf	Gewerbliche Tätigkeit	Sonstiger Selbständiger	Anmerkungen
Laborarzt	x			
		x		bei einer großen Zahl von Untersuchungen; BFH, Urteil vom 21.3.1995, BStBl 1995 II S. 732
Layouter	x			wenn künstlerisch tätig; FG Hamburg, Urteil vom 24.9.1992, EFG 1993 S. 386
Logopäde	x			wenn die Tätigkeit mit Erlaubnis nach dem Logopäden-Gesetz ausgeübt wird; BFH, Urteil vom 1.9.1988, BFH/NV 1989 S. 201
Lotterieeinnehmer			x	
		x		wenn ein kaufmännischer Geschäftsbetrieb unterhalten wird oder die Lose im Rahmen eines anderen Gewerbebetriebs abgesetzt werden; BFH, Urteil vom 19.12.1985, BStBl 1986 II S. 719
Lotto/Toto-Annahmestelle		x		BFH, Urteil vom 19.12.1985, BStBl 1986 II S. 719
Magier	x			bei ausreichender Gestaltungshöhe künstlerisch tätig; FG Rheinland-Pfalz, Urteil vom 31.12.1984, EFG 1985 S. 128
Makler		x		RFH, Urteil vom 1.6.1938, RStBl 1938 S. 842
Maler; Verkauf seiner Bilder	x			BFH, Urteil vom 14.8.1980, BStBl 1981 II S. 21
Manager von Sportlern oder Künstlern		x		BFH, Urteil vom 19.2.1991, BFH/NV 1992 S. 372

Art der Tätigkeit	Freier Beruf	Gewerbliche Tätigkeit	Sonstiger Selbständiger	Anmerkungen
Mannequin		x		BFH, Urteil vom 2.10.1966, BStBl 1969 II S. 71
Marketingberater	x			FG Hessen, Urteil vom 22.10.1971, EFG 1972 S. 71
Marktforscher	x			wenn wissenschaftlich tätig;
		x		BFH, Urteil vom 27.2.1992, BStBl 1992 II S. 826
Maschinenbau-Techniker		x		FG Hessen, Urteil vom 12.12.1988, EFG 1989 S. 346
Masseur	x			als Heilmasseur, auch wenn er Fangopackungen ohne Massage verabreicht; BFH, Urteil vom 24.1.1985, BStBl 1985 II S. 676;
		x		der lediglich oder überwiegend kosmetische oder Schönheitsmassagen durchführt; BFH, Urteil vom 24.11.1970, BStBl 1971 II S. 249
Medizinisch-diagnostische Assistentin	x			BFH, Urteil vom 30.7.1953, BStBl 1953 III S. 269
Medizinischer Fußpfleger		x		BFH, Urteil vom 7.7.1976, BStBl 1976 II S. 621
Modeschöpfer	x			BFH, Urteil vom 2.10.1968, BStBl 1969 II S. 138
Netzplantechniker	x			bei Terminplanung und -kontrolle sowie bei Errichtung industrieller Großanlagen dem Ingenieur ähnlicher Beruf; FG Düsseldorf, Urteil vom 29.10.1986, EFG 1987 S. 368
Notenschreiber		x		FG Hamburg, Urteil vom 26.7.1967, EFG 1967 S. 613

Art der Tätigkeit	Freier Beruf	Gewerbliche Tätigkeit	Sonstiger Selbständiger	Anmerkungen
Orgelbaumeister		x		FG Münster, Urteil vom 17.3.1993, EFG 1993 S. 679
Ortsstellenleiter eines Lohnsteuer-Hilfevereins		x		BFH, Urteil vom 10.11.1988, BFH/NV 1989 S. 498
Parapsychologe		x		BFH, Urteil vom 30.3.1976, BStBl 1976 II S. 464
Partnervermittlung		x		
Patentberichterstatter	x			BFH, Urteil vom 2.12.1970, BStBl 1971 II S. 233
Personalberater		x		der Stellenbewerber ausfindig macht und eine Vorauswahl trifft; FG Hessen, Urteil vom 5.5.1987, EFG 1987 S. 620
Personalsachbearbeiter		x		BFH, Urteil vom 11.5.1989, BStBl II 1989 S. 729
Pfandleiher		x		
Planer von Großküchen	x			dem Innenarchitekten und dem Ingenieur ähnlich; FG Hamburg, Urteil vom 20.8.1980, EFG 1981 S. 154
Psychoanalytiker	x			soweit eine ärztliche Ausbildung zugrunde liegt
Psychologe		x		wenn nicht wissenschaftlich tätig
Psychotherapeut	x			wenn wissenschaftliche Ausbildung vorliegt
Public-Relation-Berater		x		BFH, Urteil vom 25.4.1978, BStBl 1978 II S. 565
Raumgestalter	x			sofern er eine architektenähnliche Tätigkeit ausübt; FG Hamburg, Urteil vom 13.8.1976, EFG 1977 S. 15

Art der Tätigkeit	Freier Beruf	Gewerbliche Tätigkeit	Sonstiger Selbständiger	Anmerkungen
Rechnungsbüro; ärztliches		✘		
Rechtsanwalt	✘			Katalogberuf
		✘		soweit er in einer Vielzahl von Fällen das Amt eines Vormundes oder Pflegers übernimmt – Berufsvormund; BFH, Urteil vom 28.2.1991, BFH/NV 1991 S. 632
Rechtsbeistand		✘		der mit der Genehmigung des Landgerichtspräsidenten Auszüge aus Gerichtsakten für Versicherungsgesellschaften fertigt; BFH, Urteil vom 18.3.1970, BStBl 1970 II S. 455;
		✘		für Inkassosachen; FG Bremen, Urteil vom 12.4.1973, EFG 1973 S. 464
Referendar	✘			als Vertreter von Rechtsanwälten; BFH, Urteil vom 22.3.1968, BStBl 1968 II S. 455
Reitlehrer	✘			nur Unterricht
		✘		mit Pferdepension und Pferdevermietung
Rennstall		✘		Betrieb mit Traberzucht (ggf. auch Liebhaberei)
Rentenberater	✘			
Rentenhändler		✘		BFH, Urteil vom 6.3.1991, BStBl 1991 II S. 631
Restaurator	✘			bei Gemälden usw.
		✘		bei Kirchenmalerei; BFH, Urteil vom 30.3.1994, BFH/NV 1995 S. 210
Rezeptabrechner		✘		BFH, Urteil vom 28.3.1974, BStBl 1974 II S. 515

Art der Tätigkeit	Freier Beruf	Gewerbliche Tätigkeit	Sonstiger Selbständiger	Anmerkungen
Rundfunksprecher		✗		i.d.R. keine künstlerische Tätigkeit; BFH, Urteil vom 20.6.1962, BStBl 1962 III S. 385
Sammlerpuppen		✗		FG Berlin, Urteil vom 15.4.1991, EFG 1992 S. 332
Schadensregulierer		✗		im Auftrag von Versicherungen, auch bei juristischer Vorbildung; BFH, Urteil vom 29.8.1961, BStBl 1961 III S. 505
Schätzer für Kunstwerke		✗		BFH, Urteil vom 21.6.1971, BStBl 1971 II S. 749
Schauspieler		✗		soweit er als Sprecher von Werbetexten tätig wird; BFH, Urteil vom 20.6.1962, BStBl 1962 III S. 385;
	✗			der an Werbespots mitwirkt, wenn eine eigenschöpferische Leistung erbracht wird; BFH, Urteil vom 11.7.1991, BStBl 1992 II S. 353;
	✗			als Synchronsprecher bei ausländischen Spielfilmen tätig; BFH, Urteil vom 12.10.1978, BStBl 1981 II S. 706
Schiffsachverständiger		✗		nicht ingenieurähnlich tätig, wenn er reine Schadensgutachten erstellt BFH, Urteil vom 21.3.1996, BStBl 1996 II S. 518
Selbstverlag, Herausgabe eigener Werke	✗			BFH, Urteil vom 30.1.1978, BStBl 1979 II S. 236: Trennung (notfalls im Schätzungswege) in schriftstellerische und
		✗		verlegerische Tätigkeit

Art der Tätigkeit	Freier Beruf	Gewerbliche Tätigkeit	Sonstiger Selbständiger	Anmerkungen
Sportboote		x		Vermietung von ca. 260 Wasser- und Landliegeplätzen in einem Yachthafen; FG Bremen, Urteil vom 27.9.1984, EFG 1985 S. 189
Staatlich geprüfter Betriebswirt, Tätigkeit als EDV-Berater		x		FG Baden-Württemberg, Urteil vom 12.1.1995, EFG 1995 S. 714
Steuerberater	x			Katalogberuf
		x		soweit er Vermögensanlagen vermittelt,
		x		in dessen Praxis unter Mitwirkung von rd. 20 fachlich vorgebildeten Hilfskräften jährlich rd. 13.000 Einkommensteuererklärungen von Arbeitnehmern gefertig werden; FG Düsseldorf, Urteil vom 17.3.1993, EFG 1993 S. 512
Synchronsprecher	x			Mitwirkung bei der Synchronisation ausländischer Spielfilme; BFH, Urteil vom 3.8.1978, BStBl 1979 II S. 131
Systemanalyse		x		Systemanalyse in Form der Anwendersoftwareentwicklung weder eine dem Ingenieur noch dem beratenden Betriebswirt ähnliche Tätigkeit; BFH, Urteil vom 8.9.1994, BFH/NV 1995 S. 209
Tagesmutter			x	BMF, Schreiben vom 1.8.1988, BStBl 1988 I S. 329
Tanz- und Unterhaltungsmusiker (-orchester)	x			wenn sie einen bestimmten Qualitätsstandard erreichen; BFH, Urteil vom 19.8.1982, BStBl 1983 II S. 7

Art der Tätigkeit	Freier Beruf	Gewerbliche Tätigkeit	Sonstiger Selbständiger	Anmerkungen
Telekommunikationsberater		✗		der seine Auftraggeber über die für deren Betrieb technisch und wirtschaftlich geeigneten Telekommunikationsanlagen berät und zu dessen Aufgabe es insbesondere gehört, die Auftraggeber bei Abschluß und Änderung von Verträgen über Fernmeldeeinrichtungen zu beraten, übt keinen einem beratenden Betriebswirt oder Ingenieur ähnlichen Beruf aus; BFH, Urteil vom 9.6.1993, BFH/NV 1994 S. 460
Textilentwerfer	✗			wenn eine künstlerische Tätigkeit vorliegt; BFH, Urteil vom 7.11.1963, BStBl 1964 III S. 45
Tontechniker	✗			wenn die Aufgabe darin besteht, aus den Darbietungen der einzelnen Musiker ein bestimmtes Gesamtklangbild herzustellen; FG Berlin, Urteil vom 30.9.1986, EFG 1987 S. 244
Tourneeleiter		✗		der die Auftritte der Künstler sowohl organisatorisch betreut als auch an der Gestaltung und Ausführung des Programmes mitwirkt, wenn beide Tätigkeiten untrennbar miteinander verbunden sind; FG Rheinland-Pfalz, Urteil vom 29.6.1994, EFG 1995 S. 25
Trauerredner	✗			bei der Verwendung von Redeschablonen; BFH, Urteil vom 29.7.1981, BStBl 1982 II S. 22

Art der Tätigkeit	Freier Beruf	Gewerbliche Tätigkeit	Sonstiger Selbständiger	Anmerkungen
Treuhänder			✗	
		✗		Rechtsanwalt als Treuhänder für eine Bauherrengemeinschaft; BFH, Urteil vom 1.2.1990, BStBl 1990 II S. 534
Übersetzungsbüro	✗			Katalogberuf
		✗		wenn der Betriebsinhaber nicht über Kenntnisse in den Sprachen verfügt, auf die sich die Übersetzungstätigkeit erstreckt; H 136 EStH 1994; FG Köln, Beschluß vom 28.8.1997, 6 V 2679/97
		✗		wenn der Betriebsinhaber nur die für sein Übersetzungsbüro wichtigste Sprache beherrscht; BFH, Beschluß vom 10.8.1993, BFH/NV 1994 S. 168
Unternehmensberater	✗			bei gleicher Tätigkeit wie ein beratender Betriebswirt; FG Düsseldorf, Urteil vom 20.5.1970, EFG 1970 S. 559;
		✗		der Wirtschaftsunternehmen bei der Lösung von Problemen der Verkaufsförderung und des -trainings mit Hilfe wissenschaftlicher Methoden berät; BFH, Urteil vom 17.1.1980, BStBl 1980 II S. 336;
		✗		mit Realschulabschluß und bestandener Industriemeisterprüfung; FG Niedersachsen, Urteil vom 14.5.1990, EFG 1991 S. 388

Art der Tätigkeit	Freier Beruf	Gewerbliche Tätigkeit	Sonstiger Selbständiger	Anmerkungen
Vergleichsverwalter			✗	
Vermögensverwalter		✗		Tätigkeit mit vielen Hilfskräften wegen des Umfangs der Arbeit; BFH, Urteil vom 25.11.1970, BStBl 1971 II S. 239
Versicherungsberater		✗		nach Art. 1 § 1 RBerG zugelassener Versicherungsberater **ohne** akademische Ausbildung; BFH, Urteil vom 16.10.1997, BStBl 1998 II S. 139
Versicherungsmathematiker	✗			keinem Katalogberuf ähnlich; kann aber wissenschaftliche Tätigkeit sein; BFH, Urteil vom 3.12.1964, HFR 1965 S. 265
Versicherungsvertreter		✗		selbst dann, wenn er nur für ein Versicherungsunternehmen tätig werden darf; BFH, Urteil vom 26.10.1977, BStBl 1978 II S. 137
Versteigerer		✗		BFH, Urteil vom 24.1.1957, BStBl 1957 III S. 106
Visagist	✗			wenn künstlerisch tätig; FG Hamburg, Urteil vom 19.8.1992, EFG 1993 S. 306
Vortragswerber		✗		BFH, Urteil vom 25.7.1956, BStBl 1956 III S. 255
Werbeberater		✗		BFH, Urteil vom 16.1.1974, BStBl 1974 II S. 293
Werbedamen		✗		BFH, Urteil vom 14.6.1985, BStBl 1985 II S. 661
Werbefotograf		✗		
	✗			wenn die Fotos der Erzeugnisse der Auftraggeber eine gewisse Gestaltungshöhe erreichen; BFH, Urteil vom 14.12.1976, BStBl 1977 II S. 474

Art der Tätigkeit	Freier Beruf	Gewerbliche Tätigkeit	Sonstiger Selbständiger	Anmerkungen
Werbeschriftsteller, Werbekünstler	✗			BFH, Urteil vom 14.5.1958, BStBl 1958 III S. 316
Werbetexter	✗			kann schriftstellerisch tätig sein; FG Nürnberg, Urteil vom 2.7.1979, EFG 1980 S. 599
Wirtschaftsberater		✗		ohne Formalabschluß als Betriebswirt, der auf dem Gebiet des betrieblichen Rechnungswesens tätig ist; FG Bremen, Urteil vom 10.8.1993, EFG 1994 S. 41
Zahnarzt	✗			Katalogberuf
Zahnpraktiker	✗			dem Dentisten ähnliche Tätigkeit; BFH, Urteil vom 19.10.1965, BStBl 1965 III S. 692
Zahntechniker		✗		dem Dentisten nicht ähnliche Tätigkeit; BFH, Urteil vom 19.10.1965, BStBl 1965 III S. 692
Zollberater		✗		ohne Zulassung dem Beruf des Steuerberaters nicht ähnlich; BFH, Urteil vom 15.5.1997, BFH/NV 1997 S. 751
Zwangsverwalter			✗	
		✗		wenn er gewerblich tätige Verwaltungsgesellschaften als Erfüllungsgehilfen einschaltet; BFH, Urteil vom 23.5.1984, BStBl 1984 II S. 823

1 BFH, Urteil vom 9.7.1992, IV R 116/90, BStBl 1993 II S. 100
2 BFH, Urteil vom 1.6.1978, IV R 157/73, BStBl 1978 II S. 545
3 BFH, Urteil vom 29.1.1987, IV R 189/85, BStBl 1987 II S. 783
4 BFH, Urteil vom 19.8.1982, IV R 64/79, BStBl 1983 II S. 7
5 BFH, Urteil vom 30.3.1994, I R 54/93, BStBl 1994 II S. 864
6 BFH, Urteil vom 30.3.1994, I R 54/93, BStBl 1994 II S. 864
7 BFH, Urteil vom 13.1.1994, IV R 79/92, BStBl 1994 II S. 362
8 BFH, Urteil vom 1.4.1982, IV R 130/79, BStBl 1982 II S. 589
9 BFH, Urteil vom 27.8.1985, III R 198/81, BFH/NV 1986 S. 358
10 BFH, Urteil vom 23.7.1957, I 98/54 U, BStBl 1957 III S. 323
11 BFH, Beschluß vom 3.9.1996, IV B 107/95, BFH/NV 1997 S. 116
12 BFH, Urteil vom 14.3.1991, IV R 135/90, BStBl 1990 II S. 769
13 BFH, Urteil vom 9.7.1992, IV R 116/90, BStBl 1993 II S. 100
14 BFH, Urteil vom 11.7.1991, IV R 73/90, BStBl 1991 II S. 878
15 BFH, Urteil vom 14.3.1991, IV R 135/90, BStBl 1990 II S. 769
16 BFH, Urteil vom 12.10.1989, IV R 118 - 119/87, BStBl 1990 II S. 64
17 BFH, Urteil vom 12.10.1989, IV R 118 - 119/87, BStBl 1990 II S. 64
18 BFH, Urteil vom 9.10.1986, IV R 235/84, BStBl 1987 II S. 124
19 § 1 Abs. 2 LStDV
20 BFH, Urteil vom 4.10.1984, IV R 131/82, BStBl 1985 II S. 51
21 BFH, Urteil vom 11.6.1968, VI R 102/67, BStBl 1968 II S. 726
22 BFH, Urteil vom 24.11.1961, VI 183/59, BStBl 1962 III S. 37
23 BFH, Urteil vom 25.6.1984, GrS 4/82, BStBl 1984 II S. 751
24 BFH, Urteil vom 23.5.1985, IV R 84/82, BStBl 1985 II S. 515
25 BFH, Urteil vom 7.5.1993, VI R 39/90, BFH/NV 1993 S. 652
26 BFH, Urteil vom 23.5.1985, IV R 84/82, BStBl 1985 II S. 515
27 BFH, Urteil vom 5.12.1968, IV R 125/66, BStBl 1969 II S. 165
28 BFH, Urteil vom 25.10.1963, IV 373/60 U, BStBl 1963 III S. 595
29 BFH, Urteil vom 11.9.1968, I R 173/66, BStBl 1968 II S. 820
30 BFH, Urteil vom 4.10.1966, I 249/63, BStBl 1966 III S. 685
31 BFH, Urteil vom 6.11.1969, IV R 127/68, BStBl 1970 II S. 214; BFH, Urteil vom 13.12.1973, I R 138/71, BStBl 1974 II S. 213
32 BFH, Urteil vom 16.11.1978, IV R 191/78, BStBl 1979 II S. 246
33 BFH, Urteil vom 21.3.1995, XI R 85/93, BStBl 1995 II S. 732

[34] BFH, Urteil vom 16.2.1961, IV 235/60, BStBl 1961 III S. 210;
BFH, Urteil vom 25.10.1963, IV 373/60 U, BStBl 1963 III S. 595;
BFH, Urteil vom 12.11.1964, IV 153/64, BStBl 1965 III S. 90;
BFH, Urteil vom 11.5.1976, VIII R 111/71, BStBl 1976 II S. 641

[35] BFH, Urteil vom 3.10.1985, V R 106/78, BStBl 1986 II S. 213

[36] BFH, Urteil vom 13.5.1966, VI 63/64, BStBl 1966 III S. 489;
BFH, Urteil vom 15.12.1971, I R 49/70, BStBl 1972 II S. 291;
BFH, Urteil vom 9.8.1983, VIII R 92/83, BStBl 1984 II S. 129

[37] BFH, Urteil vom 12.11.1964, IV 153/64, BStBl 1965 III S. 90;
BFH, Urteil vom 13.5.1966, VI 63/64, BStBl 1966 III S. 489;
BFH, Urteil vom 15.12.1971, I R 49/70, BStBl 1972 II S. 291

[38] BFH, Urteil vom 7.3.1974, IV R 196/72, BStBl 1974 II S. 383

[39] BFH, Urteil vom 23.10.1975, VIII R 60/70, BStBl 1976 II S. 152

[40] BFH, Urteil vom 21.4.1994, IV R 99/93, BStBl 1994 II S. 650

[41] BFH, Urteil vom 9.8.1983, VIII R 92/83, BStBl 1984 II S. 129

[42] BMF, Schreiben vom 14.5.1997, IV B 4 - S 2246 - 23/97, BStBl 1997 I S. 566

B Gewinnermittlung des Freiberuflers

1 Abgrenzung der einzelnen Gewinnermittlungsarten

Das Steuerrecht sieht für die freiberuflichen Einkünfte als Gewinneinkunftsart grundsätzlich nur zwei Möglichkeiten vor, den Gewinn zu ermitteln. Dies sind der *Betriebsvermögensvergleich* und die *Einnahme-Überschußrechnung*.

1.1 Grundzüge des Betriebsvermögensvergleichs

Die Gewinnermittlung durch Betriebsvermögensvergleich kann durch folgende wesentliche Merkmale charakterisiert werden:

- Gewinnermittlung nach den Grundsätzen *periodengerechter* Gewinnermittlung;
- Berücksichtigung von Wertveränderungen im Zeitpunkt ihrer Entstehung;
- Beachtung der *Grundsätze ordnungsmäßiger Buchführung.*

Der Betriebsvermögensvergleich verlangt eine umfangreiche und umfassende Dokumentation aller Vorgänge, die die betriebliche Vermögenssphäre berühren. Diese Dokumentation erfolgt durch die Einrichtung einer *doppelten Buchführung* mit Sachkonten und Personenkonten sowie der Gewinnermittlung durch Betriebsvermögensvergleich und der Erfolgsrechnung (Gewinn- und Verlustrechnung).

1.2 Grundzüge der Einnahme-Überschußrechnung

Der Vorteil und gleichzeitig auch der wesentliche Unterschied der Einnahme-Überschußrechnung zum Betriebsvermögensvergleich liegt in ihrer einfachen Konzeption und Durchführbarkeit. Aufzeichnungen z.B. zur Kassenführung, Führung von Bestandskonten, Erstellen einer Inventur usw., die im Rahmen einer ordnungsmäßigen Buchführung erforderlich sind, entfallen bei der Einnahme-Überschußrechnung.

Der Gewinn wird grundsätzlich ermittelt aus

	Betriebseinnahmen
-	Betriebsausgaben
=	Gewinn

Dies läßt den Schluß zu, daß es sich wie bei den Überschußeinkünften um eine reine Geldrechnung handelt. Aufgrund gesetzlicher Regelung sowie Verwaltungsauffassungen und Rechtsprechung wird die reine Geldrechnung in einigen Fällen durchbrochen und auf diese Weise die Einnahme-Überschußrechnung und der Betriebsvermögensvergleich einander angenähert. Die wichtigsten Ausnahmen von dem Grundsatz der reinen Geldrechnung sind:

- Die Absetzung der Anschaffungskosten von Wirtschaftsgütern des nichtabnutzbaren Anlagevermögens erfolgt erst bei deren Veräußerung (§ 4 Abs. 3 S. 4 EStG).
- Die Anschaffung und Veräußerung von Wirtschaftsgütern des abnutzbaren Anlagevermögens erfolgt nicht nach dem Abflußprinzip (§ 4 Abs. 3 S. 3 EStG).
- Behandlung "durchlaufender Posten" (§ 4 Abs. 3 S. 2 EStG).
- Behandlung betrieblicher Darlehensaufnahmen und Darlehensgewährungen (R 16 Abs. 2 EStR).
- Anschaffung oder Veräußerung von Wirtschaftsgütern des Anlagevermögens gegen Rentenzahlung (R 16 Abs. 4 EStR).
- Erfassung von Sacheinnahmen und Sachausgaben sowie Sachentnahmen und Sacheinlagen.
- Zeitliche Erfassung regelmäßig wiederkehrender Einnahmen und Ausgaben (§ 11 EStG).
- Berücksichtigung der Verluste von Wirtschaftsgütern durch Brand, Diebstahl u. ä.

B

Zudem gilt es zu bedenken, daß es sich nach wie vor um eine Gewinnermittlungsart handelt und auf die Gesamtdauer des Bestehens eines Betriebs sowohl bei der Einnahme-Überschußrechnung als auch beim Betriebsvermögensvergleich der *gleiche Gewinn* erfaßt werden soll.

Den Vereinfachungen bei den Aufzeichnungen im Rahmen der Gewinnermittlung sind auch Nachteile gegenüber dem Betriebsvermögensvergleich gegeben. So läßt sich aus der Einnahme-Überschußrechnung keine zuverlässigen Daten über die Vermögenslage des Betriebs herleiten. Auch wirken sich Wertveränderungen im Bereich der Anlagegüter erst bei ihrer Verwertung aus.

1.3 Übersicht

Die wesentlichen Unterschiede und Gemeinsamkeiten zwischen Einnahme-Überschußrechnung und Betriebsvermögensvergleich sind in der nachstehenden Zusammenstellung zu ersehen:

Überschußrechnung § 4 Abs. 3 EStG	Betriebsvermögensvergleich § 4 Abs. 1 EStG
Vereinnahmung und Verausgabung (§ 11 EStG)	**Periodengerechte Gewinnermittlung**
Vereinfachte Gewinnermittlung ■ einfache Aufzeichnungen ■ keine Bilanz und GuV-Rechnung ■ kein Kassenbuch ■ keine Inventur	Doppelte Buchführung ■ Bilanz und GuV-Rechnung ■ Kassenbuch ■ Inventur

2 Gewinnermittlung durch Betriebsvermögensvergleich

Auch wenn für die Freiberufler, sofern sie ihre Tätigkeit nicht in der Rechtsform der Kapitalgesellschaft betreiben, grundsätzlich keine gesetzliche Verpflichtung zur Gewinnermittlung durch Betriebsvermögensvergleich besteht, steht es jedoch jedem Freiberufler frei, den Gewinn auf diese Art und Weise zu ermitteln.

PRAXIS-TIP

Mitunter kann die Gewinnermittlung durch Betriebsvermögensvergleich auch Vorteile bringen. Gerade bei der Neueröffnung einer freiberuflichen Praxis fallen häufig der Zeitpunkt des Zuflusses der ersten Einnahmen und des Abflusses der ersten Ausgaben zeitlich auseinander. Dies kann zu unbeabsichtigten Anfangsverlusten führen, wenn bereits in größerem Umfang Ausgaben zur Betriebseröffnung anfallen, die Einnahmen jedoch erst mit Zahlung der ersten Ausgangsrechnungen eingehen. Beim Betriebsvermögensvergleich wird diese zeitliche Differenz dadurch verringert, daß die Einnahmen bereits mit der erbrachten Leistung zu erfassen sind.

BEISPIEL

Sie sind Arzt und haben im Oktober 1998 Ihre Praxis neu eröffnet. In 1998 fallen insgesamt Ausgaben in Höhe von 60.000 DM an, die Sie auch in 1998 bezahlen. Die Rechnungen der Privatpatienten schreiben Sie erst zum Jahresende. Die angeforderten Honorare in Höhe von 20.000 DM gehen erst in 1999 ein. Für die Behandlung der Kassenpatienten gehen A-Conto-Zahlungen von 20.000 DM in 1998 ein. 30.000 DM Honorarforderungen stehen am Jahresende 1998 noch aus. Der Gewinn beträgt bei

Einnahme-Überschußrechnung	- 40.000 DM
Betriebsvermögensvergleich	10.000 DM

In beiden Fällen beträgt die Einkommensteuerbelastung in 1998, wenn ansonsten keine anderen Einkünfte vorliegen, 0 DM. Bei der Einnahme-Überschußrechnung sind aber in 1999 50.000 DM Honorareinnahmen zu versteuern, dem nur ein Verlustvortrag von 40.000 DM gegenübersteht.

2.1 Gewinnbegriff des Betriebsvermögensvergleichs

Die gesetzliche Regelung des § 4 Abs. 1 EStG definiert als Gewinn:

	Betriebsvermögen am Ende des Wirtschaftsjahres
-	Betriebsvermögen am Ende des vorangegangenen Wirtschaftsjahres
=	Betriebsvermögensänderung (Zunahme oder Abnahme)
+	Privatentnahmen
-	Privateinlagen
=	*Gewinn*

Der Begriff Betriebsvermögensvergleich rührt daher, daß Grundlage der Gewinnermittlung die Veränderung des Betriebsvermögens zwischen zwei Stichtagen ist.

Um dem Gewinnbegriff als Erfassung aller *betrieblichen* Ausgaben und Einnahmen im Rahmen des Betriebsvermögensvergleichs richtig abzugrenzen ist es erforderlich, die *privat* veranlaßten Änderungen des Betriebsvermögens zu erfassen und entsprechend zuzuordnen. Dies erfolgt dadurch, daß der reinen Betriebsvermögensänderung die Minderungen durch Privatentnahmen wieder zugerechnet werden und die Erhöhungen in Form von Privateinlagen wieder abgerechnet werden.

Zudem ist es wichtig, daß bei der Ermittlung der Veränderung nur das *Betriebsvermögen* zugrundegelegt wird. Unter Betriebsvermögen ist einerseits die Menge aller positiven und negativen Vermögenswerte (Wirtschaftsgüter) zu verstehen. Welche Wirtschaftsgüter hierunter fallen siehe im einzelnen B 7.

Andererseits bedeutet aber Betriebsvermögen auch den Unterschied zwischen Besitzposten und Schulden des Betriebs, also das *Eigenkapital*. Hierbei handelt es sich demnach um eine wertmäßige Bestimmung. Dieses wertmäßige Betriebsvermögen liegt der Gewinnermittlung durch Betriebsvermögensvergleich zugrunde.

2.2 Die Grundlagen des Betriebsvermögensvergleichs

Um den Betriebsvermögensvergleich in der vorgenannten Form durchführen zu können, muß bei Betriebseröffnung und am Ende jedes Wirtschaftsjahres ein *Inventar* und eine *Bilanz* erstellt werden.

Der Aufstellung des Inventars muß jedoch die *Inventur* vorangehen. Die Inventur ist die *körperliche* Bestandsaufnahme des gesamten Betriebsvermögens. Eine körperliche Bestandsaufnahme erfolgt i.d.R. nur bei den Warenbeständen. Forderungen und Verbindlichkeiten lassen sich im Normalfall nur buchmäßig feststellen. Das Anlagevermögen kann unter bestimmten Voraussetzungen ebenfalls buchmäßig aufgenommen werden[1]. Die Inventur ist auf den Bilanzstichtag zu erstellen.

PRAXIS-TIP

Die Inventur ist noch auf den Bilanzstichtag erstellt, wenn sie innerhalb von zehn Tagen vor oder nach dem Bilanzstichtag durchgeführt wurde.

Es ist zudem zulässig, eine zeitlich verlegte Inventur durchzuführen. In diesem Fall wird die Inventur an einem Tag durchgeführt, der bis zu drei Monate vor und zwei Monate nach dem Bilanzstichtag liegen darf. Die Veränderungen in diesem Zeitraum sind rechnerisch bis zum Bilanzstichtag fortzuführen bzw. rückzurechnen.

Weniger Bedeutung dürfte im Bereich der Freiberufler die Möglichkeit der permanenten Inventur haben.

Auf der Grundlage der Inventur erfolgt die Erstellung des *Inventars*. Das Inventar ist ein Verzeichnis über den Bestand von Besitzposten und Schulden des Unternehmens. Sie werden nach Art, Menge und Wert einzelnen aufgeführt. Das Betriebsvermögen in Form des Eigenkapitals ergibt sich aus dem Vergleich von Besitzposten und Schulden. Eine unzutreffende Zusammenstellung des Inventars führt zu einem falschen Betriebsvermögen und damit zu einem falschen Gewinn. An die Vollständigkeit und den Wahrheitsgehalt sind daher im Rahmen der Grundsätze ordnungsmäßiger Buchführung hohe Anforderungen zu stellen. Ein ordnungsgemäßes Inventar in diesem Sinne ist übersichtlich zu gliedern. Besitzposten und Schulden sind zu trennen und es darf keine Saldierung erfolgen. Innerhalb der Besitzposten ist zwischen dem Anlagevermögen und dem Umlaufvermögen zu differenzieren. Unter Anlagevermögen sind die Wirtschaftsgüter zu erfassen, die auf längere Sicht dem Betrieb dienen (z. B. Praxiseinrichtung, betrieblich genutzter Pkw). Zum Umlaufvermögen rechnen Wirtschaftsgüter, die nur kurzfristig dem Betriebsvermögen zuzurechnen sind (z.B. Praxismaterial, Forderungen).

BEISPIEL

Kurt Meier ist Arzt und ermittelt seinen Gewinn durch Betriebsvermögensvergleich. Zum 31. 12. 1998 hat er eine Inventur durchgeführt, die zu folgendem Inventar zusammengefaßt wird.

A. Besitzposten		
Anlagevermögen		
1. Praxiseinrichtung		
20 Schränke zu je 900 DM	18.000 DM	
3 Schreibtische zu je 1.000 DM	3.000 DM	
3 Schreibtischstühle zu je 500 DM	1.500 DM	
10 Wartezimmerstühle zu je 200 DM	2.000 DM	24.500 DM
2. Fuhrpark		
1 Pkw Audi A6		45.000 DM
Summe Anlagevermögen		*69.500 DM*
Umlaufvermögen		
1. Praxisvorräte		
200 Mullbinden à 2 DM	400 DM	
20 Rollen Pflaster à 5 DM	100 DM	
100 Einwegspritzen à 2,50 DM	250 DM	
Kleinmaterial lt. Inventurliste	100 DM	
2. Kassenbestand	300 DM	
3. Guthaben Girokonto XY-Bank	3.500 DM	
4. Forderungen lt. gesonderter Liste	22.500 DM	
Summe Umlaufvermögen	*27.150 DM*	*27.150 DM*
Summe Besitzposten		*96.650 DM*
B. Schulden		
1. Darlehen XY-Bank		20.000 DM
2. Lieferantenverbindlichkeiten		
Fa. Schmidt, Praxisbedarf	350 DM	
Telekom AG	100 DM	
Elektrizitätswerke GmbH	150 DM	600 DM
3. Verbindlichkeiten Sozialversicherung		1.000 DM
Summe Schulden		*21.600 DM*

Summe Besitzposten	*96.650 DM*
Summe Schulden	*- 21.600 DM*
Betriebsvermögen (Eigenkapital)	*75.050 DM*

Freiburg, den 2. 1. 1999
Kurt Meier, Arzt

Das Inventar stellt die Ausgangsbasis für die *Bilanz* dar. Die Bilanz unterscheidet sich im wesentlichen von dem Inventar dadurch, daß auf jede mengenmäßige Darstellung einzelner Besitzposten und Schulden verzichtet wird, die Darstellung Gesamtwerte gleichartiger Posten umfaßt und eine Darstellung in Kontenform erfolgt.

Die Vermögensseite wird dabei mit *Aktiva* bezeichnet. Die Kapitalseite, die sowohl das Fremdkapital in Form der Schulden und das Eigenkapital ausweist, wird als *Passiva* bezeichnet. Dadurch ergibt sich in der Summe der gleiche Wert für Aktiv- und Passivseite.

Die Bilanzgliederung erfolgt in gleicher Weise wie bei der Erstellung des Inventars. Die Aktivposten werden nach der Dauer der Bindung in der jeweiligen Form an das Unternehmen gegliedert, und zwar beginnend mit der langfristigen Bindung (z.B. Grund und Boden). Die Passivposten in der Bilanz werden nach der Dauer ihrer Verfügbarkeit für das Unternehmen gegliedert, und zwar beginnend mit den Rückstellungen über die langfristigen Verbindlichkeiten bis zu den kurzfristigen Verbindlichkeiten. Vor den Schuldposten ist jedoch noch das Eigenkapital auszuweisen.

PRAXIS-TIP

Die Bilanz läßt in ihrer Darstellung auch den Vergleich einzelner Vermögens- und Schuldenteile untereinander und zueinander zu, z.B.

- Eigenkapital und Fremdkapital;
- Eigenkapital und Anlagevermögen;
- Anlagevermögen und Umlaufvermögen;
- flüssige Mittel und kurzfristige Verbindlichkeiten.

Die Verhältniszahlen besitzen in betriebswirtschaftlichem Sinne Aussagekraft über die finanzielle Lage des Unternehmens und sollten daher für die Finanzplanung nicht unberücksichtigt bleiben.

BEISPIEL

Aus dem Inventar des Arztes Kurt Meier (siehe vorangegangenes Beispiel) kann die Bilanz folgenderweise erstellt werden:

Schlußbilanz
des Kurt Meier, Arzt,
auf den 31. Dezember 1998

Aktiva		Passiva	
Praxiseinrichtung	24.500 DM	Eigenkapital	75.050 DM
Fuhrpark	45.000 DM	Darlehen XY-Bank	20.000 DM
Praxisvorräte	850 DM	Lieferantenverbindlichkeiten	600 DM
Forderungen	22.500 DM	Sonstige Verbindlichkeiten	1.000 DM
Bankguthaben	3.500 DM		
Kassenbestand	300 DM		
	96.650 DM		96.650 DM

Die Bilanz hat im Rahmen des Betriebsvermögensvergleichs eine doppelte Bedeutung. Sie ist zuerst das Endvermögen eines abgelaufenen Wirtschaftsjahres, sodann aber auch das Vorjahresvermögen für die Gewinnermittlung des Folgejahres. Die Schlußbilanz des abgelaufenen Jahres wird somit die Eröffnungsbilanz des Folgejahres (*Bilanzenzusammenhang*).

2.3 Die doppelte Buchführung im Rahmen des Betriebsvermögensvergleichs

Für ordnungsmäßige Aufzeichnungen im Rahmen des Betriebsvermögensvergleichs genügt es jedoch nicht, nur zum Ende eines Wirtschaftsjahres das Betriebsvermögen festzustellen. Auch die Veränderungen während des Wirtschaftsjahres sind aufzuzeichnen, insbesondere im Hinblick darauf, Betriebsvermögensänderungen, die durch private Vorgänge veranlaßt sind (Privatentnahmen und -einlagen), beim Betriebsvermögensvergleich richtig zu erfassen. Eine Veränderung im Rahmen der Bilanz wird üblicherweise als *Geschäftsvorfall* bezeichnet.

2.3.1 Veränderung der Bilanzwerte durch laufende Geschäftsvorfälle

Bei den Änderungen ist zu unterscheiden, ob sich die Änderungen auf die Höhe des Betriebsvermögens auswirken oder nicht.

Bleibt das Betriebsvermögen durch die Veränderung einzelner Bilanzpositionen unverändert, handelt es sich um *Betriebsvermögensumschichtungen*. Vermindert oder erhöht sich das Betriebsvermögen, spricht man von *Betriebsvermögensveränderungen*. Die Betriebsvermögensveränderung kann dabei betriebliche oder außerbetriebliche Ursachen haben.

Betriebsvermögensumschichtungen

Eine Auswirkung auf den Gewinn ergeben sich durch die Betriebsvermögensumschichtungen nicht, da die Höhe des Eigenkapitals unverändert bleibt. Nach der Art der Veränderung wird unterschieden zwischen dem

- Aktiv-Tausch, bei dem der Abnahme eines Besitzpostens die Zunahme eines anderen Besitzpostens in gleicher Höhe gegenübersteht;
- Passiv-Tausch, bei dem der Abnahme eines Schuldpostens die Zunahme eines anderen Schuldpostens in gleicher Höhe gegenübersteht;
- Aktiv-Passiv-Tausch, bei dem Schuldposten und Aktivposten sich in gleicher Höhe mindern bzw. erhöhen.

Dem Aktiv- und Passiv-Tausch ist gemeinsam, daß durch sie eine Änderung der Bilanzsumme nicht eintritt, während der Aktiv-Passiv-Tausch immer die Bilanzsumme verändert.

Betriebsvermögensveränderungen

Die meisten Geschäftsvorfälle führen jedoch zu einer Erhöhung oder Verminderung des Betriebsvermögens (Eigenkapitals). Der Anlaß der Veränderung kann betrieblicher Natur oder außerbetrieblicher, d.h. privater Natur sein.

Bei den Betriebsvermögensveränderungen aus *betrieblichem* Anlaß ist zu unterscheiden in

- *Erhöhungen des Betriebsvermögens (Ertrag)*
  In diesen Fällen liegt ein Vermögenszufluß vor, der das Eigenkapital erhöht und somit im Ergebnis zu einer Gewinnerhöhung führt.
- *Minderungen des Betriebsvermögens (Aufwand)*
  In diesen Fällen liegt ein Vermögensabfluß vor, der das Eigenkapital vermindert und somit im Ergebnis zu einer Gewinnminderung führt.

Rühren die Betriebsvermögensänderungen von *privaten* Anlässen her, sind folgende Fallgestaltungen denkbar:

- *Erhöhung des Betriebsvermögens durch Einlagen*
  Der Betriebsvermögenserhöhung steht beim Betriebsvermögensvergleich eine Abrechnung der Privateinlage in gleicher Höhe gegenüber. Der Vorgang ist daher erfolgsneutral.
- *Minderung des Betriebsvermögens durch Entnahmen*
  Durch die Privatentnahmen in Geld oder Geldeswert tritt eine Verminderung des Betriebsvermögens ein, was sich auch beim Betriebsvermögensvergleich vordergründig als Gewinnminderung auswirkt. Durch eine entsprechende Zurechnung der Privatentnahmen wird die Gewinnminderung wieder ausgeglichen. Der Vorgang ist daher erfolgsneutral.

  Wird ein Wirtschaftsgut aus dem Betriebsvermögen in das Privatvermögen entnommen, dessen Wert in der Bilanz nicht dem tatsächlichen Wert (Teilwert) im Zeitpunkt der Entnahme entspricht, bleibt jedoch die Minderung des Betriebsvermögens nicht mehr erfolgsneutral. In diesen Fällen ergibt sich eine Gewinnauswirkung in Höhe der Differenz zwischen Bilanzwert (Buchwert) und Teilwert.

Sonderfälle von Geschäftsvorfällen

Neben den Betriebsvermögensumschichtungen oder -veränderungen sind jedoch noch weitere Geschäftsvorfälle möglich. In bestimmten Fällen tangiert ein Geschäftsvorfall weder Besitz- noch Schuldposten. Im einzelnen sind dies:

- Verrechnungen von Aufwand und Ertrag untereinander
- Zahlung von betrieblichem Aufwand mit privaten Geldmitteln
- direkte Verwendung von betrieblichen Zahlungseingängen für private Ausgaben

Übersicht der möglichen Geschäftsvorfälle und deren Gewinnauswirkung

Betriebsvermögensumschichtungen		
Aktiv-Tausch	Passiv-Tausch	Aktiv-Passiv-Tausch
erfolgsneutral	erfolgsneutral	erfolgsneutral

2.3.2 Wie funktioniert die doppelte Buchführung? Die Einrichtung von Konten

Die ständigen Veränderungen des Betriebsvermögens durch Geschäftsvorfälle in den vorgenannten Möglichkeiten gilt es zu erfassen und übersichtlich darzustellen. Mittel dazu sind die *Konten* der Buchführung.

Die äußere Form der Konten entspricht der Form der Bilanz. Die Aktivseite der Bilanz ist die Soll-Seite des Kontos, die Passivseite der Bilanz die Haben-Seite des Kontos.

Der erste Schritt im Rahmen der Einrichtung der Buchführung ist die Auflösung der Eröffnungsbilanz in die Konten. Dabei gilt es verschiedene Arten von Konten voneinander abzugrenzen.

Sachkonten dienen dem Zweck die Geschäftsvorfälle nach sachlichen Kriterien richtig aufzuzeichnen, damit ein sicherer Überblick über die Geschäftsvorfälle zu jeder Zeit geben ist.

Eine besondere Stellung bei den Sachkonten nimmt dabei das *Eigenkapitalkonto* ein. Auf diesem Konto sind alle Veränderungen des Betriebsvermögens zu erfassen und zwar unabhängig davon, ob es sich um eine privat oder betriebliche Veränderung handelt und auch unabhängig ob eine Erhöhung oder Verminderung vorliegt. Dies macht es unmöglich im Rahmen des Betriebsvermögensvergleich die privaten Veränderungen in Form der Privateinlagen und -entnahmen von den betrieblichen Veränderungen in Form des Gewinns zu trennen. Zu diesem Zweck werden in der laufenden Buchhaltungen Unterkonten eingerichtet. Zur Erfassung der betrieblichen Veränderungen werden sogenannte *Erfolgskonten* eingerichtet. Für die privaten Veränderungen richtet man je nach Bedarf ein oder mehrere *Privatkonten* ein.

Zum Jahresende werden alle Konten wieder zusammengeführt, wobei die Erfolgskonten zuerst über ein *Gewinn- und Verlustkonto* abgeschlossen werden. Der Saldo dieses Kontos weist dann genauso den Gewinn des Wirtschaftsjahres aus, wie der Betriebsvermögensvergleich und dient somit gleichzeitig der Kontrolle. Diese zweifache Art der Gewinnermittlung führte mit zu der Bezeichnung der doppelten Buchführung.

Je nach Umfang der Lieferanten und Kunden sind - zur besseren Übersicht und als Kriterium einer ordnungsmäßigen Buchführung - für jeden Kunden bzw. Lieferanten ein besonderes *Personenkonto* einzurichten. Die Summe der Kundenkonten muß mit dem Bestandskonto Forderungen, die Summe der Lieferantenkonten mit dem Bestandskonto Verbindlichkeiten auf Lieferungen und Leistungen übereinstimmen.

Der Buchungssatz

Die Erfassung eines Geschäftsvorfalls auf den Konten wird als *Buchung* bezeichnet. Diese Buchungen unterliegen folgenden feststehenden **Buchungsregeln**:

- Bei aktiven Bestandskonten steht der Anfangsbestand (soweit vorhanden) auf der Soll-Seite des Kontos.
- Bei passiven Bestandskonten steht der Anfangsbestand (soweit vorhanden) auf der Haben-Seite des Kontos.
- Alle Zugänge stehen immer auf der Seite des Kontos, auf der der Anfangsbestand steht.
- Alle Abgänge werden auf der anderen Seite wie die Anfangsbestände und Zugänge erfaßt.
- Der Endbestand steht als Saldo auf der Seite, auf der sich eine geringere Summe aus dem Anfangsbestand und den Zugängen bzw. nur den Zugängen ergibt.

Die Buchungen werden i.d.R. in Form eines *Buchungssatzes* dargestellt. Der Buchungssatz lautet

Soll(-konto) an Haben(-konto)

wobei auf der Sollseite und auf der Habenseite ein oder mehrere Konten betroffen sein können. Wichtig ist, daß *die Summe der Sollbuchungen und der Habenbuchungen identisch* ist.

2.4 Grundsätze ordnungsmäßiger Buchführung

Bei der Gewinnermittlung nach § 4 Abs. 1 EStG sind wie auch bei der Gewinnermittlung nach § 5 EStG - soweit sich aus den Steuergesetzen nichts anderes ergibt - die handelsrechtlichen Rechnungslegungsvorschriften sowie die Vorschriften der §§ 140 bis 148 und § 154 AO zu beachten (Grundsätze ordnungsmäßiger Buchführung).

Anforderungen an die Buchführung

Die gesetzlichen Anforderungen an die Buchführung sind sehr allgemein gefaßt. Nach ihnen muß die Buchführung so beschaffen sein, daß sie einem *sachverständigen Dritten* innerhalb *angemessener Zeit* einen *Überblick über die Geschäftsvorfälle und über die Lage des Unternehmers* vermitteln kann.

Die Verbindung zwischen Buchungsbeleg und der zugehörigen Buchung muß jederzeit herstellbar sein. Dies gilt vor allem, wenn bei EDV-Buchhaltungen einzelne Konten verdichtet, d.h. einzelne Buchungen zu einer Gesamtsumme zusammengefaßt sind. In diesen Fällen muß die Einzelbuchung aus ergänzenden Unterlagen (z.B. dem Erfassungsprotokoll) erkennbar sein.

Im wesentlichen sind für eine ordnungsmäßige Buchführung folgende Punkte zu beachten.

Erstellung des Jahresabschlusses

Um die Ordnungsmäßigkeit der Buchführung zu wahren, muß der Jahresabschluß innerhalb einer bestimmten Frist erstellt werden.

Gesetzliche Fristen gelten nach dem Handelsrecht - was bei Freiberuflern eigentlich nur bei Ausübung der Tätigkeit in Form einer Kapitalgesellschaft in Betracht kommt - für folgende Jahresabschlüsse:

kleine Kapitalgesellschaften	*6 Monate*
sonstige Kapitalgesellschaften	*3 Monate*

Gelten keine gesonderten Fristen, ist der Jahresabschluß *innerhalb eines Jahres* nach Beendigung des Wirtschaftsjahres zu erstellen.

Buchführungssystem

Ein bestimmtes Buchführungssystem ist nicht vorgeschrieben. Besteht nach dem Handelsrecht und oder nach dem Steuerrecht die Verpflichtung zur Buchführung, ist darunter die *doppelte Buchführung* zu verstehen. Die Verpflichtung zur doppelten Buchführung beinhaltet u.a. die Erstellung einer Bilanz sowie einer Gewinn- und Verlustrechnung.

Handelsbücher

Eine genaue Festlegung, welche Bücher zu führen sind, erfolgt weder im Steuerrecht noch im Handelsrecht. Unabdingbar für die Ordnungsmäßigkeit der Buchführung sind sogenannte *Grundbücher*, in denen alle Geschäftsvorfälle in ihrer *zeitlichen Reihenfolge* erfaßt werden.

Neben der Erfassung in den Grundbüchern werden die Geschäftsvorfälle im *Hauptbuch* nach sachlichen Kriterien erfaßt. Zu diesem Zweck wird das Hauptbuch nach einem bestimmten Kontenplan in *Sachkonten* unterteilt.

Neben Grund- und Hauptbuch kann es erforderlich sein, noch *Neben- und Hilfsbücher* zu führen.

Die Aufzeichnungen, insbesondere die Buchungen, sind in den zu führenden Büchern *vollständig, richtig, zeitgerecht* und *geordnet* vorzunehmen. Der einzelne Geschäftsvorfall ist dabei im Grund- und Hauptbuch unter Angabe von Datum, Buchungstext und Belegnummer zu erfassen. Die zeitgerechte Verbuchung der Geschäftsvorfälle erfordert, mit Ausnahme des baren Zahlungsverkehrs, keine tägliche Aufzeichnung. Es muß jedoch ein zeitlicher Zusammenhang zwischen den Vorgängen und ihrer buchmäßigen Erfassung bestehen.

PRAXIS-TIP

Im Zeitalter der EDV-Buchführung ist es daher zulässig, die Geschäftsvorfälle nur periodenweise (i.d.R. monatlich) zu verbuchen. Es muß aber durch organisatorische Maßnahmen sichergestellt sein, daß die Unterlagen nicht bis zu ihrer Erfassung verlorengehen.

Die *baren Geschäftsvorfälle* (Kasseneinnahmen und -ausgaben) müssen *täglich* festgehalten werden. Die Kassenaufzeichnungen müssen dabei so beschaffen sein, daß es jederzeit möglich ist, den Sollbestand laut Kassenaufzeichnung mit dem Istbestand (der naturgemäß nicht negativ sein kann) der Kasse zu vergleichen. Eine Eintragung ist ausnahmsweise erst am Folgetag möglich, wenn zwingende betriebliche Gründe einer Erfassung am gleichen Tag entgegenstehen und aus den Unterlagen sicher entnommen werden kann, wie sich der sollmäßige Kassenbestand entwickelt hat.

Kreditgeschäfte

Bei *unbaren Geschäftsvorfällen* sind die Entstehung der Forderungen und Schulden und ihre Tilgung grundsätzlich als getrennte Geschäftsvorfälle zu behandeln.

PRAXIS-TIP

Es ist nicht zu beanstanden, wenn Waren- und Kostenrechnungen, die innerhalb von 8 Tagen nach Rechnungseingang oder innerhalb der ihrem gewöhnlichen Durchlauf durch den Betrieb entsprechenden Zeit beglichen werden, kontokorrentmäßig nicht erfaßt werden.

Neben der Erfassung der Kreditgeschäfte im Grundbuch muß grundsätzlich auch ein *Kontokorrentbuch* mit einer kontenmäßigen Darstellung der unbaren Geschäftsvorfälle, aufgegliedert nach Geschäftsfreunden, geführt werden. Diese Erfordernisse des Kontokorrentbuchs können durch die Führung von *Personenkonten* oder durch eine geordnete Ablage der nicht ausgeglichenen Rechnungen (Offene-Posten-Buchhaltung) erfüllt werden.

PRAXIS-TIP

Besteht kein laufender unbarer Geschäftsverkehr mit Geschäftsfreunden, so braucht auch kein Kontokorrentbuch geführt zu werden. Es genügt eine Aufstellung der einzelnen Forderungen und Verbindlichkeiten zum Bilanzstichtag.

Aufzeichnungspflichten beim Wareneingang und Warenausgang

Die Aufzeichnungspflichten gelten nur für gewerbliche Unternehmer und sind daher für Freiberufler ohne Belang.

B

Aufbewahrungspflicht

Bücher und Aufzeichnungen, Inventare, Jahresabschlüsse, Lageberichte, die Eröffnungsbilanz sowie die zum Verständnis erforderlichen Arbeitsanweisungen und sonstige Organisationsunterlagen sind grundsätzlich *10 Jahre* aufzubewahren. Für die sonstigen Unterlagen, insbesondere die Handels- und Geschäftsbriefe, Buchungsbelege, soweit sie für die Besteuerung von Bedeutung sind, gilt eine Aufbewahrungsfrist von *6 Jahren*, sofern nicht andere Steuergesetze kürzere Fristen zulassen.

Die Aufbewahrungsfrist läuft nicht ab, soweit und solange die Unterlagen für Steuern von Bedeutung sind, für die die allgemeine Festsetzungsfrist noch nicht abgelaufen ist. Dies hat vor allem bei Betriebsprüfungen und Rechtsbehelfsverfahren Bedeutung.

Haben Rechnungen usw. die Funktion eines Handelsbuchs (z.B. Offene-Posten-Buchhaltung), sind sie ebenfalls *10 Jahre* aufzubewahren. Eine Aufbewahrung der Registrierkassenstreifen, Kassenzettel, Bons usw. ist im Einzelfall nicht erforderlich, wenn der Zweck der Aufbewahrung in anderer Weise gesichert und die Gewähr der Vollständigkeit der von der Registrierkassenstreifen usw. übertragenen Aufzeichnungen nach den tatsächlichen Verhältnissen gegeben ist. Bei Registrierkassen kann ein Tagesendsummenbon diese unter bestimmten Voraussetzungen erfüllen.

Die Unterlagen können mit Ausnahme der Bilanz anstelle der Originale auch als *Wiedergabe auf einem Bildträger oder auf anderen Datenträgern* aufbewahrt werden. Für die Einsichtnahme müssen entsprechende Hilfsmittel zur Verfügung gestellt werden. Auf Verlangen der Finanzbehörde - z.B. bei Betriebsprüfungen - sind sie ganz oder teilweise auszudrucken.

3 Gewinnermittlung durch Einnahme-Überschußrechnung

3.1 Aufzeichnungspflichten

Als Gewinnermittlungsmethode handelt es sich bei der Einnahme-Überschußrechnung um die Aufzeichnung aller betrieblichen Einnahmen und Ausgaben. Die gesetzliche Regelung des § 4 Abs. 3 EStG selbst enthält allerdings keine Bestimmungen zur Aufzeichnungspflicht. Sie muß sich somit aus anderen Bestimmungen im Steuerrecht ergeben. Diese Bestimmungen sind aber bei weitem nicht so umfangreich wie bei der Gewinnermittlung durch Betriebsvermögensvergleich.

Betriebseinnahmen

Der Begriff Betriebseinnahmen stimmt inhaltlich mit dem Begriff *„Entgelt"* im UStG überein. Die Aufzeichnungsvorschriften des UStG sind daher auch Grundlage für die Einnahme-Überschußrechnung. Die Aufzeichnungspflicht nach dem UStG hat den Zweck, die Steuerberechnung eindeutig und leicht nachprüfbar zu machen. Insbesondere soll eine getrennte Erfassung steuerfreier und steuerpflichtiger Umsätze sowie eine Trennung der steuerpflichtigen Umsätze nach Steuersätzen gewährleistet werden. Die Aufzeichnungspflicht des UStG ist somit sehr umfassend und beinhaltet alle Betriebseinnahmen, die in Geld oder Geldeswert bestehen und im Rahmen des Betriebs zufließen. Dabei kommt es nicht darauf an, daß die Betriebseinnahmen aus Geschäften zufließen, die den *Hauptgegenstand* des Betriebs ausmachen. Auch Einnahmen aus sogenannten *Hilfs- oder Nebengeschäften* sind abgedeckt, sofern sie im Rahmen des Betriebs anfallen. Nicht zu den Betriebseinnahmen und somit auch nicht zu den Betriebsausgaben gehören diejenigen Beträge, die im Namen und für Rechnung eines anderen vereinnahmt und verausgabt werden (durchlaufende Posten).

Zusammenfassend ergibt sich für die Entgelte bei der Umsatzsteuer und somit für die Betriebseinnahmen eine Aufzeichnungspflicht

- im Rahmen der Regelbesteuerung zur Ermittlung der Ausgangs-Umsatzsteuer:
  - → die vereinnahmten Entgelte für ausgeführte Leistungen, verteilt auf steuerfreie und steuerpflichtige Umsätze (insoweit auch getrennt nach Steuersätzen),
  - → die vereinnahmten Anzahlungen für noch nicht ausgeführte Leistungen,
  - → die Bemessungsgrundlage für Leistungen an Arbeitnehmer sowie an Gesellschafter,
  - → die Bemessungsgrundlage für den Eigenverbrauch,
  - → die Beträge, auf welche Regelungen für die Mindestbemessungsgrundlage angewendet werden müssen.
- aufgrund des Umsatzsteuerbinnenmarktes.

Betriebsausgaben

Soweit für den Bereich der betrieblichen Ausgaben nicht schon die Aufzeichnungspflicht des UStG Anwendung findet, ergibt sich eine Verpflichtung zur Aufzeichnung aufgrund der dem Steuerpflichtigen zufallenden objektiven Beweislast. Da es sich hierbei um steuerbegünstigende Tatsachen handelt, hätte der Steuerpflichtige andernfalls die Folgen der Beweislosigkeit zu tragen.

B

Die Betriebsausgaben sind so aufzuzeichnen, daß ein *sachverständiger Dritter* sie leicht und einwandfrei überprüfen kann. Mithin müssen die Betriebsausgaben einzeln fortlaufend und unter Angabe des Datums sowie des Verwendungszwecks aufgezeichnet werden. Eine zusammenfassende Verbuchung der Betriebsausgaben in einer Tagessumme ist nicht zulässig. Nur bei wenigen und überschaubaren Ausgaben kann auf die Aufteilung verzichtet werden.

Die Betriebsausgaben müssen mindestens am Schluß des Kalenderjahres zusammengerechnet werden.

Eine Ausnahme bei den Betriebsausgaben stellt lediglich der Bereich des Anlagevermögens dar. Die *nicht abnutzbaren Wirtschaftsgüter* des Anlagevermögens sind unter Angabe des Tages der Anschaffung oder Herstellung und der Anschaffungs- oder Herstellungskosten oder des an deren Stelle getretenen Werts in besondere, laufend zu führende Verzeichnisse aufzunehmen[2]. Auch für die übrigen Wirtschaftsgüter des Anlagevermögens ist es zweckmäßig, ein Bestandsverzeichnis zu führen. Werden degressive Abschreibungen, erhöhte Abschreibungen oder Sonderabschreibungen in Anspruch genommen, besteht insoweit ebenfalls eine Verpflichtung zu einem besonderen, laufend zu führenden Verzeichnis. Aus dem Bestandsverzeichnis muß ersichtlich sein[3]

- der Tag der Anschaffung oder Herstellung,
- die Anschaffungs- oder Herstellungskosten,
- die Nutzungsdauer der Wirtschaftsgüter,
- die Höhe der Absetzungen für Abnutzung und der Sonderabschreibung.

Zudem sollte ersichtlich sein

- die genaue Bezeichnung des Gegenstandes und
- der Wert am Ende des jeweiligen Kalenderjahres.

Auch für die Bewertungsfreiheit für geringwertige Wirtschaftsgüter gilt es, besondere Aufzeichnungen zu führen (im einzelnen B 6.7).

Kassenführung, Bargeschäfte

Eine Verpflichtung zur Kassenführung besteht im Rahmen der Einnahme-Überschußrechnung nicht[4]. Der Kassenverkehr verlangt also nicht die Darstellung der *gesamten baren Geldbewegungen*.

Unabhängig davon besteht eine Verpflichtung zur Aufzeichnung der Bareinnahmen. Inwieweit Bareinnahmen und ggf. Barausgaben *täglich* aufgezeichnet werden müssen, wird unterschiedlich beurteilt. Nach einem rechtskräftigen Urteil des FG Bremen sind Steuerpflichtige mit Gewinnermittlung durch Einnahme-

Überschußrechnung nicht zur Einzelaufzeichnung ihrer Bareinnahmen verpflichtet[5]. Es genügt, wenn sie ihre Tageseinnahmen jeweils durch Auszählen (Kassensturz) ermitteln und das Ergebnis schriftlich festhalten. Das braucht nicht zwingend in der Form eines Kassenberichts zu geschehen. Eine tägliche Aufzeichnungspflicht für Bareinnahmen und -ausgaben wird andererseits jedoch vom BFH bejaht[6].

PRAXIS-TIP

Aufzeichnungserleichterungen bei den Kasseneinnahmen, wie sie gewerblichen Unternehmern mit Buchführung zustehen, dürfen auch den Freiberuflern mit Einnahme-Überschußrechnung nicht verwehrt werden.

BEACHTEN SIE:

Die zutreffende Beurteilung, wie die Aufzeichnungen bei den Bareinnahmen zu führen sind, kann bei Freiberuflern vernachlässigt werden, da i.d.R. Bareinnahmen nur in geringem Umfang anfallen. Mit einer täglichen Aufzeichnung sind sie sowohl bei den Betriebseinnahmen als auch bei den Betriebsausgaben auf der sicheren Seite.

Privatentnahmen und -einlagen

Die Gewinnermittlung durch Einnahme-Überschußrechnung führt nicht zur Verpflichtung, die gesamten Privatentnahmen und -einlagen aufzuzeichnen. *Sachentnahmen* sind jedoch den Betriebseinnahmen hinzuzurechnen, da sich andernfalls eine Einnahme, die der Ausgabe für die Anschaffung oder Herstellung des entnommenen Wirtschaftsguts gegenübersteht, nicht mehr ergäbe (Korrektur der Betriebsausgaben). Eine Ausnahme besteht jedoch bei der Ermittlung der Bareinnahmen durch *Kassenbericht*. Hier müssen u.a. auch die Privatentnahmen und -einlagen aufgezeichnet werden, denn nur mit diesen Angaben kann ein ordnungsgemäßer Kassenbericht erstellt werden.

Sonstige Aufzeichnungspflichten

Für die Ermittlung der Umsatzsteuer müssen nicht nur die Ausgangsumsätze aufgezeichnet werden, sondern auch die *Vorsteuerbeträge*. Zur Ermittlung der Vorsteuern sind aufzuzeichnen

B

- die Entgelte für steuerpflichtige Eingangsumsätze und die darauf entfallenden Steuerbeträge,
- die vor Ausführung der Umsätze gezahlten Entgelte und Teilentgelte und die darauf entfallenden Steuerbeträge, für die Steuer nach der Mindest-Ist-Besteuerung entstanden ist,
- die Bemessungsgrundlagen für die Einfuhr von Gegenständen und die dafür entrichtete Einfuhrumsatzsteuer.

Für die *nichtabzugsfähigen Betriebsausgaben i.S.d. § 4 Abs. 5 EStG* besteht eine gesonderte Aufzeichnungspflicht, die unabhängig von der Art der Gewinnermittlung gilt[7]. Die Voraussetzung der gesonderten Aufzeichnung ist erfüllt, wenn diese speziellen Betriebsausgaben *fortlaufend, zeitnah* und insbesondere bei der Gewinnermittlung durch Einnahme-Überschußrechnung *von Anfang an* getrennt von den sonstigen Betriebsausgaben *einzeln* aufgezeichnet werden. Die gesonderte und geordnete Ablage von Bewirtungsbelegen genügt nur dann der gesonderten Aufzeichnungspflicht, wenn zusätzlich die Summe der Aufwendungen periodisch und zeitnah auf einem besonderen Konto oder vergleichbaren anderen Aufzeichnungen eingetragen wird[8].

Ist der Freiberufler gleichzeitig auch *Arbeitgeber*, so besteht eine weitere Aufzeichnungspflicht. Es ist für jeden Arbeitnehmer am Ort der Betriebsstätte ein *Lohnkonto* zu führen. Zu den Lohnkonten im einzelnen E 1.5.

Sollen die Vergünstigungen der *Übertragung von stillen Reserven gemäß § 6c EStG* in Anspruch genommen werden, sind die Wirtschaftsgüter, bei denen ein Abzug von den Anschaffungskosten oder Herstellungskosten vorgenommen wurde, in ein besonderes, fortlaufend zu führendes Verzeichnis aufzunehmen[9].

Form der Aufzeichnungen zur Einnahme-Überschußrechnung

Wie bei der Buchführung existieren auch bei der Einnahme-Überschußrechnung keine allgemein anerkannten Systeme zur Erstellung einer „ordnungsgemäßen Einnahme-Überschußrechnung". Prinzipiell genügt für die Einnahme-Überschußrechnung die geordnete Zusammenstellung der Betriebseinnahmen und -ausgaben. Als zweckmäßig erweist sich die Führung eines Einnahme-Ausgabe-Buches in Form eines *amerikanischen Journals.* Die Betriebseinnahmen und -ausgaben können bei dieser Aufzeichnungsform i.d.R. durch die Einrichtung mehrerer Spalten so aufgeteilt werden, daß die hauptsächlich vorkommenden Einnahmen und Ausgaben in je einer Spalte erfaßt werden. Eine andere Möglichkeit ist die Einrichtung einzelner Konten in einer vereinfachten - auch EDV-unterstützten - Buchhaltung.

PRAXIS-TIP

Als zweckmäßig hat sich erwiesen, nicht nur die reinen Betriebseinnahmen und -ausgaben aufzuzeichnen, sondern alle Geldbewegungen, die auf einem betrieblichen Geldkonto (Bankkonten und eventuell Kasse) abgewickelt werden. Unter Einbeziehung der Anfangs- und Schlußstände des Geldkontos ist eine Kontrolle der Vollständigkeit aller Zahlungsvorgänge möglich.

Bei dieser Handhabung sind zusätzlich Aufzeichnungen zu

- durchlaufenden Posten,
- Anschaffungskosten für Wirtschaftsgüter des Anlagevermögens,
- innerbetrieblichem Geldverkehr,
- Geldentnahmen für private Zwecke und Geldeinlagen aus dem Privatbereich,
- Darlehen (Aufnahme, Tilgung)

erforderlich.

Aufbewahrungspflichten

Auch für die Aufzeichnungen der Einnahme-Überschußrechnung gelten Aufbewahrungsfristen nach dem Steuerrecht. Die Rechtsgrundlagen sind in diesem Bereich zwar nicht ganz so eindeutig wie im Bereich des Betriebsvermögensvergleichs und der Buchführung, doch läßt sich die Aufbewahrungspflicht sowohl aus der objektiven Beweislast als auch aus der Aufbewahrungspflicht des § 147 AO herleiten. Es entspricht wohl der herrschenden Meinung, daß diese Aufbewahrungspflicht des § 147 AO auch für den Bereich der Einnahme-Überschußrechnung durch Freiberufler gelten muß, obwohl im Gesetzestext lediglich die Buchführungsunterlagen genannt sind. Im einzelnen wird daher auf B 2.4 verwiesen.

3.2 Grundsätze des Zu- und Abflußprinzips

Der wesentliche Unterschied zwischen der Einnahme-Überschußrechnung und dem Betriebsvermögensvergleich ist neben den vereinfachten Aufzeichnungsvorschriften der *zeitliche Unterschied* bei der Erfassung von Einnahmen und Ausgaben. Während der Betriebsvermögensvergleich den Grundsätzen periodengerechter Gewinnermittlung folgt, gelten bei der Einnahme-Überschußrechnung die Grundsätze von Vereinnahmung und Verausgabung oder - anders - das Zu- und Abflußprinzip.

B

PRAXIS-TIP

Durch die Erfassung der Betriebseinnahmen und Betriebsausgaben bei Zufluß und Abfluß besteht eine einfache Möglichkeit, die Höhe des Gewinns zu beeinflussen.

Stellt der Steuerpflichtige gegen Ende des Jahres fest, daß der Gewinn des laufenden Jahres zu hoch ausfällt, so genügt es, im Folgejahr fällige Rechnungen für Betriebsausgaben schon im laufenden Jahr zu zahlen oder Rechnungen für bereits erbrachte Leistungen erst im Folgejahr den Kunden zukommen zu lassen. Eine mißbräuchliche Gestaltung ist hierin nicht zu sehen.

Eine mißbräuchliche Gestaltung kann jedoch dann vorliegen, wenn dem Grunde nach abzugsfähige Ausgaben ohne wirtschaftlich vernünftigen Grund vorausbezahlt werden[10].

3.2.1 Grundlagen des Zu- und Abflußprinzips

Für die Einnahme-Überschußrechnung gilt im Grundsatz, daß Einnahmen bei ihrem Zufluß und Ausgaben bei ihrem Abfluß zu erfassen sind.

Einnahmen sind innerhalb des Kalenderjahres bezogen, in dem sie dem Steuerpflichtigen zugeflossen sind (§ 11 Abs. 1 S. 1 EStG). Der *Zufluß* ist anzunehmen, wenn der Steuerpflichtige über die Einnahmen wirtschaftlich verfügen kann. Dies gilt gleichermaßen für Einnahmen in Geld und für Sacheinnahmen.

Die Verfügbarkeit ist gegeben bei:

Bargeld	mit der Übergabe des Geldbetrags
Scheck	grundsätzlich mit der Entgegennahme, wobei der sofortigen Bankeinlösung nicht zivilrechtliche Vereinbarungen entgegenstehen dürfen
Überweisung	mit Wertstellung auf dem Konto
Wechsel	mit Einlösung oder Diskontierung des zahlungshalber hingegebenen Wechsels

Ausgaben sind in dem Kalenderjahr abzusetzen, in dem sie geleistet worden sind (§ 11 Abs. 2 S. 1 EStG). Der *Abfluß* ist anzunehmen, wenn der Steuerpflichtige die wirtschaftliche Verfügungsmacht über die Gelder oder geldwerten Güter verloren hat.

Dies ist im Einzelfall gegeben bei:

Bargeld	mit der Übergabe des Geldbetrags

Scheck	grundsätzlich mit Hingabe
Überweisung	im Zeitpunkt des Eingangs des Überweisungsauftrags bei der Überweisungsbank
Wechsel	mit Einlösung oder Diskontierung des zahlungshalber hingegebenen Wechsels

3.2.2 Ausnahmen vom Zu- und Abflußprinzip

Regelmäßig wiederkehrende Einnahmen und Ausgaben sind in dem Jahr zu berücksichtigen, zu dem sie wirtschaftlich gehören, wenn die Fälligkeit *und* die Bezahlung innerhalb kurzer Zeit vor oder nach dem Kalenderjahreswechsel liegen. Als kurze Zeit ist regelmäßig ein Zeitraum von 10 Tagen anzusehen.

BEISPIEL

Die Miete der Betriebsräume, die am jeweils Monatsersten fällig ist, überweisen Sie für den Monat Januar 1998 bereits am 28. 12. 1997.

Trotz des Abflusses in 1997 ist die Miete entsprechend ihrer wirtschaftlichen Zugehörigkeit erst in 1998 als Betriebsausgabe abzugsfähig.

Fehlt der enge zeitliche Zusammenhang zwischen Fälligkeit und Zahlung, gelten wieder die allgemeinen Grundprinzipien von Zu- und Abfluß.

BEISPIEL

Die Miete der Betriebsräume, die am jeweils Monatsersten fällig ist, überweisen Sie für den Monat Januar 1998 schon am 8. 12. 1997.

Hier liegt die Zahlung nicht im 10-Tages-Zeitraum. Die Miete ist im Zeitpunkt der Zahlung Betriebsausgabe.

Regelmäßig wiederkehrende Einnahmen und Ausgaben sind nur solche, die nach dem zugrundeliegenden Rechtsverhältnis grundsätzlich am Beginn oder am Ende des Kalenderjahres zahlbar sind, zu dem sie wirtschaftlich gehören. Einnahmen und Ausgaben gehören wirtschaftlich zu dem Zeitraum, für den die Zahlung erfolgt. *Wirtschaftliche Zugehörigkeit* und *regelmäßige Wiederkehr* sind also die entscheidenden Kriterien.

Entscheidend ist daher im allgemeinen, ob ein Dauerschuldverhältnis vorliegt, d.h. meistens ein Vertrag oder ein öffentliches Rechtsverhältnis, aus dem die Leistungen geschuldet werden. Beispiele hierfür sind:

- Zinsen
- Renten
- Wasser-, Strom-, Müllgebühren
- Telefongebühren
- Gehälter, Löhne
- Mieten, Pachten
- Zahlungen der Kassen(zahn)ärztlichen Vereinigung

Daß die Zahlungen teilweise in unregelmäßiger Höhe anfallen können, steht der wirtschaftlichen Zuordnung nicht entgegen.

Zusammenfassend kann festgestellt werden, daß die Regelung des § 11 Abs. 1 S. 2 EStG

- systemwidrig ist, weil der Gewinnermittlung durch Einnahme-Überschußrechnung die Periodenabgrenzung eigentlich wesensfremd ist,
- andererseits der Vermeidung von Zufallsergebnissen bei der Besteuerung regelmäßig wiederkehrender Einnahmen und Ausgaben dienen soll.

3.2.3 Übersicht zum Zu- und Abflußprinzip

Die vorgenannten Grundsätze zum Zeitpunkt der Vereinnahmung und Verausgabung lassen sich folgendermaßen zusammenfassen:

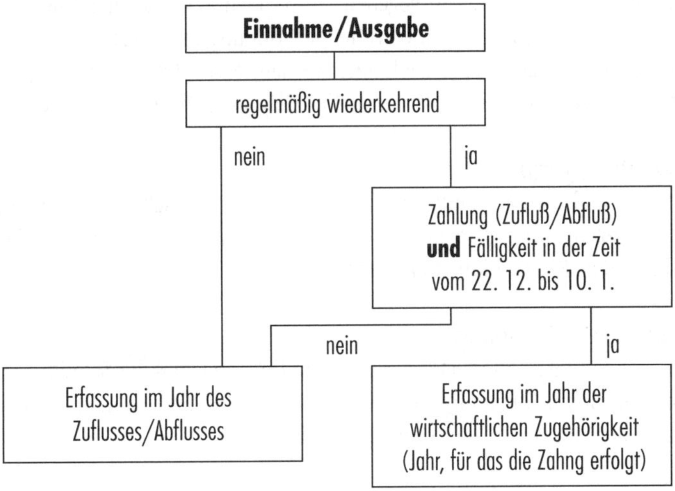

3.2.4 Besonderheiten des Zuflusses im Rahmen der Einnahme-Überschußrechnung

Erfahrungsgemäß ist die Einnahme-Überschußrechnung die Gewinnermittlungsart, die von den meisten Freiberuflern gewählt wird. Einzelfälle der Betriebseinnahmen, bei denen im Rahmen des Zuflußprinzips Besonderheiten zu beachten sind, werden im folgenden dargestellt.

Aufrechnung

Betriebseinnahmen sind alle Zugänge in Geld oder Geldeswert, die durch den Betrieb veranlaßt sind. Auch die wirksame Aufrechnung mit einer Honorarforderung stellt einen Geldzugang im Rahmen der Gewinnermittlung durch Einnahme-Überschußrechnung dar[11].

Gesamtgläubiger

Stehen die Betriebseinnahmen mehreren Freiberuflern als Gesamtgläubiger zu und vereinbaren sie mit dem Schuldner, daß dieser nur an einen bestimmten Gesamtgläubiger leisten soll, so tritt bei jedem der Gesamtgläubiger anteilsmäßig ein Zufluß in dem Zeitpunkt ein, in dem die Einnahmen bei dem bestimmten Gesamtgläubiger eingehen[12].

Pfändung des Herausgabeanspruchs

Ein Zufluß der Einnahmen ist gegeben, wenn noch in demselben Kalenderjahr wegen eines diese Einnahmen betreffenden Herausgabeanspruchs nach § 667 BGB entsprechende Beträge gepfändet werden, eine Überweisung aber nicht stattfand und die Beträge erst später an den Gläubiger ausbezahlt werden[13].

Rückzahlungsverpflichtung

Bei der Einnahme-Überschußrechnung sind die tatsächlichen Betriebseinnahmen des Veranlagungsjahrs maßgebend. Dies gilt auch dann, wenn sich für spätere Jahre eine Rückzahlungsverpflichtung ergibt[14].

Stundung von Einnahmen

Wird eine Zahlung gestundet, sei es aus dem Umstand, daß der Schuldner nicht zahlt oder nicht zahlen kann, hat das zur Folge, daß das Geld beim Schuldner nicht abfließt und beim Gläubiger nicht zufließt.

Hat der Gläubiger jedoch die Möglichkeit gehabt, über den Betrag zu verfügen, will er ihn aber im Augenblick nicht haben (Stehenlassen der Gelder), dann gilt der Betrag trotzdem als zugeflossen, weil auch das Nichtabrufen der Gelder eine Verfügung ist[15].

Verrechnung

Eine Betriebseinnahme, die mit einem vorweg gewährten Darlehen verrechnet werden soll, ist erst im Zeitpunkt der Verrechnung zugeflossen, wenn die Darlehensvereinbarung wirtschaftlich sinnvoll erscheint[16].

Vorschußzahlungen

Vorschußweise geleistete Honorare sind auch dann zugeflossen, wenn im Zeitpunkt der Veranlagung feststeht, daß sie teilweise zurückzuzahlen sind. Bei der Gewinnermittlung durch Einnahme-Überschußrechnung kann in Höhe der Rückzahlungsverpflichtung kein gewinnmindernder Schuldposten gebildet werden[17].

Zinsgutschrift

Werden Zinsen auf eine betriebliche Spareinlage erst im Folgejahr im Sparbuch eingetragen, so rechnen sie doch zum Vorjahr, weil die Gutschrift durch die Bank bereits zum Jahreswechsel erfolgt ist; die Zinsen werden ab diesem Zeitpunkt bereits als weiterzuverzinsender Betrag behandelt.

3.2.5 Besonderheiten des Abflusses im Rahmen der Einnahme-Überschußrechnung

Auch für den Bereich des Abflußprinzips gilt natürlich der Grundsatz:

Keine Regel ohne Ausnahme

In zahlreichen Fällen von Betriebsausgaben gilt es, Besonderheiten zu beachten. Diese Besonderheiten werden im einzelnen bei der Darstellung der Betriebsausgaben erläutert. Die folgende Übersicht zeigt auf, in welchen Fällen Besonderheiten zu beachten sind.

- Damnum/Disagio
- Darlehensverluste
- Forderungsverluste
- Fremdwährungsdarlehen
- GWG
- Leasing
- Rückzahlung von Honoraren
- Umsatzsteuer/Vorsteuer
- Nichtabnutzbares Anlagevermögen
- Abnutzbares Anlagevermögen

3.3 Durchlaufende Posten

Begriff

Durchlaufende Posten sind betriebliche Geldzuflüsse und -abflüsse, die im Namen und für Rechnung eines anderen vereinnahmt und verausgabt werden. Maßgebend dabei sind nicht eventuell getroffene Vereinbarungen, sondern die *tatsächlichen Verhältnisse*.

Der Sinn und Zweck der Regelung zu den durchlaufenden Posten liegt darin, daß Einnahmen, die der Steuerpflichtige von einem Dritten erhält, um sie in dessen Namen und für dessen Rechnung für einen bestimmten Zweck zu verwenden, das Betriebsergebnis nicht beeinflussen sollen. Auf Grund des Zu- und Abflußprinzips wird diese Regelung bei der Einnahme-Überschußrechnung erst erforderlich. Im Rahmen der Gewinnermittlung durch Betriebsvermögensvergleich ergibt sich dieser Zweck bereits aus den Grundsätzen der Gewinnermittlung.

Voraussetzung für das Vorliegen eines durchlaufenden Posten sind:

- Der Steuerpflichtige darf nur Mittelsperson und nicht selbst Schuldner der verauslagten Beträge sein.
- Unmittelbare Rechtsbeziehungen dürfen nur zwischen dem fremden Auftraggeber und einem Dritten bestehen.
- Der Vereinnahmung muß zwingend die Verausgabung folgen (bei fehlender Verausgabung liegt eine Betriebseinnahme vor) bzw. der Zahlungsverpflichtete muß wissen, an wen die Beträge weitergeleitet werden.

Für die Annahme eines durchlaufenden Postens kommt es aber *nicht* darauf an, ob

- die Vereinnahmung und Verausgabung im gleichen Wirtschaftsjahr erfolgen; es reicht aus, wenn auf Grund der Verausgabungspflicht die spätere Verausgabung mit Sicherheit erfolgen wird; das gleiche gilt, wenn der Steuerpflichtige für seinen Auftraggeber in dessen Namen und für dessen Rechnung Zahlungen im Vorwege geleistet hat, ihm diese Zahlungen erst in einem späteren Wirtschaftsjahr von seinem Auftraggeber erstattet werden;
- die Vereinnahmung vor der Verausgabung erfolgt.

Bei den Freiberuflern sind bei folgenden Berufsgruppen durchlaufende Posten typisch:

B

- Architekten
- Ärzte
- Fahrschulen
- Notare
- Patentanwälte
- Rechtsanwälte
- Vermessungsingenieure

Behandlung bei der Einnahme-Überschußrechnung:
Betriebliche Geldzuflüsse und -abflüsse, die als durchlaufende Posten zu behandeln sind, scheiden bei der Gewinnermittlung aus[18]. Dies bedeutet, daß ihre Vereinnahmung *keine* Betriebseinnahme und ihre Verausgabung *keine* Betriebsausgabe darstellt.

Wesentliche Bedeutung hat diese Regelung vor allem beim Jahreswechsel und für die umsatzsteuerliche Behandlung.

BEACHTEN SIE:

Da es sich bei den durchlaufenden Posten bei deren Abfluß nicht um Betriebsausgaben handelt, kommt grundsätzlich die Anwendung des § 160 AO (Empfängerbenennung) nicht in Betracht[19].

BEISPIEL

Sie führen als Rechtsanwalt für einen Ihrer Mandanten einen Prozeß vor dem Landgericht. Zu Beginn des Prozesses im Dezember 1998 müssen Sie einen Gerichtskostenvorschuß in Höhe von 3.000 DM leisten. Die Anforderung eines Honorarvorschusses, in dem Sie auch den Gerichtskostenvorschuß ausweisen, zahlt der Mandant erst im Januar 1999.

Der Gerichtskostenvorschuß stellt bei Ihnen 1998 keine Betriebsausgabe dar, da insoweit ein durchlaufender Posten vorliegt. Betriebseinnahme 1999 wird zum Ausgleich nur der Honorarvorschuß.

Ein an sich durchlaufender Posten kann jedoch dann zur Betriebsausgabe werden, wenn der Steuerpflichtige nicht mehr mit einer Erstattung rechnen kann. Der Ansatz als Betriebsausgabe erfolgt aber nicht bei Abfluß des Betrages, sondern erst, wenn mit der Erstattung nicht mehr zu rechnen ist. Wird der Betrag in einem späteren Wirtschaftsjahr doch noch erstattet, ist die Erstattung als Betriebseinnahme anzusetzen.

BEISPIEL

Sie führen als Rechtsanwalt für einen ihrer Mandanten einen Prozeß vor dem Landgericht. Während des Prozesses 1996 müssen Sie Gerichtskosten in Höhe von 3.000 DM leisten. Die Anforderung des Honorars, in dem Sie auch die Gerichtskosten ausweisen, kann der Mandat infolge Zahlungsschwierigkeiten 1997 nicht leisten. Erst 1999 kommt der Mandant überraschend zu liquiden Mitteln, aus denen er auch Ihre Forderung befriedigt.

Aufgrund der Zahlungsschwierigkeiten können Sie die Gerichtskosten 1997 als Betriebsausgaben geltend machen. 1999 stellen sie jedoch wiederum eine Betriebseinnahme dar.

BEACHTEN SIE:

Hat der Steuerpflichtige die vorweggenommene Zahlung des durchlaufenden Postens fälschlicherweise als Betriebsausgabe gebucht, kann er sich im Jahr der Vereinnahmung nicht darauf berufen, daß der Betrag einen durchlaufenden Posten darstellt. Der Begriff des durchlaufenden Postens setzt insoweit auch die erfolgsneutrale Vereinnahmung und Verausgabung voraus[20].

Umsatzsteuer

Durchlaufende Posten gehören bei der Umsatzsteuer nicht zum Entgelt. Voraussetzung hierfür ist, daß der Unternehmer die Beträge im Namen und für Rechnung eines Dritten vereinnahmt und verausgabt hat[21].

Einzelfälle

Die Rechtsprechung und die Finanzverwaltung haben einen durchlaufenden Posten in folgenden Fällen *bejaht*:

- Gerichtskostenvorschüsse bei Rechtsanwälten,
- TÜV-Gebühren anläßlich von Führerscheinprüfungen bei Fahrschulen,
- Kataster- und Verwaltungsgebühren bei öffentlich bestellten Vermessungsingenieuren.

Keine durchlaufenden Posten sind in folgenden Fällen gegeben:

- vereinnahmte und verausgabte Umsatzsteuer,
- Zuschüsse aus betrieblichen Gründen zur Abdeckung laufender Kosten bzw. Neuanschaffungen,

- Entgelte für Lichtpausen, die ein Architekt von einer Lichtpausanstalt berechnet erhält und dem Bauherrn weiterberechnet,
- Leistungen von Versicherungen in einem Schadensfall, auch wenn die Gelder unmittelbar zur Beseitigung des Schadens verwendet werden,
- Steuern, öffentliche Gebühren und Abgaben, die vom Steuerpflichtigen geschuldet werden, auch wenn sie dem Auftraggeber bzw. Leistungsempfänger gesondert berechnet werden.

3.4 Vereinnahmung und Verausgabung der Umsatzsteuer

Die Behandlung der Umsatzsteuer stellt einen der wesentlichen Unterschiede zwischen der Einnahme-Überschußrechnung und dem Betriebsvermögensvergleich dar. Der Unterschied liegt aber nur im Zeitpunkt der Erfassung. Insgesamt wirkt sich die Umsatzsteuer wie beim Bilanzierenden nur aus, wenn es sich um tatsächliche Einnahmen bzw. Ausgaben handelt.

Umsatzsteuer als Betriebseinnahme

Die vereinnahmten Umsatzsteuerbeträge aus den erzielten Erlösen gehören mit zu den Betriebseinnahmen. Sie stellen keinen durchlaufenden Posten dar. Die scheinbare Ungleichbehandlung zum Betriebsvermögensvergleich wird dadurch ausgeglichen, daß zum Zeitpunkt der Zahlung an das Finanzamt wiederum Betriebsausgaben vorliegen. Im Ergebnis bleibt als Gewinn ebenfalls der Nettoerlös.

BEISPIEL

Sie vereinnahmen im Dezember 1998 Erlöse in Höhe von 10.000 DM zzgl. 1.600 DM Umsatzsteuer. Die Umsatzsteuer wird im Januar 1999 an das Finanzamt bezahlt.

	EÜR	BVV
Ansatz Betriebseinnahmen in 1998	11.600 DM	10.000 DM
Ansatz Betriebsausgaben in 1999	- 1.600 DM	- DM
Gesamtgewinn	10.000 DM	10.000 DM

Zu den Betriebseinnahmen rechnet auch die auf den *Eigenverbrauch* entfallende Umsatzsteuer. Unter den umsatzsteuerpflichtigen Eigenverbrauch können der

- Gegenstandseigenverbrauch,
- Verwendungseigenverbrauch,

- Aufwandseigenverbrauch

fallen. Die Erfassung als Einnahmen erfolgt *im Zeitpunkt des Eigenverbrauchs*, d.h. im Zeitpunkt der Entnahme des Gegenstandes oder der Entnahme der Leistung.

BEISPIEL

Sie entnehmen im Dezember 1998 einen Pkw aus dem Betriebsvermögen. Für den Pkw haben Sie den Vorsteuerabzug in Anspruch nehmen können. Der Entnahmewert beträgt 5.000 DM. Die darauf entfallende USt beträgt 800 DM. Im Dezember 1998 ist eine Betriebseinnahme von 5.800 DM zu erfassen.

BEACHTEN SIE:

Bei der Berechnung der Bemessungsgrundlage für den umsatzsteuerlichen Gegenstands- oder Verwendungseigenverbrauch dürfen nur die Kosten einbezogen werden, für die auch ein Vorsteueranspruch bestand.

Eine Ausnahme vom Ansatz des Eigenverbrauchs als Einnahme im Zeitpunkt des Eigenverbrauchs gilt lediglich für den USt-Eigenverbrauch bei nichtabzugsfähigen Betriebsausgaben. Hier erfolgt die Zurechnung erst bei *Zahlung* der USt, da insoweit die Umsatzsteuer auch eine nichtabzugsfähige Betriebsausgabe darstellt[22].

Aus der Systematik des Ansatzes von Betriebseinnahmen und Betriebsausgaben bei vereinnahmter und verausgabter Umsatzsteuer ergibt sich auch, daß *Umsatzsteuererstattungen des Finanzamts* zu den Betriebseinnahmen zu rechnen sind. Nur auf diese Weise kann insgesamt die Neutralisierung der Umsatzsteuer aus dem Gewinn gewährleistet werden.

Umsatzsteuer als Betriebsausgabe

Entsprechend der Behandlung der vereinnahmten Umsatzsteuer bei den Betriebseinnahmen werden auch verausgabte Umsatzsteuerbeträge in Form der *Vorsteuer* bei Zahlung zur Betriebsausgabe. Dies gilt auf jeden Fall für abzugsfähige Vorsteuerbeträge. Erfolgt deren Erstattung durch das Finanzamt, sind sie wiederum als Betriebseinnahme zu erfassen.

Schwieriger ist die Behandlung von nichtabzugsfähigen Vorsteuerbeträgen.

B

Handelt es sich um Vorsteuerbeträge bei laufenden Betriebsausgaben, gilt wie für den Nettobetrag auch das uneingeschränkte Abflußprinzip.

Bei der Anschaffung oder Herstellung von Wirtschaftsgütern rechnet die nichtabzugsfähige Vorsteuer zu den Anschaffungs- oder Herstellungskosten. Ein sofortiger Abzug als Ausgabe entfällt. Eine Ausnahme hiervon gilt nur, wenn

- die Vorsteuer nur *teilweise* vom Abzug ausgeschlossen ist und
- der nichtabzugsfähige Teil 25 % und 500 DM nicht übersteigt bzw.
- der vom Vorsteuerabzug ausgeschlossene Teil des Gesamtumsatzes 3 % nicht übersteigt.

In diesen Fällen braucht der nichtabzugsfähige Teil der Vorsteuern nicht den Anschaffungs- bzw. Herstellungskosten zugerechnet zu werden. Ein sofortiger Abzug bei Zahlung ist dann möglich.

BEISPIEL

Sie erzielen Umsätze, die zu 40 % umsatzsteuerfrei und zu 60 % steuerpflichtig sind. Im Mai 1998 kaufen Sie sich einen Gebraucht-Pkw für 7.000 DM zzgl. 1.120 DM USt. Das Fahrzeug wird für den gesamten Umsatzbereich eingesetzt.

Der Anteil der nichtabzugsfähigen Vorsteuer beträgt 448 DM. Es ist zwar die absolute Grenze von 500 DM nicht überschritten, jedoch die Umsatzgrenze von 25 %. Die nichtabzugsfähige Vorsteuer rechnet zwingend zu den Anschaffungskosten.

Sonderfälle

Ergibt sich bei einer vorgenommenen *Vorsteueraufteilung* eine *nachträgliche Änderung* des Aufteilungsmaßstabes, hat die Korrektur u.U. auch eine Änderung der Herstellungs- oder Anschaffungskosten des betroffenen Wirtschaftsguts zur Folge. Aus Vereinfachungsgründen ist es jedoch nicht zu beanstanden, wenn in einem solchen Fall die durch die Änderung sich ergebenden Mehr- oder Minderbeträge an nicht abzugsfähiger Vorsteuer sofort als Betriebseinnahmen oder Betriebsausgaben abgezogen werden. Die bisherigen Anschaffungs- oder Herstellungskosten bleiben unverändert. Diese Ausnahmeregelung kommt nur in Betracht, wenn die Änderung *nicht mehr als 25 % und 500 DM* beträgt.

Ändern sich bei einem Wirtschaftsgut in späteren Jahren die Verhältnisse, die im Kalenderjahr der erstmaligen Verwendung im Betrieb für den Vorsteuerabzug maßgebend waren, kommt eine *Berichtigung nach § 15a UStG* in Betracht. Die sich aus der Korrektur ergebenden Mehrbeträge an abzugsfähiger Vorsteuer sind im Zeitpunkt ihrer Erstattung als Betriebseinnahme, Minderbeträge im Zeitpunkt der Zahlung als Betriebsausgabe zu erfassen. Eine Korrektur der Anschaffungs- bzw. Herstellungskosten des betroffenen Wirtschaftsguts kommt hier in keinem Fall in Betracht.

BEISPIEL

Sie erzielen Umsätze, die zu 40 % umsatzsteuerfrei und zu 60 % steuerpflichtig sind. Im Juni 1998 kaufen Sie sich einen Pkw für 80.000 DM zzgl. 12.800 DM USt. Das Fahrzeug wird für den gesamten Umsatzbereich eingesetzt.

Der Anteil der nichtabzugsfähigen Vorsteuer beträgt 5.120 DM. Die nichtabzugsfähige Vorsteuer rechnet zwingend zu den Anschaffungskosten.

Im Jahr 1999 wird das Fahrzeug nur noch für den Bereich der steuerpflichtigen Umsätze eingesetzt. Dadurch ergibt sich für 1999 ein Korrekturbetrag nach § 15a UStG von 1.024 DM (1/5 von 12.800 DM, davon 40 %) zu Ihren Gunsten. Im Zeitpunkt der Erstattung durch das Finanzamt ist der Betrag als Betriebseinnahme zu erfassen.

Übersicht zur Vereinnahmung und Verausgabung

Die vorgenannten Grundsätze lassen sich wie folgt zusammenfassen:

Art der Aufwendung	Einnahme/Ausgabe	Zeitpunkt
USt auf Betriebseinnahmen	Betriebseinnahme	Zufluß der Einnahme
USt-Zahlung an Finanzamt	Betriebsausgabe	Abfluß der Zahlung
Abzugsfähige Vorsteuer	Betriebsausgabe	Abfluß der Zahlung
Nichtabzugsfähige Vorsteuer - Teil der Anschaffungs-/Herstellungskosten - keine Anschaffungs-/Herstellungskosten	 Betriebsausgabe Betriebsausgabe	 Abzug der AfA bzw. des Restbuchwerts Abfluß der Zahlung
Korrekturbetrag nach § 15a UStG - nachträgliche Erstattung - nachträgliche Rückzahlung von Vorsteuerbeträgen	 Betriebseinnahme Betriebsausgabe	 Zufluß der Erstattung Abfluß der Zahlung
USt-Erstattung vom Finanzamt	Betriebseinnahme	Zufluß der Erstattung

4 Wechsel der Gewinnermittlungsart

Die Einnahme-Überschußrechnung unterscheidet sich vom Bestandsvergleich im wesentlichen dadurch, daß bei der Einnahme-Überschußrechnung Einnahmen und Ausgaben i.d.R. bei Zu- und Abfluß zu erfassen sind. Dies bedeutet grundsätzlich, daß sich die Betriebseinnahmen und -ausgaben bei der Einnahme-Überschußrechnung zu einem anderen Zeitpunkt auswirken können als beim Bestandsvergleich.

Der Übergang von der Einnahme-Überschußrechnung zur Gewinnermittlung durch Bestandsvergleich erfordert, daß Betriebsvorgänge, die bisher nicht berücksichtigt worden sind, beim ersten Bestandsvergleich berücksichtigt werden, bzw. das Vorgänge, die bereits berücksichtigt wurden, nicht nochmals berücksichtigt werden. Das gleiche gilt, wenn von der Gewinnermittlung durch Bestandsvergleich zur Gewinnermittlung durch Einnahme-Überschußrechnung gewechselt wird.

Es ist deshalb im Zeitpunkt des Übergangs erforderlich, entsprechende *Korrekturen des Gewinns* vorzunehmen.

4.1 Ursachen für einen Wechsel der Gewinnermittlungsart

- Freiwilliger Wechsel
  Es besteht für Freiberufler keine Verpflichtung zur Gewinnermittlung durch Einnahme-Überschußrechnung. Es steht daher jedem Freiberufler frei, zum Betriebsvermögensvergleich zu wechseln.
- Wechsel wegen der Verpflichtung zur Bilanzierung
  Entwickelt sich die Praxis z.B. wegen der Aufnahme einer fachfremden Person zu einem Gewerbebetrieb, kann aus steuerrechtlicher Sicht die Verpflichtung zur Bilanzierung gegeben sein. Dies ist ferner der Fall, wenn die in § 141 AO genannten Grenzen überschritten sind.
- Wechsel wegen Veräußerung oder Aufgabe des Betriebs
  Bei der Veräußerung oder Aufgabe des Betriebs ist zwingend von der Einnahme-Überschußrechnung zum Betriebsvermögensvergleich überzugehen. Der Veräußerungs- oder Aufgabegewinn ist dann auf der Basis der zu erstellenden Bilanz zu ermitteln.
- Wechsel wegen Schätzung des Gewinns
  Ist der Gewinn durch Schätzung zu ermitteln, wird i.d.R. der Gewinn aus der

freiberuflichen Tätigkeit nach den Grundsätzen von § 4 Abs.1 EStG geschätzt. Es liegt somit auch in diesen Fällen ein Wechsel der Gewinnermittlungsart vor, wenn zuvor der Gewinn durch Einnahme-Überschußrechnung ermittelt wurde.

Unter Schätzung ist dabei die Vollschätzung von Einnahmen und Gewinn zu verstehen. Ist lediglich eine Zuschätzung zu den Einnahmen oder die konkrete Zurechnung bisher nicht erfaßter Einnahmen erforderlich, bedingt dies nicht den Wechsel zum Betriebsvermögensvergleich.

- Unentgeltlicher Betriebsübergang

  Nicht erforderlich ist ein Wechsel der Gewinnermittlungsart bei einem unentgeltlichen Übergang des Betriebs. Die Fußstapfentheorie greift insoweit auch für die Gewinnermittlungsart.

  Bei einem späteren Übergang durch den Rechtsnachfolger wird dieser so gestellt, als habe er den Betrieb schon während der Zeit des Vorgängers besessen.

4.2 Wechsel von der Einnahme-Überschußrechnung zum Bestandsvergleich

Der Wechsel von der Einnahme-Überschußrechnung zum Bestandsvergleich vollzieht sich in *zwei Schritten*. Im ersten Schritt ist die Eröffnungsbilanz zu erstellen, im zweiten Schritt sind die Gewinnkorrekturen vorzunehmen, die die unterschiedliche zeitliche Erfassung von Einnahmen und Ausgaben ausgleichen.

Überprüfung der Wertansätze in der Eröffnungsbilanz

Die Eröffnungsbilanz ist nach den allgemeinen Bilanzierungsgrundsätzen aufzustellen. Der Wertansatz hat so zu erfolgen, als wäre von Anfang an bilanziert worden. Die Auswirkungen werden anhand des nachstehenden Beispiels verdeutlicht.

BEISPIEL

Architekt A hat seinen Betrieb 1997 lediglich mit einem Bargeldbestand eröffnet und zunächst seinen Gewinn durch Einnahme-Überschußrechnung ermittelt. Zum 1. 1. 1999 wechselt er freiwillig zum Bestandsvergleich.

Anmerkungen zur Eröffnungsbilanz:

- Der Grund und Boden wurde 1997 für 100.000 DM angeschafft. Der Teilwert zum 1. 1. 1999 beträgt 120.000 DM.

B

- Das 1997 errichtete Gebäude hat laut Anlageverzeichnis zum 31. 12. 1998 einen Buchwert von 280.000 DM. Der Teilwert beträgt 300.000 DM.
- Die Büroeinrichtung hat insgesamt einen Teilwert von 100.000 DM. Der Buchwert im Anlageverzeichnis der Einnahme-Überschußrechnung beträgt zum 31. 12. 1998 120.000 DM. Die Wertminderung betrifft alle Wirtschaftsgüter und ist von Dauer.
- Ein Darlehen in Höhe von 200.000 DM wurde zum 1. 7. 1997 mit 190.000 DM ausbezahlt. Es ist am 1. 7. 2001 zur Rückzahlung fällig.
- Für die folgenden Wertansätze ergeben sich keine Besonderheiten

Geringwertige Wirtschaftsgüter (GWG)	0 DM
Verbindlichkeiten aus Lieferungen und Leistungen	57.500 DM
Forderungen aus Leistungen	115.000 DM
Sonstige Verbindlichkeiten (LSt, Sozialversicherung)	3.000 DM
Kasse, Bank	10.000 DM
Umsatzsteuer	5.000 DM
Geleistete Anzahlungen auf Lieferung von Büro-(Praxis)material	10.000 DM

Anmerkung zu den einzelnen Positionen:

- Grund und Boden, Gebäude

  Der Grund und Boden sowie das Gebäude sind entweder mit den Anschaffungskosten bzw. fortgeführten Anschaffungskosten oder dem *niedrigeren* Teilwert anzusetzen. In diesem Fall ist der Teilwert in beiden Fällen höher als die Anschaffungskosten. Der Wertansatz in der Eröffnungsbilanz hat daher mit den Anschaffungskosten bzw. fortgeführten Anschaffungskosten zu erfolgen.
- Büroeinrichtung

  Der Wertansatz der Büroeinrichtung hat mit den fortgeführten Anschaffungskosten oder mit dem *niedrigeren* Teilwert zu erfolgen, wenn die Teilwertminderung von Dauer ist. Da im Rahmen der Einnahme-Überschußrechnung eine Teilwertabschreibung nicht möglich ist, ist der Ansatz mit dem niedrigeren Teilwert in der Eröffnungsbilanz nachzuholen.
- Damnum

  Das 1997 bezahlte Damnum in Höhe von 10.000 DM hätte bei Bilanzierung aktiviert und auf die Laufzeit verteilt werden müssen. Zum 1. 1. 1999 wäre noch ein Restbuchwert von 6.250 DM vorhanden.

Unter Berücksichtigung der richtigen Wertansätze ergibt sich nachstehende Bilanz:

Anfangsbilanz 1. 1. 1999

Aktiva		Passiva	
	DM		DM
Grund und Boden	100.000	Eigenkapital	355.750
Gebäude	280.000	Darlehen	200.000
Praxiseinrichtung	100.000	Verbindlichkeiten aus	57.500
GWG	0	Lieferungen und Leistungen	
Forderungen aus Leistungen	115.000	Sonstige Verbindlichkeiten	3.000
Kasse, Bank	10.000	Umsatzsteuer	5.000
Geleistete Anzahlungen	10.000		
Damnum	6.250		
	621.250		621.250

Gewinnkorrekturen zur Anfangsbilanz

Aus der zeitlich unterschiedlichen Erfassung von Betriebseinnahmen und Betriebsausgaben sowie der Nachholung von Wertanpassungen in der Anfangsbilanz ergibt sich das Erfordernis, den Gewinn zu korrigieren, um im *Gesamtergebnis zum gleichen Gewinn* zu gelangen, wie wenn von Anfang an eine Bilanz erstellt worden wäre.

Bei jeder Bilanzposition gilt es daher zu prüfen:

- Wie hat sich die Entstehung, die Hereinnahme dieser Position während der Anwendung der Einnahme-Überschußrechnung gewinnmäßig ausgewirkt?
- Wie wird sich diese Position bei Auflösung in der Bilanz in Zukunft auswirken?
- Wie soll sich die Position insgesamt - bei unterstellter Gewinnermittlung durch Bestandsvergleich - auswirken?

Nachstehend wird anhand wesentlicher Bilanzpositionen die Auswirkung beim Übergang von der Gewinnermittlung durch Einnahme-Überschußrechnung zum Bestandsvergleich dargestellt, wobei sich die Darstellung an dem vorangegangenen Beispiel orientiert.

- Grund und Boden

  Die Anschaffungskosten von Grund und Boden haben sich in der Zeit der Einnahme-Überschußrechnung weder bei Anschaffung noch bei Bezahlung

B

ausgewirkt. Die Anschaffungskosten sind erst bei Verkauf oder Entnahme abzusetzen. Gleiches gilt für den Bestandsvergleich. Auch Wertschwankungen nach oben wirken sich beim Bestandsvergleich erst bei einer Veräußerung oder Entnahme aus. In diesem Fall ergibt sich im Zeitpunkt des Übergangs keine Korrektur des Gewinns.

Anders liegt der Fall, wenn in der Eröffnungsbilanz ein *niedrigerer Teilwertansatz* erfolgt. Die dabei zu berücksichtigende Wertminderung hat sich im Zeitraum der Gewinnermittlung durch Einnahme-Überschußrechnung nicht ausgewirkt. Während der Zeit des Bestandsvergleichs ergibt sich ebenfalls keine Auswirkung mehr, da dem Verkaufserlös bzw. dem Entnahmewert der Buchwert der Eröffnungsbilanz gegengerechnet wird. Folglich muß im Zeitpunkt des Übergangs in Höhe der vorgenommenen Teilwertminderung ein *Gewinnabzug* erfolgen.

- Praxiseinrichtung und Gebäude

Die Anschaffungs- oder Herstellungskosten sind sowohl bei der Einnahme-Überschußrechnung als auch beim Bestandsvergleich auf die Nutzungsdauer zu verteilen. Insoweit ergeben sich keine Unterschiede. Erst bei der Vornahme von Teilwertabschlägen ergeben sich Wertunterschiede. Der in der Anfangsbilanz vorgenommene Wertabschlag hat sich bei der Einnahme-Überschußrechnung nicht als Aufwand ausgewirkt, da der Ansatz des niedrigeren Teilwerts nicht im Anlageverzeichnis der Einnahme-Überschußrechnung erfolgte, sondern erst in der Eröffnungsbilanz. Im Rahmen der zukünftigen Bilanzierung wirkt sich jedoch nur noch der Betrag des niedrigeren Teilwerts aus der Eröffnungsbilanz im Wege der laufenden Abschreibung aus.

Der Differenzbetrag zwischen dem Buchwert des Anlageverzeichnisses und dem Eröffnungsbilanzwert ist als *Gewinnabschlag* zu berücksichtigen. Fehlt es an Gründen für den Ansatz eines niedrigeren Teilwerts, entfällt auch der Gewinnabzug.

- GWG

GWG sind abnutzbare Wirtschaftsgüter. Aufgrund der Kann-Vorschrift des § 6 Abs. 2 EStG ist es allen Steuerpflichtigen mit Gewinnermittlung erlaubt, die Abschreibung im Jahr der Anschaffung oder Herstellung geltend zu machen. Es ergeben sich daher mit Ausnahme der Anzahlungen auf GWG keine Unterschiede.

Eine Gewinnkorrektur ist nicht erforderlich.

- Forderungen aus Leistungen
  Die Entstehung der Forderung hat sich in der Zeit der Einnahme-Überschußrechnung nicht auf den Gewinn ausgewirkt, da erst der Geldeingang zur Betriebseinnahme führt. Beim Bestandsvergleich führt hingegen die Bezahlung nicht mehr zur Gewinnauswirkung.
  Der Forderungsanfangsbestand in der Eröffnungsbilanz ist daher mit dem *Bruttobetrag* als *Gewinnzuschlag* zu erfassen. Auf die Umsatzsteuer wird gesondert eingegangen.
- Kasse, Bank, Darlehen
  Alle Geldpositionen werden in die Anfangsbilanz ohne steuerliche Auswirkung aufgenommen. Ihre Veränderung läuft bei der Einnahme-Überschußrechnung und dem Bestandsvergleich ohne Gewinnauswirkung ab.
  Eine Gewinnkorrektur ist nicht erforderlich.
- Geleistete Anzahlungen auf Lieferungen von Büro-(Praxis)material
  Es liegen insoweit Anzahlungen auf das Umlaufvermögen vor, d.h. ihre Verausgabung führt bei der Einnahme-Überschußrechnung zu Betriebsausgaben. Beim Zugang der Lieferungen des Büromaterials im Rahmen des Bestandsvergleichs erhöhen sie erst den Warenbestand, um dann im Falle des Verbrauchs nochmals zu Betriebsausgaben zu werden.
  Die Anzahlungen sind als *Gewinnzuschlag* zu erfassen.
- Damnum
  Bei der Einnahme-Überschußrechnung wirkt sich ein Damnum bei der Kreditauszahlung sofort als Betriebsausgabe aus. Beim Bestandsvergleich ist das Damnum auf die Laufzeit des Kredits zu verteilen. Dies hat zur Folge, daß sich der in der Anfangsbilanz erfaßte Betrag in der Zeit des Bestandsvergleichs nochmals als Betriebsausgabe auswirkt.
  Das Damnum ist als *Gewinnzuschlag* zu erfassen.
- Verbindlichkeiten aus Lieferungen und Leistungen
  Hier gilt das gleiche wie für die geleisteten Anzahlungen auf Lieferungen von Büro-(Praxis)material, nur mit umgekehrter Auswirkung. Im Ergebnis muß sich der Warenbezug einmal als Betriebsausgaben niederschlagen.
  Die Verbindlichkeiten sind als *Gewinnabschlag* zu erfassen.
- Sonstige Verbindlichkeiten
  Bei den sonstigen Verbindlichkeiten handelt es sich um Betriebsausgaben,

B

die periodisch vor dem Stichtag der Anfangsbilanz angefallen sind, aber eine Zahlung noch nicht erfolgt ist. Die spätere Zahlung führt nur noch zur Auflösung der Verbindlichkeit. Der Betriebsausgabenabzug ist jedoch einmal zu gewährleisten.

Die sonstigen Verbindlichkeiten sind als *Gewinnabschlag* zu erfassen.

- Umsatzsteuer
  Die Beurteilung einer Hinzurechnung oder Kürzung ist bei der Umsatzsteuer am schwierigsten zu beurteilen.

  Die Auswirkungen der Umsatzsteuer können zudem nicht isoliert betrachtet werden. Es sind die Zusammenhänge zwischen den Ansätzen bei den Forderungen, den Verbindlichkeiten aus Lieferung und Leistung bzw. den sonstigen Verbindlichkeiten und sonstigen Forderungen mit zu beurteilen.

  Ein zutreffendes Ergebnis erhält man dann, wenn die Forderungen und Verbindlichkeiten jeweils mit dem Bruttobetrag angesetzt werden und in Höhe der Umsatzsteuerverbindlichkeit ein *Abschlag* erfolgt.

BEISPIEL

In der Eröffnungsbilanz sind Verbindlichkeiten aus dem Bezug von Praxismaterial mit 10.000 DM zzgl. USt von 1.600 DM anzusetzen. Der Vorsteueranspruch wurde beim Finanzamt noch nicht geltend gemacht, so daß eine Forderung gegenüber dem Finanzamt in Höhe von 1.600 DM zu aktivieren ist. Der Aufwand für Praxismaterial in Höhe von 10.000 DM hat sich bei der Einnahme-Überschußrechnung mangels Zahlung noch nicht ausgewirkt. Die Bezahlung während des Betriebsvermögensvergleichs wirkt sich auch nicht mehr aus (Buchung Verbindlichkeiten an Bank). Richtig ist daher, beim Übergang einen Gewinnabschlag von 10.000 DM vorzunehmen. Zu diesem Ergebnis kommt man bei einem Abschlag in Höhe der Nettoverbindlichkeiten *oder* einem Zuschlag des Vorsteueranspruchs und einem Abschlag der Bruttoverbindlichkeiten.

Das gleiche Gesamtergebnis ergibt sich übrigens auch im Falle der Erstattung der Vorsteuer im Rahmen der Einnahme-Überschußrechnung. Dem Abschlag der Bruttoverbindlichkeit steht dann die Erfassung der Vorsteuererstattung als Betriebseinnahme gegenüber.

BEACHTEN SIE:

Das vorstehende Beispiel zeigt deutlich, daß dem jeweiligen Ansatz der Bruttowerte und dem Zu- bzw. Abschlag bei der Umsatzsteuer der Vorzug zu geben ist, da in diesem Fall nicht zu prüfen ist, inwieweit in den Verbindlichkeiten oder Forderungen Umsatzsteuer enthalten ist und dem Zeitpunkt der Zahlung bzw. Erstattung der Umsatzsteuer keine Bedeutung zukommt.

Vorsicht ist nur in den Fällen geboten, in denen in den sonstigen Verbindlichkeiten Beträge aus Anlagekäufen bzw. in den sonstigen Forderungen aus Anlageverkäufen enthalten sind.

Zeitpunkt der Berücksichtigung der Gewinnkorrekturen

Die erforderlichen Korrekturen beinhalten lediglich die Anpassung an Bilanzierungsgrundsätze. Es handelt sich um eine einmalige Nachholung. Deshalb sind die Korrekturen *im Jahr des ersten Bestandsvergleichs* anzusetzen[23].

BEACHTEN SIE:

Ergeben sich als Folge eines Wechsel zum Bestandsvergleich Gewinnänderungen, besteht die Möglichkeit, die Zurechnungsbeträge auf drei Jahre zu verteilen.

Das Wahlrecht besteht nicht, wenn der Wechsel als Folge der Betriebsaufgabe oder Betriebsveräußerung erfolgt.

Bei der Schätzung ist zu beachten, daß zum geschätzten Gewinn des Schätzungsjahres die Hinzu- bzw. Abrechnung aufgrund des Wechsels der Gewinnermittlung noch zuzurechnen ist. Wird die Korrektur nicht durchgeführt, kann sie in einem späteren Jahr nicht mehr nachgeholt werden.

4.3 Wechsel vom Bestandsvergleich zur Einnahme-Überschußrechnung

Umfang der Korrekturen

Die Grundsätze, die für den Wechsel von der Einnahme-Überschußrechnung zum Bestandsvergleich gelten, sind auf den umgekehrten Fall übertragbar. Die Zu- bzw. Abschläge wirken sich i.d.R. mit umgekehrtem Vorzeichen aus.

BEISPIEL

Sie gehen zum 1. 1. 1999 vom Bestandsvergleich zur Einnahme-Überschußrechnung über. In der Schlußbilanz zum 31. 12. 1998 ist eine Verbindlichkeit aus dem Bezug von Praxismaterial in Höhe von 2.000 DM enthalten.

Die Bildung der Verbindlichkeit hat sich gewinnmindernd ausgewirkt (Buchung Praxismaterial an Verbindlichkeit). Beim Übergang zur Einnahme-Überschußrechnung wirkt sich die Zahlung des als Verbindlichkeit erfaßten Betrags nochmals als Aufwand aus (Zu- und Abflußprinzip). Um den doppelten Betriebsausgabenabzug auszugleichen, ist beim Übergang eine Hinzurechnung in Höhe des Verbindlichkeitsbetrags vorzunehmen.

Beim Übergang von der Einnahme-Überschußrechnung zum Bestandsvergleich führt die Bildung einer Verbindlichkeit für die Beschaffung von Material nicht zum Betriebsausgabenabzug, was durch eine Abrechnung vom Gewinn im Zeitpunkt des Übergangs ausgeglichen wird.

BEACHTEN SIE:

Es liegt allerdings in der Natur der Sache, daß die Überprüfung der Wertansätze in der Anfangsbilanz entfällt.

Beim Wechsel vom Bestandsvergleich zur Einnahme-Überschußrechnung kommt den Wertansätzen in der letzten Schlußbilanz besondere Bedeutung zu. Da Teilwertabschläge nicht mehr möglich sind, ist das Anlagevermögen auf eventuelle Abwertungsmöglichkeiten zu prüfen.

Besonderheiten beim gewillkürten Betriebsvermögen

Gehörte ein Wirtschaftsgut bei einem Steuerpflichtigen, der seinen Gewinn bisher durch Betriebsvermögensvergleich (§ 4 Abs. 1 EStG, § 5 EStG) ermittelt hat, zum gewillkürten Betriebsvermögen und wechselt dieser Steuerpflichtige zur Gewinnermittlung nach § 4 Abs. 3 EStG, so kann das Wirtschaftsgut im Betriebsvermögen verbleiben (vgl. § 4 Abs. 1 S. 3 EStG).

BEISPIEL

Sie nutzen Ihren Pkw zu 25 % betrieblich und zu 75 % privat und behandeln den Pkw als Betriebsvermögen. Zum 1. 1. 1998 wechseln Sie zulässigerweise vom Betriebsvermögensvergleich zur Einnahme-Überschußrechnung.

Eine zwingende Entnahme des Pkw ist nicht erforderlich.

Zeitpunkt der Berücksichtigung der Gewinnkorrekturen

Die Gewinnkorrekturen sind im ersten Jahr nach dem Übergang vorzunehmen. Da es keinen „Zwangsübergang“ vom Bestandsvergleich zur Einnahme-Überschußrechnung gibt, ist eine Verteilung der Zurechnungsbeträge auf 3 Jahre nicht zulässig.

Die Forderung nach der auch zeitlich zutreffenden Besteuerung kann jedoch nicht völlig in den Hintergrund treten. Auf Antrag des Steuerpflichtigen können einzelne Korrekturbeträge in einem späteren Jahr vorgenommen werden, in dem die Betriebsvorfälle tatsächlich eingetreten sind.

4.4 Sonstiges

Wechsel der Gewinnermittlung und Schätzung

Sind die Aufzeichnungen zur Gewinnermittlung unvollständig oder fehlerhaft, sind die Voraussetzungen für eine Gewinnschätzung nach § 162 AO gegeben.

Bei den Schätzungen gilt es jedoch zu unterscheiden:

- Eine Vollschätzung von Gewinn und Umsatz (z.B. Schätzung nach Richtsätzen) erfolgt nach den Grundsätzen des Bestandsvergleichs (§ 4 Abs. 1 bzw. § 5 EStG).
- Ist lediglich eine Zuschätzung zu den Einnahmen oder die konkrete Zurechnung bisher nicht erfaßter Einnahmen erforderlich, kann die bisher gewählte Gewinnermittlungsart und somit auch die Einnahme-Überschußrechnung beibehalten werden, wenn die Aufzeichnungen zur Erstellung einer Einnahme-Überschußrechnung ausreichen.

Dies hat zur Folge, daß, wenn eine Schätzung nach den Grundsätzen des Bestandsvergleichs erforderlich ist und zuvor der Gewinn durch Einnahme-Überschußrechnung ermittelt wurde, ein Wechsel der Gewinnermittlungsart vorliegt. Gleiches gilt, wenn nach einer erfolgten Schätzung der Gewinn zukünftig durch Einnahme-Überschußrechnung ermittelt wird. Wurde aber der Gewinn

B

bisher geschätzt und wird der Gewinn zukünftig durch Bestandsvergleich ermittelt, fehlt es am Wechsel der Gewinnermittlungsart.

Beim Wechsel der Gewinnermittlungsart als Folge der Schätzung ist zu beachten, daß die Gewinnschätzung sich nur auf das Ergebnis des laufenden Wirtschaftsjahres bezieht. Die sich aufgrund des Wechsels ergebenden Hinzu- und Abrechnungen sind der Gewinnschätzung noch hinzuzufügen oder von dieser abzuziehen.

Fehler beim Wechsel der Gewinnermittlungsart
Eine bei einem früheren Übergang von der Einnahme-Überschußrechnung zum Bestandsvergleich oder umgekehrt unterbliebene Gewinnkorrektur darf bei einer durch erneuten Wechsel der Gewinnermittlungsart erforderlichen Berichtigung des Gewinns nicht berücksichtigt werden, soweit der Fehler nicht mehr berichtigt werden kann.

5 Betriebseinnahmen

5.1 Begriff der Betriebseinnahmen

Der Begriff Betriebseinnahmen umfaßt alle Einnahmen in Form von Güter in *Geld oder Geldeswert*, die dem Steuerpflichtigen im Rahmen seiner selbständigen Tätigkeit zufließen. Betriebseinnahmen bestehen regelmäßig in Geld, können aber auch in Sachwerten bestehen.

BEISPIEL

Sie sind Architekt und haben für einen Bauherrn die Planungsarbeiten einer Eigentumswohnungsanlage übernommen. Anstelle der Geldzahlung erhalten Sie das Eigentum an einer der errichteten Eigentumswohnungen[24].

Vergleichbar zu den Betriebsausgaben kommt es auch bei den Betriebseinnahmen auf die *betriebliche Veranlassung* an[25].

Unbeachtlich für die Annahme von Betriebseinnahmen ist, ob die Betriebseinnahmen bürgerlich-rechtlich wirksam sind, ob sie sitten- oder standeswidrig sind oder gar auf einer strafbaren Handlung beruhen. Unter die Betriebseinnahmen fällt deshalb auch ein *Schmiergeld*, wenn der Empfänger selbständig tätig ist. Dies gilt nicht, wenn es sich um veruntreute Beträge handelt[26].

Ein wichtiges Beweisanzeichen für das Vorliegen einer Betriebseinnahme kann in der Tatsache liegen, daß der zuwendende Geschäftspartner die Aufwendungen als Betriebsausgabe behandelt hat.

Den Normalfall der Betriebseinnahme bilden die *Entgelte* für die erbrachten beruflichen Leistungen, die der Steuerpflichtige für seine eigentliche berufliche Tätigkeit erhält. Darüber hinaus zählen zu den Betriebseinnahmen aber auch die Einnahmen aus *Hilfsgeschäften*.

Zu den Hilfsgeschäften zählen u.a.

- Erträge aus Wertpapieren und Beteiligungen, die zum Betriebsvermögen gehören;
- Renten, soweit eine betriebliche Veranlassung für die Rentenzahlung vorliegt.

Die *Erstattung* von früher abgezogenen *Betriebsausgaben* rechnet ebenfalls zu den Betriebseinnahmen[27]. Ob eine Erstattung von *nicht abziehbaren Betriebsausgaben* zu Betriebseinnahmen führt, ist *streitig*. Werden geleistete Geldbußen oder dergleichen zurückgezahlt, dürfen sie jedoch den Gewinn nicht erhöhen (§ 4 Abs. 5 Nr. 8 EStG).

Der Annahme von Betriebseinnahmen steht nicht entgegen, daß sie *ungewollt* oder *unerwartet* zufließen.

BEISPIEL

Rechtsanwalt R erhält von seinem Mandanten nach einem unerwartet gewonnenen Prozeß neben dem vereinbarten Honorar eine zusätzliche Zahlung.

Betriebseinnahmen können schon vor der Eröffnung des Betriebs gegeben sein.

Betriebseinnahmen sind auch Einnahmen aus Nebentätigkeiten, die wirtschaftlich mit der beruflichen Haupttätigkeit zusammenhängen.

BEISPIEL

Honorare für die Mitwirkung an Prüfungen der Handwerkskammer oder einer anderen Standesorganisation.

In welchen Fällen liegen keine Betriebseinnahmen vor?

Nicht zu den Betriebseinnahmen zählen *Einlagen* aus dem Privatvermögen des Steuerpflichtigen in sein Betriebsvermögen. Zu den Einlagen rechnen alle Bareinzahlungen und sonstigen Wirtschaftsgüter, die der Steuerpflichtige dem Betrieb im Laufe des Wirtschaftsjahrs zuführt.

Die bloße *Wertsteigerung* bei einem betrieblichen Wirtschaftsgut bildet noch keine Betriebseinnahme. Die Wertsteigerung wirkt sich im allgemeinen erst aus, wenn das Wirtschaftsgut veräußert, aus dem Betriebsvermögen entnommen oder der Betrieb veräußert bzw. aufgegeben wird. Dies gilt unabhängig von der Art der Gewinnermittlung. Bei der Einnahme-Überschußrechnung steht der Gewinnverwirklichung der fehlende Zufluß entgegen, beim Betriebsvermögensvergleich der Grundsatz, daß noch nicht verwirklichte Gewinne nicht ausgewiesen werden dürfen (Imparitätsprinzip).

Die betriebliche Veranlassung fehlt auch beim *Ersatz von Privataufwendungen*, bei der *Erstattung privater Einkommensteuer* und höchstpersönlichen Bezügen wie dem Empfang von *Schmerzensgeld* nach einem Unfall oder etwaigen *Spiel- und Wettgewinnen* sowie Leistungen einer Lebensversicherung.

Darlehen, die dem Betrieb zufließen, stellen keine Betriebseinnahmen dar, weil sie nicht auf einer betrieblichen Leistung beruhen und zudem die Rückzahlungsverpflichtung in Höhe des Darlehensbetrages besteht. Beim Darlehensgläubiger können dementsprechend die vom Schuldner geleisteten Tilgungsraten keine Betriebseinnahme sein. Dies gilt aber nicht für die vereinnahmten Zinsen.

Auslagenersparnisse, z.B. für selbst vorgenommene Reparaturen, sind keine Betriebseinnahmen. Auch wenn das *eigene Grundstück* betrieblich genutzt wird, ist keine fiktive Miete anzusetzen - weder als Betriebseinnahme noch als Betriebsausgabe.

Der *Verzicht auf Betriebseinnahmen*, z.B. die unentgeltliche ärztliche Behandlung, die Gewährung eines zinslosen betrieblichen Darlehens, ist auch einkommensteuerlich zu beachten. Eine Ausnahme gilt für den nachträglichen Verzicht aus persönlichen Gründen; hier kann eine *Entnahme der Forderung* vorliegen[28]. Erläßt der Steuerpflichtige eine betriebliche Forderung aus betrieblichen Gründen, steht der Betriebseinnahme eine gleich hohe Betriebsausgabe gegenüber.

Durchlaufende Posten, also Beträge, die im Namen und für Rechnung eines anderen vereinnahmt werden, scheiden ebenfalls bei der Gewinnermittlung sowohl auf der Einnahmenseite als auch auf der Ausgabenseite aus (§ 4 Abs. 3 Satz 2 EStG; im einzelnen B 3.3).

Zurechnung von Betriebseinnahmen
Betriebseinnahmen sind dem Steuerpflichtigen zuzurechnen, der die Einkünfte erwirtschaftet hat. Schwierigkeiten können hier auftreten, falls ein Treuhänder oder ein Strohmann eingeschaltet ist.

5.2 Veräußerung von Wirtschaftsgütern des Anlagevermögens

Werden Wirtschaftsgüter des Betriebsvermögens veräußert, gehört der Veräußerungserlös zu den Betriebseinnahmen. Für den Zeitpunkt der Erfassung der Betriebseinnahmen gilt folgendes:

- Im Rahmen der Gewinnermittlung durch *Betriebsvermögensvergleich* kommt es auf den Zeitpunkt der *Gewinnrealisierung* an.
- Bei der Gewinnermittlung durch *Einnahme-Überschußrechnung* ist der Zeitpunkt des *Zuflusses* maßgebend.

BEACHTEN SIE:

Zu den Betriebseinnahmen zählt bei der Gewinnermittlung durch Einnahme-Überschußrechnung auch die Umsatzsteuer. Bei Abführung der Umsatzsteuer an das Finanzamt erfolgt der Ausgleich durch die Berücksichtigung einer Betriebsausgabe in Höhe der Umsatzsteuerzahlung.

Dem Veräußerungserlös steht jedoch der Wert des Wirtschaftsguts gegenüber, soweit er sich steuerlich noch nicht ausgewirkt hat. Bei *nichtabnutzbaren Wirtschaftsgütern* sind dies die Anschaffungskosten bzw. Herstellungskosten einschließlich der nachträglich angefallenen Anschaffungs- oder Herstellungskosten. Bei *abnutzbaren Wirtschaftsgütern* ist dies der noch nicht abgesetzte Teil der Anschaffungskosten bzw. Herstellungskosten.

Die vorstehenden Grundsätze gelten sowohl für den Betriebsvermögensvergleich als auch für die Einnahme-Überschußrechnung, da insoweit bei der Einnahme-Überschußrechnung das Abflußprinzip nicht gilt[29].

BEISPIEL

Arzt A veräußert im Oktober 1998 einen Teil seiner Praxiseinrichtung für 10.000 DM. Der Restbuchwert der Praxiseinrichtung beträgt 6.000 DM. Die Zahlung des Kaufpreises erfolgt im November 1998.

B

	Betriebsvermögensvergleich	Einnahme-Überschußrechnung
Betriebseinnahmen Oktober 1998		
(Gewinnrealisierung)	10.000 DM	
November 1998 (Zufluß)		10.000 DM
Betriebsausgaben		
(Restbuchwert)	6.000 DM	6.000 DM
Veräußerungsgewinn	**4.000 DM**	**4.000 DM**

5.2.1 Veräußerung von Wirtschaftsgütern gegen Raten- oder Rentenzahlung

Bei der Veräußerung von Wirtschaftgütern gegen Raten- oder Rentenzahlung ergeben sich zwischen der Gewinnermittlung durch Betriebsvermögensvergleich und Einnahme-Überschußrechnung Unterschiede. Durch die Anwendung des Zuflußprinzips bei der Einnahme-Überschußrechnung wird die Erfassung der Einnahme auf den Zeitpunkt des Zuflusses der Rate oder Rentenzahlung hinausgeschoben. Davon unabhängig bestimmt das Gesetz, daß im *Zeitpunkt der Veräußerung* der noch vorhandene Wert des veräußerten Wirtschaftsguts als Betriebsausgabe anzusetzen ist. Dadurch tritt eine - auf diese Weise wohl nicht gewollte - Gewinnverschiebung ein. Die Finanzverwaltung läßt aus diesem Grund bei der Veräußerung gegen Raten oder Renten zu, daß - abweichend von der gesetzlichen Regelung - in jedem Wirtschaftsjahr ein Teilbetrag der noch nicht als Betriebsausgaben berücksichtigten Anschaffungs- oder Herstellungskosten in Höhe der im selben Wirtschaftsjahr zufließenden Kaufpreisraten oder Rentenzahlungen als Betriebsausgaben abgesetzt werden.

BEISPIEL

Arzt A verkauft 1998 seine Praxiseinrichtung an einen Kollegen, der seine Praxis gerade neu eröffnet hat. Wegen Problemen bei der Finanzierung wird vereinbart, daß der Kaufpreis in Höhe von 30.000 DM in drei jährlichen Raten jeweils zum 30.6. des Jahres bezahlt wird. Die erste Rate ist 1999 fällig. Der Restbuchwert der Praxiseinrichtung beträgt 22.000 DM.

	1999	2000	2001
Betriebseinnahmen	10.000 DM	10.000 DM	10.000 DM
Betriebsausgaben	10.000 DM	10.000 DM	2.000 DM

5.2.2 Betriebseinnahmen beim Tausch von Wirtschaftsgütern

Bei einem Tausch sind folgende Varianten möglich:

- der Tausch als Umsatz eines individuellen Werts gegen einen anderen individuellen Wert (§ 515 BGB);
- die Annahme einer anderen als der geschuldeten Leistung an Erfüllungs Statt oder erfüllungshalber (§ 364 BGB).

Beide Fälle sind steuerlich gleich zu behandeln. Der Tausch von Wirtschaftsgütern führt zu einer Gewinnrealisierung und zwar unabhängig von der Gewinnermittlungsart. Maßgebend für die Höhe der anzusetzenden Betriebseinnahme ist der *gemeine Wert des erworbenen Wirtschaftsguts*. Dem gegenüber stehen, wie bei der Veräußerung gegen Geld, die noch nicht als Betriebsausgaben abgesetzten Anschaffungs- oder Herstellungskosten des hingegebenen Wirtschaftsguts. Per Saldo verbleibt insoweit eine Gewinnrealisierung in Höhe der vorhandenen stillen Reserven.

Für die Behandlung des erworbenen Wirtschaftsguts ist entscheidend, welche Funktion das Wirtschaftsgut hat und welcher Vermögenssphäre das Wirtschaftsgut zuzurechnen ist.

Wird das empfangene Wirtschaftsgut nicht betrieblich, sondern *privat* verwendet, handelt es sich um eine Privatentnahme. Als betriebliches Ergebnis verbleibt die Besteuerung der stillen Reserven.

BEISPIEL

Arzt A behandelt einen Bildhauer. Mangels flüssiger Geldmittel begleicht der Bildhauer seine Arztrechnung über 1.000 DM mit einer Skulptur, deren gemeiner Wert unstreitig bei 1.200 DM liegt. Diese Skulptur stellt der Arzt in seiner Wohnung auf.

Der erhaltene Sachwert geht in diesem Fall in das Privatvermögen über. Der Arzt hat 1.200 DM (gemeiner Wert der Gegenleistung) als Betriebseinnahme zu erfassen.

Bei einer betrieblichen Verwendung hat das empfangene Wirtschaftsgut wiederum Betriebsausgaben zur Folge. Die Höhe der Anschaffungskosten entsprechen – korrespondierend zu den Betriebseinnahmen – dem *gemeinen Wert des erworbenen Wirtschaftsguts.*

Für den Zeitpunkt des Betriebsausgabenabzugs ist zu beachten:

B

- Umlaufvermögen wird zur Betriebsausgabe
  - → beim Betriebsvermögensvergleich im Zeitpunkt des Verbrauchs,
  - → bei der Einnahme-Überschußrechnung im Zeitpunkt des Abflusses, der hier dem Zeitpunkt des Tausches entspricht.
- Anlagevermögen wird zur Betriebsausgabe
  - → bei abnutzbaren Wirtschaftsgütern über die Abschreibung,
  - → bei nichtabnutzbaren Wirtschaftsgütern im Zeitpunkt der Veräußerung oder Entnahme.

Insoweit weichen die Anschaffungsvorgänge durch Tausch nicht von einer „normalen" Anschaffung ab.

BEISPIEL

Arzt A behandelt einen Bildhauer. Mangels flüssiger Geldmittel begleicht der Bildhauer seine Arztrechnung über 1.000 DM mit einer Skulptur, deren gemeiner Wert unstreitig bei 1.200 DM liegt. Diese Skulptur stellt der Arzt in seiner Praxis auf.

Der erhaltene Sachwert geht in diesem Fall in das Betriebsvermögen über. Der Arzt hat 1.200 DM (gemeiner Wert der Gegenleistung) als Betriebseinnahme zu erfassen. Im Gegenzug kann er aber die Anschaffungskosten für die Skulptur in Höhe von 1.200 DM im Wege der Abschreibung als Betriebsausgabe geltend machen.

5.2.3 Möglichkeiten zur Vermeidung der Besteuerung stiller Reserven

Vor allem bei der Veräußerung von Wirtschaftsgütern des Anlagevermögens kann die Aufdeckung der stillen Reserven durch die Veräußerung zu einer erheblichen Gewinnsteigerung führen. Da in vielen Fällen die Veräußerung eine Neuinvestition nach sich zieht, werden durch die sofortige Besteuerung der Veräußerungsgewinne dem Unternehmen Mittel entzogen, die für die Reinvestition benötigt werden. In bestimmten Fällen ist es aus diesem Grund zulässig, die stillen Reserven auf Ersatzwirtschaftsgüter des Betriebsvermögens zu übertragen und damit die sofortige Besteuerung der stillen Reserven zu vermeiden.

Rücklage nach § 6b und § 6c EStG

Wird der Gewinn durch *Betriebsvermögensvergleich* ermittelt, können Gewinne aus der *Veräußerung* bestimmter *Anlagegüter* auf ausgewählte *Ersatzwirtschaftsgüter* unter folgenden Voraussetzungen übertragen werden[30]:

- Es muß sich um einen *Veräußerungsvorgang* handeln. Eine Veräußerung in diesem Sinne ist auch der Tausch von Wirtschaftsgütern. Nicht begünstigt ist die Entnahme von Wirtschaftsgütern.
- Die veräußerten Anlagegüter müssen grundsätzlich *sechs Jahre* zum Anlagevermögen einer inländischen Betriebsstätte gehört haben.
- Es sind nachstehende Wirtschaftsgüter begünstigt; sie können übertragen werden auf ausgewählte Ersatzwirtschaftsgüter (soweit bei freiberuflicher Tätigkeit möglich).

	Übertragung auf			
Veräußerung von	Grund und Boden	Gebäude	Abnutzbare bewegl. WG	Anteile an KapG
Grund und Boden	100 %	100 %	100 %	nein
Gebäude	nein	100 %	100 %	nein
Abnutzbare bewegliche WG mit Nutzungsdauer von mindestens 25 Jahren	nein	nein	50 %	nein
Anteile an KapG	nein	50 %	nein	50 %

Soweit die stillen Reserven in der zulässigen Höhe *im laufenden Wirtschaftsjahr* nicht auf die Anschaffungs- oder Herstellungskosten oder die Buchwerte von Ersatzwirtschaftsgütern übertragen werden können, darf eine *Reinvestitionsrücklage* gebildet werden. Die Rücklage ist auch im Zuge einer *Betriebsveräußerung* mit dem Ziel zulässig, die stillen Reserven in einen anderen - ggf. noch zu eröffnenden - Betrieb zu verlagern[31].

Die Übertragungsmöglichkeit ist zeitlich befristet. Ist eine Übertragung bis zum Ablauf der Frist nicht möglich, ist die Rücklage *gewinnerhöhend* aufzulösen. Zum Auflösungsbetrag kommt ein Betrag von *6 %* für jedes volle Wirtschaftsjahr hinzu, in dem die Rücklage bestanden hat[32]. Damit soll eine Art *Verzinsung* des infolge der Rücklagenbildung gestundeten Steuerbetrags abgedeckt werden[33]. Die Hinzurechnung erfolgt außerhalb der Bilanz.

Die *Frist* beträgt

- im allgemeinen vier Jahre[34],

- bei neu zu errichtenden *Gebäuden* abweichend *sechs Jahre*, sofern mit der Herstellung vor dem Schluß des vierten Wirtschaftsjahres, das auf die Rücklagenbildung folgt, begonnen wird[35]. Die Stellung eines Bauantrags steht dem Beginn der Herstellung gleich[36].

Freiberuflern mit Gewinnermittlung durch *Einnahme-Überschußrechnung* werden vergleichbare Steuerbegünstigungen eingeräumt.

Gewinne aus der *Veräußerung* bestimmter *Anlagegüter* können auf ausgewählte *Ersatzwirtschaftsgüter* unter folgenden Voraussetzungen übertragen werden:

- Es muß sich um einen *Veräußerungsvorgang* handeln. Eine Veräußerung in diesem Sinne ist auch der Tausch von Wirtschaftsgütern. Nicht begünstigt ist die Entnahme von Wirtschaftsgütern.
- Die veräußerten Anlagegüter müssen grundsätzlich *sechs Jahre* zum Anlagevermögen einer inländischen Betriebsstätte gehört haben.
- Es sind nachstehende Wirtschaftsgüter begünstigt; sie können übertragen werden auf ausgewählte Ersatzwirtschaftsgüter (soweit bei freiberuflicher Tätigkeit möglich).

	Übertragung auf		
Veräußerung von	Grund und Boden	Gebäude	Abnutzbare bewegliche WG
Grund und Boden	100 %	100 %	100 %
Gebäude	nein	100 %	100 %

Die Fristen zur Übertragung der gebildeten Rücklage sind identisch mit den Voraussetzungen bei § 6b EStG.

Rücklage für Ersatzbeschaffung

Die Rücklage für Ersatzbeschaffung schränkt wie die Rücklage nach § 6b und § 6c EStG die Gewinnrealisierung ein.

Sinn der Rücklage für Ersatzbeschaffung ist es, in bestimmten Fällen beim *Ausscheiden* eines Wirtschaftsguts aus dem Betriebsvermögen *gegen Entschädigung* von einer Gewinnrealisierung abzusehen und die stillen Reserven des ausgeschiedenen Wirtschaftsguts auf ein Ersatzwirtschaftsgut zu übertragen.

BEACHTEN SIE:

Die Rücklage für Ersatzbeschaffung verlangt dem Grunde nach die Gewinnermittlung durch Betriebsvermögensvergleich. Es ist jedoch aus Billigkeitsgründen ein im Ergebnis gleiches Verfahren bei der Einnahme-Überschußrechnung zulässig[37].

Voraussetzungen für die Bildung der Rücklage für Ersatzbeschaffung sind:

- Infolge höherer Gewalt oder infolge oder zur Vermeidung eines behördlichen Eingriffs
- scheidet ein Wirtschaftsgut aus dem Betriebsvermögen aus oder wird beschädigt und
- es schließt sich eine Ersatzbeschaffung an oder soll sich anschließen oder kurzfristig vorangegangen sein.

PRAXIS-TIP

In die Rücklage können auch Leistungen aus einer Betriebsunterbrechungsversicherung einbezogen werden[38].

Unter besonderen Voraussetzungen können selbst Zinsen aus einer vorübergehenden Anlage der erhaltenen Entschädigung bei der Rücklagenbildung berücksichtigt werden[39].

Die Rücklage für Ersatzbeschaffung ist

- bei einem beweglichen Wirtschaftsgut am Schluß des ersten,
- bei einem Grundstück oder Gebäude am Schluß des zweiten

auf die Bildung folgenden Wirtschaftsjahres gewinnerhöhend aufzulösen, wenn bis dahin ein Ersatzwirtschaftsgut weder angeschafft oder hergestellt noch bestellt worden ist.

Die Frist kann jedoch im Einzelfall verlängert werden, wenn glaubhaft gemacht wird, daß die Ersatzbeschaffung noch ernstlich geplant und zu erwarten ist, aber aus besonderen Gründen (z.B. Schwierigkeiten bei der Beschaffung von Ersatzgelände) noch nicht durchgeführt werden konnte[40].

5.3 Betriebseinnahmen im Zusammenhang mit Entnahmen

Die Entnahmen stellen einen wichtigen Bereich in der steuerlichen Gewinnermittlung von Einzelunternehmen und Personengesellschaften dar. Im Bereich der Gewinnermittlung durch Betriebsvermögensvergleich werden Entnahmen wie folgt erfaßt:

	Betriebsvermögen am Ende des Wirtschaftsjahres
-	Betriebsvermögen am Anfang des Wirtschaftsjahres
	Betriebsvermögensänderung
+	*Entnahmen*
-	Einlagen
=	Steuerlicher Gewinn

Bei der Gewinnermittlung durch Einnahme-Überschußrechnung steht in der gesetzlichen Bestimmung im Gegensatz zum Betriebsvermögensvergleich kein Hinweis auf den Begriff der Entnahme. Trotz des fehlenden Hinweises ist es wohl unstreitig, daß auch bei der Einnahme-Überschußrechnung der Ansatz von Privatentnahmen zu berücksichtigen ist, auch wenn er auf Grund der zu führenden Aufzeichnungen teilweise ohne Bedeutung ist. Die Erfassung der Privatentnahmen ergibt sich sowohl aus dem Grundsatz der Identität der Totalgewinne als auch aus dem Hinweis im Gesetz, daß zum Zeitpunkt der Veräußerung oder Entnahme die Anschaffungs- bzw. Herstellungskosten im Betriebsvermögen zu berücksichtigen sind[41].

Entnahmen sind alle Wirtschaftsgüter (Barentnahmen, Waren, Erzeugnisse, Nutzungen und Leistungen), die der Steuerpflichtige dem Betrieb für sich, für seinen Haushalt oder für andere betriebsfremde Zwecke im Laufe des Wirtschaftsjahres entnommen hat[42]. Demnach können folgende Arten von Entnahmen unterschieden werden:

- Entnahme von Wirtschaftsgütern (Bar- oder Geldentnahmen; Sachentnahmen)
- Entnahme von Nutzungen und Leistungen

Zweck der Hinzurechnung von Entnahmen ist der Ausgleich der privat veranlaßten Betriebsvermögensminderung, denn der steuerliche Gewinn soll als Ergebnis nur die betrieblich veranlaßten Erträge und Aufwendungen erfassen. Die Entnahmen werden somit zum zentralen Begriff für die Abgrenzung der betrieblichen Vorgänge, die in die Gewinnermittlung einzubeziehen sind, von der Privatsphäre des Steuerpflichtigen.

5.3.1 Entnahme von Wirtschaftsgütern

Das Gesetz regelt, daß alle Wirtschaftsgüter entnahmefähig sind. Darunter sind insbesondere die Wirtschaftsgüter zu verstehen, die beim Betriebsvermögensvergleich als Betriebsvermögen zu aktivieren oder zu passivieren sind bzw. dem Anlagevermögen der Einnahme-Überschußrechnung zugeordnet sind. Zu den Objekten einer Entnahme können aber auch Wirtschaftsgüter gehören, die nicht bilanzierbar oder die betragsmäßig nicht als Betriebsvermögen ausgewiesen sind.

BEISPIEL

Sie schenken Ihrer Ehefrau den bisher betrieblich genutzten und daher sich im Betriebsvermögen befindenden Pkw. Zum Zeitpunkt der Schenkung war der Pkw bereits auf 0 DM abgeschrieben.

Die Schenkung an die Ehefrau stellt einen Entnahmevorgang dar. Der Buchwert von 0 DM steht dem Ansatz der Entnahme nicht entgegen. Dies hat jedoch betragsmäßig mit dem Teilwert (gemeiner Wert) im Entnahmezeitpunkt zu erfolgen, wobei eine Differenz zwischen Buch- und Teilwerten zu einer Gewinnerzielung führen.

Die Entnahme erfordert aber regelmäßig eine *Entnahmehandlung*, die von einem *Entnahmewillen* getragen wird. Wirtschaftsgüter, die zur Zeit der Aufnahme in das Betriebsvermögen zulässigerweise zum Betriebsvermögen gerechnet worden sind, bleiben daher grundsätzlich solange Betriebsvermögen, bis sie durch eine eindeutige, unmißverständliche - ausdrückliche oder schlüssige - Entnahmehandlung des Steuerpflichtigen Privatvermögen werden.

BEACHTEN SIE:

Erforderlich ist aber auf jeden Fall, daß das entnommene Wirtschaftsgut nicht mehr notwendiges Betriebsvermögen darstellt, da ansonsten eine Entnahme nicht möglich ist.

Der Ansatz der Entnahme von Wirtschaftsgütern erfolgt mit dem *Teilwert*[43]. Durch den Ansatz des Teilwerts ist auch bei der Entnahme gewährleistet, daß die vorhandenen stillen Reserven im Zeitpunkt der Entnahme der Besteuerung zugeführt werden.

B

Der Ansatz des Teilwerts erfolgt sowohl bei der Gewinnermittlung durch Betriebsvermögensvergleich als auch bei der Gewinnermittlung durch Einnahme-Überschußrechnung, obwohl die Bewertungsvorschriften des § 6 EStG nicht unmittelbar für die Einnahme-Überschußrechnung gelten. Dem liegt die Überlegung zugrunde, daß auch bei der Einnahme-Überschußrechnung die stillen Reserven des entnommenen Wirtschaftsguts „im Betrieb erwirtschaftet" wurden und deshalb dem betrieblichen Gewinn zugeführt werden müssen. Zudem soll im Vergleich der beiden Gewinnermittlungsarten auf die gesamte Dauer des Betriebs jeweils der gleiche Gewinn entstehen.

Der Entnahmewert löst mit der *Versteuerung der stillen Reserven* die gleichen Folgen aus wie die Veräußerung von Wirtschaftsgütern. Dem Veräußerungserlös entspricht der Entnahmewert, der demnach auch als Betriebseinnahme anzusetzen ist. Dies gilt insbesondere für die Einnahme-Überschußrechnung, da hier im Gegensatz zum Betriebsvermögensvergleich ein Korrekturansatz über die Zurechnung der Privatentnahme nicht erfolgt.

BEACHTEN SIE:

Entnahmen lösen im Gegensatz zur Veräußerung immer die sofortige Versteuerung der stillen Reserven aus, da die Regelungen zur Rücklagenbildung nur im Falle der Veräußerung der Wirtschaftsgüter greifen.

5.3.2 Entnahme von Nutzungen

Der Umfang der privaten Nutzung von betrieblichen Wirtschaftsgütern gehört mit zu den Entnahmen und wird daher wie Betriebseinnahmen erfaßt. Durch den Ansatz der Privatnutzung wird der Anteil der Betriebsausgaben ausgeglichen, der nicht durch den Betrieb veranlaßt ist und aus diesem Grund den Gewinn nicht mindern darf.

Ebenso wie Nutzungen kann der Betrieb auch Leistungen an die Privatsphäre abgeben.

Die *eigene Arbeitskraft und Arbeitsleistung* des Unternehmers ist jedoch nicht entnahmefähig, da sie kein Wirtschaftsgut darstellt und es insofern an einer Wertabgabe des Betriebs fehlt. Eine Entnahme liegt demnach nicht vor, wenn z.B. ein Architekt die Pläne für sein Wohnhaus erstellt, ohne Material seines Betriebes zu verwenden, oder wenn ein Arzt Freunde und Bekannte unentgeltlich behandelt.

Die Bewertung der Entnahme bei Nutzungen und Leistungen erfolgt nicht mit dem Teilwert, sondern nach der mit der Entnahme verbundenen Wertabgabe durch den Betrieb (Selbstkosten). Zu den Selbstkosten rechnen dabei nicht nur die nutzungsabhängigen Kosten, sondern auch die anteiligen Fixkosten, auch wenn diese ohne die private Mitbenutzung angefallen wären.

Für den Ansatz eines Nutzungsanteils kommen insbesondere in Betracht:

- die Pkw-Nutzung,
- die Telefonnutzung,
- die privaten Nutzungsanteile bei Strom und Heizungskosten.

Pkw-Nutzung

Werden Fahrzeuge, die sich im Betriebsvermögen befinden, sowohl für betriebliche Fahrten als auch für Privatfahrten verwendet, liegt eine Nutzungsentnahme vor.

PRAXIS-TIP

Keine Nutzungsentnahme ist für solche Fahrzeuge anzusetzen, die ausschließlich betrieblich genutzt werden. Sind mehrere Fahrzeuge vorhanden, die alle für eine Privatnutzung in Betracht kommen, sollte zur Vermeidung des Ansatzes einer Nutzungsentnahme für mehrere Fahrzeuge der Nachweis der vollständigen betrieblichen Nutzung zumindest glaubhaft dokumentiert werden.

Während bis einschließlich 1995 im Wege der Verwaltungsregelung verschiedene Methoden zur Bemessung des Umfangs der Privatnutzung möglich waren, ist jetzt die Ermittlung der Privatnutzung des Pkws gesetzlich geregelt. Nach dieser gesetzlichen Regelung sind lediglich noch zwei Methoden zur Ermittlung der Privatnutzung zugelassen:

1 %-Regelung

Ohne konkrete Ermittlung des tatsächlichen Umfangs der durchgeführten Privatfahrten ist die private Nutzung für jeden *Kalendermonat* mit *1 % des inländischen Listenpreises* für das Fahrzeug anzusetzen[44]. Der Listenpreis ist dabei die auf volle 100 DM abgerundete unverbindliche Preisempfehlung des Herstellers im Zeitpunkt der Erstzulassung zzgl. der Kosten für Sonderausstattungen, z.B. Autoradio, Klimaanlage oder Metallic-Lackierung sowie einschließlich der Umsatzsteuer. Zur Bemessungsgrundlage gehören dagegen nicht die Überführungskosten, die Aufwendungen für die Fahrzeugzulassung und für den Kfz-Brief sowie für ein etwaiges *Autotelefon*.

Die tatsächlichen *Anschaffungskosten* für das Fahrzeug spielen bei der Pauschalmethode keine Rolle. Der Bruttolistenpreis bleibt also auch dann die verbindliche Bemessungsgrundlage, wenn der Wagen tatsächlich über Rabattgewährungen günstiger erworben wurde oder es sich gar um die Anschaffung eines *Gebrauchtwagens* handelt.

BEISPIEL

Arzt A kauft ein Vorführfahrzeug für 50.000 DM. Der Listenpreis beträgt 70.000 DM. Im Betriebsvermögen befindet sich kein weiteres Fahrzeug.

Die Privatnutzung ist in diesem Falle mit 8.400 DM (12 % von 70.000 DM) anzusetzen.

BEACHTEN SIE:

Zur Vermeidung einer Übermaßbesteuerung hat die Finanzverwaltung inzwischen entschieden, daß der pauschale Wert die tatsächlichen Gesamtkosten im Betrieb im Wege der sogenannten Deckelung nicht übersteigen darf.

Die gesetzliche Neuregelung hat Fragen der Anwendung offen gelassen. Zu einigen Fragen hat das BMF in einem Schreiben Stellung genommen[45]. Unter anderem wurde die pauschale Ermittlung des privaten Nutzungswerts bei

- Privatnutzung durch mehrere Personen (z.B. Angehörige),
- Nutzung mehrerer Fahrzeuge,
- Vorhandensein eines Zweitwagens im Privatvermögen

geklärt.

Fahrtenbuch

Zur Vermeidung der pauschalen Berechnung nach der 1 %-Regelung ist es zulässig, die gesamten Aufwendungen des Pkw durch Belege und das Verhältnis der privaten zu den betrieblichen Fahrten durch ein *Fahrtenbuch* nachzuweisen.

Ein ordnungsgemäßes Fahrtenbuch sollte grundsätzlich folgende Angaben enthalten:

- Datum, Kilometerstand zu Beginn und am Ende der einzelnen Geschäftsreise

- Reiseziel mit Reiseroute
- Reisezweck mit Angabe des aufgesuchten Geschäftspartners
- Einzelaufzeichnung der Privatfahrten, jedoch ohne Angabe des Reiseweges

Es reicht nicht aus, das Fahrtenbuch exemplarisch für einen bestimmten Zeitpunkt zu führen.

PRAXIS-TIP

Bei der Führung des Fahrtenbuchs können berufsspezifische Besonderheiten berücksichtigt werden.

So wird es z.B. Fahrlehrern gestattet, in bezug auf Reisezweck, Reiseziel und aufgesuchte Geschäftspartner „Lehrfahrten“, „Fahrschulfahrten“ o.ä. anzugeben[46].

Vergleichbare Regelungen bei Ärzten mit Hausbesuchen sind nur noch bis 31.12.1997 anzuwenden.

BEACHTEN SIE:

Entscheiden Sie sich für den Nachweis der tatsächlichen Kosten und die Führung eines Fahrtenbuchs, so stellt sich die Frage, inwieweit monatlich zwischen Nachweis durch Fahrtenbuch oder Pauschalregelung gewechselt werden darf. Die Gesetzesformulierung läßt diesen Schluß zu. Dem steht die bisherige Verwaltungspraxis bei der Sachbezugsbesteuerung von Arbeitnehmern entgegen.

Telefonnutzung

Werden von einem *betrieblichen Fernsprechanschluß* aus Privatgespräche geführt, sind die anteiligen Grund- und Gesprächsgebühren sowie die anteiligen Abschreibungen bei einem eigenen Gerät Privatentnahmen. Da es in der Praxis große Schwierigkeiten bereitet, die private Nutzung des betrieblichen Telefons genau festzulegen, ist vielfach eine Schätzung erforderlich, die in Form der Erfassung eines glaubhaft gemachten Betrags für den Privatanteil erfolgen kann. Der Unternehmer muß zu diesem Zweck für einen bestimmten Zeitraum (mindestens drei Monate) Aufzeichnungen einfachster Art führen, die nachweisen, in welchem Umfang betriebliche und private Gespräche anfallen. Anhand dieser Erkenntnisse kann der Jahresbetrag des privaten Anteils an den Gesamtkosten des

B

Telefonanschlusses berechnet werden. Das so ermittelte Ergebnis kann auch für die Folgezeit zugrunde gelegt werden, solange sich die Verhältnisse nicht wesentlich ändern. Der Privatanteil kann aber auch mit einem bestimmten Prozentsatz von den Gesamtaufwendungen oder mit einer jährlichen Pauschale angesetzt werden. Für die private Mitbenutzung eines Telefonanschlusses erfolgt ohne Einzelaufzeichnungen ein Ansatz von $^1/_3$ der Kosten, max. 420 DM bzw. 720 DM, wenn der Telefonanschluß sich in den Privaträumen befindet.

Strom und Heizung

Im Gegensatz zum Bereich der Pkw- und Telefonnutzung gibt es keine generelle Berechnungsmöglichkeit. Ausgehend von den tatsächlich angefallenen Kosten ist insbesondere das Verhältnis der betrieblich und privat genutzten Flächen ein geeigneter Maßstab für die Ermittlung des privaten Anteils.

BEACHTEN SIE:

Sind die Kosten schwierig festzustellen, können Erhebungen des Statistischen Bundesamts ein Anhaltspunkt für die Schätzung der Privatnutzung sein.

5.4 ABC der sonstigen Betriebseinnahmen

Die folgenden Ausführungen zu den Betriebseinnahmen sind eine Auswahl von Einnahmebereichen, wie sie häufig bei Freiberuflern vorkommen können. Diese Ausführungen können sicher nicht vollständig sein; zudem sind branchenbezogen abweichende Schwerpunkte bei den Einnahmen möglich.

Abfindung

Wird für die vorzeitige Aufgabe von Praxisräumen eine Abfindung gezahlt, liegt eine Betriebseinnahme vor.

Der Abfindung ist der Verzicht auf die Nutzung der Praxisräume gleichgestellt. Wird für den Verzicht ein Entgelt bezahlt, gehört dieses Entgelt zu den Betriebseinnahmen aus einem Hilfsgeschäft[47].

Betriebsunterbrechungsversicherung

Siehe Versicherungsentschädigungen

Damnum

Wird ein Darlehen unter Einbehaltung eines Damnums gewährt, gehört das Damnum zu den Betriebseinnahmen. Während sich im Rahmen des Betriebsvermögensvergleichs die Einnahme auf die Laufzeit verteilt, ist das Damnum bei der Einnahme-Überschußrechnung bei Auszahlung des Darlehens sofort als Betriebseinnahme zu erfassen.

Forderungserlaß

Werden Forderungen aus betrieblichen Gründen erlassen, liegt darin keine Gewinnerhöhung. Beim Betriebsvermögensvergleich wird die Gewinnerhöhung durch die Einbuchung der Forderung wieder durch deren Ausbuchung rückgängig gemacht. Bei der Einnahme-Überschußrechnung ergibt sich automatisch keine Gewinnerhöhung, da es am Zufluß fehlt.

Werden dagegen Forderungen aus *privaten Gründen* erlassen, so ist dieser Vorgang als eine Entnahme anzusehen; er erhöht die Betriebseinnahmen. Dies gilt jedoch nur für die Fälle, in denen eine entgeltliche Leistung vereinbart war.

BEISPIEL

Der ledige Arzt Dr. Emsig hat im November 1998 die Patientin Helga Schön behandelt. Die am 15. 12. 1998 zugesandte Rechnung lautete auf 750 DM. Seit Februar 1999 sind Dr. Emsig und Helga Schön befreundet. Im März 1999 erläßt Dr. Emsig Helga Schön die noch nicht bezahlte Rechnung.

Emsig hat 1999 750 DM als Einnahmen zu erfassen.

Kursgewinne

Kursgewinne aus einem Fremdwährungsdarlehen rechnen zu den Betriebseinnahmen, auch wenn der Gewinn durch Einnahme-Überschußrechnung ermittelt wird[48].

Leibrentenverpflichtung

Fällt eine Leibrentenverpflichtung weg, liegt keine Minderung der Anschaffungskosten vor, sondern der Wegfall ist als Betriebseinnahme gewinnerhöhend zu erfassen. Dies gilt sowohl bei der Gewinnermittlung durch Betriebsvermögensvergleich als auch bei der Einnahme-Überschußrechnung.

B

Nachträgliche Betriebseinnahmen

Nachträgliche Betriebseinnahmen liegen vor, wenn Einnahmen *nach Beendigung des Betriebs* anfallen (§ 24 Nr. 2 EStG), z.B. die nach Betriebseinstellung eingehenden Außenstände oder die Einnahmen der Witwe eines Freiberuflers aus der früheren Berufstätigkeit ihres Ehemanns.

Preise und Auslobungen

Preise für bestimmte Einzelleistungen sind Betriebseinnahmen, z.B. der bei einem Architektenwettbewerb verliehene Preis[49]. Anders liegt es bei Preisen, die zur Würdigung der Persönlichkeit oder des Lebenswerks verliehen werden; sie sind steuerfrei.

Preisnachlässe

Preisnachlässe gehören dann zu den Betriebseinnahmen, wenn sie ungewöhnlich sind und eine private Veranlassung ausscheidet[50].

Schenkung

Wenn die Hingabe eines Geldbetrages an einen Freiberufler nicht als Darlehen erfolgt ist, kann eine Vergütung für geleistete Dienste vorliegen, auch wenn die Beteiligten dies zum Schein als Darlehen bezeichnet oder eine Bezeichnung überhaupt vermieden haben. Es kommt entscheidend darauf an, ob die Zuwendung ihre Veranlassung in der beruflichen Sphäre hat, d.h. ob ein objektiver wirtschaftlicher oder tatsächlicher Zusammenhang mit der freiberuflichen Tätigkeit besteht[51].

Unentgeltliche Zuwendungen

Ist eine *unentgeltliche* Zuwendung - ausnahmsweise - durch den Betrieb veranlaßt, liegt eine Betriebseinnahme vor, z.B. Treueprämien, wertvolle Geschenke oder eine vom Geschäftspartner kostenlos gewährte Auslandsreise[52]; deren Höhe ist mit den üblichen Mittelpreisen des Verbrauchsorts (entsprechend § 8 Abs. 2 EStG) anzusetzen.

Versicherungsentschädigungen

Versicherungsleistungen für betriebliche Vorfälle rechnen zu den Betriebseinnahmen. Solche Versicherungsleistungen können sein:

- Erstattungen anläßlich von Brandschäden am Betriebsgebäude;
- Erstattungen im Rahmen einer betrieblichen Insassenunfallversicherung[53], wenn sich der Unfall auf einer betrieblichen Fahrt ereignet hat;
- Leistungen der Betriebsunterbrechungs-, Haftpflicht- oder Rechtsschutzversicherung.

Keine Betriebseinnahme liegt hingegen bei der Auszahlung einer Lebensversicherung vor, selbst wenn diese zur Absicherung betrieblicher Schulden eingegangen wurde[54].

Es gilt grundsätzlich:
Sind die Versicherungsbeiträge Betriebsausgaben, bilden die Versicherungsleistungen Betriebseinnahmen.

Ob Provisionen für *eigene Versicherungen* Betriebseinnahmen sind, ist unter den Finanzgerichten streitig[55]. Vom BFH wurde dies bisher für Beitragszuschüsse bejaht[56].

Zuschüsse

Zuschüsse und Zulagen sind grundsätzlich Betriebseinnahmen, wenn nicht ausdrücklich vom Gesetz (§ 5 InvZulG, § 19 Abs. 4 BerlinFG, § 32 Abs. 6 Kohlegesetz) etwas anderes bestimmt ist.

Öffentliche Investitionszuschüsse mindern nach der überwiegenden BFH-Rechtsprechung die jeweiligen *Herstellungskosten*[57].

PRAXIS-TIP

Die Finanzverwaltung und auch frühere BFH-Entscheidungen räumen bei der Behandlung ein Wahlrecht ein. Neben dem unmittelbaren Abzug der Zuschüsse von den Herstellungskosten ist es auch zulässig, den Zuschuß als Betriebseinnahme zu behandeln und das Wirtschaftsgut mit den vollen Anschaffungs- oder Herstellungskosten anzusetzen[58].

6 Betriebsausgaben

6.1 Grundlagen

Betriebliche Veranlassung

Betriebsausgaben sind nach § 4 Abs. 4 EStG die *durch den Betrieb veranlaßten* Aufwendungen, also alle mit der freiberuflichen Berufsausübung in einem tat-

B

sächlichen oder wirtschaftlichen Zusammenhang stehenden Ausgaben[59]. Ein wirtschaftlicher Zusammenhang ist dann gegeben, wenn Aufwendungen *objektiv* mit dem Betrieb zusammenhängen und *subjektiv* dem Betrieb zu dienen bestimmt sind[60].

Da der einzelne Steuerzahler hinsichtlich der Gestaltung seines Betriebs und der betrieblichen Abläufe keinen Einschränkungen unterliegt, bestimmt er grundsätzlich auch den Umfang der dadurch veranlaßten Betriebsausgaben selbst. Die betriebliche Veranlassung von Aufwendungen hängt nicht davon ab, ob die Aufwendungen notwendig, üblich und zweckmäßig sind. *Kosten der Lebensführung* dürfen allerdings den Gewinn aus freiberuflicher Tätigkeit nicht mindern.

BEISPIEL

Vergleich der Ergebnisse zweier Arztpraxen aus dem Jahr 1998:

Praxis A: Betriebseinnahmen: 400.000 DM Gewinn: 220.000 DM

Praxis B: Betriebseinnahmen: 400.000 DM Gewinn: 160.000 DM

Die Untersuchung der deutlich abweichenden Gewinne führt zu folgendem Ergebnis:

Beide Arztpraxen haben nahezu identische Kostenstrukturen. Lediglich bei den Personalkosten liegt B um 60.000 DM über den Ausgaben von A. Diese Differenz erklärt sich dadurch, daß B eine Arzthelferin mehr beschäftigt als A (Jahresgehalt 40.000 DM) und außerdem die Kosten für eine Haushaltshilfe (20.000 DM), die ausschließlich im Privathaushalt von B arbeitet, als Betriebsausgabe abgezogen wurde.

Konsequenz: Das Gehalt der zusätzlichen Arzthelferin ist als Betriebsausgabe abzugsfähig, da ein eindeutiger tatsächlicher und wirtschaftlicher Zusammenhang mit dem Betrieb besteht. Die Zahl seiner Arbeitnehmer darf B ohne Einschränkung selbst bestimmen. Die Zahlungen an die private Haushaltshilfe sind dagegen nicht durch den Betrieb veranlaßt, der Gewinn ist daher um 20.000 DM zu erhöhen.

Zeitpunkt des Betriebsausgabenabzugs

Nicht alle in einem freiberuflichen Betrieb anfallenden Aufwendungen dürfen sofort und uneingeschränkt als Betriebsausgaben abgezogen werden. Es ist vielmehr zu unterscheiden zwischen

- der Anschaffung von nichtabnutzbaren und abnutzbaren Wirtschaftsgütern,

- sofort abzugsfähigen Betriebsausgaben und
- begrenzt abzugsfähigen oder nichtabzugsfähigen Betriebsausgaben.

Bei der Gewinnermittlung durch Einnahme-Überschußrechnung, die bei Freiberuflern in den meisten Fällen anzutreffen ist, gelten für die Frage der zeitlichen Erfassung von sofort abziehbaren Betriebsausgaben die *Grundsätze des Abflußprinzips*[61]. Nähere Einzelheiten zum Abflußprinzip ergeben sich aus 3.2. Für bilanzierende Freiberufler gelten die *allgemeinen Bilanzierungsgrundsätze*.

Abgrenzung von den Kosten der Lebensführung

Die betriebliche und die private Lebenssphäre liegen oft sehr eng beieinander. Deshalb ergeben sich auch bei den Ausgaben häufig Berührungspunkte und Überschneidungen. Die subjektive Einschätzung der Steuerzahler, welche Kosten noch betrieblich und nicht privat veranlaßt sind, weicht in vielen Fällen stark von den Vorstellungen der Finanzverwaltung ab, weshalb es gerade in dieser Frage immer wieder zu finanzgerichtlichen Auseinandersetzungen kommt.

BEACHTEN SIE:

Ausgaben für Nahrung, Kleidung, Wohnung des Steuerzahlers und seiner Familienangehörigen zählen eindeutig zu den Kosten der privaten Lebensführung. Sie sind deshalb grundsätzlich steuerlich *nicht abziehbar*[62].

Neben Kosten, die eindeutig entweder *ausschließlich* betrieblicher oder *ausschließlich* privater Natur sind, gibt es allerdings auch verschiedene Aufwendungen, die sowohl durch die private Lebensführung als auch durch den Betrieb veranlaßt sein können. Das Steuerrecht spricht in diesen Fällen von *gemischten Aufwendungen*. Ein *anteiliger* Abzug gemischter Aufwendungen als Betriebsausgabe kommt dann in Betracht, wenn aufgrund *objektiver Merkmale* eine *zutreffende* und *leicht nachprüfbare Trennung möglich* ist. In diesen Bereich fallen insbesondere

- Aufwendungen für einen gemischt genutzten Pkw,
- Telefonkosten,
- Zinsaufwendungen für ein gemischtes Kontokorrentkonto sowie
- Kosten für eine Hausangestellte, die sowohl im Betrieb als auch im Haushalt tätig wird.

Läßt sich bei bestimmten Ausgaben eine Trennung *nicht* leicht und einwandfrei vornehmen, ist der *gesamte Betrag* den nicht abziehbaren Kosten der Lebensführung zuzuordnen. Hierzu zählen z.B. *Repräsentationskosten*. Dies sind Aufwendungen für die Lebensführung, die die wirtschaftliche oder gesellschaftliche Stellung des Steuerpflichtigen mit sich bringt. Derartige Ausgaben dürfen auch dann nicht als Betriebsausgaben abgezogen werden, wenn sie zur Förderung des Berufs oder der Tätigkeit des Steuerpflichtigen erfolgen [63]. In diesen Fällen gilt ein *allgemeines Aufteilungs-* und *Abzugsverbot* mit der Folge, daß regelmäßig auch der Teil der Aufwendungen nicht abgezogen werden darf, der betrieblich veranlaßt ist. Eine *schätzungsweise Aufteilung der Kosten* in einen betrieblich und einen privat veranlaßten Teil wird in diesen Fällen *nicht anerkannt*.

BEACHTEN SIE:

Abweichend von den vorstehend erläuterten Grundsätzen ist der Abzug gemischter Aufwendungen als Betriebsausgaben dann nicht ausgeschlossen, wenn die private Mitveranlassung von nur ganz untergeordneter Bedeutung ist (weniger als 10%).

Nachweis der Betriebsausgaben

Der Steuerzahler trägt die *objektive Beweislast*, daß von ihm als Betriebsausgaben geltend gemachte Aufwendungen tatsächlich durch den Betrieb veranlaßt sind. Die Vorlage des entsprechenden Belegs oder Zahlungsnachweises ist hier zumeist ausreichend. In Einzelfällen, insbesondere bei gemischten Aufwendungen, kann es erforderlich sein, den rein belegmäßigen Nachweis durch ergänzende Angaben oder Unterlagen zu erläutern. Läßt sich trotz entsprechender Aufklärungsversuche ein betrieblicher Zusammenhang nicht feststellen oder glaubhaft machen, kann das Finanzamt den Betriebsausgabenabzug *versagen*.

Insbesondere bei der Zahlung von Honoraren, Provisionen oder Schmiergeldern verlangt die Finanzverwaltung häufig eine *genaue Benennung des Zahlungsempfängers* [64] mit Name, Anschrift, ggf. auch Geburtsdatum. Wird dieser Aufforderung nicht Folge geleistet, kann der Abzug der geltend gemachten Betriebsausgaben verweigert werden.

6.2 Abgrenzung sofort abzugsfähige/ nichtabzugsfähige Betriebsausgaben

In 6.1 wurde der Begriff der Betriebsausgabe erläutert. *Nicht alle Aufwendungen*, die diese Voraussetzungen erfüllen und demnach Betriebsausgaben sind, dürfen *ohne Einschränkungen* gewinnmindernd abgezogen werden. Der Gesetzgeber differenziert vielmehr zwischen abzugsfähigen und nichtabzugsfähigen Betriebsausgaben[65].

Absolut nichtabzugsfähig sind Aufwendungen für:

- Gästehäuser außerhalb des Orts eines Betriebs des Steuerzahlers
- Jagd oder Fischerei
- Segeljachten oder Motorjachten
- Repräsentationszwecke
- Geldbußen, Ordnungs- und Verwarnungsgelder

Daneben gibt es eine *weitere Kategorie* von Aufwendungen, die der Gesetzgeber zwar ebenfalls den nichtabzugsfähigen Betriebsausgaben zuordnet, die tatsächlich aber *in begrenztem Umfang* abgezogen werden dürfen. Hierzu gehören insbesondere:

- Bewirtungskosten
- Geschenke
- Aufwendungen für Arbeitszimmer
- Kosten für Fahrten zwischen Wohnung und Betrieb
- Mehraufwendungen für Verpflegung während einer Geschäftsreise

Für den Abzug dieser Kosten ist die Einhaltung *bestimmter Voraussetzungen* erforderlich, z.B. gesonderte Aufzeichnung bei Arbeitszimmern, Bewirtungskosten und Geschenken. Einzelheiten hierzu können dem Betriebsausgaben-ABC (6.3) entnommen werden.

6.3 Betriebsausgaben-ABC

Die häufigsten und wichtigsten Betriebsausgaben bei Freiberuflern werden nachfolgend in alphabetischer Reihenfolge aufgeführt und erläutert. Sofern dazu beim jeweiligen Stichwort keine besonderen Ausführungen gemacht werden, gelten für die *zeitliche Zuordnung* der Betriebsausgaben bei der Gewinnermittlung durch Einnahme-Überschußrechnung die allgemeinen Grundsätze des *Abflußprinzips* (3.2).

Zählen Aufwendungen zu den *nichtabzugsfähigen Betriebsausgaben* oder ist ein Abzug nur in *begrenztem Umfang* möglich, wird dies beim jeweiligen Stichwort hervorgehoben und erläutert.

Anwaltskosten

Siehe *Prozeßkosten*

Arbeitgeberanteile

Hat ein Freiberufler Arbeitnehmer beschäftigt, für die er *Arbeitgeberanteile zur Sozialversicherung* abzuführen hat, sind diese Zahlungen als Betriebsausgaben abziehbar. Gleiches gilt für Beiträge zu Berufsgenossenschaften. Beim Arbeitnehmer unterliegen die Arbeitgeberanteile nicht der Lohnsteuer.

Arbeitsverhältnisse zwischen Angehörigen

Für die steuerliche Anerkennung von Arbeitsverhältnissen mit Ehegatten, Kindern oder anderen nahen Angehörigen ist es erforderlich, daß diese *ernsthaft vereinbart* und *tatsächlich durchgeführt* werden. Diese Voraussetzungen sind erfüllt, wenn folgende Punkte beachtet werden:

- Es wurde ein Arbeitsvertrag abgeschlossen.
- Die Arbeitsleistung wird tatsächlich erbracht (kein Scheinarbeitsverhältnis).
- Die vereinbarte Vergütung ist angemessen.
- Der Arbeitslohn kommt tatsächlich zur Auszahlung.

Für den Abschluß eines *Arbeitsvertrags* ist die *Schriftform* zu empfehlen. Zivilrechtlich besitzen zwar auch mündlich geschlossene Verträge Gültigkeit; die Ernsthaftigkeit eines Arbeitsverhältnisses kann aber durch eine schriftliche Vereinbarung leichter nachgewiesen werden. Der Arbeitsvertrag mit Angehörigen (z.B. der Ehefrau) muß so gestaltet sein, wie es auch *unter fremden Dritten üblich* wäre. Deshalb begründen Vereinbarungen über gelegentliche Hilfeleistungen, wie sie ohne besonderes Entgelt innerhalb einer Familie üblich sind, kein Arbeitsverhältnis.

Der Fremdvergleich ist insbesondere auch hinsichtlich der *Höhe* der vereinbarten Löhne oder Gehälter von großer Bedeutung. Als Betriebsausgaben werden nur *angemessene Bezüge* anerkannt. Die Gewährung von Nebenleistungen wie Weihnachts- und Urlaubsgeld, Überstundenvergütungen und andere Sonderzahlungen ist zulässig, wenn derartige Zuwendungen im Betrieb üblich sind [66]. Bei unangemessen hohen Vergütungen sind die Beträge, die die Angemessenheitsgrenze übersteigen, als nichtabzugsfähige Aufwendungen zu behandeln.

Ein weiterer wichtiger Punkt für die tatsächliche Durchführung des Arbeitsverhältnisses ist die *regelmäßige* und *rechtzeitige Auszahlung* der Vergütung.

BEACHTEN SIE:

Wird an einen Angehörigen das Gehalt häufig verspätet oder unregelmäßig ausgezahlt, gefährdet dies die steuerliche Anerkennung der Betriebsausgaben. Das Finanzamt wird an der Ernsthaftigkeit des Anstellungsverhältnisses zweifeln, da ein fremder Arbeitnehmer, der zur Erfüllung seiner laufenden Verpflichtungen auf seine Bezüge angewiesen ist, dies nicht ohne weiteres hinnehmen würde.

Als Zahlungsweise ist die *Überweisung* auf ein eigenes Bankkonto des Arbeitnehmers zu empfehlen. Nach der Rechtsprechung des Bundesverfassungsgerichts [67] ist bei Ehegatten-Arbeitsverhältnissen aber auch die Einzahlung auf ein „Oder"-Konto unschädlich. *Barauszahlungen* sind ebenfalls zulässig. In diesen Fällen kommt allerdings dem Zahlungsnachweis erhöhte Bedeutung zu.

Arbeitszimmer

Die Aufwendungen für ein häusliches Arbeitszimmer *in der Wohnung* des Steuerzahlers zählen seit 1996 grundsätzlich zu den *nichtabzugsfähigen Betriebsausgaben*. Unter bestimmten Voraussetzungen ist jedoch ein steuerlicher Abzug nach wie vor möglich. Neben der *getrennten Aufzeichnung* der Kosten müssen zunächst auch die bisher bereits geforderten Voraussetzungen wie folgt erfüllt sein:

- *Größe der Wohnung*
  Die Wohnung muß von der Anzahl der Zimmer und der Zahl der Bewohner her zur Einrichtung eines Arbeitszimmers geeignet sein. Bewohnt z.B. eine vierköpfige Familie eine Drei-Zimmer-Wohnung, dürfte es sehr schwer fallen, das Finanzamt davon zu überzeugen, daß einer dieser Räume nahezu ausschließlich betrieblich oder beruflich genutzt wird. Hier spricht die Lebenserfahrung dafür, daß dies praktisch nicht möglich ist. Wird dagegen ein Haus mit sechs Zimmern lediglich von drei Personen bewohnt, ist die Wahrscheinlichkeit sehr hoch, daß einer dieser Räume ausschließlich als Arbeitszimmer genutzt werden kann.
- *Abgrenzung von den übrigen Wohnräumen*
  Das Arbeitszimmer muß sich in einem eigenständigen, von den übrigen

Wohnräumen getrennten Raum befinden. Es kann nicht durch das Aufstellen eines Raumteilers oder ähnliche Maßnahmen geschaffen werden. Durchgangszimmer oder offene Galerien werden im allgemeinen ebenfalls nicht als Arbeitszimmer anerkannt.

- *Ausschließliche oder nahezu ausschließliche betriebliche Nutzung/ Ausstattung des Arbeitszimmers*
  Ein Betriebsausgabenabzug kommt grundsätzlich nur dann in Betracht, wenn die private Mitbenutzung von untergeordneter Bedeutung ist (nicht mehr als 10 %). Neben anderen Merkmalen ist dabei die Frage der Ausstattung des Arbeitszimmers von vorrangiger Bedeutung. Ist der Raum zweckmäßig ausgestattet (Schreibtisch, Bücherregale, Bürostuhl u.ä.) spricht dies eher *gegen* eine erhebliche private Mitbenutzung; ist das Zimmer jedoch mit Einrichtungsgegenständen versehen, wie sie in Wohnräumen üblich sind (z.B. Polstergruppe, Couchtisch, Fernsehgerät), spricht dies eher *dafür*.

BEACHTEN SIE:

Die Anerkennung des Arbeitszimmers ist grundsätzlich auch bei einer - vom zeitlichen Umfang her - geringen betrieblichen Nutzung des Raumes möglich, wenn sichergestellt ist, daß in den Zeiten der Nichtnutzung eine private Verwendung nahezu ausgeschlossen ist.

Sind die vorstehend erläuterten Grundvoraussetzungen erfüllt, ergeben sich drei mögliche Fallgestaltungen. Die Aufwendungen für das Arbeitszimmer dürfen

- in vollem Umfang als Betriebsausgaben abgezogen werden,
- nur bis zu einem Betrag von max. 2.400 DM/Jahr geltend gemacht werden,
- überhaupt nicht als Betriebsausgaben abgezogen werden.

  → *Voller Betriebsausgabenabzug*
  Der volle Abzug ist nur dann zulässig, wenn das häusliche Arbeitszimmer den *Mittelpunkt* der gesamten betrieblichen oder beruflichen Tätigkeit bildet. Entscheidend ist dabei, daß der Steuerzahler nicht außerhalb seines Arbeitszimmers dauerhaft tätig wird. Verfügt z.B. ein Rechtsanwalt neben seinem häuslichen Arbeitszimmer über kein weiteres Büro, so bildet dieses den Mittelpunkt seiner Tätigkeit. Hat er dagegen neben dem Arbeitszimmer noch eine Anwaltskanzlei, wo sein Personal tätig ist, ihn Mandanten aufsuchen und er Schriftsätze fertigt, so liegt dort dieser Mittelpunkt.

Liegen die Voraussetzungen für die volle steuerliche Anerkennung des Arbeitszimmers vor, dürfen die *anteilig* auf diesen Raum entfallenden Aufwendungen steuermindernd geltend gemacht werden. In der Regel erfolgt die Aufteilung der Kosten nach dem *Verhältnis der Wohn- bzw. Nutzflächen*.

➔ *Begrenzter Betriebsausgabenabzug*

Sind die Voraussetzungen zum vollen Abzug der Aufwendungen nicht gegeben, kommt ein begrenzter Abzug in Betracht, wenn das Arbeitszimmer zu *mehr als 50 %* der gesamten beruflichen oder betrieblichen Tätigkeit genutzt wird. In diesem Fall sind die anteiligen Kosten wie oben erläutert zu ermitteln. *Übersteigen* diese 2.400 DM im Kalenderjahr, werden die Betriebsausgaben auf diesen Betrag *begrenzt*.

➔ *Kein Betriebsausgabenabzug*

Werden weder die Voraussetzungen für einen vollen noch für einen begrenzten Betriebsausgabenabzug erfüllt, zählen die anteilig auf diesen Raum entfallenden Kosten zu den *nichtabzugsfähigen Betriebsausgaben*.

Abzugsfähige Aufwendungen

Zu den Aufwendungen, die unter die Begrenzung von 2.400 DM oder unter das Abzugsverbot fallen, gehören insbesondere die anteiligen Ausgaben für

- Miete,
- Gebäude-AfA (beim Arbeitszimmer im eigenen Haus),
- Finanzierungskosten,
- Wasser- und Energiekosten,
- Grundsteuer, Gebäudeversicherung u.ä.

sowie die Aufwendungen für die Ausstattung des Raumes (z.B. Vorhänge, Lampen, Schreibtisch).

Typische Arbeitsmittel, wie z.B. ein PC, gehören nicht zur Ausstattung des Arbeitszimmers und dürfen daher ohne Einschränkung als Betriebsausgaben abgezogen werden[68].

Berufskleidung

Aufwendungen für Bekleidung sind nur dann als Betriebsausgaben abzugsfähig, wenn es sich um *typische* Berufskleidung handelt. Hierzu zählt bei Freiberuflern insbesondere die *Robe des Rechtsanwalts*.

Kleidungsstücke, die ihrer Art nach zur bürgerlichen Kleidung rechnen, sind auch dann nicht der Berufskleidung zuzuordnen, wenn sie ausschließlich für betriebliche Zwecke genutzt werden. Aus diesem Grund kommt z.B. *bei Ärzten* regelmäßig ein Abzug der Kosten für weiße Hemden, T-Shirts, Socken und Schuhe nicht in Betracht. Eine Ausnahme bilden *weiße Berufsmäntel* und *Hosen*, wenn aufgrund ihres funktionalen Charakters eine außerberufliche Nutzung ausgeschlossen erscheint.

Ein Abzug von Reinigungs- oder Reparaturkosten für bürgerliche Kleidung ist nur dann nicht ausgeschlossen, wenn die Kosten Folge eines erhöhten Verschleißes sind. Dieser muß sich aber nach objektiven Maßstäben zutreffend und leicht nachprüfbar vom normalen Verschleiß abgrenzen lassen. Solche objektiv nachprüfbaren Umstände liegen im allgemeinen vor bei Beschädigungen der Kleidung anläßlich

- eines Unfalls auf einer beruflich bedingten Fahrt,
- eines Arbeitsunfalls im Betrieb,
- häufiger berufsbedingter Verschmutzung.

Berufsverbände/Berufsgenossenschaften

Beiträge an Berufsverbände (z.B. Ärztekammer, Anwaltskammer, Architektenvereinigung, Steuerberaterkammer usw.) sind Betriebsausgaben. Gleiches gilt für die Zahlungen an Berufsgenossenschaften der Arbeitnehmer.

Beitragsleistungen an *berufsständische Versorgungseinrichtungen* sind nicht als Betriebsausgaben abzugsfähig. Hier kommt aufgrund des Vorsorgecharakters dieser Zahlungen im allgemeinen ein Abzug als Sonderausgaben in Betracht.

Betriebsveranstaltungen

Aufwendungen für Betriebsveranstaltungen mit Arbeitnehmern, wie z.B. Betriebsausflüge und Weihnachtsfeiern, sind als Betriebsausgaben in vollem Umfang abzugsfähig. Zu beachten ist allerdings, daß der geldwerte Vorteil, der sich für die an solchen Veranstaltungen teilnehmenden Arbeitnehmer ergibt, nur dann nicht der Lohnsteuer zu unterwerfen ist, wenn es sich um eine übliche Veranstaltung handelt. Eintägige Veranstaltungen, bei denen der Wert der Zuwendungen *insgesamt nicht mehr als 200 DM* je Arbeitnehmer und Veranstaltung beträgt, werden vom Finanzamt ohne weitere Prüfung als üblich anerkannt. Diese Regelung ist allerdings auf *zwei Betriebsveranstaltungen* je Kalenderjahr begrenzt. Der Vorteil aus der dritten und jeder weiteren Veranstaltung ist immer der Lohnsteuer zu unterwerfen.

PRAXIS-TIP

Um bei mehr als zwei Veranstaltungen oder bei Zuwendungen von mehr als 200 DM die Arbeitnehmer nicht für die Teilnahme an der Betriebsveranstaltung durch einen hohen Lohn- und Sozialversicherungsabzug zu „bestrafen", kann der Arbeitgeber die Lohnsteuer hierfür mit pauschal 25 % übernehmen. In diesen Fällen sind die Zuwendungen nicht der Sozialversicherung zu unterwerfen.

Bewirtungskosten

Unter folgenden Voraussetzungen ist ein Betriebsausgabenabzug für Bewirtungskosten grundsätzlich zulässig:

- betriebliche oder geschäftliche Veranlassung;
- Bewirtung in einer Gaststätte;
- Vorlage einer maschinell ausgedruckten und registrierten Rechnung, auf der die Speisen und Getränke einzeln aufgeführt sind;
- Ergänzung der Angaben auf dem Beleg durch den Steuerzahler um die Namen der bewirteten Personen (einschließlich des Bewirtenden) und den Anlaß der Bewirtung;
- gesonderte Aufzeichnung (Verbuchung) der Aufwendungen.

Neben der Einhaltung dieser formalen Punkte ist auch die Frage der *Angemessenheit* der geltend gemachten Bewirtungskosten zu beachten. Da bisher weder vom Gesetzgeber noch seitens der Rechtsprechung eine feste Angemessenheitsgrenze festgelegt wurde, kann insoweit großzügig verfahren werden. Steht allerdings bei einer Veranstaltung die Bewirtung nicht eindeutig im *Vordergrund*, z.B. beim Besuch von Varietès oder Nachtclubs, sind die Aufwendungen insgesamt nicht abzugsfähig [69].

Für die Frage der Abzugsfähigkeit der Bewirtungskosten ist es weiterhin von Bedeutung, ob es sich um eine *geschäftliche* oder eine *betriebliche* Bewirtung handelte.

Bei *geschäftlichen Bewirtungen* dürfen von den insgesamt angemessenen Beträgen lediglich *80 %* als Betriebsausgaben abgezogen werden. Von einer geschäftlichen Bewirtung wird gesprochen, wenn bereits bestehende Geschäftsbeziehungen gepflegt oder intensiviert werden oder neue Geschäftsverbindungen angebahnt werden sollen.

BEACHTEN SIE:

In der Fachwelt umstritten ist die Frage, ob auch dann ein geschäftlicher Anlaß oder lediglich ein betrieblicher Anlaß gegeben ist, wenn keine unmittelbare Geschäftsbeziehung besteht, wie etwa bei der Bewirtung eines Betriebsprüfers oder anderer Behördenvertreter. Die Finanzverwaltung vertritt hier eine restriktive Auffassung mit der Folge, daß die 20prozentige Kürzung auch in diesen Fällen vorzunehmen ist. Es ist davon auszugehen, daß dieses Thema in nächster Zukunft Gegenstand finanzgerichtlicher Verfahren sein wird.

Haben an einer Bewirtung neben dem Steuerzahler ausschließlich dessen Arbeitnehmer teilgenommen, so handelt es sich eindeutig um eine *betriebliche Bewirtung*. Für betriebliche Bewirtungen ist die Kürzung um 20 % nicht vorzunehmen. Es bleibt allerdings zu prüfen, ob ggf. eine lohnsteuerpflichtige Betriebsveranstaltung vorliegt.

Bußgelder

Siehe *Geldbußen, Geldstrafen*

Damnum/Disagio

Ein Damnum, das in Zusammenhang mit der Inanspruchnahme eines betrieblichen Darlehens anfällt, darf bei der Gewinnermittlung durch Einnahme-Überschußrechnung bereits im Jahr der Darlehensauszahlung *sofort und in vollem Umfang* als Betriebsausgabe abgezogen werden. Eine Verteilung auf die Laufzeit des Darlehens ist nicht vorzunehmen.

Darlehensverluste

Darlehensaufnahme und -tilgung berühren die Gewinnermittlung nicht, da es sich insoweit um reine Vermögensumschichtungen handelt. Das gleiche gilt für die Gewährung und Rückzahlung eines Darlehens. Nur erhaltene bzw. gezahlte Zinsen oder ähnliche Geldkosten sind Betriebseinnahmen oder -ausgaben. Geht dagegen ein aus betrieblichen Gründen einem Dritten eingeräumtes Darlehen ganz oder teilweise verloren, stellt der Darlehensverlust eine Betriebsausgabe dar. Der Abzug darf allerdings erst dann vorgenommen werden, wenn nach den Umständen des Einzelfalls davon auszugehen ist, daß mit einer Darlehensrückzahlung *nicht* mehr gerechnet werden kann.

BEISPIEL

Ein Arzt gewährt seiner Sprechstundenhilfe im Januar 1995 ein zinsloses Darlehen über 5.000 DM. Die Tilgung wird durch Abzug vom Arbeitslohn in monatlichen Raten von 100 DM vorgenommen. Zum 30. 6. 1997 kündigt die Mitarbeiterin das Arbeitsverhältnis und scheidet aus der Praxis aus, ohne das verbliebene Darlehen in Höhe von 2.000 DM zurückzuzahlen. Bemühungen des Arztes, diesen Betrag zu erhalten, bleiben ohne Erfolg. Nach mehreren fruchtlosen Pfändungen durch den Gerichtsvollzieher steht im Februar 1998 endgültig fest, daß die Rechnung von 2.000 DM verloren ist. Der Arzt darf den Darlehensverlust im Jahr 1998 als Betriebsausgabe geltend machen.

Wird nach einem berechtigten Betriebsausgabenabzug das Darlehen später wider Erwarten doch zurückbezahlt, ist dieser Betrag *im Jahr des Zuflusses* als Betriebseinnahme zu erfassen.

Darlehenszinsen
Siehe *Finanzierungskosten*

Fachliteratur

Die Aufwendungen für die Beschaffung von Fachbüchern, -zeitungen und -zeitschriften werden im allgemeinen ohne Schwierigkeiten als Betriebsausgaben anerkannt. Es sollte allerdings darauf geachtet werden, daß sich die Bezeichnung des gekauften Artikels aus dem Kaufbeleg *eindeutig* ergibt und so problemlos der betriebliche Zusammenhang erkennbar ist.

Aufwendungen für *Tageszeitungen*, allgemeine Wochenzeitschriften, Lexika und andere Nachschlagewerke, die nicht typischerweise Fachliteratur sind, sondern einen großen Kreis der Bevölkerung allgemein ansprechen, werden in der Regel nicht als Betriebsausgaben anerkannt. Derartige Literatur berührt auch die Lebensführung des Steuerzahlers und muß aufgrund des bestehenden *Aufteilungs- und Abzugsverbots* insgesamt den nichtabziehbaren Kosten der Lebensführung zugeordnet werden.

B

BEACHTEN SIE:

Auch von dieser Regel gibt es Ausnahmen:
- typische Wartezimmerlektüre eines Arztes (insbesondere bei Bezug über einen Lesezirkel);
- Aufwendungen für den Bezug einer zweiten Tageszeitung neben dem regionalen Blatt, wenn eine konkrete betriebliche Veranlassung glaubhaft gemacht werden kann (z.B. bei einem Architekt, der sich dadurch Informationen über potentielle überregionale Aufträge verschafft);
- Anschaffung eines Duden oder von Fremdwörterlexika, wenn nachgewiesen oder glaubhaft gemacht werden kann, daß diese für den Betrieb notwendig sind (z.B. wegen häufiger Auslandskorrespondenz), eine etwaige private Mitbenutzung unbedeutend ist und nicht ins Gewicht fällt.

Fachtagung/Studienreise

Die Teilnahme an Fachtagungen oder Studienreisen erfolgt im allgemeinen nicht zum privaten Zeitvertreib, sondern weil ständige Fortbildung und Information unabdingbare Voraussetzungen für den beruflichen bzw. betrieblichen Erfolg sind. Die in diesem Zusammenhang anfallenden Kosten sind deshalb regelmäßig als Betriebsausgaben abzugsfähig.

→ Private (Mit-)Veranlassung

Nicht immer geht der steuerliche Abzug von Aufwendungen für Fachtagungen und Studienreisen ohne *Probleme* vonstatten. Der Streit mit dem Finanzamt dreht sich dabei zumeist um die Frage, ob für eine solche Reise eine private Veranlassung oder zumindest Mitveranlassung besteht. Je länger eine Reise dauert und je interessanter ein Ort - insbesondere im *Ausland* - auch für touristische Zwecke ist, um so argwöhnischer sind die Behörden. Da sich Finanzgerichte und Bundesfinanzhof dieser restriktiven Haltung weitestgehend angeschlossen haben, müssen für die Anerkennung des Betriebsausgabenabzugs *strenge Anforderungen* erfüllt werden. Dabei ergeben sich für die steuerliche Beurteilung von Gruppenreisen einerseits und dem Besuch von Fachtagungen, Symposien oder Kongressen andererseits keine wesentlichen Unterschiede.

→ Gruppenreisen

Bei Gruppenreisen zu Informationszwecken, insbesondere ins Ausland, liegt die Meßlatte für die steuerliche Anerkennung besonders hoch. Zur Beurteilung der *betrieblichen Veranlassung* einer solchen Reise werden insbesondere folgende Kriterien herangezogen:

Zuschnitt des Reiseprogramms

Das Reiseprogramm muß auf die besonderen betrieblichen Bedürfnisse der einzelnen Teilnehmer zugeschnitten sein. Läßt sich bereits hier ein *privater Charakter* der Reise erkennen, scheidet ein Abzug der Aufwendungen als Betriebsausgaben aus. Ein überwiegend privater Charakter einer Reise ist z.B. dann gegeben, wenn das Programm zahlreiche Besichtigungen von allgemeinem touristischem Interesse oder lange Erholungspausen vorsieht. Die übrigen Kriterien brauchen in diesem Fall gar nicht weiter untersucht zu werden.

Homogenität des Teilnehmerkreises

Bei einer Reise, die auf die besonderen betrieblichen Bedürfnisse der Teilnehmer zugeschnitten ist, wird üblicherweise ein Kreis anzutreffen sein, der aufgrund der gleichgerichteten Fachinteressen aus der gleichen oder zumindest aus verwandten Berufsgruppen kommt. Fehlt es an dieser Voraussetzung, wird objektiv nicht von einer betrieblichen Veranlassung auszugehen sein. Allerdings darf auch umgekehrt allein aus der Tatsache, daß die Reise von einem *Fachverband* organisiert wurde, nicht ohne weiteres darauf geschlossen werden, daß die Aufwendungen als Betriebsausgaben abzugsfähig sind. Auch hier müssen zunächst die weiteren Voraussetzungen geprüft werden.

Straffe Organisation

Weist eine Gruppenreise eine *straffe, lehrgangsmäßige Organisation* mit engem fachlichem Bezug auf, wird eine ansonsten eindeutig betrieblich veranlaßte Reise nicht dadurch zur Privatreise, daß die Abende oder auch ein einzelner Ruhetag zur freien Verfügung stehen. Ist die Reise jedoch so gelegt, daß sie *besonders viele Wochenenden und Feiertage* einschließt und sind diese freien Tage programmgemäß so ausgefüllt, daß sie touristisch reizvolle Möglichkeiten eröffnen, kann angenommen werden, daß die Reise aus überwiegend privatem Interesse unternommen wurde.

Eine straffe Organisation allein ist allerdings ohne Bedeutung, wenn der einzelne Teilnehmer an den speziellen (Fach-)Veranstaltungen tatsächlich nicht teilgenommen hat. Deshalb wird als weitere Voraussetzung für die Anerkennung der Reisekosten als Betriebsausgaben die *tatsächliche Teilnahme* an den Veranstaltungen gefordert.

BEACHTEN SIE:

Nicht immer wird es Ihnen möglich sein, vom Veranstalter entsprechende Teilnahmetestate zu erhalten. Oftmals stellt sich auch bei Vorhandensein der Testate die Frage, welche Beweiskraft diese haben. Wenn Sie an einer (Auslands-) Gruppenreise teilnehmen, von der Sie überzeugt sind, daß diese betrieblich veranlaßt ist, sollten Sie deshalb von vornherein nachvollziehbare Fakten schaffen, die Ihnen später die Argumentation gegenüber dem Finanzamt erleichtern. Dies kann z.B. durch die Führung von Aufzeichnungen über den Reiseverlauf und die durchgeführten Aktivitäten in Form eines Reisetagebuches erfolgen.

Gesamtbeurteilung
Unter Berücksichtigung der oben erläuterten Kriterien muß letztlich eine Gesamtbeurteilung der Gruppenreise erfolgen. Dabei sind zusätzliche Faktoren, wie z.B. die Frage der *Mitnahme* von *Familienangehörigen*, Dauer und Zeitpunkt der Reise sowie die Verbindung mit einem privaten Ferienaufenthalt, in die Würdigung mit einzubeziehen. Nur wenn sich aus dieser Gesamtbeurteilung ergibt, daß eine private (Mit-)Veranlassung nahezu völlig auszuschließen ist, dürfen die Aufwendungen für die Gruppenreise als Betriebsausgaben abgezogen werden.

Fachtagungen
Grundsätzlich gelten für Fachtagungen im wesentlichen die gleichen Kriterien wie für die Beurteilung der Gruppenreisen. Der *Veranstaltungsort* ist hier allerdings von besonders großer Bedeutung. Die Rechtsprechung sieht nämlich stets ein deutliches Indiz der privaten Veranlassung für die Teilnahme an einer Tagung darin, daß Orte aufgesucht werden - insbesondere im Ausland -, die auch *Ziel privater Bildungs- und Erholungsreisen* sein können (z.B. Ärztekongreß in Davos während der Wintersaison).

PRAXIS-TIP

Ist Ihnen die Teilnahme an einer solchen Veranstaltung trotzdem wichtig, sollten Sie den Aufenthalt vor Ort so kurz wie möglich halten. Suchen Sie sich z.B. aus einer einwöchigen Tagung die beiden Tage aus, die für Sie von Interesse sind und reisen Sie direkt dazu an und kurz danach wieder ab. Da Ihnen bei dieser Gestaltung keine Zeit für die Verfolgung privater Interessen verbleibt, ist der Betriebsausgabenabzug gesichert.

Abgrenzbare betriebliche Aufwendungen
Bei Reisekosten zum Besuch von Fachtagungen, die nach den oben erläuterten Grundsätzen nicht eindeutig ausschließlich als betrieblich veranlaßt anzusehen sind, kommt - wie auch bei rein *privaten Reisen* - ein Abzug der hierfür angefallenen Aufwendungen als Betriebsausgaben nicht in Betracht. Die Beträge sind den *Kosten der Lebensführung* zuzuordnen. Können allerdings bei einer an sich privat veranlaßten Reise bestimmte Aufwendungen aufgrund sachlicher oder zeitlicher Zusammenhänge konkret dem Betrieb zugeordnet werden, ist für diese *abgrenzbaren Kosten* ein Betriebsausgabenabzug möglich.

BEISPIEL

Während einer dreiwöchigen Urlaubsreise mit Ihrer Familie nach Florida unterbrechen Sie die Ferien und fliegen allein für drei Tage nach New York, um dort an einer Fachtagung teilzunehmen. Da die betriebliche Veranlassung dieses „Abstechers" außer Zweifel steht, sind die für diese Veranstaltung anfallenden abgrenzbaren Aufwendungen (Flug nach New York und zurück, Unterkunft und Verpflegung in New York sowie etwaige Nebenkosten) als Betriebsausgaben abzugsfähig. Keine Betriebsausgaben sind dagegen die Flugkosten von Deutschland nach Florida und zurück sowie die übrigen Kosten des Ferienaufenthaltes. Gleiches würde auch für Flugkosten von New York nach Deutschland gelten, wenn sich die Tagung z.B. direkt an das Ende Ihres Urlaubsaufenthaltes anschließen würde. Die Aufwendungen für den Heimflug werden auch in diesem Fall den privaten Urlaubskosten zugeordnet.

Vortragstätigkeit
Das Halten eines Fachvortrages auf einem Kongreß oder Seminar führt nicht automatisch zur steuerlichen Anerkennung der Reiseaufwendungen. Auch in solchen Fällen müssen die vorstehend erläuterten allgemeinen Grundsätze erfüllt sein[70].

Welche Aufwendungen im Zusammenhang mit betrieblich veranlaßten Reisen im einzelnen steuerlich anerkannt werden, kann dem Stichwort *Reisekosten* entnommen werden.

B

Fahrten zwischen Wohnung und Betrieb

Fahrten zwischen Wohnung und Betrieb sind grundsätzlich *betrieblich veranlaßt*. Zum Zwecke der Gleichstellung mit den Arbeitnehmern darf aber auch ein Freiberufler solche Aufwendungen nur *in begrenztem Umfang* als Betriebsausgaben abziehen. Dabei sind zwei Fallgestaltungen zu unterscheiden:

Fahrtenbuch

Bei Führung eines ordnungsgemäßen Fahrtenbuchs müssen zunächst die Kilometerkosten des jeweiligen Kalenderjahres ermittelt werden. Soweit die tatsächlichen Kosten den Betrag von 0,35 DM/Kilometer übersteigen, liegen nichtabzugsfähige Betriebsausgaben vor.

BEISPIEL

Ein Architekt hat für das Jahr 1997 ein Fahrtenbuch geführt. Danach hat er mit seinem Betriebs-Pkw in diesem Jahr insgesamt 36.000 Kilometer zurückgelegt. Fahrten zwischen Wohnung und Betrieb (einfache Entfernung 25 Kilometer) sind an 200 Tagen angefallen. 1997 betrugen die Gesamtkosten für das Fahrzeug 30.600 DM. Die nichtabzugsfähigen Betriebsausgaben sind demnach wie folgt zu ermitteln:

Gesamtkosten 30.600 DM : Jahresfahrleistung 36.000 Kilometer ergibt:

Kosten je Kilometer:	0,85 DM
Abzugsfähige Kosten je Kilometer:	0,35 DM
Nichtabzugsfähige Kosten je Kilometer:	0,50 DM

Gesamtkilometer Wohnung-Betrieb: 200 Tage x 25 km x 2 = 10.000 Kilometer.

Somit ergeben sich nichtabzugsfähige Kosten in Höhe von 5.000 DM (10.000 km x 0,50 DM/km). Um diesen Betrag ist der Gewinn des Jahres 1997 zu erhöhen.

Pauschale Ermittlung

Die pauschale Ermittlung geht aus vom Bruttolistenpreis des Fahrzeugs zum Zeitpunkt der Erstzulassung. Von diesem Wert sind pro Monat der Nutzung 0,03 % der Berechnung zugrunde zu legen und mit der einfachen Entfernung Wohnung - Betrieb zu multiplizieren. Soweit die sich so ergebende Summe die abziehbaren Aufwendungen übersteigt, liegen nichtabzugsfähige Betriebsausgaben vor.

BEISPIEL

Abwandlung des vorstehenden Beispiels: Der Architekt hat für 1997 kein Fahrtenbuch geführt. Der Bruttolistenpreis seines Fahrzeugs betrug 50.000 DM. Es ergibt sich jetzt folgende Berechnung:

Listenpreis 50.000 DM x 0,03 % = 15 DM x 25 km x 12 Monate =	4.500 DM
Abziehbare Aufwendungen: 0,70 DM x 25 km x 200 Tage =	3.500 DM
Nichtabzugsfähige Ausgaben:	1.000 DM

In diesem Fall ist der Gewinn also um 1.000 DM zu erhöhen.

Fahrzeugkosten

Alle Aufwendungen für ein zum Betriebsvermögen gehörendes Kraftfahrzeug sind grundsätzlich als Betriebsausgaben abziehbar. Hierzu zählen z.B.:

- Treibstoffkosten
- Aufwendungen für Inspektions- und Reparaturarbeiten
- Kfz-Steuer und -Versicherungen (einschließlich Kasko)
- AfA-Beträge (Verteilung der Anschaffungskosten auf die Nutzungsdauer)
- Leasingraten
- Finanzierungskosten

BEACHTEN SIE:

Einen Sonderfall bilden in diesem Zusammenhang die *Unfallkosten*. Hier kommt es für den Abzug der Aufwendungen als Betriebsausgaben auf die *Veranlassung* an.

Kosten für die Beseitigung von Unfallschäden, die anläßlich einer Privatfahrt entstanden sind, dürfen den Gewinn nicht mindern. Dies gilt auch für den auszubuchenden Restwert im Falle eines Totalschadens. Hat sich der Unfall dagegen auf einer betrieblichen Fahrt ereignet, sind die Aufwendungen auch dann in vollem Umfang abzugsfähig, wenn der Unfall selbst verschuldet wurde.

Wird ein zum Betriebsvermögen gehörendes Fahrzeug auch für *private Zwecke* benutzt, ist hierfür ein entsprechender Privatanteil in Ansatz zu bringen. Nähere Erläuterungen hierzu finden sich bei den *Betriebseinnahmen* unter B 5.

B

Finanzierungskosten

Unter dem Begriff Finanzierungskosten werden Aufwendungen für die Beschaffung von Darlehen und Krediten verstanden, wie z.B. *Schuldzinsen*, Disagio, Bearbeitungsgebühren. Ein Abzug solcher Kosten als Betriebsausgaben ist grundsätzlich dann zulässig, wenn die Aufnahme der Fremdmittel *betrieblich veranlaßt* ist. Eine betriebliche Veranlassung ist unzweifelhaft gegeben bei Anschaffung von Wirtschaftsgütern des Betriebsvermögens oder Finanzierung von Betriebsausgaben.

BEACHTEN SIE:

Gerade die Finanzierungskosten bieten Ihnen günstige und absolut legale Gestaltungsmöglichkeiten durch die Verlagerung von an sich privat veranlaßten Aufwendungen in den betrieblichen Bereich. Das unten erläuterte Drei-Konten-Modell wurde erst vor kurzem vom Großen Senat des BFH erneut abgesegnet[71]. Es kann daher für den einzelnen sehr lohnend sein, sich mit diesem Thema etwas ausführlicher zu befassen. Bei konsequenter Durchführung dieser Gestaltungsmöglichkeit lassen sich beträchtliche Steuerbeträge einsparen.

→ Drei-Konten-Modell

Die *planmäßige Anwendung* des Drei-Konten-Modells macht es möglich, Schuldzinsen, die eigentlich im privaten, steuerlich nicht relevanten Lebensbereich anfallen, in den Betrieb zu verlagern und zu steuerlich abziehbaren Betriebsausgaben zu machen. Bereits vorhandene *Privatdarlehen* können auf diesem Weg ebenfalls ins Betriebsvermögen gelangen. Der erforderliche Aufwand ist relativ gering. Voraussetzung für den Erfolg dieser Strategie ist allerdings, daß sie *konsequent* durchgezogen wird. Für das Drei-Konten-Modell werden *mindestens drei* separate, eigenständige Girokonten benötigt. Diese sollten mit folgenden Funktionen belegt werden, die innerhalb des täglichen Geschäftsablaufs *strikt einzuhalten* sind:

Konto 1: Betriebliches Einnahmenkonto zur Erfassung aller Betriebseinnahmen und zur Übertragung von Privatentnahmen auf Konto 3. Auf diesem Konto sollte immer ein Guthaben vorhanden sein.

Konto 2: Betriebliches Ausgabenkonto zur Bestreitung aller Betriebsausgaben und größerer betrieblicher Anschaffungen per Kontokorrentkredit. Dieses Konto wird bei richtiger Handhabung ausschließlich für betriebliche Zahlungen verwendet. Deshalb sind alle hier anfallenden Schuldzinsen, Kontoführungsgebühren usw. in vollem Umfang als Betriebsausgaben abziehbar. Bei Ablösung des Kontokorrentkredites durch ein langfristiges Darlehen stellen auch die dafür anfallenden Zinsen Betriebsausgaben dar.

Konto 3: Privatkonto zur Aufnahme der Überträge von Konto 1 und zur Bestreitung privater Ausgaben. Von diesem Konto dürfen auch die Tilgungen für private Darlehen erfolgen.

PRAXIS-TIP

Auf keinen Fall dürfen Sondervereinbarungen mit der Bank über Zinskompensationen, also die interne Verrechnung von Zinsen oder Buchungsgebühren (z.B. Abbuchung aller Kontoführungsgebühren bei einem Betriebskonto gegen Gebührenfreistellung des Privatkontos), getroffen werden. Solche Gestaltungen bringen das Drei-Konten-Modell garantiert zu Fall, weil das Finanzamt dann nämlich davon ausgeht, daß wirtschaftlich betrachtet nur ein einheitliches Konto vorliegt. Dies hätte zur Folge, daß der Betriebsprüfer eine Aufteilung der Zinsen in einen betrieblichen und einen privaten, nicht abziehbaren Teil vornehmen würde.

Umbuchungen zwischen den verschiedenen betrieblichen und privaten Konten sind ein besonders kritischer Bereich innerhalb des Drei-Konten-Modells. Entsteht oder erhöht sich ein Sollsaldo auf dem betrieblichen Schuldkonto durch Umbuchungen auf ein betriebliches Guthabenkonto, so sind die sich aus der Umbuchung (Darlehensaufnahme) ergebenden Schuldzinsen nur als Betriebsausgaben abzugsfähig, *soweit* die Umbuchung zu Lasten des Schuldkontos nicht der Finanzierung einer *Entnahme* dient. Für die Frage der Finanzierung einer Entnahme kommt es auf die *wirtschaftliche Verbindung* zwischen Umbuchung und Entnahme an. Die wirtschaftliche Verbindung muß dabei immer nach den Umständen des Einzelfalls beurteilt werden. Die Finanzverwaltung geht stets dann von einer wirtschaftlichen Verbindung aus, wenn zwischen Umbuchung und Entnahme ein *enger zeitlicher Zusammenhang* besteht und beide Vorgänge auch *betragsmäßig* völlig oder nahezu völlig *übereinstimmen*. Die Umbuchung auf ein anderes Konto zur Finanzierung einer Entnahme ist *nicht betrieblich* veranlaßt, was dazu führt, daß die darauf entfallenden Schuldzinsen *nicht* als Betriebsausgaben abziehbar sind.

B

→ Gemischte Kontokorrentkonten

Werden anstelle oder neben dem Drei-Konten-Modell - aus welchen Gründen auch immer - weiterhin gemischte Kontokorrentkonten sowohl für den betrieblichen als auch den privaten Geldverkehr geführt, so gilt für die Ermittlung der als *Betriebsausgaben* abziehbaren Schuldzinsen folgendes:

Die angefallenen Kontokorrentzinsen sind in einen betrieblichen und einen privaten Teil *aufzuteilen*, wenn die Zahlungen zu einer Kontokorrentschuld und somit zu Zinsbelastungen geführt haben. Um eine Aufteilung zu ermöglichen, kann innerhalb der laufenden Buchführung oder auch nachträglich das betreffende Girokonto in *zwei Unterkonten* unterteilt werden. Die Zuordnung der aus den Unterkonten berechneten Zinsen in einen als Betriebsausgaben abziehbaren und in einen nichtabziehbaren Teil muß grundsätzlich nach der *Zinszahlenstaffelmethode* erfolgen.

BEACHTEN SIE:

Für die Zinsberechnung der Unterkonten dürfen die auf dem Girokonto eingehenden Gutschriften solange dem privaten Unterkonto zugewiesen werden, bis dort ein ausgeglichener Saldo entsteht. Erst wenn der private Schuldsaldo bei 0 DM steht, sind die Einzahlungen mit dem betrieblichen Schuldsaldo zu verrechnen. Gerade bei hohen Betriebseinnahmen bietet sich dadurch die Chance, bei einer vernünftigen Ausgabenpolitik den privaten Zinsanteil möglichst niedrig zu halten.

→ Schätzungsverfahren

Sollte die Aufteilung in zwei Unterkonten nicht möglich sein oder einen unzumutbaren Aufwand erfordern, darf auch ein *Schätzungsverfahren* angewendet werden, soweit dieses nicht eindeutig zu einem unzutreffenden Ergebnis führt. Sofern erforderlich, kann das jeweilige Geschäftsjahr für die Schätzung auch in geeignete Zeitabschnitte - zweckmäßigerweise die banküblichen Abrechnungszeiträume - unterteilt werden.

Forderungsverluste

Bei der Gewinnermittlung durch Einnahme-Überschußrechnung ist der Verlust einer Honorarforderung, z.B. wegen Zahlungsunfähigkeit des Mandanten, *keine Betriebsausgabe*, weil dieser Betrag aufgrund des Zuflußprinzips noch gar nicht als Einnahme erfaßt war. Wegen des Verlusts von Darlehensforderungen s. *Darlehensverluste*.

Fremdwährungsdarlehen

Mehrausgaben, die sich bei der Tilgung eines Fremdwährungsdarlehens nach einer Kurssteigerung der ausländischen Währung ergeben, sind *im Zeitpunkt der Zahlung* als Betriebsausgabe abzuziehen [72].

Fortbildungskosten

Fortbildungskosten sind Aufwendungen, die dazu dienen, in einem ausgeübten Beruf auf dem laufenden zu bleiben und den jeweiligen Anforderungen gerecht zu werden. Im Gegensatz zu den *Ausbildungskosten*, die für die Ausbildung in einem *zukünftigen* Beruf aufgewendet werden, sind *Fortbildungskosten* als Betriebsausgaben abzugsfähig.

Keine Fortbildung liegt z.B. in folgenden Fällen vor:

- Hochschul- oder Fachhochschulstudium
- Promotionskosten

PRAXIS-TIP

In Einzelfällen kann bei Ausbildungskosten ein begrenzter Abzug als Sonderausgaben in Betracht kommen. Seit 1996 sind in diesen Fällen jährlich bis zu 1.800 DM (bei auswärtiger Unterbringung bis zu 2.400 DM) abzugsfähig.

Geldbeschaffungskosten

Siehe *Finanzierungskosten*

Geldbußen, Geldstrafen

Geldstrafen sind den nicht abziehbaren Kosten der Lebensführung zuzurechnen, auch wenn die Straftat in einem betrieblichen Zusammenhang begangen wurde.

Geldbußen, Ordnungsgelder und *Verwarnungsgelder* sind zwar grundsätzlich Betriebsausgaben, steuerlich aber *nicht abziehbar* [73].

Gerichts- und *Anwaltskosten* fallen nicht unter das Abzugsverbot, wenn eine betriebliche Veranlassung des Rechtsstreits vorliegt.

Geschenke

Aufwendungen für betrieblich veranlaßte Geschenke an Geschäftsfreunde dürfen nur *in eingeschränktem Umfang* als Betriebsausgaben abgezogen werden. Folgende Voraussetzungen müssen erfüllt sein, damit die Aufwendungen steuerliche Anerkennung finden:

- Unentgeltliche Zuwendung an einen Dritten
- Betriebliche Veranlassung
- Aufwendungen nicht über 75 DM/Jahr
- Gesonderte Aufzeichnung

Unentgeltliche Zuwendung an einen Dritten

Eine Unentgeltlichkeit ist nicht gegeben, wenn die Zuwendung als Entgelt für eine *bestimmte Gegenleistung* des Empfängers anzusehen ist. So sind z.B. *Trinkgelder* kein Geschenk in diesem Sinne, weil damit die konkrete Leistung des Bedienungspersonals vergütet wird. Die Unentgeltlichkeit wird allerdings nicht schon dadurch ausgeschlossen, daß mit der Zuwendung der Zweck verfolgt wird, *Geschäftsbeziehungen* zu sichern oder zu verbessern bzw. für ein Produkt zu werben. Weihnachts- oder Geburtstagsgeschenke an Kunden, Lieferanten und andere Geschäftspartner sind – unter Beachtung der übrigen Voraussetzungen – somit steuerlich genauso abzugsfähig wie Zuwendungen an Personen, zu denen bislang noch keine Geschäftsbeziehungen bestehen. Hier kann ein solches Geschenk z.B. der Anbahnung von Geschäftsbeziehungen dienen.

Betriebliche Veranlassung/Aufwendungen nicht über 75 DM pro Jahr

Aufwendungen für *betrieblich veranlaßte* Geschenke sind nur abzugsfähig, wenn die Anschaffungs- oder Herstellungskosten *aller Geschenke* an einen Empfänger pro Wirtschaftsjahr den Betrag von insgesamt *75 DM* netto (also ohne Vorsteuer) nicht übersteigen.

BEISPIEL

Einem Geschäftspartner werden innerhalb eines Wirtschaftsjahres zwei Geschenke übergeben: zum Geburtstag ein Karton Wein im Wert von netto 45 DM, zu Weihnachten ein Buch für netto 35 DM.

Die Anschaffungskosten der Geschenke haben insgesamt 80 DM betragen. Da die 75 DM-Freigrenze somit überstiegen ist, sind die Aufwendungen *insgesamt* nicht als Betriebsausgaben abzugsfähig.

Werden Geschenke aus *privaten Gründen* zugewendet, sind die Aufwendungen den Kosten der Lebensführung zuzurechnen. Gleiches gilt, wenn der Anlaß sowohl betrieblicher wie privater Natur ist. Da hier eine Trennung zwischen betrieblicher und privater Veranlassung kaum möglich sein dürfte, sind solche Ausgaben ebenfalls steuerlich nicht abzugsfähig.

Gesonderte Aufzeichnung

Neben der Einhaltung der 75 DM-Grenze ist Voraussetzung des Betriebsausgabenabzugs für Geschenke auch die Beachtung *besonderer Aufzeichnungsvorschriften*. Nach § 4 Abs. 7 EStG müssen Aufwendungen für Geschenke an Personen, die nicht Arbeitnehmer des Betriebsinhabers sind, *einzeln* und *getrennt* von den übrigen Betriebsausgaben aufgezeichnet werden. Diese Vorschriften gelten auch bei der Gewinnermittlung durch Einnahme-Überschußrechnung. Aus der Buchung/Aufzeichnung oder dem Buchungsbeleg muß der *Name des Geschenkempfängers* hervorgehen. Wurden die Geschenkempfänger auf der Rechnung des Lieferanten vermerkt oder wurde zu diesem Beleg eine Liste ausgefertigt, aus der die Empfänger zu ersehen sind, ist dies als Nachweis ausreichend. Entbehrlich ist die Angabe der Empfänger nur bei Streugeschenken von *geringem Wert*, wie z.B. Kugelschreibern oder Taschenkalendern.

Häusliches Arbeitszimmer

Siehe *Arbeitszimmer*

Hausangestellte

Aufwendungen für die Beschäftigung einer Hausangestellten gehören im allgemeinen zu den nichtabziehbaren *Kosten der Lebensführung*. Unter bestimmten Voraussetzungen kommt eine Berücksichtigung derartiger Ausgaben als *außergewöhnliche Belastung* in Betracht.

BEACHTEN SIE:

Wird eine Hausangestellte sowohl im Betrieb als auch im Haushalt eingesetzt, können die anteiligen Kosten als Betriebsausgaben abgezogen werden, wenn sich die Tätigkeit nach objektiven und leicht nachprüfbaren Merkmalen aufteilen läßt. Sie sollten deshalb entweder von vornherein im Anstellungsvertrag die Arbeitszeiten getrennt nach Haushalt und Betrieb vereinbaren oder – als bessere Lösung – von der Beschäftigten eine separate Stundenaufzeichnung verlangen.

Kontokorrentzinsen

Siehe *Finanzierungskosten*

Krankentagegeldversicherung

Beiträge zu einer Krankentagegeldversicherung sind *keine* Betriebsausgaben. Dies gilt auch dann, wenn die Versicherung zur Aufrechterhaltung des Betriebs im Falle der Erkrankung des Betriebsinhabers oder - aufgrund gegenseitiger gesellschaftsvertraglicher Verpflichtung - bei der Gründung einer freiberuflichen Praxis abgeschlossen wurde [74].

Leasing

Bei Leasingverträgen im betrieblichen Bereich ist es für die Frage der steuerlichen Abzugsfähigkeit von grundsätzlicher Bedeutung, ob das *wirtschaftliche Eigentum* an dem betreffenden Wirtschaftsgut dem Leasinggeber oder dem Leasingnehmer zuzurechnen ist. Nach den heute üblichen Verträgen ist der Leasinggeber in fast allen Fällen wirtschaftlicher Eigentümer des überlassenen Wirtschaftsguts. Dies bedeutet, daß der Leasingnehmer sowohl die *laufenden Leasingraten* als auch eine etwaige *Sondervorauszahlung* [75] im Zeitpunkt des Abflusses *sofort* als Betriebsausgaben abziehen darf.

BEISPIEL

Ein Arzt schließt am 1. 7. 1998 einen Leasingvertrag über ein neues Röntgengerät ab.

Danach hat er folgende Zahlungen zu leisten: am 1. 8. 1998 eine Sondervorauszahlung von 20.000 DM und ab dem 1. 9. 1998 (jeweils zum Monatsersten) laufende Leasingraten von je 3.000 DM. Da der Arzt im Jahr 1998 seinen Zahlungsverpflichtungen vollständig nachgekommen ist, ergibt sich für ihn aus diesem Vorgang 1998 ein Betriebsausgabenabzug in Höhe von insgesamt 32.000 DM (20.000 DM + 4 x 3.000 DM).

Miete

Siehe *Raumkosten*

Promotionskosten/Ernennung zum Professor

Die Kosten für eine Promotion sind wie die Kosten eines Hochschulstudiums *nicht als Betriebsausgaben abzugsfähig*. Gleiches gilt für Repräsentationsaufwendungen, die anläßlich der Ernennung zum Professor anfallen.

Prozeßkosten

Gerichts- und Anwaltskosten sind als Betriebsausgaben abziehbar, wenn der Prozeß betrieblich veranlaßt ist. Es ist dabei ohne Bedeutung, ob es sich um einen Zivilprozeß (z.B. um eine Honorarforderung), ein Verfahren vor einem Verwaltungsgericht (z.B. wegen eines Rechtsstreits mit der Baubehörde in Zusammenhang mit einem betrieblich genutzten Gebäude) oder eine Finanzgerichtssache (z.B. wegen Umsatzsteuer) handelt.

BEACHTEN SIE:

Kosten für Streitigkeiten wegen Einkommen- oder Vermögensteuer sind dagegen auch dann nicht als Betriebsausgaben abzugsfähig, wenn Gegenstand der Auseinandersetzung die Gewinnermittlung für Ihren freiberuflichen Betrieb oder die Höhe des Betriebsvermögens ist.

Raumkosten

Raumkosten sind alle Aufwendungen für *ausschließlich betrieblich genutzte* Praxis- oder Büroräume. Hierzu gehören:

- Miete oder Abschreibung (wenn die Räume Eigentum des Steuerzahlers sind),
- Ausgaben für Heizung, Strom, Gas und Wasser,
- Reparatur- und Instandhaltungskosten,
- Versicherungsbeiträge,
- Grundsteuern sowie
- alle anderen Gebühren, Abgaben und sonstige Kosten, die in diesem Zusammenhang anfallen.

Die Voraussetzungen des Betriebsausgabenabzugs für ein *häusliches Arbeitszimmer* sind unter dem Stichwort *Arbeitszimmer* erläutert.

Reisekosten

Für folgende Aufwendungen kommt im Zusammenhang mit *betrieblich veranlaßten* Reisen ein steuermindernder Abzug als Betriebsausgaben in Betracht:

- Übernachtungskosten
- Mehraufwendungen für Verpflegung
- Fahrtkosten (Eisenbahn, Pkw, Taxi, Bus)
- Flugkosten
- Kongreß- und Seminargebühren
- Reisenebenkosten

Übernachtungskosten

Der Abzug der Übernachtungskosten ist grundsätzlich nur mit den *tatsächlich angefallenen* und *nachgewiesenen* Beträgen zulässig. Dabei gibt es der Höhe nach *keine Begrenzung,* egal ob also die Nacht in einem einfachen Gasthof für 50 DM oder in einem Luxushotel für 500 DM verbracht wird; die Aufwendungen sind als Betriebsausgaben immer abzugfähig, wenn sie betrieblich veranlaßt sind. Ein *pauschaler* Betriebsausgabenabzug wird nur für Auslandsübernachtungen gewährt.

Mehraufwendungen für Verpflegung

Verpflegungsmehraufwendungen dürfen seit 1996 ausschließlich nach Pauschbeträgen als Betriebsausgaben abgezogen werden. Für *Inlandsreisen* gelten folgende Beträge:

Betrieblich/beruflich bedingte Abwesenheit von der Wohnung oder dem Betrieb

- mindestens 24 Stunden: 46 DM
- mindestens 14 Stunden: 20 DM
- mindestens 8 Stunden: 10 DM
- weniger als 8 Stunden: kein Betriebsausgabenabzug möglich

Bei *Auslandsreisen* sind die für die einzelnen Reiseländer jeweils unterschiedlichen Tagegelder zu beachten.

Fahrtkosten/Flugkosten

Betrieblich veranlaßte Fahrt- und Flugkosten sind in voller Höhe als Betriebsausgaben abzugsfähig. Bei einem Pkw im Betriebsvermögen werden die durch Reisen entstandenen Kosten (Benzin, Autobahngebühr usw.) in der Regel nicht als Reisekosten, sondern bei den Fahrzeugkosten erfaßt. Wurde eine Reise mit einem nicht zum Betriebsvermögen gehörenden Pkw durchgeführt, kommt ein *pauschaler Kostenansatz von 0,52 DM* je gefahrenem Kilometer in Betracht. Bei Nachweis der *tatsächlichen Kosten* ist allerdings auch der Abzug entsprechend höherer Beträge zulässig.

BEISPIEL

Die Fahrt zu einer Fachtagung (insgesamt 600 Kilometer) haben Sie mit Ihrem nicht zum Betriebsvermögen gehörenden Pkw durchgeführt. Ein pauschaler Betriebsausgabenabzug von 312 DM (600 km x 0,52 DM) wäre zulässig. Da Sie aber sämtliche in dem betreffenden Jahr für diesen Wagen angefallenen Fahrzeugkosten aufgezeichnet haben, ist es für Sie möglich, die Kosten je Kilometer zu errechnen. Sie kommen so auf einen Satz von 0,80 DM/km und dürfen deshalb für die Reise zur Fachtagung Fahrtkosten in Höhe von 480 DM (600 km x 0,80 DM) als Betriebsausgaben in Abzug bringen.

Kongreß-/Seminargebühren
Die vom Veranstalter erhobenen Tagungsgebühren und ähnliche Aufwendungen in diesem Zusammenhang dürfen als Betriebsausgaben abgezogen werden. Gleiches gilt für Eintrittsgelder zum Besuch von Fachmessen etc.
Reisenebenkosten
Als Reisenebenkosten können z.B. folgende Ausgaben anfallen:

- Beförderung, Versicherung und Aufbewahrung von Gepäck,
- Telefonate und Schriftwechsel aus betrieblichen Gründen,
- Straßenbenutzungs- und Parkgebühren (sofern nicht unter Fahrzeugkosten erfaßt).

Nicht als Betriebsausgaben sind dagegen *abzugsfähig*:

- Bekleidungskosten,
- Anschaffung von Koffern und anderer Reiseausrüstung,
- Verlust einer Geldbörse.

Rentenzahlungen

Hat ein Freiberufler ein *Wirtschaftsgut des Anlagevermögens* gegen eine *Leibrente* erworben, ist als Anschaffungskosten des Wirtschaftsguts der Barwert der Rentenverpflichtung in Ansatz zu bringen. Die einzelnen Rentenzahlungen dürfen im Zeitpunkt der Zahlung *in Höhe ihres Zinsanteils* als Betriebsausgaben abgezogen werden. Der Zinsanteil ergibt sich aus dem *Unterschiedsbetrag* zwischen den Rentenzahlungen einerseits und dem jährlichen Rückgang des Barwerts der Rentenverpflichtung andererseits. Entfällt die Rentenverpflichtung z.B. bei Tod des Rentenberechtigten, so liegt eine Betriebseinnahme in Höhe des verbliebenen Barwerts vor.

B

BEACHTEN SIE:

Anstelle der oben dargestellten Vorgehensweise wird aus Vereinfachungsgründen auch akzeptiert, wenn die einzelnen Rentenzahlungen zunächst in voller Höhe mit dem Rentenbarwert verrechnet werden. Sobald die Summe dieser Beträge den Barwert übersteigt, sind die restlichen Rentenzahlungen in vollem Umfang als Betriebsausgaben abzugsfähig.

Repräsentationskosten

Repräsentationskosten sind Aufwendungen für die Lebensführung, die die wirtschaftliche oder gesellschaftliche Stellung des Steuerpflichtigen mit sich bringt. Derartige Ausgaben zählen selbst dann zu den *nichtabzugsfähigen Betriebsausgaben*, wenn sie zur Förderung des Berufs oder der Tätigkeit des Steuerpflichtigen erfolgen[76]. In diesen Fällen gilt ein *allgemeines Aufteilungs- und Abzugsverbot*. Das hat zur Folge, daß regelmäßig auch der Teil der Aufwendungen nicht abgezogen werden darf, der betrieblich veranlaßt ist. Eine *schätzungsweise Aufteilung der Kosten* in einen betrieblich und einen privat veranlaßten Teil wird in diesen Fällen *nicht anerkannt*.

BEISPIEL

Ein Architekt lädt anläßlich seines 50. Geburtstages ca. 100 Personen zu einer Feier ein. Die Kosten von 20.000 DM sind in voller Höhe nicht als Betriebsausgaben abziehbar, auch wenn sich anhand der Gästeliste eindeutig feststellen läßt, wer zum privaten Bekanntenkreis des Jubilars gehört und wer zu den Geschäftsfreunden zählt.

Rückzahlung von Honoraren

Honorare, die z.B. ein Architekt wegen ungenügender Leistungserbringung oder ein Arzt wegen einer vorangegangenen Überzahlung durch die Kassenärztliche Vereinigung zurückzahlen muß, sind Betriebsausgaben im Jahr der Zahlung.

Säumniszuschläge/Steuerliche Nebenleistungen

Säumniszuschläge und andere steuerliche Nebenleistungen sind dann als

Betriebsausgaben abziehbar, wenn die Steuern, für die sie erhoben werden, selbst auch Betriebsausgaben sind (s. *Steuern*).

Schadenersatz

Schadenersatzzahlungen sind Betriebsausgaben, wenn der Schaden *durch die freiberufliche Berufsausübung verursacht* wurde. Es ist dabei unerheblich, ob der Schaden unmittelbar mit der Berufsausübung verknüpft ist (z.B. ärztlicher Kunstfehler, falsche Beratung durch Rechtsanwalt oder Steuerberater) oder sich nur ein mittelbarer betrieblicher Zusammenhang ergibt (z.B. Verursachung eines Unfalls auf dem Weg zu einem beruflichen Termin). Die Betriebsausgaben sind um Erstattungen Dritter (z.B. Versicherungen) zu mindern.

Schuldzinsen

Siehe *Finanzierungskosten*

Steuerberatungskosten

Aufwendungen für steuerliche Beratung sind Betriebsausgaben, soweit sie auf folgende Leistungen entfallen:

- Erstellung der freiberuflichen Gewinnermittlung (z.B. Einnahme-Überschußrechnung);
- Fertigung der betrieblichen Steuererklärungen (einschließlich der Anlage GSE zur Einkommensteuererklärung);
- sonstige Beratungsleistungen im Zusammenhang mit der freiberuflichen Tätigkeit.

Alle Aufwendungen für Leistungen des Steuerberaters, die nicht durch den Betrieb veranlaßt sind - hierzu zählt insbesondere die Erstellung der Einkommensteuererklärung - gehören zu den *Kosten der Lebensführung*.

BEACHTEN SIE:

Eine Aufteilung der Steuerberatungskosten in einen betrieblichen und in einen privaten Teil muß nicht vorgenommen werden, wenn der gesamte Aufwand im Kalenderjahr nicht mehr als 1.000 DM beträgt. Übersteigen Ihre Kosten diesen Betrag, dürfen Sie die privaten Steuerberatungskosten in Ihrer Einkommensteuererklärung in voller Höhe als Sonderausgaben geltend machen.

Steuern

Steuerzahlungen sind dann als Betriebsausgaben abzugsfähig, wenn es sich um Betriebssteuern handelt. *Keine Betriebssteuern* in diesem Sinne sind die Einkommensteuer und die Vermögensteuer, auch wenn sich die Steuerbeträge ausschließlich aus betrieblichen Einkünften bzw. betrieblichem Vermögen ergeben.

Bei Freiberuflern können folgende abzugsfähigen Betriebssteuern anfallen:

- Grundsteuer für betrieblich genutzte Grundstücke oder Grundstücksteile,
- Kfz-Steuer für betrieblich genutzte Fahrzeuge,
- gezahlte Umsatzsteuer (s. *Umsatzsteuer*).

Telefonkosten

Betrieblich veranlaßte Telefonkosten sind ohne Einschränkung als Betriebsausgaben abzugsfähig. Für die *private Mitbenutzung* eines betrieblichen Telefonanschlusses sind - ohne Einzelaufzeichnung der Gespräche - *1/3 der Kosten* (maximal 420 DM) oder - bei einem Telefonanschluß in der Wohnung - 720 DM als Privatanteil in Ansatz zu bringen.

Trinkgelder

Trinkgelder an Bedienungs- oder Hotelpersonal, Taxifahrer, Postboten usw., die im Zusammenhang mit betrieblich veranlaßten Vorgängen anfallen, sind Betriebsausgaben.

In den meisten Fällen läßt sich die Trinkgeldzahlung nicht durch einen Beleg nachweisen. Daher empfiehlt sich die Fertigung eines *Eigenbelegs*. Erscheinen die geltend gemachten Aufwendungen ihrer Höhe und Häufigkeit nach glaubhaft, dürfte es keine Probleme hinsichtlich des steuerlichen Abzugs der Beträge geben. Die Geltendmachung eines periodisch wiederkehrenden Pauschalbetrags für gezahlte Trinkgelder ist dagegen nicht zu empfehlen, da in diesen Fällen kein Einzelnachweis geführt werden kann.

Umsatzsteuer/Vorsteuer

Umsatzsteuer

Die *Vereinnahmung von USt* aufgrund eigener Leistungen ist in der Einnahme-Überschußrechnung zunächst gemeinsam mit dem eigentlichen Erlös als Betriebseinnahme zu erfassen. Bei Abführung der USt an das Finanzamt liegt dann eine *Betriebsausgabe* vor. Per Saldo bleibt der Vorgang somit ohne Gewinnauswirkung; es kann sich lediglich eine zeitliche Verschiebung ergeben.

Vorsteuer

Ist der Unternehmer *zum Vorsteuerabzug berechtigt*, darf er ihm in Rechnung gestellte Umsatzsteuerbeträge als Vorsteuer im Jahr der Zahlung sofort als Betriebsausgabe abziehen. Dabei ist es nicht von Bedeutung, ob ein Zusammenhang mit der Anschaffung von Wirtschaftsgütern des Anlage- oder Umlaufvermögens oder mit sofort abzugsfähigen Betriebsausgaben besteht.

Ist der Unternehmer *nicht* zum Vorsteuerabzug berechtigt (z.B. ein Arzt), darf er die Bruttobetriebsausgaben ebenfalls im Jahr der Zahlung (einschließlich der darin enthaltenen Vorsteuer) als Betriebsausgabe abziehen.

BEACHTEN SIE:

Bei der Anschaffung von Anlagevermögen durch einen nicht zum Vorsteuerabzug berechtigten Unternehmer zählt die in Rechnung gestellte USt zu den *Anschaffungskosten* und erhöht bei abnutzbaren Wirtschaftsgütern die AfA-Bemessungsgrundlage.

Vertragsstrafen

Die Vertragsstrafe, die z.B. ein Architekt wegen der durch ihn verursachten verspäteten Fertigstellung eines Gebäudes zahlen muß, ist Betriebsausgabe.

Verwarnungsgelder

Siehe *Geldbußen*

Zeitungen, Zeitschriften

Siehe *Fachliteratur*

6.4 Sonderfälle des Betriebsausgabenabzugs

Vorab entstandene Betriebsausgaben

Aufwendungen, die bereits *vor Aufnahme* der eigentlichen freiberuflichen Tätigkeit angefallen sind, aber in einem *engen Zusammenhang* mit der künftigen Berufsausübung stehen, dürfen bereits vorweg als Betriebsausgaben geltend gemacht werden. Hierzu gehören z.B. die Kosten für die Anmietung von Büro-, Kanzlei oder Praxisräumen und ähnliche vorbereitende Ausgaben.

B

BEACHTEN SIE:

Kommt es entgegen Ihrer Planungen nicht zur Betriebseröffnung und damit nicht zur Erzielung von Einnahmen, ist trotzdem ein Abzug der vorab entstandenen Betriebsausgaben möglich. In diesen Fällen wird das Finanzamt von Ihnen aber konkrete Nachweise für die beabsichtigte Betriebsgründung und den Grund für das Scheitern der Pläne verlangen.

Nachträgliche Betriebsausgaben

Nach Beendigung einer freiberuflichen Tätigkeit kommt im allgemeinen ein Betriebsausgabenabzug nicht mehr in Betracht, weil *kein Zusammenhang mit einem Betrieb* mehr besteht. Eine Ausnahme liegt jedoch dann vor, wenn nach einer Betriebsaufgabe oder -veräußerung noch Verbindlichkeiten bestehen, die nicht durch den Veräußerungserlös oder durch die Verwertung von Aktivvermögen beglichen werden konnten [77]. Hierfür geleistete *Zinszahlungen* dürfen als nachträgliche Betriebsausgaben abgezogen werden [78], wenn die ihnen zugrundeliegenden Verbindlichkeiten während des Bestehens des Betriebes begründet wurden und die betriebliche Veranlassung über die Betriebsveräußerung oder -aufgabe hinaus bestehen bleibt[79].

Betriebsausgabenpauschalen

Der Abzug von Betriebsausgaben ist grundsätzlich nur in Höhe der tatsächlich angefallenen und nachgewiesenen Beträge zulässig. Für *bestimmte Tätigkeiten* kommt allerdings auch ein pauschaler Betriebsausgabenabzug in Betracht. Im einzelnen sind dies [80]:

Tätigkeit	Umfang des Betriebsausgabenabzugs	Begrenzung der Betriebsausgaben auf
Hauptberufliche selbständige, schriftstellerische oder journalistische Tätigkeit	**30 %** der Betriebseinnahmen	maximal 4.800 DM/Jahr
Wissenschaftliche, künstlerische oder schriftstellerische **Nebentätigkeit**	**25 %** der Betriebseinnahmen	maximal 1.200 DM/Jahr

BEACHTEN SIE:

Wird von der Betriebsausgabenpauschale Gebrauch gemacht, darf daneben - bis auf die an das Finanzamt zu zahlende Umsatzsteuer - ein Abzug einzelner tatsächlicher Aufwendungen nicht vorgenommen werden. Liegen in bestimmten Jahren Ihre tatsächlichen Kosten über dem für Sie maßgeblichen Pauschalbetrag, können Sie diese Aufwendungen nach den allgemeinen Grundsätzen als Betriebsausgaben in Abzug bringen. Voraussetzung ist dann allerdings der Einzelnachweis für sämtliche geltend gemachten Aufwendungen.

Mit dem *Jahressteuergesetz 1996* wurde die Rechtsgrundlage[81] geschaffen, Betriebsausgabenpauschalen für bestimmte Gruppen von Betrieben zuzulassen. Allerdings sind derzeit noch keine Bemühungen zu erkennen, diese Vorschrift mit konkreten Zahlen zu unterlegen. Bis dahin bleibt allen Steuerzahlern, die die o.g. Pauschalen nicht anwenden können, der tatsächliche Nachweis ihrer Betriebsausgaben nicht erspart.

Sonderbetriebsausgaben

Bei *Sozietäten*, *Praxisgemeinschaften* und *Partnerschaftsgesellschaften* kann es vorkommen, daß einzelne Gesellschafter Aufwendungen zu tragen haben, die nicht in der Gewinnermittlung der Personengesellschaft berücksichtigt werden (z.B. Schuldzinsen aus der Finanzierung des Gesellschaftsanteils). Solche Sonderbetriebsausgaben müssen im Rahmen der *einheitlichen* und *gesonderten Feststellung* des Gewinns aus der freiberuflichen Tätigkeit geltend gemacht werden. Ein separater Abzug in der eigenen Einkommensteuererklärung des Gesellschafters ist nicht zulässig.

BEISPIEL

Eine Rechtsanwaltssozietät, bestehend aus den Anwälten A, B, C, hat nach der Einnahme-Überschußrechnung für 1997 einen Gewinn von 240.000 DM erzielt. Der Gewinn verteilt sich gleichmäßig auf die drei Gesellschafter. C hatte zusätzlich 1997 an seine Bank 5.000 DM Schuldzinsen zu zahlen, die er als Sonderbetriebsausgaben geltend machen kann.

Die Ermittlung des einheitlich und gesondert festzustellenden Gewinns des Jahres 1997 sieht für die Anwaltssozietät demnach wie folgt aus:

Gewinn der Sozietät	240.000 DM	
Sonderbetriebsausgaben des C	5.000 DM	
Festzustellender Gewinn	**235.000 DM**	
Gewinnverteilung:		
Gewinnanteil A	80.000 DM	
Gewinnanteil B	80.000 DM	
Gewinnanteil C	75.000 DM	(80.000 DM, Sonder-BA 5.000 DM)
Summe	**235.000 DM**	

6.5 Nichtabnutzbares Anlagevermögen

Als nichtabnutzbares Anlagevermögen bei einem Freiberufler kommen in Betracht:

- *Grund und Boden* von betrieblich genutzten Gebäuden oder Gebäudeteilen;
- zum Betriebsvermögen gehörende *Beteiligungen* (z.B. an einer Steuerberatungs- oder Wirtschaftsprüfungs-GmbH).

Betriebsausgabenabzug/Abschreibungen

Für Wirtschaftsgüter des nichtabnutzbaren Anlagevermögens sind während der Dauer der Zugehörigkeit zum Betriebsvermögen *weder Abschreibungen noch ein Betriebsausgabenabzug* zulässig. Dies bezieht sich sowohl auf die Vornahme planmäßiger Absetzungen für Abnutzungen (AfA) wie auch auf die Inanspruchnahme außerplanmäßiger Abschreibungen (Teilwertabschreibungen).

Erst im *Zeitpunkt der Veräußerung* des Wirtschaftsguts dürfen die Anschaffungs- oder Herstellungskosten für nichtabnutzbares Anlagevermögen als Betriebsausgabe abgezogen werden.

BEISPIEL

Ein Rechtsanwalt hat im Jahr 1990 in Teileigentum Büroräume erworben. Der Grund und Boden-Anteil betrug zum Zeitpunkt der Anschaffung 70.000 DM. Wegen Vergrößerung der Kanzlei zieht der Anwalt 1997 in ein angemietetes Büro um und veräußert sein Teileigentum. Der auf den Grund und Boden anteilig entfallende Verkaufserlös beträgt 110.000 DM. In der Einnahme-Überschußrechnung für 1997 werden dem Verkaufserlös die ursprünglichen Anschaffungskosten in Höhe von 70.000 DM als Betriebsausgabe gegenübergestellt. Es ergibt sich somit aus diesem Vorgang per Saldo ein Gewinn von 40.000 DM.

Wie das Beispiel zeigt, hat diese Vorschrift den Sinn, *erhebliche Gewinnverschiebungen* innerhalb des Gesamtzeitraums der Gewinnermittlung nach § 4 Abs. 3 EStG *zu verhindern*. Wären die Anschaffungskosten im Jahr des Erwerbs als Betriebsausgabe sofort abzugsfähig, würde sich dort zwar eine beträchtliche Gewinnminderung ergeben; dafür wäre im Jahr der Veräußerung der zu versteuernde Gewinn entsprechend höher.

Es sind allerdings in diesem Zusammenhang trotzdem *zeitliche Gewinnverschiebungen* möglich, und zwar dann, wenn das Jahr der Veräußerung und das Jahr des Kaufpreiszuflusses auseinanderfallen.

BEISPIEL

Sachverhalt wie im vorangegangenen Beispiel mit der Abwandlung, daß die Veräußerung zivilrechtlich zwar 1997 wirksam wird, der Kaufpreis aber erst im Februar 1998 beim Rechtsanwalt eingeht.

In diesem Fall sind die Anschaffungskosten 1997 als Betriebsausgabe abzuziehen, während der Kaufpreis erst im Jahr 1998 als Betriebseinnahme zu erfassen ist.

Findet anstelle einer Veräußerung eine *Entnahme* aus dem Betriebsvermögen statt, gelten die obigen Grundsätze entsprechend. Der Veräußerungserlös ist dabei durch den Entnahmewert (Teilwert [82]) zu ersetzen.

Wird das Wirtschaftsgut gegen eine *Veräußerungsrente* oder einen in *Raten* zu zahlenden Kaufpreis veräußert, dürfen die Anschaffungskosten in jedem Jahr entsprechend der zu erfassenden Betriebseinnahme als Betriebsausgabe abgezogen werden.

BEISPIEL

Anschaffungskosten 1987:	150.000 DM
Kaufpreis bei Verkauf im Jahr 1995:	200.000 DM
Zahlung in vier Jahresraten zu je:	50.000 DM

B

Es ergibt sich somit folgende Gegenüberstellung:

Jahr	Betriebseinnahme	Betriebsausgabe	Gewinn
1995	50.000 DM	50.000 DM	0 DM
1996	50.000 DM	50.000 DM	0 DM
1997	50.000 DM	50.000 DM	0 DM
1998	50.000 DM	0 DM	50.000 DM
Summe	**200.000 DM**	**150.000 DM**	**50.000 DM**

In den ersten drei Jahren gleichen sich Einnahmen und Ausgaben also aus; die Versteuerung des Gewinns aus der Veräußerung in Höhe von 50.000 DM erfolgt erst im 4. Jahr.

Besonderes Verzeichnis

Bei der Gewinnermittlung durch Einnahme-Überschußrechnung besteht die gesetzliche Verpflichtung[83] zur Führung eines *besonderen Verzeichnisses* über die Wirtschaftsgüter des *nichtabnutzbaren Anlagevermögens*. Darin sind festzuhalten:

- die einzelnen Wirtschaftsgüter;
- der Tag der Anschaffung oder Herstellung bzw. Einlage;
- die Höhe der Anschaffungs- oder Herstellungskosten bzw. des Einlagewerts.

Zu den *Anschaffungskosten* eines Wirtschaftsguts gehören alle Aufwendungen, die geleistet werden, um das Wirtschaftsgut zu erwerben, also der *Anschaffungspreis* und die *Nebenkosten der Anschaffung*. So rechnen z.B. beim Erwerb von Grund und Boden zu den Anschaffungskosten nicht nur der reine Kaufpreis, sondern auch Nebenkosten wie Notariatsgebühren, Grunderwerbsteuer oder Maklerprovisionen. Soweit bei der Anschaffung *Umsatzsteuer* anfällt und ein Vorsteuerabzug nicht möglich ist (z.B. bei einem Arzt), ist diese den Anschaffungskosten zuzurechnen.

Bei einer *Einlage* in das Betriebsvermögen ist als Einlagewert der *Teilwert* heranzuziehen.

Zerstörung/Höhere Gewalt

Scheidet ein Wirtschaftsgut infolge *Zerstörung* oder *höherer Gewalt* aus dem Betriebsvermögen aus, dürfen die im Anlageverzeichnis aufgeführten Anschaffungskosten - wie bei einem Veräußerungsvorgang - als Betriebsausgabe abgezogen werden. Etwaige Entschädigungsleistungen, z.B. von einer Versicherung, sind als Betriebseinnahmen zu erfassen. Liegt dagegen lediglich eine *Beschädi-*

gung vor, verbleibt das Wirtschaftsgut aber im Betriebsvermögen, erfolgt zunächst keine Buchung. In diesem Fall dürfen anfallende Reparaturkosten als Betriebsausgaben in Abzug gebracht werden.

6.6 Abnutzbares Anlagevermögen

Bei der Gewinnermittlung durch Einnahme-Überschußrechnung müssen - wie beim Bestandsvergleich - die Anschaffungs- oder Herstellungskosten für Wirtschaftsgüter, die der *Abnutzung* unterliegen (z.B. Einrichtungsgegenstände, Computer, Fahrzeuge, *Praxiswert* bei freien Berufen) im Wege der Absetzung für Abnutzung (AfA) *auf die Nutzungsdauer des Wirtschaftsguts verteilt* werden. Ein sofortiger Abzug der Kosten im Zeitpunkt der Anschaffung oder Einlage ist nicht zulässig. Die Regelungen über erhöhte Absetzungen (z.B. degressive AfA) und über Sonderabschreibungen (z.B. nach § 7g EStG) gelten hier ebenso wie die Vorschrift über die *Bewertungsfreiheit für geringwertige Wirtschaftsgüter*[84] (6.7).

Soweit Anschaffungs- oder Herstellungskosten bei der *Veräußerung* oder Entnahme eines Wirtschaftsguts noch nicht vollständig abgeschrieben sind, dürfen die *Restbeträge* im Jahr der Veräußerung in vollem Umfang als Betriebsausgaben abgezogen werden.

Wegen der Frage des *Umfangs der Anschaffungskosten* wird auf die Ausführungen unter 6.5 verwiesen.

Übersicht

Das abnutzbare Anlagevermögen gliedert sich in vier Gruppen von Wirtschaftsgütern:

- bewegliche Wirtschaftsgüter;
- immaterielle Wirtschaftsgüter;
- unbewegliche Wirtschaftsgüter, die keine Gebäude oder Gebäudeteile sind (z.B. Außenanlagen bei Betriebsgrundstücken, Hof- und Platzbefestigungen);
- Gebäude und Gebäudeteile.

Für die einzelnen Gruppen bestehen *unterschiedliche Abschreibungsmöglichkeiten*. Die nachfolgenden Erläuterungen sind auf die speziellen Erfordernisse von freiberuflichen Büros oder Praxen ausgerichtet, wobei bestimmte *Sonderfälle* (z.B. Praxiswert oder Computer) ausführlich dargestellt werden.

B

6.6.1 Bewegliche Wirtschaftsgüter

Für bewegliche Wirtschaftsgüter des freiberuflichen Anlagevermögens kommt die Inanspruchnahme folgender Abschreibungsmöglichkeiten in Betracht:

- Lineare AfA nach § 7 Abs. 1 EStG
- Degressive AfA nach § 7 Abs. 2 EStG
- Sonderabschreibungen und Ansparabschreibungen nach § 7g EStG
- Sonderabschreibungen nach dem Fördergebietsgesetz in den neuen Bundesländern

Lineare AfA

Hierbei handelt es sich um den Standardfall der Abschreibung. Bei der linearen AfA werden die Anschaffungskosten eines Wirtschaftsguts *gleichmäßig* über die voraussichtliche Nutzungsdauer *verteilt.*

BEISPIEL

Ein Arzt kauft einen Aktenschrank zur Aufbewahrung der Praxiskorrespondenz. Die Anschaffungskosten betragen 4.000 DM; die voraussichtliche Nutzungsdauer liegt bei 10 Jahren. Bei Inanspruchnahme der linearen AfA darf ein jährlicher AfA-Betrag von 400 DM als Betriebsausgabe abgezogen werden.

Vereinfachungsregelung

AfA-Beträge sind grundsätzlich *pro rata temporis* zu bemessen. Für bewegliche Wirtschaftsgüter gibt es allerdings eine Vereinfachungsregelung[85], wonach für die in der ersten Hälfte eines Wirtschaftsjahres angeschafften Wirtschaftsgüter die *volle Jahres-AfA* und für die in der zweiten Jahreshälfte angeschafften Wirtschaftsgüter die *halbe Jahres-AfA* in Abzug gebracht werden darf.

Degressive AfA

Die geometrisch-degressive Absetzung für Abnutzung bietet die Möglichkeit, in den ersten Jahren der Nutzung *relativ hohe* Abschreibungsbeträge in Anspruch zu nehmen, die im Laufe der Zeit *stetig niedriger* werden.

Der Abschreibungssatz bei der degressiven AfA beträgt das Dreifache des Satzes der linearen Abschreibung, jedoch *höchstens 30 %.* Der Abschreibungsbetrag wird dabei nur bei der ersten Abschreibungsrate aus den Anschaffungskosten ermittelt. Ab dem zweiten Jahr erfolgt die Berechnung aus dem noch vorhandenen Restbuchwert.

BEISPIEL

Der Arzt aus dem obigen Beispiel wählt nun für den Aktenschrank die degressive AfA.

Der AfA-Satz beträgt 30 % (das dreifache von 10 %). Der Buchwert entwickelt sich in den ersten drei Jahren wie folgt:

Anschaffungskosten:	4.000 DM	AfA 1996:	1.200 DM	(30 % aus 4.000 DM)
Buchwert 31.12.1996:	2.800 DM	AfA 1997:	840 DM	(30 % aus 2.800 DM)
Buchwert 31.12.1997:	1.960 DM	AfA 1998:	588 DM	(30 % aus 1.960 DM)

Ein *Wechsel* von der degressiven AfA zur linearen AfA ist zulässig. Die lineare AfA ergibt sich hierbei durch Verteilung des Restbuchwerts auf die Restnutzungsdauer. Ein Wechsel von der linearen zur degressiven AfA ist dagegen untersagt [86].

Die Anwendung der bei der linearen AfA erläuterten *Vereinfachungsregelung* je nach Jahreshälfte der Anschaffung ist auch bei der degressiven AfA zulässig.

Sonderabschreibungen und Ansparabschreibung nach § 7g EStG

Neben der linearen oder degressiven Abschreibung können *kleinere und mittlere Betriebe* unter bestimmten Voraussetzungen Sonderabschreibungen bis zu *insgesamt 20 %* der Anschaffungskosten geltend machen oder eine Rücklage bilden, die *bis zu 50 %* der zukünftigen Anschaffungskosten bzw. Herstellungskosten eines beweglichen Wirtschaftsgutes betragen darf. Diese Sonderregelungen gelten auch für *Freiberufler*.

BEACHTEN SIE:

Ab 1997 ist die Inanspruchnahme der § 7g EStG-Vergünstigungen bei der Gewinnermittlung durch *Einnahme-Überschußrechnung* ohne größenmäßige Einschränkung zulässig. Damit ist für nahezu alle Freiberufler der Weg zur Sonder- und/oder Ansparabschreibung frei.

Folgende Voraussetzungen müssen erfüllt sein:

- Das Wirtschaftsgut muß zum Anlagevermögen gehören.

B

- Es muß sich um ein neues bewegliches Wirtschaftsgut handeln.
- Das Betriebsvermögen darf 400.000 DM nicht übersteigen (Ausnahme bei Gewinnermittlung nach § 4 Abs. 3 EStG ab 1997).
- Das Wirtschaftsgut muß mindestens 1 Jahr nach der Anschaffung in einer inländischen Betriebsstätte verbleiben.
- Es muß eine ausschließliche oder fast ausschließliche betriebliche Nutzung gegeben sein. Schädlich ist eine private Mitbenutzung von mehr als 10 %.

Sind alle Voraussetzungen erfüllt, kann im ersten Jahr der Nutzung *oder* in den folgenden vier Jahren die *Sonderabschreibung* von insgesamt 20 % in Anspruch genommen werden. Eine Verteilung auf alle oder einzelne Jahre ist zulässig.

BEISPIEL

Ein Rechtsanwalt schafft sich am 1.2.1997 einen neuen, ausschließlich betrieblich genutzten Computer für 18.000 DM an. Die Nutzungsdauer beträgt 4 Jahre. Der Einheitswert des freiberuflichen Betriebsvermögens beträgt 150.000 DM.

Anschaffungskosten	18.000 DM
AfA 1997 (degressiv 30 % von 18.000 DM)	5.400 DM
Sonderabschreibung (20 % von 18.000 DM)	3.600 DM
Buchwert 31.12.1997	9.000 DM

Bei linearer AfA ist nach Ablauf des maßgebenden Begünstigungszeitraumes der Restwert auf die Restnutzungsdauer zu verteilen.

Wurde neben der Sonderabschreibung die degressive AfA in Anspruch genommen, so mindern die Sonderabschreibung und die degressive AfA den jeweiligen Buchwert des Wirtschaftsgutes und damit die Bemessungsgrundlage für die degressive AfA in den nachfolgenden Jahren des Begünstigungszeitraumes [87].

Für die *Rücklagenbildung* ist zusätzlich zu beachten, daß

- der Betrieb am Schluß des Wirtschaftsjahrs, das dem Wirtschaftsjahr der Bildung der Rücklage vorangeht, die für die Sonderabschreibung erforderlichen Größenmerkmale erfüllt,
- die Bildung und Auflösung der Rücklage in der Buchführung verfolgt werden kann und
- keine Rücklagen nach dem Zonenrandförderungsgesetz und nach dem Fördergebietsgesetz ausgewiesen werden.

Die Rücklage ist aufzulösen, sobald für das begünstigte Wirtschaftsgut Abschreibungen vorgenommen werden bzw. wenn sie am Ende des zweiten auf die Bildung folgenden Wirtschaftsjahrs noch vorhanden ist.

BEACHTEN SIE:

Bei der Gewinnermittlung durch Einnahme-Überschußrechnung wird die Bildung der Rücklage als Betriebsausgabe und ihre Auflösung als Betriebseinnahme behandelt.

Sonderabschreibungen nach dem Fördergebietsgesetz

Nach dem Fördergebietsgesetz sind die Anschaffung oder Herstellung beweglicher Wirtschaftsgüter des Anlagevermögens sowie nachträgliche Herstellungsarbeiten an solchen Wirtschaftsgütern begünstigt, wenn folgende Voraussetzungen vorliegen:

- Es handelt sich *nicht* um Luftfahrzeuge.
- Das Wirtschaftsgut verbleibt nach der Anschaffung oder Herstellung mindestens drei Jahre in einer Betriebsstätte im Beitrittsgebiet.
- Die private Nutzung des Wirtschaftsguts beträgt in diesen drei Jahren nicht mehr als 10 %.

Werden diese Punkte erfüllt, dürfen *ab 1997* Sonderabschreibungen *bis zu 40 %* der Anschaffungs- oder Herstellungskosten geltend gemacht werden. Die Inanspruchnahme der Begünstigung ist im Jahr des Investitionsabschlusses und in den folgenden vier Jahren möglich. Dabei ist es dem Steuerzahler freigestellt, ob er die gesamte Sonderabschreibung in einem Jahr verbraucht oder diese auf 2 bis max. 5 Jahre verteilt.

Computer

Zu einem speziellen Problembereich hat sich in der jüngsten Vergangenheit die steuerliche Behandlung von Computern, Computerzubehör und Software (immaterielle Wirtschaftsgüter) entwickelt. Da mittlerweile kaum ein Freiberufler ohne umfangreiche EDV-Ausstattung auskommt, wird diesem Thema ein etwas breiterer Raum eingeräumt.

Anschaffungskosten

Zu den Anschaffungskosten eines Computers rechnen alle Aufwendungen, die mit der Anschaffung in *unmittelbarem* Zusammenhang stehen. Dies sind insbesondere der Kaufpreis des Computers sowie Zusatzausstattungen und son-

B

stiges Zubehör, soweit es nicht schon im Gesamtkaufpreis enthalten ist. Ebenfalls zu den Anschaffungskosten gehört die Installation des Computers, z.B. durch den Lieferanten der Anlage, aber auch bei der Inanspruchnahme von eigenem Personal.

Probleme bei der Ermittlung der Anschaffungskosten bestehen dann, wenn mit dem Computer zusammen *Software* erworben wird. Es kommt immer häufiger vor, daß nur ein Gesamtkaufpreis ausgewiesen wird oder sogar Software und Hardware nur als Gesamtpaket verkauft werden. In diesen Fällen kommt es darauf an, ob die Software einer *gesonderten Bewertung* zugänglich ist und damit ein eigenständiges Wirtschaftsgut darstellt. Kein eigenständiges Wirtschaftsgut kann insbesondere bei *Systemsoftware* vorliegen, wenn sie z.B. im Rahmen eines sog. „Bundlings“ zusammen mit der Hardware ohne gesonderte Berechnung zur Verfügung gestellt wird [88]. Das gleiche dürfte gelten, wenn bei Verkauf eines PC ein gängiges Betriebssystem ohne Aufpreis mitgeliefert wird.

BEACHTEN SIE:

Beim Kauf eines PC sollte der Preis der mitgelieferten Software gesondert in der Rechnung ausgewiesen sein. Dies gilt vor allem dann, wenn der Nettokaufpreis der einzelnen Softwareprodukte 800 DM nicht übersteigt.

Ist der gesonderte Rechnungsausweis nicht möglich, kommt als denkbarer Aufteilungsmaßstab das Verhältnis der jeweiligen Einzelverkaufspreise in Betracht. Kann nur für die Hardware oder nur für die Software der Einzelverkaufspreis ermittelt werden, ist dieser hilfsweise von den Gesamtkosten abzuziehen. Der Restbetrag entfällt dann auf das jeweilige andere Wirtschaftsgut.

Ein weiteres Problem stellt sich bei der Frage, welche Teile einer Computeranlage *selbständige Wirtschaftsgüter* sind. Dabei kann im allgemeinen davon ausgegangen werden, daß der Rechner, die Tastatur, der Monitor, die Maus, aber auch Ausgabegeräte wie Drucker oder Plotter jeweils als selbständige Wirtschaftsgüter anzusehen sind [89].

Nutzungsdauer

In der derzeit noch gültigen amtlichen AfA-Tabelle für die allgemein verwendbaren Wirtschaftsgüter ist die Nutzungsdauer für das Wirtschaftsgut „Büromaschinen“ - unter denen beispielhaft auch Elektronenrechner aufgeführt sind - mit 4 Jahren ausgewiesen. Die Finanzverwaltung hielt bisher trotz der rasanten Entwicklung auf dem Computermarkt an dieser Nutzungsdauer fest.

Im jetzt vorliegenden Entwurf einer *überarbeiteten AfA-Tabelle* für allgemein verwendbare Wirtschaftsgüter ist eine differenzierte Nutzungsdauer für EDV-Anlagen vorgesehen. Danach sind zukünftig folgende Nutzungsdauern zugrunde zu legen:

- Großrechner 5 Jahre
- PC, Notebook 4 Jahre
- Drucker 4 Jahre
- Scanner 5 Jahre

BEACHTEN SIE:

Die Unterschreitung dieser Werte ist natürlich nach wie vor möglich und wird von der Rechtsprechung für begründete Einzelfälle auch zugelassen. Sie müssen eine kürzere Nutzungsdauer für Ihren Betrieb allerdings nachweisen bzw. glaubhaft machen können. Dieser Nachweis kann in erster Linie durch die Dokumentation der betrieblichen Gegebenheiten in der Vergangenheit erfolgen.

Sonstige Wirtschaftsgüter des abnutzbaren beweglichen Anlagevermögens

Die Finanzverwaltung hat zum Zwecke der AfA-Bemessung für eine Vielzahl von Wirtschaftsgütern *amtliche AfA-Tabellen* erstellt, aus denen die Nutzungsdauer und der entsprechende lineare AfA-Satz zu ersehen sind.

Die überwiegende Zahl dieser Tabellen betrifft die gewerbliche Wirtschaft.

Wirtschaftsgüter, die in freiberuflichen Büros und Praxen anzutreffen sind, finden sich in der „AfA-Tabelle für allgemein verwendbare Wirtschaftsgüter". Hier eine Auswahl der wichtigsten Anlagegüter:

Wirtschaftsgut	Nutzungsdauer	Linearer AfA-Satz (in %)
Pkw*	5 Jahre	20
Telekommunikationsanlagen	8 Jahre	12
Autotelefone	4 Jahre	25
Mobilfunkgeräte	4 Jahre	25
Fernschreiber/Faxgeräte	5 Jahre	20
Adressier-/Kuvertier- und Frankiermaschinen	5 Jahre	20

Wirtschaftsgut	Nutzungsdauer	Linearer AfA-Satz (in %)
Zeichengeräte: elektronisch mechanisch	5 Jahre 10 Jahre	20 10
Kopiergeräte	5 Jahre	20
Zeiterfassungsgeräte	5 Jahre	20
Reißwölfe	5 Jahre	20
Büromöbel	10 Jahre	10
Klimageräte	8 Jahre	12
Raumheizgeräte (mobil)	5 Jahre	20
Vermessungsgeräte: elektronisch mechanisch	5 Jahre 8 Jahre	20 12
Panzerschränke, Tresore	20 Jahre	5
Teppiche: einfache normale hochwertige	3 Jahre 5 Jahre 15 Jahre	33 20 7
Werke anerkannter Künstler: Gemälde, Bilder: hochwertige (ab 10.000 DM) sonstige Grafiken, Zeichnungen, Aquarelle: hochwertige (ab 10.000 DM) sonstige Skulpturen, Plastiken u.ä.	 20 Jahre 10 Jahre 20 Jahre 10 Jahre 20 Jahre	 5 10 5 10 5

*Bei einer jährlichen Fahrleistung über 25.000 km kann die AfA auf 4 Jahre herabgesetzt werden.

Die angegebene Nutzungsdauer berücksichtigt die technische und wirtschaftliche Abnutzung eines unter *üblichen Bedingungen* arbeitenden Betriebs. Der Ansatz einer kürzeren oder längeren Nutzungsdauer ist im Einzelfall möglich, bedarf aber einer hinreichenden Begründung. Wegen der Nutzungsdauer von *Computeranlagen* und anderer EDV-Ausstattungen (siehe oben).

Aufzeichnungspflichten

Die Inanspruchnahme der degressiven AfA sowie der verschiedenen Sonderabschreibungen ist nur dann zulässig, wenn die begünstigten Wirtschaftsgüter in ein besonderes, laufend zu führendes *Verzeichnis* aufgenommen werden. Aus diesem Verzeichnis müssen folgende Angaben ersichtlich sein:

- der Tag der Anschaffung oder Herstellung;
- die Anschaffungs- oder Herstellungskosten;
- die betriebsgewöhnliche Nutzungsdauer;
- die Höhe der jährlichen AfA, der erhöhten AfA und der Sonder-AfA.

BEACHTEN SIE:

Die Erstellung des besonderen Verzeichnisses ist nicht erforderlich, wenn im Rahmen der Einnahme-Überschußrechnung ein Anlageverzeichnis geführt wird.

6.6.2 Immaterielle Wirtschaftsgüter

Für immaterielle Wirtschaftsgüter des Anlagevermögens ist ein Aktivposten nur dann anzusetzen, wenn sie *entgeltlich erworben* wurden [90]. Diese Vorschrift ist auch bei der freiberuflichen Gewinnermittlung zu beachten. Zu den wichtigsten immateriellen Wirtschaftsgütern bei Freiberuflern zählen:

- Praxiswert
- Software (Computerprogramme)
- Lizenzen, Know-how
- Patente, Urheberrechte

Bei immateriellen Wirtschaftsgütern beschränkt sich die Abschreibungsmöglichkeit auf die *lineare AfA* (6.6.1), also die gleichmäßige Verteilung der Anschaffungskosten auf die Nutzungsdauer. Die Anwendung der Vereinfachungsregelung ist ausgeschlossen; die Absetzungen sind *pro rata temporis* vorzunehmen.

Praxiswert

Einzelpraxis

Der entgeltlich erworbene *Praxiswert* eines Freiberuflers ist ein abnutzbares immaterielles Wirtschaftsgut. Im Gegensatz zum *Firmenwert* eines Gewerbetreibenden, für den per Gesetz [91] eine betriebsgewöhnliche Nutzungsdauer von 15 Jahren festgeschrieben ist, wird für den Praxiswert eine Nutzungsdauer von lediglich *3 bis 5 Jahren* nicht beanstandet [92].

BEISPIEL

Ein neu zugelassener Rechtsanwalt erwirbt zum 1.1.1994 die Kanzlei eines Kollegen, der sich zur Ruhe setzt. Der Kaufpreis für den Praxiswert beträgt 400.000 DM. Der Anwalt geht von einer Nutzungsdauer des Praxiswerts von 4 Jahren aus. Somit darf er in den Jahren 1994, 1995, 1996 und 1997 je 100.000 DM AfA als Betriebsausgaben abziehen.

Sozietät

Ein Praxiswert, der anläßlich der *Gründung einer Sozietät* aufgedeckt wird, stellt ebenso wie der Wert einer erworbenen Einzelpraxis ein ***abnutzbares*** immaterielles Wirtschaftsgut dar[93]. Im Gegensatz zur Einzelpraxis wird aufgrund der weiteren Mitwirkung des bisherigen Praxisinhabers allerdings von einer längeren Nutzungsdauer ausgegangen. Aus Vereinfachungsgründen wurde dieser Zeitraum auf *6 bis 8 Jahre* festgesetzt, also die doppelte Zeit im Vergleich zum Praxiswert der Einzelpraxis.

BEISPIEL

Abwandlung zum vorangegangenen Beispiel: Der ältere Anwalt nimmt einen jüngeren Kollegen in seine Kanzlei auf und bildet mit diesem zusammen eine Sozietät. Der Sozietätspraxiswert beträgt ebenfalls 400.000 DM. Da sich aufgrund der weiteren Mitarbeit des bisherigen Inhabers die Nutzungsdauer verdoppelt, sind jetzt über einen Zeitraum von 8 Jahren jährlich 50.000 DM als Betriebsausgaben abzugsfähig.

Software

Software ist als *selbständiges Wirtschaftsgut* anzusehen, obwohl sie nur zusammen mit der Hardware nutzungsfähig wird. Die Anschaffungskosten von Software sind im Wege der linearen AfA gleichmäßig auf die Nutzungsdauer zu verteilen.

Zu den Anschaffungskosten zählen – wie bei der Hardware – sowohl der Kaufpreis als auch die Anschaffungsnebenkosten wie z.B. die Kosten der *Programminstallation* durch eine Software-Firma, aber auch durch eigenes Personal.

BEACHTEN SIE:

Keine Anschaffung liegt vor, wenn Software selbst hergestellt wird. Dies gilt auch in den Fällen, in denen zwar Standardsoftware gekauft, aber im Betrieb weiterentwickelt und an die betrieblichen Gegebenheiten angepaßt wird. Eine Herstellung liegt dagegen wiederum nicht vor, wenn im Betrieb lediglich ein Pflichtenbuch erstellt wird, auf dem basierend ein Softwarehersteller das Programm erstellt.

Nutzungsdauer

Die Nutzungsdauer für Software beträgt in der Regel 3 Jahre.

Wegen der ständigen technischen und inhaltlichen Verbesserung von Computerprogrammen kann in begründeten Einzelfällen eine kürzere Nutzungsdauer als 3 Jahre zugrundegelegt werden. Die kürzere Nutzungsdauer muß gegenüber dem Finanzamt aber begründet werden.

Abschreibung

Für immaterielle Wirtschaftsgüter, also auch für die Software, besteht lediglich die Möglichkeit der *linearen Abschreibung*. Degressive Abschreibung ist nur für bewegliche Wirtschaftsgüter des Anlagevermögens möglich, ebenso die Sonderabschreibungen nach § 7g EStG und nach dem Fördergebietsgesetz.

Auch die bei den beweglichen Wirtschaftsgütern erläuterte Vereinfachungsregelung darf bei Software nicht angewendet werden. Es muß also eine *genaue zeitanteilige Inanspruchnahme* der AfA erfolgen.

BEISPIEL

Sie erwerben am 10.4.1996 Software mit Anschaffungskosten von 6.000 DM. Die Nutzungsdauer beträgt 3 Jahre.

Die Bilanzposition entwickelt sich wie folgt:

10. 4. 1996 Anschaffung	6.000 DM
AfA 1996 (33 1/3 % für 9 Monate)	1.500 DM
31. 12. 1996	4.500 DM
AfA 1997	2.000 DM
31. 12. 1997	2.500 DM
AfA 1998	2.000 DM

31. 12. 1998	500 DM
AfA 1999	499 DM
31. 12. 1999	1 DM

Sofortabschreibung

Die gesetzliche Regelung für die Sofortabschreibung von GWG (§ 6 Abs. 2 EStG) ist nur zulässig für bewegliche Wirtschaftsgüter des Anlagevermögens. Sie kommt daher für Software als immaterielles Wirtschaftsgut eigentlich nicht in Betracht.

Ist die angeschaffte Software jedoch als Trivialprogramm und somit als materielles und bewegliches Wirtschaftsgut anzusehen, kann sie - bei Anschaffungskosten *unter 800 DM* - als geringwertiges Wirtschaftsgut im Jahr der Anschaffung voll als Aufwand geltend gemacht werden. Aus *Vereinfachungsgründen* betrachtet die Finanzverwaltung neuerdings Software mit Anschaffungskosten unter 800 DM generell als Trivialprogramm [94].

6.6.3 Gebäude und Gebäudeteile

Die Anschaffungs- oder Herstellungskosten für Gebäude und Gebäudeteile dürfen nur im Wege der AfA als Betriebsausgaben berücksichtigt werden. Folgende AfA-Methoden kommen dabei in Betracht:

- Lineare AfA nach § 7 Abs. 4 EStG
- Degressive AfA nach § 7 Abs. 5 EStG
- Sonderabschreibungen nach dem Fördergebietsgesetz in den neuen Bundesländern

Lineare AfA nach § 7 Abs. 4 EStG

Bei der linearen AfA werden die Anschaffungs- oder Herstellungskosten (einschließlich Anschaffungsnebenkosten wie z.B. Grunderwerbsteuer, Notariatsgebühren, Maklerprovisionen) eines betrieblich genutzten Gebäudes oder Gebäudeteils in *gleichmäßigen Jahresbeträgen* auf die voraussichtliche Nutzungsdauer verteilt. Derzeit gelten folgende AfA-Sätze:

Bauantrag nach dem 31. 3. 1985:	4 % (Nutzungsdauer 25 Jahre)
Bauantrag vor dem 31. 3. 1985 und Fertigstellung nach dem 31.12.1924:	2 % (Nutzungsdauer 50 Jahre)
Fertigstellung vor dem 1. 1. 1925:	2,5 % (Nutzungsdauer 40 Jahre)

BEACHTEN SIE:

Weicht die tatsächliche Nutzungsdauer Ihres Gebäudes von den oben dargestellten Werten deutlich ab, kommt auch die Inanspruchnahme höherer AfA-Beträge in Betracht. Allerdings muß sich die Berechtigung der höheren Abschreibung nach den tatsächlichen Verhältnissen eindeutig nachweisen lassen. Die Tatsache, daß bei Neubauten, die zu einem Betriebsvermögen gehören, ein AfA-Satz von 4 % gilt, rechtfertigt für sich allein nicht die Inanspruchnahme des gleichen Satzes bei einem Altbau.

Im Jahr der Anschaffung oder Herstellung darf die lineare AfA nur *zeitanteilig* (monatsweise) für die Zeit der Zugehörigkeit zum Betriebsvermögen berechnet werden.

Degressive AfA

Die degressive AfA für Wirtschaftsgebäude, also betrieblich genutzte Gebäude oder Gebäudeteile, wurde in der Vergangenheit vom Gesetzgeber häufig geändert und mittlerweile praktisch abgeschafft. Für Anschaffungen oder Herstellungen *nach dem 31.12.1995* wird eine degressive AfA nicht mehr gewährt, es sei denn, das Datum des *Bauantrags* oder des obligatorischen *Kaufvertrags* liegt noch vor dem 1.1.1996. In diesen Fällen kommt die degressive AfA wie folgt zur Anwendung:

- Jahr der Fertigstellung und folgende 3 Jahre — je 10 %
- darauffolgende 3 Jahre — je 5 %
- darauffolgende 18 Jahre — je 2,5 %

Im Jahr der Anschaffung oder Herstellung darf die degressive AfA *in vollem Umfang* in Anspruch genommen werden.

Sonderabschreibungen nach dem Fördergebietsgesetz

Die oben erläuterten Grundsätze für die Inanspruchnahme der Fördergebiets-AfA (6.6.1) gelten für Baumaßnahmen entsprechend. Eine Abweichung ergibt sich lediglich hinsichtlich des AfA-Satzes. Die volle Förderung von 40 % wird im betrieblichen Bereich nur gewährt, wenn das Wirtschaftsgut in einem Betrieb des verarbeitenden Gewerbes zu eigenbetrieblichen Zwecken genutzt wird. Da dies bei *Freiberuflern* nicht in Betracht kommt, darf ab 1997 lediglich noch eine Sonder-AfA in Höhe von *20 %* der Anschaffungs- oder Herstellungskosten als Betriebsausgabe geltend gemacht werden.

Im Jahr der Anschaffung oder Herstellung darf die Sonder-AfA *in vollem Umfang* in Anspruch genommen werden.

Mietereinbauten und Mieterumbauten

Grundsätze

Mietereinbauten oder -umbauten sind Baumaßnahmen, die der Mieter eines Gebäudes oder Gebäudeteils auf eigene Rechnung *für seine betrieblichen Zwecke* an dem von ihm angemieteten Objekt vornehmen läßt.

BEISPIEL

Mietereinbauten

Ein Arzt mietet eine ganze Etage eines gerade fertiggestellten Bürohauses an, um dort seine Praxis einzurichten. Mit dem Eigentümer des Gebäudes vereinbart er, daß er den Innenausbau der Etage selbst übernimmt. Dadurch ist es ihm möglich, die Aufteilung und bauliche Ausgestaltung der Räume nach seinen betrieblichen Erfordernissen vorzunehmen. An Baumaßnahmen werden z.B. durchgeführt: zusätzliche Abtrennung einzelner Räume durch den Einzug massiver Wände, Installation separater Toiletten für die Patienten, Einbau einer speziellen Türanlage für den Eingangsbereich.

BEISPIEL

Mieterumbau

Ein Architekt mietet das Dachgeschoß und die darunterliegende Etage eines älteren Gebäudes. Die bisher als zwei getrennte Wohnungen genutzten Räume müssen für die Erfordernisse des Architekturbüros umgebaut werden. Deshalb werden auf Kosten des neuen Mieters u.a. folgende Baumaßnahmen durchgeführt: Einbau einer Wendeltreppe zwischen den beiden Etagen, Umbau des bisherigen Badezimmers im Dachgeschoß zu einem Aktenlager, Einbau zusätzlicher bzw. größerer Dachfenster, Abbruch verschiedener nichttragender Zimmerwände zur Herstellung größerer Büroräume.

Absetzungen für Abnutzung

Aufwendungen für die in den Beispielen exemplarisch aufgezählten Maßnahmen dürfen nicht sofort als Betriebsausgaben abgezogen werden. Es handelt sich hierbei vielmehr um die Herstellung *materieller Wirtschaftsgüter* des Anlagevermögens.

Die *Absetzung für Abnutzung* richtet sich bei Mietereinbauten und Mieterumbauten grundsätzlich nach den für *Gebäude* geltenden Regeln[95]. Es kann aber auch eine Abschreibung durch Verteilung auf die voraussichtliche Mietdauer in Betracht kommen[96]. Die Herstellungskosten sind dabei im Wege der *linearen AfA* auf diesen Zeitraum zu verteilen. Ist die voraussichtliche betriebsgewöhnliche Nutzungsdauer des hergestellten Wirtschaftsguts *kürzer* als die voraussichtliche Mietdauer, muß die Abschreibung auf die Nutzungsdauer verteilt werden.

BEACHTEN SIE:

Die voraussichtliche Mietdauer darf nicht mit der in einem Mietvertrag mit Verlängerungsoption festgelegten Grundmietzeit gleichgesetzt werden. Es handelt sich dabei vielmehr um eine unbestimmte Größe, die nach den Umständen des Einzelfalls zu bemessen ist. Bei Baumaßnahmen der in den obigen Beispielen geschilderten Art, die einen langlebigen Charakter haben, wird sich ein Abschreibungszeitraum von 15 bis 20 Jahren nur in Ausnahmefällen unterschreiten lassen. Auch bei Mietverträgen, die z.B. nach Ablauf von 5 oder 10 Jahren keine Verlängerung vorsehen, wird das Finanzamt sehr genau untersuchen, ob nach dem Gesamtbild der Verhältnisse nicht doch mit einer Verlängerung bzw. mit einem Anschlußmietvertrag zu rechnen und somit von einer längeren voraussichtlichen Mietdauer auszugehen ist.

BEISPIEL

Der Architekt aus dem letzten Beispiel hat für die Räume einen 10jährigen Mietvertrag mit einer einseitigen Verlängerungsoption um weitere 10 Jahre abgeschlossen. Die Gesamtkosten für die geschilderten Um- und Einbaumaßnahmen beliefen sich auf 300.000 DM. Aufgrund der hohen Investitionen ist davon auszugehen, daß der Steuerzahler von seiner Option Gebrauch machen wird. Da die betriebsgewöhnliche Nutzungsdauer ebenfalls nicht unter 20 Jahren liegen dürfte, müssen in diesem Beispielsfall die Herstellungskosten gleichmäßig über 20 Jahre verteilt werden. Es ergibt sich also eine Jahres-AfA in Höhe von 15.000 DM.

B

Gestaltungsmöglichkeiten
Gerade bei Mietverhältnissen unter *Ehegatten* bieten die Mieterein- bzw. umbauten dem Steuerzahler interessante *Gestaltungsmöglichkeiten*, weil hier - wie vorstehend erläutert - der Abschreibungszeitraum in vielen Fällen deutlich geringer ist als bei den Gebäuden selbst. Werden beispielsweise in Büro- oder Praxisräumen, die ein Freiberufler von seinem Ehegatten bereits seit längerem angemietet hat, zur Anpasssung an die zeitgemäßen betrieblichen Erfordernisse Ein- oder Umbauten notwendig, so ist es in den meisten Fällen *steuerlich günstiger*, wenn der Freiberufler die Aufwendungen übernimmt und als Mieterumbauten abschreibt. Bei einer Verteilung über *15 Jahre* beträgt der jährliche *AfA-Satz 6,67 %*, bei einer Verteilung über *20 Jahre* ergibt sich eine Jahres-AfA von *5 %*, während beim Ehegatten in der Regel lediglich eine Jahres-AfA in Höhe von 2 % berücksichtigt werden darf.

Bei *Neubauten* bringt die Aufsplittung der Herstellungskosten hinsichtlich der Höhe der AfA-Beträge allerdings *keine Vorteile* mehr, da für Gebäude, die nicht zum Betriebsvermögen gehören, nur noch eine AfA von 2 % zulässig ist, während das gleiche Gebäude im Betriebsvermögen mit *4 %* abgeschrieben werden darf.

Ein Vorteil bleibt allerdings nach der derzeitigen Gesetzeslage bei *nicht zum Betriebsvermögen* gehörenden Grundstücken bestehen: Bei Veräußerung des Objekts außerhalb der Spekulationsfrist (2 Jahre) unterliegt die zwischen Anschaffung oder Herstellung und Veräußerung eingetretene *Wertsteigerung* nicht der Einkommensteuer. Bei Zugehörigkeit des Grundstücks zum Betriebsvermögen wird diese Wertsteigerung dagegen dem Gewinn aus freiberuflicher Tätigkeit zugerechnet und besteuert.

Besonders schmerzlich kann dies bei einer *Betriebsaufgabe* sein, bei der die für das Büro oder die Praxis genutzten Räume zwangsweise entnommen werden und - ohne daß eine entsprechende Einnahme erzielt wird - dieser *Entnahmegewinn* versteuert werden muß.

6.7 Geringwertige Wirtschaftsgüter

Grundlagen
Eine Besonderheit bei den Wirtschaftsgütern des Anlagevermögens stellen die Aufwendungen für geringwertige Wirtschaftsgüter (GWG) dar. Sie dürfen im Rahmen der Einkunftsermittlung sogleich als Betriebsausgaben abgesetzt wer-

den. Diese Bewertungsfreiheit gilt unabhängig von der tatsächlichen Nutzungsdauer der Wirtschaftsgüter. Das Wahlrecht soll die Aufzeichnungen vereinfachen. Zudem ist die Bewertungsfreiheit ein vorzügliches Mittel, die Höhe des Gewinns zu steuern. Allerdings müssen die Wirtschaftsgüter in ein gesondertes Verzeichnis aufgenommen werden. Die *Bewertungsfreiheit* für geringwertige Wirtschaftsgüter ist in *§ 6 Abs. 2 EStG* geregelt. Die Inanspruchnahme der Bewertungsfreiheit setzt voraus:

- Einen Berechtigten mit Gewinneinkünften.
- Abnutzbare bewegliche Wirtschaftsgüter des *Anlagevermögens*, die angeschafft, hergestellt, eingelegt oder dem Betrieb anläßlich seiner Eröffnung zugeführt werden.
- Die Wirtschaftsgüter müssen einer *selbständigen Nutzung fähig* sein.
- Ihre Anschaffungs- oder Herstellungskosten, vermindert um einen darin enthaltenen Vorsteuerbetrag, oder ihre Einlage- oder Betriebseröffnungswerte dürfen *800 DM* nicht übersteigen.
- Führung eines besonderen Verzeichnisses.

Sind diese Voraussetzungen erfüllt, kann das *Wahlrecht* ausgeübt werden.

Wer darf die Bewertungsfreiheit in Anspruch nehmen?

Die Bewertungsfreiheit kann von Unternehmern mit *Gewinneinkünften* jeder Art in Anspruch genommen werden. Sie steht also auf jeden Fall auch jedem Steuerpflichtigen mit freiberuflichen Einkünften zu.

Wird ein geringwertiges Wirtschaftsgut von einer *Personengesellschaft* (z.B. Praxisgemeinschaft) erworben, ist die Personengesellschaft die Berechtigte. Die Gesellschafter können in diesem Fall das Wahlrecht nur *einheitlich* ausüben.

Für Bezieher von *Überschußeinkünften* gilt die Bewertungsfreiheit entsprechend, allerdings nur für die Fälle der Anschaffung oder Herstellung. Werden nach dieser Vorschrift abgeschriebene Wirtschaftsgüter in einen *Betrieb eingelegt*, können sie erneut abgeschrieben werden, sofern sie länger als 3 Jahre im Rahmen der Überschußeinkünfte genutzt wurden[97].

BEISPIEL

Sie waren bisher als Rechtsanwalt in einer Praxis als Arbeitnehmer beschäftigt. Während dieser Zeit haben Sie sich zwei Rechtskommentare angeschafft, die beide jeweils 400 DM Nettoanschaffungskosten hatten. Die Kosten haben Sie im

B

Jahr der Anschaffung (und Bezahlung) in voller Höhe als Werbungskosten geltend gemacht. Seit der Anschaffung sind mehr als 3 Jahre vergangen. Jetzt will Sie Ihr bisheriger Arbeitgeber als Sozius in die Kanzlei aufnehmen.

Sie erzielen nunmehr Einkünfte aus freiberuflicher Tätigkeit. Die Rechtskommentare können in das freiberufliche Betriebsvermögen mit dem Teilwert eingelegt werden. Liegt der Teilwert dabei unter 800 DM, wovon hier ausgegangen werden kann, besteht jetzt die Möglichkeit, in Höhe des Einlagewertes nochmals die Bewertungsfreiheit in Anspruch zu nehmen.

Abnutzbare bewegliche Wirtschaftsgüter des Anlagevermögens

Der Begriff des *beweglichen Wirtschaftsguts* schränkt die Begünstigung auf körperliche Wirtschaftsgüter ein und scheidet unbewegliche, insbesondere immaterielle Wirtschaftsgüter von der Bewertungsfreiheit aus.

Das Wirtschaftsgut muß zudem *Anlagevermögen* werden. Es darf nicht *Umlaufvermögen* sein.

BEACHTEN SIE:

Im Rahmen der Gewinnermittlung durch Einnahme-Überschußrechnung hat die Abgrenzung zwischen Anlagevermögen und Umlaufvermögen keine praktische Bedeutung, da auch Umlaufvermögen mit seiner Bezahlung zur sofortigen Betriebsausgabe wird.

Das Wirtschaftsgut muß *abnutzbar* sein, also einem technischen oder wirtschaftlichen Verschleiß unterliegen.

BEACHTEN SIE:

Die Bewertungsfreiheit entfällt demnach für seltene antiquarische Ausstellungsstücke und Sammelobjekte, für die keine AfA vorgenommen werden darf, unabhängig davon, ob die Anschaffungskosten 800 DM übersteigen oder nicht[98].

Selbständige Nutzungsfähigkeit

§ 6 Abs. 2 Sätze 2 und 3 EStG bestimmen negativ, wann ein Wirtschaftsgut einer selbständigen Nutzung *nicht fähig ist*, nämlich wenn

- es nach seiner betrieblichen Zweckbestimmung nur zusammen mit anderen Wirtschaftsgütern genutzt werden kann und die in den Nutzungszusammenhang eingefügten Wirtschaftsgüter *technisch* aufeinander abgestimmt sind,
- es aus dem betrieblichen Nutzungszusammenhang *gelöst* und in einen anderen Nutzungszusammenhang eingefügt werden *kann*.

Damit sollte der Ausweitung der Bewertungsfreiheit durch die Rechtsprechung entgegengewirkt werden, die in diesen Fällen eine selbständige Nutzungsfähigkeit bejaht hatte [99]. Die Gesetzesänderung hat in etwa den *Rechtszustand wiederhergestellt*, der vor Änderung der Rechtsprechung bestand.

Danach ist eine Mehrheit von Wirtschaftsgütern als Einheit anzusehen, wenn sie als *einheitliches Ganzes* nach außen in Erscheinung tritt und dem Betrieb nur in dieser Verbindung nutzbar ist [100].

Die Grenze von 800 DM

Die Anschaffungs- oder Herstellungskosten oder der Einlagewert oder der Betriebseröffnungswert dürfen für das einzelne Wirtschaftsgut 800 DM nicht übersteigen.

BEACHTEN SIE:

Beträgt der maßgebliche Wert *genau 800 DM*, kommt die Bewertungsfreiheit noch zum Zuge.

Werden *gebrauchte* Wirtschaftsgüter erworben, kommt es auf die tatsächlichen Anschaffungskosten des Steuerpflichtigen an, nicht auf die Anschaffungskosten des entsprechenden neuen Wirtschaftsgutes.

Zur Ermittlung der Grenze von 800 DM können von den aufgewandten Anschaffungs- oder Herstellungskosten abgezogen werden (*R 40 Abs. 6 EStR*):

- nach *§§ 6b, 6c EStG* übertragene stille Reserven,
- *Zuschüsse* aus öffentlichen oder privaten Mitteln (*R 34 Abs. 1 EStR*), soweit sie die Anschaffungs- oder Herstellungskosten gemindert haben,
- gemäß *R 35 EStR* übertragene stille Reserven (Rücklage für Ersatzbeschaffung).

Vorsteuerbeträge sind aus den Anschaffungs- oder Herstellungskosten herauszurechnen. Der *Nettobetrag* ist selbst dann maßgeblich, wenn die Vorsteuerbeträge umsatzsteuerrechtlich nicht abziehbar sind und zu den *Anschaffungskosten* zählen [101].

B

Besonderes Verzeichnis

Die Anschaffungen, Herstellungen, Einlagen bzw. Wertansätze von geringwertigen Wirtschaftsgütern sind in einem besonderen, *laufend* zu führenden Verzeichnis festzuhalten, wenn die Aufzeichnungen sich nicht bereits aus der *Buchführung* ergeben [102].

Folgende *Angaben* sind erforderlich:

- Tag der Anschaffung, Herstellung, Einlage oder Betriebseröffnung;
- Anschaffungs- oder Herstellungskosten, Einlage- oder Betriebseröffnungswerte.

BEACHTEN SIE:

Die Anschaffungs- oder Herstellungskosten von Anlagegütern mit Anschaffungs- oder Herstellungskosten bis zu 100 DM brauchen nicht in dem Verzeichnis oder in der Buchführung angeführt zu werden (R 40 Abs. 3 und 4 EStR; ferner R 31 Abs. 3 EStR).

Ausübung des Wahlrechts

Das Wahlrecht muß *im Jahr* der Anschaffung, Herstellung, Einlage oder Betriebseröffnung ausgeübt werden. Wird von ihm Gebrauch gemacht, sind die Aufwendungen sogleich als *Betriebsausgaben* abzusetzen. Ein Ansatz im Anlageverzeichnis mit einem Erinnerungswert von 1 DM kann unterbleiben.

Wird die Bewertungsfreiheit nicht in Anspruch genommen, ist ihre *Nachholung* in späteren Veranlagungszeiträumen *unzulässig* [103]. Die Aufwendungen sind vielmehr zu *aktivieren* und wie bei anderen abnutzbaren Wirtschaftsgütern des Anlagevermögens auf die betriebsgewöhnliche Nutzungsdauer abzuschreiben.

Das Wahlrecht kann auch dann *in vollem Umfang* ausgeübt werden, wenn das geringwertige Wirtschaftsgut teilweise *privat* genutzt wird. Der Ausgleich findet in der Weise statt, daß die Privatnutzung (Entnahme) nach den AfA-Beträgen bemessen wird, die im Falle einer Aktivierung absetzbar gewesen wären; ein eventueller Veräußerungsgewinn ist in voller Höhe zu versteuern [104].

Besonderheiten im Rahmen der Einnahme-Überschußrechnung

Trotz der sofortigen Abzugsmöglichkeit handelt es sich um die Berücksichtigung von Aufwendungen des Anlagevermögens. Dies bedeutet, daß der Abzug der Kosten *im Zeitpunkt der Anschaffung oder Herstellung* erfolgt und nicht zum Zeitpunkt des Abflusses der verwendeten Geldmittel.

BEISPIEL

Sie erwerben am 29.12.1998 einen gebrauchten Schrank für Ihre Arztpraxis von einer Privatperson. Der Schrank kostet 750 DM. Die Bezahlung erfolgt am 5.1.1999.

Der Schrank ist ein GWG. Obwohl die Bezahlung erst im Jahr 1999 erfolgt, können die Anschaffungskosten in Höhe von 750 DM bereits im Jahr 1998 (Jahr der Anschaffung) als Betriebsausgabe geltend gemacht werden.

Im Regelfall sind jedoch Zeitpunkt der Anschaffung und Zahlung identisch, so daß für die GWG das Abflußprinzip indirekt zum Tragen kommt, obwohl es sich bei den GWG um die Anschaffung von Anlagevermögen handelt. Aus diesem Grund greift auch für die *Anzahlungen auf GWG* eine Sonderregelung. Es besteht insoweit ein *Wahlrecht*, daß die Anzahlung bereits bei ihrer Zahlung als Betriebsausgaben abgezogen werden darf.

BEISPIEL

Sie bestellen am 29.12.1998 einen Schreibtisch für Ihre Arztpraxis. Der Schreibtisch kostet 600 DM. Sie leisten bei der Bestellung eine Anzahlung von 300 DM. Die Restzahlung erfolgt bei Lieferung am 20.1.1999.

Der Schreibtisch ist ein GWG. Obwohl die Lieferung und somit die Anschaffung erst im Jahr 1999 erfolgt, kann die Anzahlung in Höhe von 300 DM bereits im Jahr 1998 (Jahr der Zahlung) als Betriebsausgabe geltend gemacht werden. Zulässig ist aber auch, die gesamten Anschaffungskosten im Jahr 1999 als Betriebsausgaben abzuziehen.

PRAXIS-TIP

Eine Anzahlung ist auch dann gegeben, wenn die Anzahlung in Höhe der gesamten Anschaffungskosten entrichtet wird.

Schwierigkeiten bei der Frage, zu welchem Zeitpunkt der Betriebsausgabenabzug erfolgen kann, bereitet auch bei den GWG die *Umsatzsteuer*.

B

Am einfachsten ist die Beurteilung, falls keine Berechtigung zum Vorsteuerabzug besteht. In diesem Fall gehört die nichtabzugsfähige Vorsteuer zu den Anschaffungskosten und teilt deren Schicksal. Das bedeutet, wie bereits dargelegt:

- Abzug im Zeitpunkt der Anschaffung oder Herstellung bzw.
- Abzug bei Zahlung im Falle von Anzahlungen.

Ist die Vorsteuer ganz oder teilweise abzugsfähig, gilt für die Vorsteuer das Abflußprinzip. Dies kann zur Folge haben, daß der Betriebsausgabenabzug für die Nettoanschaffungskosten und der Abzug der Vorsteuer als Betriebsausgabe auseinanderfallen.

BEISPIEL

Sie erwerben am 29.12.1998 eine Lampe für Ihre Rechtsanwaltspraxis. Die Lampe kostet 500 DM zzgl. 80 DM Umsatzsteuer. Die Zahlung erfolgt durch Überweisung am 20.1.1999.

Die Lampe ist ein GWG. Der Abzug der Nettoanschaffungskosten in Höhe von 500 DM hat im Jahr 1998 (Jahr der Anschaffung) zu erfolgen. Die abzugsfähige Vorsteuer in Höhe von 80 DM wird jedoch erst bei Bezahlung im Jahr 1999 zur Betriebsausgabe.

ABC der GWGs

- Antiquarische Gegenstände
  Antiquarische Gegenstände und Ausstellungsstücke (optische Geräte, Bücher, Möbel usw.) sind, sofern selten und nicht abnutzbar, keine geringwertigen Wirtschaftsgüter [105].
- Autoradio
  Als Teil des Autos ist es nicht selbständig nutzungsfähig [106].
- Beleuchtungen
  Beleuchtungsanlagen, Leuchtbänder u.ä. sind unselbständige Teile des Gebäudes und daher keine geringwertigen Wirtschaftsgüter [107]. Hingegen sind einzelne Steh-, Tisch- und Hängelampen selbständig nutzungsfähig [108].
- Bücher
  Sie sind grundsätzlich selbständig nutzungsfähig; das gilt auch für Bücher innerhalb einer Bibliothek [109]. Eine Ausnahme wird für Sammelwerke zu machen sein: mehrbändige Werke, Bände einer Zeitschrift, Lexika, Entscheidungssammlungen usw.

- Büroeinrichtung
  Siehe „Einrichtungsgegenstände“.
- Computerprogramme
  Sie können als Trivialprogramme bewegliche Wirtschaftsgüter [110] und damit geringwertige Wirtschaftsgüter sein. Nach einer großzügigen Verwaltungsauffassung sind Computerprogramme, deren Anschaffungskosten nicht mehr als 800 DM betragen, *stets als Trivialprogramme* zu behandeln (*R 31a Abs. 1 Satz 3 EStR*). Sie fallen damit unter *§ 6 Abs. 2 EStG*, ohne daß eine Prüfung, ob sie immateriell sind, erforderlich ist.
- Computerteile
  Computerteile wie Rechner, Drucker, Maus, Tastatur und Monitor sind keine geringwertigen Wirtschaftsgüter [111].
- Disketten
  Disketten und Magnetbänder sind geringwertige Wirtschaftsgüter [112].
- Einrichtungsgegenstände
  Einrichtungsgegenstände für Büro- und Praxiseinrichtungen sind selbständig nutzungsfähig, auch wenn sie in Stil und Funktion aufeinander abgestimmt sind [113].
- Erstausstattung
  Die Erstausstattung eines Betriebs - z.B. Einrichtungsgegenstände eines Büros; Bibliothek eines Rechtsanwalts; Instrumentarium eines Arztes - ist kein einheitliches Ganzes. Jedes Wirtschaftsgut ist für sich zu sehen [114].
- Hausanschlüsse
  Die Hausanschlüsse der Versorgungsunternehmen gehören zum Ortsnetz und sind nicht selbständig nutzungsfähig [115].
- Magnetbänder
  Siehe „Disketten“.
- Regalteile
  Derartige Elemente, z. B. Regalteile, die entsprechend den ständig wechselnden betrieblichen Bedürfnissen wieder getrennt und anders zusammengefügt werden können, sind keiner selbständigen Nutzung fähig. Jedoch können Regale und Regalblöcke geringwertige Wirtschaftsgüter sein [116].
- Ruhebänke
  Ruhebänke, die in der Landschaft mit einer Firmenbezeichnung aufgestellt werden und im Eigentum des Aufstellers verbleiben, sind Anlagevermögen (Werbeträger) und daher geringwertige Wirtschaftsgüter [117].

B

- Straßenleuchten
  Sie sind selbständig nutzungsfähig [118].
- Video- und Filmkassetten
  Sie sind unabhängig von einem bestimmten Vorführgerät nutzbar und daher begünstigt [119].
- Zähler
  Meßeinrichtungen (Wasser-, Gas- und Elektrizitätszähler) sind nicht selbständig nutzungsfähig [120].

7 Betriebsvermögen

7.1 Warum ist das Betriebsvermögen vom Privatvermögen abzugrenzen?

Mit dem Begriff Betriebsvermögen werden die zum betrieblichen Bereich gehörenden Wirtschaftsgüter bezeichnet. Begrifflicher Gegensatz ist das zum nichtbetrieblichen Bereich gehörende Privatvermögen. Für die Zurechnung zum Betriebsvermögen bzw. Privatvermögen ist grundsätzlich erforderlich, daß die Wirtschaftsgüter im *Eigentum des Betriebsinhabers* stehen, wobei es entscheidend auf das *wirtschaftliche Eigentum* ankommt.

Je nach Zuordnung der Wirtschaftsgüter zu einem dieser beiden Bereiche ergeben sich erhebliche steuerrechtliche Folgen. Kann bzw. muß ein Wirtschaftsgut dem Betriebsvermögen zugeordnet werden, beeinflussen die mit dem Wirtschaftsgut zusammenhängenden Einnahmen und Ausgaben die Höhe des betrieblichen Gewinns.

BEISPIEL

Sie üben Ihre freiberufliche Praxis in einem Bürogebäude aus, das in Ihrem Eigentum steht.

Das Bürogebäude gehört zweifelsfrei zum Betriebsvermögen. So sind Einnahmen aus diesem zum Betriebsvermögen gehörenden Gebäude Betriebseinnahmen; dementsprechend sind die durch das Gebäude veranlaßten Aufwendungen (AfA, Erhaltungsaufwendungen, Gebäudeversicherung, Anliegergebühren) Betriebsausgaben.

Darüber hinaus bedeutet die Zugehörigkeit eines Wirtschaftsguts zum Betriebsvermögen auch, daß sich Veränderungen seines Werts auf die Höhe des betrieblichen Gewinns auswirken. Die in dem Wirtschaftsgut ruhenden *stillen Reserven* sind steuerlich zu erfassen, sobald ein zum Betriebsvermögen gehörendes Wirtschaftsgut veräußert oder zulässigerweise ins Privatvermögen übernommen wird. Dieser Besteuerungstatbestand hat insbesondere für die Veräußerung oder Entnahme von *Betriebsgrundstücken* Bedeutung.

Positiv kann sich Betriebsvermögen im Falle von *Wertminderungen* auswirken. Der betriebliche Gewinn wird hier gemindert. Die Möglichkeiten, solche Wertminderung bei der Gewinnermittlung zu berücksichtigen, sind u.a.:

- Abschreibungen auf den niedrigeren Teilwert des Wirtschaftsguts (wie z.B. im Falle außerordentlicher Kursverluste bei Wertpapieren des Anlagevermögens), sofern der Gewinn durch Betriebsvermögensvergleich ermittelt wird;
- die Vornahme von Absetzungen für außergewöhnliche technische oder wirtschaftliche Abnutzung;
- der Ausfall einer betrieblichen Forderung.

7.2 Notwendiges Betriebsvermögen

Zum notwendigen Betriebsvermögen rechnen Wirtschaftsgüter, wenn und soweit sie unmittelbar für *eigene* betriebliche Zwecke genutzt werden. Sie müssen objektiv erkennbar zum unmittelbaren Einsatz im Betrieb selbst bestimmt sein. Das Wirtschaftsgut muß sich, wenn auch nicht unentbehrlich oder notwendig i.S. von „erforderlich“, so doch in gewisser Weise auf den Betriebsablauf beziehen und ihm zu dienen bestimmt sein. Abzustellen ist auf die tatsächliche Zweckbestimmung, also die *konkrete Funktion* des Wirtschaftsguts *im Betrieb*[121].

Als Beispiele für Wirtschaftsgüter des notwendigen Betriebsvermögens können bei einem Freiberufler angeführt werden:

- Praxis- oder Büroräume
- Praxis- oder Büroeinrichtung
- Praxiswert
- Kundenforderungen
- Betriebliches Darlehen
- Lieferantenverbindlichkeiten

Der Begriff notwendiges Betriebsvermögen bedeutet aber nicht, daß der Betrieb ohne dieses Wirtschaftsgut nicht fortgeführt werden könnte. Abzustellen ist auf die tatsächliche Zweckbestimmung, also die konkrete Funktion des Wirtschaftsguts im Betrieb.

B

Ein Wirtschaftsgut ist jedoch nicht schon allein deshalb notwendiges Betriebsvermögen, weil es mit betrieblichen Mitteln angeschafft wurde oder der Sicherung betrieblicher Kredite dient.

BEACHTEN SIE:

Erfüllt ein Wirtschaftsgut die Voraussetzungen des notwendigen Betriebsvermögens, so ist es zwingend als Betriebsvermögen auszuweisen. Es steht nicht mehr in der Dispositionsmöglichkeit des Unternehmers, über die Zuordnung zu entscheiden.

BEISPIEL

Der freiberuflich tätige Arzt A kauft das Haus, in dem er seine Praxis betreibt. Da er befürchtet, daß der Wert der Immobilie steigt, weist er den Grund und Boden und das Gebäude nicht im Anlageverzeichnis aus und macht auch keine Abschreibung im Rahmen der Gewinnermittlung geltend.
Die Praxisräume sind notwendiges Betriebsvermögen. Der fehlende Ausweis im Anlageverzeichnis schützt nicht vor der Erfassung als Betriebsvermögen. Die Abschreibung sowie die übrigen Hauskosten rechnen dann zu den Betriebsausgaben.

7.3 Notwendiges Privatvermögen

Das notwendige Privatvermögen stellt das Gegenstück zum notwendigen Betriebsvermögen dar. Auch hier steht es nicht im Willen des freiberuflich tätigen Unternehmer zu entscheiden, welcher Vermögenssphäre das Wirtschaftsgut zuzurechnen ist.

Beim notwendigen Privatvermögen handelt es sich um Wirtschaftsgüter, die ihrer Natur nach zum privaten Vermögen gehören. Ihrem Wesen nach sind sie nicht geeignet, dem Betrieb zu dienen. Sind die Wirtschaftsgüter nicht schon wegen ihrer Art notwendiges Privatvermögen, so können sie wegen ihrer tatsächlichen Beziehung zum privaten Bereich notwendiges Privatvermögen sein.

BEISPIEL

Ein Aktenschrank, der sich in der Privatwohnung befindet und zur Aufbewahrung privater Unterlagen dient, ist allein aufgrund seiner Nutzung und seines

Standortes als notwendiges Privatvermögen anzusehen. Steht der gleiche Aktenschrank jedoch in den Praxisräumen des Freiberuflers und dient der Aufbewahrung geschäftlicher Unterlagen, ist er zweifelsfrei dem notwendigen Betriebsvermögen zuzurechnen.

BEACHTEN SIE:

Bei Wirtschaftsgütern wie im vorstehenden Beispiel kann sich die tatsächliche Zweckbestimmung im Laufe der Nutzung ändern. Ist dies der Fall, liegt entweder eine Privatentnahme vor, wenn das Wirtschaftsgut vom Betriebsvermögen ins Privatvermögen übergeht, oder eine Privateinlage, wenn der umgekehrte Fall vorliegt.

Gewinne aus der Veräußerung der zum Privatvermögen gehörenden Wirtschaftsgüter werden von der Einkommensteuer nur in den Fällen der Spekulationseinkünfte erfaßt. Auch Wertveränderungen und -verluste werden steuerlich grundsätzlich nicht berücksichtigt.

BEISPIEL

Ein zum Privatvermögen gehörendes Mietshaus wird verkauft. Der Preis liegt erheblich über den ursprünglichen Anschaffungskosten. Die Anschaffung liegt mehr als 2 Jahre zurück.

Der erzielte Veräußerungsgewinn unterliegt nicht der Besteuerung. Umgekehrt ist auch ein Verlust durch ein außergewöhnliches Ereignis steuerlich nicht zu berücksichtigen.

Privatvermögen wird durch eine Belastung (z.B. Verpfändung) zu betrieblichen Zwecken nicht zwangsläufig Betriebsvermögen. Die Verpfändung führt lediglich zu einem rechtlichen, aber keinem wirtschaftlichen Zusammenhang zum Betrieb.

7.4 Gewillkürtes Betriebsvermögen

Gewillkürtes Betriebsvermögen sind diejenigen Wirtschaftsgüter, die weder zum notwendigen Betriebsvermögen rechnen noch zwingend Privatvermögen sind.

Wie der Begriff gewillkürtes Betriebsvermögen bereits zum Ausdruck bringt, hat hier der freiberuflich tätige Unternehmer die Freiheit zu entscheiden, ob er das Wirtschaftsgut dem Betriebsvermögen zurechnet oder es lieber im Privatvermögen beläßt.

Gewillkürtes Betriebsvermögen können solche Wirtschaftsgüter sein, die objektiv *geeignet* und *bestimmt* sind, *den Betrieb zu fördern*[122]. Es geht also um Wirtschaftsgüter, deren betriebliche Verwendung *möglich* ist. Für die Zuordnung zum Betriebsvermögen ist erforderlich, daß sie aufgrund eines *Willensentschlusses* des Betriebsinhabers in unmißverständlicher Weise, insbesondere durch Ausweis in den Büchern, dem *Betrieb gewidmet* werden[123]. Hierzu zählen z.B. Grundstücksflächen, die zunächst noch nicht unmittelbar für den Betriebsablauf erforderlich sind (Vorratsgelände, Wertpapiere und Mietwohnungen).

BEACHTEN SIE:

Der Verlagerung von Verlustrisiken aus dem privaten in den betrieblichen Bereich wird die steuerrechtliche Anerkennung versagt. Dabei kann unterstellt werden, daß der - zur Bildung gewillkürten Betriebsvermögens vorausgesetzte - Förderungszusammenhang fehlt.

BEISPIEL

Sie halten Wertpapiere, bei denen sich ein dauerhafter Kursverlust abzeichnet. Um den Wertverlust steuerlich berücksichtigen zu können, legen Sie die Wertpapiere in das Betriebsvermögen ein.

Diese Handhabung wird steuerlich nicht anerkannt. Der Verlust ist bei der Gewinnermittlung wieder auszuscheiden.

Soll ein Wirtschaftsgut zutreffend als gewillkürtes Betriebsvermögen behandelt werden, muß die Entscheidung des Unternehmers nach außen erkennbar bekundet werden. Eine Möglichkeit der Dokumentation ist dabei die Aufnahme auf ein Bestandskonto in der Buchführung.

Die Zugehörigkeit zum gewillkürten Betriebsvermögen hängt somit entscheidend von der buchmäßigen Behandlung ab. Ein Wirtschaftsgut kann nur dann dem gewillkürten Betriebsvermögen zugerechnet werden, wenn es eindeutig in der Buchführung ausgewiesen ist.

7.5 Behandlung gemischt genutzter Wirtschaftsgüter

Die Zuordnung eines Wirtschaftsguts kann nur insgesamt zum Betriebsvermögen oder Privatvermögen erfolgen. (Ausnahme: Gebäude) Werden Wirtschaftsgüter aber teils zu betrieblichen, teils zu privaten Zwecken genutzt *(gemischt genutzte Wirtschaftsgüter)*, ist hinsichtlich der Zuordnung zum Betriebs- bzw. Privatvermögen eine Entscheidung zu treffen. Für bewegliche Wirtschaftsgüter und unbewegliche Wirtschaftsgüter wird dabei unterschiedlich vorgegangen.

Bewegliche Wirtschaftsgüter

Bewegliche Wirtschaftsgüter - wie z.B. ein Kraftfahrzeug - können im Falle einer gemischten Nutzung entweder nur dem Betriebsvermögen oder nur dem Privatvermögen zugerechnet werden. Eine Aufteilung des Wirtschaftsguts als solches in einen betrieblichen und einen privaten Teil kommt nicht in Betracht. Die entsprechend andere Nutzung ist dann je nach Zuordnung entweder Privatentnahme oder Privateinlage.

In welchen Fällen ein bewegliches Wirtschaftsgut bei gemischter Nutzung dem Betriebsvermögen oder dem Privatvermögen zuzurechnen ist, richtet sich nach dem Umfang der betrieblichen bzw. privaten Nutzung:

- Bei einer eigenbetrieblichen Nutzung des Wirtschaftsgutes *zu mehr als 50 %* gehört es zum notwendigen Betriebsvermögen.
- Bei einer *privaten Nutzung von mehr als 90 %* ist das Wirtschaftsgut dem Privatvermögen zuzurechnen.
- Bei einer betrieblichen Nutzung *zwischen 10 und 50 %* kann der Steuerpflichtige *wählen*, ob er das Wirtschaftsgut dem Betriebsvermögen oder dem Privatvermögen zuordnen will [124].

BEISPIEL

Rechtsanwalt R nutzt seinen Pkw

1. zu 70 % betrieblich und zu 30 % privat:
   Der Pkw ist notwendiges Betriebsvermögen.
2. zu 30 % betrieblich und 70 % privat:
   Der Pkw erfüllt noch die Voraussetzungen als gewillkürtes Betriebsvermögen. Eine Zurechnung kann beim Betriebsvermögen oder beim Privatvermögen erfolgen.

B

3. zu 5 % betrieblich und 95 % privat:
   Der Pkw wird notwendiges Privatvermögen. Das Fahrzeug kann keinesfalls dem Betriebsvermögen zugerechnet werden.

Unbewegliche Wirtschaftsgüter

Anders als bei beweglichen Wirtschaftsgütern kommt bei unbeweglichen Wirtschaftsgütern (Grundstücken, Gebäuden), die teils betrieblich, teils privat genutzt werden, eine Aufteilung in Betracht.

Soweit es sich um *unbebaute Grundstücke* handelt, richtet sich ihre Zuordnung nach der flächenmäßigen Nutzung. Wird ein Grundstück teilweise betrieblich und teilweise privat genutzt, ist eine entsprechende flächenmäßige Aufteilung vorzunehmen.

Ein *Gebäude* bildet zusammen mit dem Grund und Boden, auf dem es steht, zivilrechtlich eine Einheit. Steuerrechtlich sind der Grund und Boden und das aufstehende Gebäude stets zwei verschiedene selbständige Wirtschaftsgüter. Die Zuordnung zum Betriebsvermögen oder Privatvermögen von Grund und Boden und dem zugehörigen Gebäude muß dennoch einheitlich erfolgen[125]. Unterliegt das Gebäude nur einer einheitlichen Nutzung (z.B. als Bürogebäude für die eigene freiberufliche Praxis oder als eigengenutztes Einfamilienhaus), verbleibt es bei dem Grundsatz, daß das Gebäude mit dem Grund und Boden insgesamt nur Betriebsvermögen oder Privatvermögen sein kann.

Wird ein Gebäude jedoch

- teils *eigenbetrieblich*,
- teils *fremdbetrieblich*,
- teils zu *eigenen Wohnzwecken*,
- teils zu *fremden Wohnzwecken*

genutzt, so ist jeder der vier unterschiedlich genutzten Gebäudeteile ein besonderes Wirtschaftsgut, weil das Gebäude in verschiedenen *Nutzungs- und Funktionszusammenhängen* steht[126].

Sind Gebäude in einer derartigen Weise gemischt genutzt, sind sie je nach Art ihrer Nutzung in *mehrere Wirtschaftsgüter* aufzuteilen. Entsprechend ihrer Nutzung erfolgt auch die Zuordnung zu den verschiedenen Vermögensarten.

→ *Eigenbetriebliche Nutzung*
  Grundstücke oder Grundstücksteile, die ausschließlich und unmittelbar eigenbetrieblich genutzt werden, gehören regelmäßig zum *notwendigen Betriebsvermögen*.

PRAXIS-TIP

Eigenbetrieblich genutzte Grundstücksteile brauchen nicht als Betriebsvermögen behandelt zu werden, wenn ihr Wert nicht mehr als ein Fünftel des gemeinen Werts des gesamten Grundstücks und nicht mehr als 40.000 DM beträgt (Grundstücksteil von *untergeordneter Bedeutung*) [127].

Der Wertansatz von 40.000 DM bezieht sich dabei auf den gemeinen Wert von Grund und Boden und Gebäude. Bei der Prüfung, ob ein Grundstücksteil mehr als ein Fünftel des ganzen Grundstücks beträgt, ist i.d.R. das Verhältnis der Nutzflächen zueinander zugrunde zulegen.

Diese Prüfung ist sowohl bei der erstmaligen Nutzung, als auch an den folgenden Bilanzstichtagen vorzunehmen. Sobald die Wertgrenze überschritten wird, hat eine Aufnahme in das Betriebsvermögen zu erfolgen.

→ *Fremdbetriebliche Zwecke und fremde Wohnzwecke*
Der fremdbetrieblich genutzte bzw. zu fremden Wohnzwecken genutzte Grundstücksteil kann, wenn die übrigen Voraussetzungen erfüllt sind, also wenn der betreffende Grundstücksteil in einem gewissen objektiven Zusammenhang mit dem Betrieb steht und ihn zu fördern bestimmt und geeignet ist, als *gewillkürtes Betriebsvermögen* behandelt werden. Wird ein Grundstück oder Grundstücksteil fremdbetrieblich genutzt, handelt es sich auch dann um ein einheitliches Wirtschaftsgut, wenn es verschiedenen Personen zu unterschiedlichen betrieblichen Nutzungen überlassen wird.

BEACHTEN SIE:

Erfüllt ein Grundstück zu mehr als der Hälfte die Voraussetzungen für die Behandlung als Betriebsvermögen, so können auch solche Grundstücksteile, die zu fremden Wohnzwecken oder zu fremdbetrieblichen Zwecken vermietet sind, bei denen, für sich betrachtet, die sonstigen Voraussetzungen für die Annahme von gewillkürtem Betriebsvermögen nicht vorliegen, als Betriebsvermögen behandelt werden.

→ *Eigene Wohnzwecke*
Der zu eigenen Wohnzwecken genutzte Gebäudeteil ist zwingend als *Privatvermögen* zu behandeln. Die Übergangsregelung, nach der eigengenutzte

B

Wohnungen, die entsprechend der Rechtslage bis 31.12.1986 als gewillkürtes Betriebsvermögen bilanziert waren, steuerfrei entnommen werden durften, ist zum 31.12.1998 ausgelaufen (§ 52 Abs. 15 EStG).

BEACHTEN SIE:

Die frühere Handhabung, Grundstücke, die *zu mehr als 50 % Betriebszwecken dienen*, ganz als Betriebsvermögen zu behandeln, auch wenn sie im übrigen zu eigenen Wohnzwecken verwendet werden, gilt grundsätzlich nicht mehr.

BEISPIEL

Ein Architekt, der den Gewinn durch Betriebsvermögensvergleich ermittelt, erwirbt ein Grundstück mit aufstehendem Gebäude. In einem Teil des Gebäudes unterhält er sein Architekturbüro. Einen weiteren Teil des Gebäudes vermietet er an einen Einzelhändler. Den übrigen Teil des Gebäudes nutzt er teilweise zu eigenen, teilweise zu fremden Wohnzwecken. Hinsichtlich der Nutzung zu fremden Wohnzwecken besteht keinerlei Zusammenhang mit dem Betrieb. Der gemeine Wert des ganzen Grundstücks beträgt 3.000.000 DM, der Wert der eigen- und fremdbetrieblich genutzten Grundstücksteile beträgt je 1.000.000 DM, der Wert des eigenen Wohnzwecken dienenden Grundstücksteils beträgt 600.000 DM, der des zu fremden Wohnzwecken vermieteten Grundstücksteils 400.000 DM.

Nach den vorstehenden Grundsätzen liegen hinsichtlich des Gebäudes *vier Wirtschaftsgüter* vor.

Es bestehen folgende *Bilanzierungsmöglichkeiten*:

1. Der Steuerpflichtige bilanziert nur den für das eigene Architekturbüro genutzten Grundstücksteil, der notwendiges Betriebsvermögen ist.
2. Der Steuerpflichtige weist den eigenbetrieblich genutzten Grundstücksteil als notwendiges und den fremdvermieteten Grundstücksteil als gewillkürtes Betriebsvermögen aus.
3. Der Steuerpflichtige weist den eigenbetrieblich genutzten Grundstücksteil als notwendiges Betriebsvermögen, den fremdbetrieblich genutzten Grundstücksteil als gewillkürtes Betriebsvermögen und, da das Grundstück damit zu mehr als der Hälfte die Voraussetzungen für die Behandlung als Betriebsvermögen erfüllt, auch den zu fremden Wohnzwecken vermieteten Grundstücksteil als gewillkürtes Betriebsvermögen aus.

4. Eine Behandlung auch des zu eigenen Wohnzwecken genutzten Gebäudeteils als Betriebsvermögen ist nicht möglich.

BEACHTEN SIE:

Eine weitere Aufteilung in verschiedene Wirtschaftsgüter bei Gebäuden und Grund und Boden ist erforderlich, wenn mehrere Eigentümer vorhanden sind [128].

7.6 Besonderheiten bei der Einnahme-Überschußrechnung

Im Gegensatz zum Betriebsvermögensvergleich, bei dem sich das Betriebsvermögen aus der Aufstellung des Inventars und der Bilanz ergibt, fehlt es bei der Einnahme-Überschußrechnung an der entsprechenden Dokumentation. Gleichwohl hat auch der Freiberufler mit Einnahme-Überschußrechnung Betriebsvermögen, nur ist es unmittelbar für die Gewinnermittlung, mit Ausnahme des Anlagevermögens, ohne Bedeutung.

Die Zugehörigkeit eines Wirtschaftsguts zum Betriebsvermögen richtet sich bei der Gewinnermittlung durch Einnahme-Überschußrechnung nach den gleichen Voraussetzungen wie bei der Gewinnermittlung durch Betriebsvermögensvergleich.

Grundsätze zum gewillkürten Betriebsvermögen

Im Gegensatz zur Gewinnermittlung durch Betriebsvermögensvergleich ist es bei der Einnahme-Überschußrechnung nicht möglich, gewillkürtes Betriebsvermögen zu bilden. Der Ansatz des Betriebsvermögens beschränkt sich daher auf den Bereich des notwendigen Betriebsvermögens.

BEACHTEN SIE:

Folgerichtig zählen aber auch Einnahmen aus der Veräußerung von Wirtschaftsgütern, die nicht zum notwendigen Betriebsvermögen gehören, nicht zu den Betriebseinnahmen.

BEISPIEL

Architekt A ermittelt seinen Gewinn durch Einnahme-Überschußrechnung. Er nutzt folgende Wirtschaftsgüter ganz oder teilweise betrieblich:

1. Pkw: 60 % betriebliche und 40 % private Nutzung
   Der Pkw ist notwendiges Betriebsvermögen und daher auch bei der Einnahme-Überschußrechnung als Betriebsvermögen zu erfassen.
2. Pkw: 40 % betriebliche und 60 % private Nutzung
   Der Pkw ist dem gewillkürten Betriebsvermögen zuzuordnen. Er gehört daher nicht zum Betriebsvermögen bei der Einnahme-Überschußrechnung.
3. Pkw: 40 % betriebliche Nutzung, 20 % Fahrten zwischen Wohnung und Betrieb, 40 % private Nutzung
   Die Fahrten zwischen Wohnung und Betrieb rechnen trotz ihrer Beschränkungen beim Abzug zu den betrieblichen Fahrten. Der Umfang der betrieblichen Fahrten beträgt somit 60 %. Der Pkw rechnet zum notwendigen Betriebsvermögen.

An diesen Grundsätzen zum gewillkürten Betriebsvermögen bei der Einnahme-Überschußrechnung hält auch die Rechtsprechung seit Jahren fest. Nur in einer Entscheidung des BFH wurde angedeutet, daß auch bei der Gewinnermittlung durch Einnahme-Überschußrechnung gewillkürtes Betriebsvermögen möglich sein kann [129]. Weitergehende Folgen sind aus dem Urteil weder von der Rechtsprechung noch vom Gesetzgeber bisher gezogen worden.

Ungeachtet dessen gibt es *Ausnahmen* von dem Grundsatz, daß gewillkürtes Betriebsvermögen nicht möglich ist.

→ *Wechsel der Gewinnermittlungsart*

Gehörte ein Wirtschaftsgut bei einem Steuerpflichtigen, der seinen Gewinn bisher durch Betriebsvermögensvergleich ermittelt hat, zum gewillkürten Betriebsvermögen und wechselt dieser Steuerpflichtige zur Gewinnermittlung durch Einnahme-Überschußrechnung, so kann das Wirtschaftsgut im Betriebsvermögen verbleiben [130].

BEISPIEL

Arzt A nutzt seinen Pkw zu 30 % betrieblich und zu 70 % privat und behandelt den Pkw als Betriebsvermögen. Zum 1.1.1999 wechselt er zulässigerweise vom Betriebsvermögensvergleich zur Einnahme-Überschußrechnung.

Eine zwingende Entnahme des Pkw ist nicht erforderlich.

➔ Nutzungsänderung

War ein Wirtschaftsgut bisher zutreffend notwendiges Betriebsvermögen und ändert sich die Nutzung, so kann das Wirtschaftsgut weiterhin als Betriebsvermögen behandelt werden, wenn die Nutzungsänderung beim Betriebsvermögensvergleich nicht zu einer Zwangsentnahme führen würde[131] (sog. *geduldetes Betriebsvermögen*).

BEISPIEL

Bauingenieur B nutzt seinen Pkw zu 70 % betrieblich und zu 30 % privat. 1998 schafft er sich ein zweites Betriebsfahrzeug an. Die Nutzung des Pkw ändert sich auf:

1. 30 % betrieblich und 70 % privat
   Der Pkw erfüllt noch die Voraussetzungen als gewillkürtes Betriebsvermögen. Eine zwingende Entnahme ist nicht gegeben.
2. 5 % betrieblich und 95 % privat
   Der Pkw wird notwendiges Privatvermögen. Eine Entnahme ist unabhängig von der Art der Gewinnermittlung zwingend.

7.7 Strategien zur Vermeidung von Betriebsvermögen

Bei Wirtschaftsgütern des *Anlagevermögens* rechnen im Falle der Veräußerung oder Entnahme der Wirtschaftsgüter die Veräußerungserlöse bzw. Entnahmewerte zu den Betriebseinnahmen. Dies hat zur Folge, daß Wertsteigerungen den betrieblichen Gewinn erhöhen. Aus diesem Grund kann es sinnvoll sein, daß die im Betrieb benötigten Wirtschaftsgüter nicht zum Betriebsvermögen rechnen. Andererseits kann es wegen des hohen Freibetrags für das Betriebsvermögen bei der Erbschaft- und Schenkungsteuer u.U. besser sein, dies als Betriebsvermögen auszuweisen.

Handelt es sich um Wirtschaftsgüter, die nur dem gewillkürten Betriebsvermögen zugerechnet werden können, genügt es, diese Wirtschaftsgüter nicht in die Buchführung aufzunehmen. Bei der Einnahme-Überschußrechnung verbietet sich sogar der Ausweis dieser Wirtschaftsgüter im Anlageverzeichnis.

Sind die Wirtschaftsgüter von ihrer Funktion her dem notwendigen Betriebsvermögen zuzuordnen, kann die Zurechnung zum Betriebsvermögen nur dadurch vermieden werden, daß der Betriebsinhaber nicht Eigentümer wird, wobei es entscheidend auf das *wirtschaftliche Eigentum* ankommt. Nachfolgend werden verschiedene Möglichkeiten dargestellt, in denen trotz betrieblicher Nutzung der Wirtschaftsgüter das wirtschaftliche Eigentum und damit verbunden die Zurechnung zum Betriebsvermögen vermieden wird.

Leasing

Leasing ist eine der möglichen Fallgestaltungen der Nutzung von Wirtschaftsgütern, bei denen die Zurechnung zum Betriebsvermögen vermieden werden kann. Bei der Gestaltung der Leasingverträge ist aber erforderlich, daß nicht nur das *zivilrechtliche* Eigentum beim Leasinggeber liegt, sondern vor allem das *wirtschaftliche* Eigentum ebenfalls beim Leasinggeber bleibt. Zur steuerlichen Behandlung, insbesondere für die Frage, ob der Leasingnehmer oder Leasinggeber wirtschaftlicher Eigentümer ist, hat die Finanzverwaltung in zwei Erlassen zu den wesentlichen Fragen Stellung genommen [132].

Im wesentlichen sind folgende Möglichkeiten des Leasings zu unterscheiden:

- Operating-Leasing
- Finanzierungs-Leasing
- Mobilien-Leasing und Immobilien-Leasing
- Spezial-Leasing

Das Operating-Leasing ist eine Leasingform, die in ihrer Ausgestaltung einem „normalen Mietvertrag" am nächsten kommt. Steuerlich ergeben sich keine Besonderheiten.

Beim Spezial-Leasing ist der Leasing-Gegenstand in einem solchen Maß auf die *speziellen Anforderungen* und Verhältnisse des Leasingnehmers zugeschnitten, daß eine wirtschaftlich sinnvolle anderweitige Nutzung nicht möglich ist. Die Zurechnung des Wirtschaftsguts erfolgt i.d.R. beim Leasingnehmer und führt nicht zu dem gewollten Effekt, das Wirtschaftsgut nicht dem Betriebsvermögen zurechnen zu müssen.

Die häufigste Variante des Leasingvertrags ist das *Finanzierungsleasing* sowohl im *Mobilien-Leasing* als auch im *Immobilien-Leasing*.

In diesem Bereich ergeben sich folgende Zurechnungsregeln:

	Grundmietzeit beträgt *mehr als 90 %* bzw. *weniger als 40 %* der Nutzungsdauer des WG	**Grundmietzeit beträgt *40 % bis 90 %* der Nutzungsdauer des WG**
Vertrag ohne Kauf- oder Verlängerungsoption	Leasingnehmer	Leasinggeber
Vertrag mit Kaufoption Kaufpreis < als Buchwert bzw. gemeiner Wert	Leasingnehmer	Leasingnehmer
Vertrag mit Kaufoption Kaufpreis > als Buchwert bzw. gemeiner Wert	Leasingnehmer	Leasinggeber
Vertrag mit Verlängerungsoption Höhe der Anschlußmiete < als Buchwert bzw. gemeiner Wert	Leasingnehmer	Leasingnehmer
Vertrag mit Verlängerungsoption Höhe der Anschlußmiete > als Buchwert bzw. gemeiner Wert	Leasingnehmer	Leasinggeber

Unter Buchwert ist der rechnerische Wert zu verstehen, der sich nach Ablauf der Grundmietzeit unter Zugrundelegung der linearen Abschreibung ergibt.

Die vorgenannten Grundsätze gelten für die typischen Finanzierungs-Leasingverträge, bei denen der Gegenstand *voll* bezahlt wird (sog. *Full-Pay-Out-Verträge*). Davon zu unterscheiden sind die *Non-Full-Pay-Out-Verträge*, in denen die Investition des Leasinggebers in der Grundmietzeit noch *nicht* amortisiert wird (Teilamortisation). Auf diese Verträge sind die Leasing-Urteile und die Leasing-Erlasse grundsätzlich nicht anzuwenden.

Im wesentlichen gelten für die Frage der Zurechnung von Grundstücken und Gebäuden bei Leasing-Verträgen die gleichen Grundsätze wie beim Mobilien-Leasing, jedoch sind beim Immobilien-Leasing folgende *Besonderheiten* zu beachten:

- Grund und Boden und die darauf stehenden Gebäude sind ertragsteuerlich *verschiedene Wirtschaftsgüter*. Die Frage der Zurechnung ist daher jeweils gesondert zu prüfen.
- *Grund und Boden* sind grundsätzlich dem Leasinggeber zuzurechnen, weil deren Nutzungsdauer praktisch unbegrenzt ist. Dies gilt auch, wenn eine Mietverlängerungsoption besteht.

- Ist das *Gebäude* dem Leasingnehmer zuzurechnen und besteht eine *Kaufoption*, sind auch Grund und Boden dem Leasingnehmer zuzurechnen.

BEACHTEN SIE:

Die Zurechnung beim Leasinggeber führt auf jeden Fall dazu, daß eine Besteuerung von stillen Reserven beim Leasingnehmer nicht eintritt.

Ob das Leasing insgesamt steuerlich von Vorteil ist, richtet sich nach den Verhältnissen des Einzelfalls. Allgemein kann man sagen:

- Vorteilhaft für den Leasingnehmer ist, daß das Leasing zu höheren Betriebsausgaben führt, welche die Ertragsteuerbelastung mindern, allerdings wollen diese auch bezahlt werden. Da die Betriebsausgaben in die Grundmietzeit vorverlegt werden, wenn der gesamte Investitionsaufwand während der Grundmietzeit gezahlt wird, und diese kürzer als die betriebsgewöhnliche Nutzungsdauer des Leasinggegenstands ist, ergibt sich ein liquiditäts- und rentabilitätsmäßiger Vorteil durch Steueraufschub. Auch der fehlende Eigenkapitaleinsatz kann sich vorteilhaft auswirken, da er mehr Liquidität für andere Investitionen schafft. In den Fällen, in denen der Kreditrahmen ausgeschöpft ist, bzw. keine möglichen Kreditsicherheiten vorhanden sind, kann eine notwendige Investition mit Hilfe von Leasing trotzdem gemacht werden.
- Nachteilig ist, daß betriebswirtschaftlich ein höherer Aufwand entsteht, weil dem Leasinggeber regelmäßig ein Gewinn eingeräumt werden muß und bei der Weiternutzung des Gegenstands nach Ablauf der Grundmietzeit die gewinnmindernden Betriebsausgaben wesentlich geringer sind.

Anmietung von Angehörigen

Eine weitaus interessantere Möglichkeit zur Vermeidung der Besteuerung der stillen Reserven ist die Anmietung der Wirtschaftsgüter von Angehörigen (insbesondere Ehegatte oder Kinder). Hier verbleibt der Vermögenszuwachs im Gegensatz zum Leasing oder einer sonstigen Anmietung im Bereich des Familienvermögens. Auch besteht insoweit die Möglichkeit, Einkunftsquellen auf Personen zu verlagern, deren Steuerbelastung niedriger liegt. Bei Wirtschaftsgütern, die einem extrem technischen Veralterungswert unterliegen, kann es oftmals günstiger sein, diese zu verlagern.

BEACHTEN SIE:

Voraussetzung ist auch hier, daß die getroffenen vertraglichen Vereinbarungen nicht zum wirtschaftlichen Eigentum beim Unternehmer führen, da ansonsten die stillen Reserven bei ihm doch versteuert werden.

Vertragsgestaltungen zwischen nahen Angehörigen stehen immer unter einem besonders kritischen Blick der Finanzverwaltung, weil es hier an dem natürlichen Interessengegensatz fehlt.

Es gilt daher, bei der Vertragsgestaltung darauf zu achten, daß keine rechtsmißbräuchliche Gestaltung gewählt wird. Eine rechtsmißbräuchliche Gestaltung hätte die Nichtanerkennung des Mietvertrages zur Folge und würde auf alle Fälle zu einem steuerlich schlechteren Ergebnis führen als bei Eigentum beim freiberuflich Tätigen. Keine Probleme bereiten Vertragsgestaltungen, wie sie auch unter fremden Dritten üblich sind. Bei der Vertragsgestaltung und deren Durchführung sollte daher auf folgende Punkte geachtet werden:

- Der Vertrag muß zivilrechtlich wirksam sein; auf diese Voraussetzung ist vor allem bei Verträgen mit minderjährigen Kindern zu achten.
- Der Vertrag muß tatsächlich durchgeführt werden.
- Die vereinbarte Vergütung muß angemessen sein, d.h. die vereinbarte Miete muß der Miete entsprechen, die auch fremde Dritte unter den gleichen Bedingungen vereinbaren würden.

Fehlt es an der zivilrechtlichen Wirksamkeit oder an der tatsächlichen Durchführung, wird das gesamte Vertragsverhältnis nicht anerkannt. Ist nur die Miete unangemessen hoch, erfolgt eine wertmäßige Korrektur auf die angemessene Miete.

Dem Vorteil der Vermeidung des Betriebsvermögens stehen aber auch im Falle der Anmietung von Angehörigen Nachteile gegenüber. In der nachfolgenden Übersicht sind diese Vor- und Nachteile gegenübergestellt.

	Eigentum beim Freiberufler	Anmietung durch Freiberufler
Besteuerung stiller Reserven	in vollem Umfang und ohne zeitliche Begrenzung	nur in den Grenzen der Einkünfte aus Spekulationsgeschäften beim Angehörigen (Eigentümer)

	Eigentum beim Freiberufler	Anmietung durch Freiberufler
laufende Aufwendungen	voller Abzug der Kosten	Abzug der Mietzahlungen; laufende Kosten trägt der Eigentümer
Abschreibung Gebäude	lineare AfA in Höhe von *4 %* *Achtung! keine degressive AfA* mehr möglich, wenn der Bauantrag oder der obligatorische Kaufvertrag *nach dem 31.12.1995* liegt	lineare AfA in Höhe von *2 %* *Achtung! keine degressive AfA* mehr möglich, wenn der Bauantrag oder der obligatorische Kaufvertrag *nach dem 31.12.1995* liegt
Mietereinbauten	keine gesonderte Abschreibung von Einbauten, soweit es sich nicht um Betriebsvorrichtungen oder Scheinbestandteile handelt. *Achtung!* jedoch voller Abzug der Kosten im Falle späterer Ersatzbeschaffungen, da i.d.R. Instandhaltungskosten vorliegen	Abschreibung der Mietereinbauten auf die voraussichtliche Mietdauer, die i.d.R. kürzer ist als die Nutzungsdauer; dadurch ergibt sich ein höherer jährlicher Abschreibungsbetrag

Drittaufwand

Eine weitere Möglichkeit zur Vermeidung von Betriebsvermögen gerade im Bereich von Grundstücken bietet der sogenannte Drittaufwand.

Interessant ist unter dem Blinkwinkel der Vermeidung der Besteuerung stiller Reserven folgende Fallgestaltung:

Die Herstellungskosten des Gebäudes werden vom Betriebsinhaber getragen, das Gebäude steht jedoch im Eigentum des Ehegatten oder eines anderen Angehörigen. Den Grund und Boden kann der Ehegatte bzw. der andere Angehörige aus eigenen Mitteln finanzieren.

In diesem Fall darf der Betriebsinhaber - unabhängig von der Gewinnermittlungsart - die geschaffene Nutzungsmöglichkeit an dem fremden Gebäude *wie ein eigenes Gebäude* abschreiben, wenn er die Anschaffungs- oder Herstellungskosten für ein Gebäude oder Gebäudeteil getragen hat [133]. Soweit er auch die laufenden Ausgaben für das Gebäude oder Gebäudeteil trägt, kann er diese Kosten ebenfalls als Betriebsausgaben abziehen. Im Ergebnis wird der Betriebsinhaber steuerlich wie der Grundstückseigentümer behandelt, ohne jedoch zivilrechtlicher bzw. wirtschaftlicher Eigentümer zu sein.

BEISPIEL

Im Eigentum der Ehefrau des Architekten A steht ein unbebautes Grundstück. A errichtet darauf ein Bürogebäude für sein Architekturbüro. Das Gebäude wird zum 1. 7. 1998 fertiggestellt. Die Herstellungskosten betragen insgesamt 400.000 DM und werden allein von A getragen. Die laufenden Finanzierungskosten sowie den übrigen Grundstücksaufwand trägt ebenfalls A. 1998 betragen die laufenden Kosten einschließlich der Finanzierungskosten insgesamt 22.000 DM.

A kann aus diesem Sachverhalt 1998 folgende Betriebsausgaben geltend machen:

laufende Betriebsausgaben	22.000 DM
AfA (4 % aus 400.000 DM anteilig für 6 Monate)	8.000 DM
	30.000 DM
ab 1999 beträgt die jährliche Abschreibung	16.000 DM

BEACHTEN SIE:

Die Finanzverwaltung will aus der Gleichstellung der steuerlichen Behandlung der Nutzungsmöglichkeit mit dem Eigentum auch im Falle einer vorzeitigen Beendigung der Nutzung eine Gleichbehandlung ansetzen. Der in diesem Falle entstehende Ausgleichsanspruch entspricht dem Verkehrswert des Gebäudes im Zeitpunkt der Beendigung des Nutzungsverhältnisses und führt dann zur Besteuerung der stillen Reserven entweder durch Zahlung des Ausgleichsanspruches durch den Grundstückseigentümer oder Ansatz des Verkehrswertes als Teilwert bei einer Entnahme [134].

Als Vorteil gegenüber dem Eigentum verbleibt dann lediglich die Nichtbesteuerung der stillen Reserven des Grund und Bodens.

1 R 31 Abs. 5 EStR
2 § 4 Abs. 3 S. 5 EStG
3 § 7a Abs. 8 EStG
4 BFH, Urteil vom 22.2.1973, IV R 69/69, BStBl 1973 II S. 480
5 FG Bremen, rkr. Urteil vom 16.3.1979, I 146/77, EFG 1979 S. 449
6 BFH, Urteil vom 22.2.1973, IV R 69/69, BStBl 1973 II S. 480
7 § 4 Abs. 7 EStG
8 BFH, Urteil vom 26.2.1988, III R 20/85, BStBl 1988 II S. 613

B

[9] § 6c Abs. 2 S. 1 EStG
[10] BFH, Urteil vom 23.2.1951, IV 150/50 S, BStBl 1951 III S. 79
[11] BFH, Urteil vom 2.10.1986, IV R 173/84, BFH/NV 1987 S. 495
[12] BFH, Urteil vom 10.12.1985, VIII R 15/83, BStBl 1986 II S. 342
[13] BFH, Urteil vom 30.1.1975, IV R 190/71, BStBl 1975 II S. 776
[14] BFH, Urteil vom 27.5.1964, I 372/60, HFR 1964 S. 452
[15] BFH, Urteil vom 14.2.1984, VIII R 41/82, BStBl 1984 II S. 550
[16] BFH, Urteil vom 21.9.1982, VIII R 140/79, BStBl 1983 II S. 289
[17] BFH, Urteil vom 29.4.1982, IV R 95/79, BStBl 1982 II S. 593
[18] § 4 Abs. 3 S. 2 EStG
[19] BFH, Urteil vom 4.12.1996, I R 99/94, BStBl 1997 II S. 404
[20] R 16 Abs. 2 S. 4 und 5 EStR
[21] § 10 Abs. 1 S. 3 UStG
[22] BFH, Urteil vom 25.4.1990, X R 135/87, BStBl 1990 II S. 742
[23] FG Rheinland-Pfalz, Urteil vom 26.11.1997, 1 K 2557/96
[24] FG Baden-Württemberg, rkr. Urteil vom 10.7.1980, VI 502/77, EFG 1980 S. 75
[25] BFH, Urteil vom 9.5.1985, IV R 184/82, BStBl 1985 II S. 427;
BFH, Urteil vom 1.10.1993, III R 32/92, BStBl 1994 II S. 179
[26] BFH, Urteil vom 18.3.1987, IV R 140/84, BFH/NV 1987 S. 577
[27] BFH, Urteil vom 24.5.1989, I R 213/85, BStBl 1990 II S. 8, 10;
BFH, Urteil vom 10.6.1992, I R 9/91, BStBl 1993 II S. 41, 43
[28] BFH, Urteil vom 16.1.1975, IV R 180/71, BStBl 1975 II S. 526
[29] § 4 Abs. 3 S. 3 und 4 EStG
[30] § 6b Abs. 1 EStG
[31] R 41b Abs. 7 und 11 EStR
[32] § 6b Abs. 7 EStG
[33] BFH, Urteil vom 2.9.1992, XI R 31/91, BStBl 1993 II S. 151
[34] § 6b Abs. 3 S. 2 EStG
[35] § 6b Abs. 3 S. 3 EStG
[36] BFH, Urteil vom 15.10.1981, IV R 35/81, BStBl 1982 II S. 63
[37] R 35 Abs. 8 EStR
[38] BFH, Urteil vom 9.12.1982, IV R 54/80, BStBl 1983 II S. 371
[39] BFH, Urteil vom 29.4.1982, IV R 10/79, BStBl 1982 II S. 568
[40] R 35 Abs. 7 EStR
[41] § 4 Abs. 3 S. 4 EStG
[42] § 4 Abs. 1 S. 2 EStG

43 § 6 Abs. 1 Nr. 4 EStG
44 § 6 Abs. 1 Nr. 4 Sätze 2 und 3 EStG
45 BMF, Schreiben vom 12.5.1997, IV B 2 - S 2177 - 29/97, BStBl 1997 I S. 562
46 BMF, Schreiben vom 12.5.1997, IV B 2 - S 2177 - 29/97, BStBl 1997 I S. 562
47 BFH, Urteil vom 18.3.1965, IV 47/63, HFR 1965 S. 410
48 BFH, Urteil vom 15.11.1990, IV R 103/89, BStBl 1991 II S. 228, 229
49 BFH, Urteil vom 16.1.1975, IV R 75/74, BStBl 1975 II S. 558
50 BFH, Urteil vom 13.3.1991, X R 24/89, BFH/NV 1991 S. 537
51 BGH, Urteil vom 12.4.1989, 3 StR 472/88, HFR 1990 S. 333
52 BFH, Urteil vom 22.7.1988, III R 175/85, BStBl 1988 II S. 995; BFH, Urteil vom 20.4.1989, IV R 106/87, BStBl 1989 II S. 641; BFH, Urteil vom 26.9.1995, VIII R 35/93, BStBl 1996 II S. 273
53 BFH, Urteil vom 18.11.1971, IV R 132/66, BStBl 1972 II S. 277
54 BFH, Urteil vom 10.4.1990, VIII R 63/88, BStBl 1990 II S. 1017
55 Verneinend z.B. FG Münster, rkr. Urteil vom 23.4.1991, 15 K 8048/88, EFG 1992 S. 132; bejahend u.a. FG München, nicht rkr. Urteil vom 16.5.1995, 13 K 2394/94, EFG 1996 S. 210
56 BFH, Urteil vom 27.2.1991, XI R 24/88, BFH/NV 1991 S. 453
57 Neuerdings BFH, Urteil vom 23.3.1995, IV R 58/94, BStBl 1995 II S. 702
58 R 34 Abs. 2 EStR
59 BFH, Urteil vom 29.3.1979, IV R 103/75, BStBl 1979 II S. 512
60 BFH, Beschluß vom 21.11.1983, GrS 2/82, BStBl 1984 II S. 160
61 § 11 EStG
62 § 12 Nr. 1 EStG
63 § 12 Nr. 1 S. 2 EStG
64 § 160 AO
65 § 4 Abs. 5 und 7 EStG
66 BFH, Urteil vom 26.2.1988, III R 103/85, BStBl 1988 II S. 606
67 BVerfG, Beschluß vom 7.11.1995, 2 BvR 802/90, BStBl 1996 II S. 34
68 BMF, Schreiben vom 22.1.1998, BStBl 1998 I S. 129
69 BFH, Urteil vom 16.2.1990, III R 21/86, BStBl 1990 II S. 575
70 BFH, Urteil vom 23.1.1997, BStBl 1997 II S. 357
71 BFH, Beschluß vom 8.12.1997, GrS 1-2/95, BB 1998 S. 298
72 BFH, Urteil vom 15.11.1990, IV R 103/89, BStBl 1991 II S. 228
73 § 4 Abs. 5 Nr. 8 EStG
74 BFH, Urteil vom 7.10.1982, IV R 32/80, BStBl 1983 II S. 101

B

[75] BFH, Urteil vom 5.4.1994, VI R 100/93, BStBl 1994 II S. 643
[76] § 12 Nr. 1 S. 2 EStG
[77] BFH, Urteil vom 21.11.1989, IX R 10/84, BStBl 1990 II S. 213
[78] § 4 Abs. 4, § 24 Nr. 2 EStG
[79] BFH, Urteil vom 12.11.1997, BStBl II 1997 S. 144
[80] BMF, Schreiben vom 21.1.1994, BStBl 1994 I S. 112
[81] § 51 Abs. 2 Nr. 2c EStG
[82] § 6 Abs. 1 Nr. 4 EStG
[83] § 4 Abs. 3 S. 5 EStG
[84] § 6 Abs. 2 EStG
[85] R 44 Abs. 2 S. 1 EStR
[86] § 7 Abs. 3 EStG
[87] R 83 Abs. 7 EStR
[88] BFH, Beschluß vom 16.2.1990, II B 90/88, BStBl 1990 II S. 794
[89] FG München, rkr. Urteil vom 30.6.1992, 16 K 4178/9, EFG 1993 S. 214; OFD Frankfurt, Verfügung vom 20.9.1988, DStR 1988 S. 749
[90] § 5 Abs. 2 EStG
[91] § 7 Abs. 1 S. 3 EStG
[92] BMF, Schreiben vom 15.1.1995, BStBl 1995 I S. 14
[93] BFH, Urteil vom 24.2.1994, IV R 33/93, BStBl 1994 II S. 590
[94] R 31a EStR
[95] BFH, Urteil vom 15.10.1996, BStBl 1997 II S. 533
[96] BFH, Urteil vom 11.6.1997, BStBl 1997 II S. 774
[97] BFH, Urteil vom 27.1.1994, IV R 101/92, BStBl 1994 II S. 368
[98] BFH, Urteil vom 9.8.1989, X R 131-133/87, BStBl 1990 II S. 50
[99] BFH, Urteil vom 28.3.1973, I R 105/71, BStBl 1974 II S. 2
[100] BFH, Urteil vom 16.12.1958, I 286/56 S, BStBl 1959 III S. 77; BFH, Urteil vom 15.3.1991, III R 57/86, BStBl 1991 II S. 682; R 40 Abs. 1 EStR
[101] § 9b EStG, R 86 Abs. 5 EStR
[102] § 6 Abs. 2 S. 4 und 5 EStG
[103] BFH, Urteil vom 17.3.1982, I R 144/78, BStBl 1982 II S. 545
[104] BFH, Urteil vom 13.3.1964, IV 158/61 S, BStBl 1964 III S. 455
[105] BFH, Urteil vom 9.8.1989, X R 131-133/87, BStBl 1990 II S. 50
[106] BFH, Urteil vom 24.10.1972, VIII R 201/71, BStBl 1973 II S. 78
[107] BFH, Urteil vom 5.3.1974, I R 160/72, BStBl 1974 II S. 533
[108] H 40 EStH

[109] BFH, Urteil vom 8.12.1967, IV R 80/67, BStBl 1968 II S. 149

[110] BFH, Urteil vom 5.2.1988, III R 49/83, BStBl 1988 II S. 737;
BFH, Urteil vom 2.9.1988, III R 38/84, BStBl 1989 II S. 160

[111] FG München, Urteil vom 30.6.1992, 16 K 4178/91, EFG 1993 S. 214

[112] BFH, Beschluß vom 10.2.1995, III B 30/92, BFH/NV 1995 S. 927

[113] BFH, Urteil vom 29.7.1966, VI R 138/66, BStBl 1967 III S. 61;
H 40 EStH

[114] BFH, Urteil vom 17.5.1968, VI R 113/67, BStBl 1968 II S. 566

[115] BFH, Urteil vom 13.8.1957, I 91/56 U, BStBl 1957 III S. 440

[116] BFH, Urteil vom 26.7.1979, IV R 170/74, BStBl 1980 II S. 176;
BFH, Urteil vom 29.8.1985, IV R 204/81, BFH/NV 1986 S. 592;
H 40 EStH

[117] H 40 EStH

[118] H 40 EStH;
BFH, Urteil vom 28.3.1973, I R 105/71, BStBl 1974 II S. 2

[119] H 40 EStH;
FG Berlin, Urteil vom 17.1.1979, III 118 - 119/78, EFG 1979 S. 497

[120] H 40 EStH;
BFH, Urteil vom 30.10.1956, I 191/56 U, BStBl 1957 III S. 7

[121] BFH, Urteil vom 6.3.1991, X R 57/88, BStBl 1991 II S. 829

[122] BFH, Urteil vom 7.4.1992, VIII R 86/87, BStBl 1993 II S. 21

[123] BFH, Urteil vom 22.9.1993, X R 37/91, BStBl 1994 II S. 172

[124] R 13 Abs. 1 EStR

[125] BFH, Urteil vom 25.11.1997, VIII R 4/94

[126] BFH, Urteil vom 26.11.1973, GrS 5/71, BStBl 1974 II S. 132

[127] § 8 EStDV

[128] BFH, Urteil vom 9.7.1992, IV R 115/90, BStBl 1992 II S. 948

[129] BFH, Urteil vom 22.9.1993, X R 37/91, BStBl 1994 II S. 172

[130] § 4 Abs. 1 S. 3 EStG

[131] § 4 Abs. 1 S. 4 EStG

[132] Zum Mobilien-Leasing: BMF, Schreiben vom 19.4.1971,
IV B 2 - S 2170 - 31/70, BStBl 1971 I S. 264;
zum Immobilien-Leasing: BMF, Schreiben vom 21.3.1972,
IV B 2 - S 2170 - 11/72, BStBl 1972 I S. 188

[133] BFH, Urteil vom 30.1.1995, GrS 4/92, BStBl 1995 II S. 281

[134] BMF, Schreiben vom 5.11.1996, BStBl 1996 I S. 1257

C Umsatzsteuer

Bis auf wenige Ausnahmen fällt im Wirtschaftsleben praktisch bei jedem Warenverkauf und jeder Dienstleistung, die ein Unternehmer erbringt, Umsatzsteuer an. Dies gilt grundsätzlich auch für *freiberufliche Leistungen*. Der leistende Unternehmer muß die vereinnahmte Umsatzsteuer an das Finanzamt abführen, tatsächlich getragen wird die Steuer allerdings vom Leistungsempfänger. Ist dieser selbst Unternehmer und verwendet er die empfangene Leistung wiederum zur Ausführung von Umsätzen, darf er die ihm in Rechnung gestellten USt-Beträge bei seiner Umsatzsteuerberechnung wieder in Abzug bringen. Dieser Vorgang wird als *Vorsteuerabzug* bezeichnet. Weil in jeder Leistungsphase immer nur der sogenannte Mehrwert besteuert wird, verwendet man im allgemeinen Sprachgebrauch für die Umsatzsteuer auch den Begriff Mehrwertsteuer. Die Kette von Umsatzsteuer und Vorsteuer zieht sich bis zum *Endverbraucher* oder dem nicht vorsteuerabzugsberechtigten Unternehmer durch. Dieser wird letzlich mit dem vollen Umsatzsteuerbetrag belastet.

Von der Umsatzsteuer erfaßt werden aber nicht nur Lieferungen oder sonstige Leistungen, sondern auch Vorgänge wie der *Eigenverbrauch* oder die *Einfuhr von Gegenständen*.

Die Umsätze von *Kleinunternehmern* unterliegen prinzipiell ebenfalls der Umsatzsteuer. Unter bestimmten Voraussetzungen wird allerdings bei dieser Gruppe nach § 19 UStG von der Erhebung der Steuerbeträge abgesehen.

1 Überblick

Das nachfolgende Beispiel soll einen einfachen Überblick über die Wirkungsweise des Umsatzsteuersystems geben.

BEISPIEL

Hersteller A liefert Gegenstände an Großhändler B und berechnet:	10.000 DM	+ 1.600 DM (16 %)	= 11.600 DM
B liefert die Gegenstände weiter an Einzelhändler C und berechnet:	14.000 DM	+ 2.240 DM (16 %)	= 16.240 DM
C verkauft die Ware an den Endverbraucher D zu:	16.000 DM	+ 2.560 DM (16 %)	= 18.560 DM

Die einzelnen Unternehmer der Leistungskette müssen die an das Finanzamt abzuführende Umsatzsteuer wie folgt berechnen:

	Umsatzsteuer	Vorsteuer	Zahllast
A	1.600 DM	0 DM	1.600 DM
B	2.240 DM	1.600 DM	640 DM
C	2.560 DM	2.240 DM	320 DM
	6.400 DM	3.840 DM	**2.560 DM**

Die sich per Saldo ergebende Zahllast entspricht also dem USt-Betrag, den der Endverbraucher D beim Kauf der Ware zu zahlen hat.

2 Steuerbare Umsätze

Der Umsatzsteuer unterliegen Umsätze, die ein Unternehmer im Rahmen seines Unternehmens im Inland gegen Entgelt ausführt.

Sind diese Voraussetzungen alle erfüllt, liegen *steuerbare* Umsätze vor.

BEACHTEN SIE:

Die Steuerbarkeit entfällt nicht, wenn der Umsatz aufgrund gesetzlicher oder behördlicher Anordnungen oder Vorschriften ausgeführt wird oder als ausgeführt gilt.

2.1 Unternehmer

Unternehmer ist, wer eine gewerbliche oder berufliche Tätigkeit selbständig ausübt. Unternehmer können demnach sein:

- natürliche Personen (z.B. Architekt, Rechtsanwalt, Steuerberater oder jeder andere Freiberufler),
- juristische Personen (also auch die Freiberufler-GmbH),
- Personenvereinigungen des bürgerlichen Rechts ohne Rechtsfähigkeit (auch freiberufliche Sozietäten, Praxisgemeinschaften, Partnerschaftsgesellschaften),
- Gewerbetreibende,
- Land- und Forstwirte,
- Vermieter oder Verpächter.

PRAXIS-TIP

Eine selbständige Tätigkeit im Sinne des Umsatzsteuerrechts liegt nicht vor, wenn eine natürliche Person in einem Unternehmen so eingegliedert ist, daß sie den Weisungen des Unternehmers zu folgen verpflichtet ist. Somit kann ein Arbeitnehmer im Rahmen seiner nichtselbständigen Arbeit nie umsatzsteuerlicher Unternehmer sein. Übt der Arbeitnehmer allerdings *nebenberuflich* eine gewerbliche oder selbständige/freiberufliche Tätigkeit aus, wird er damit insoweit zum Unternehmer.

BEISPIEL

Sie sind als Bauingenieur Angestellter eines Architekturbüros. Nebenberuflich schreiben Sie Beiträge für verschiedene Fachzeitschriften. Mit Ihrer Haupttätigkeit sind Sie zwar Arbeitnehmer; mit der Nebentätigkeit, die Sie im Inland selbständig gegen Entgelt ausüben, werden Sie allerdings umsatzsteuerlich zum Unternehmer.

2.2 Unternehmen

Das Unternehmen umfaßt *sämtliche Betriebe* oder beruflichen Tätigkeiten desselben Unternehmers. Alle Umsätze, die daraus erzielt werden, müssen in den USt-Voranmeldungen und -Jahreserklärungen des Unternehmens zusammengefaßt werden.

BEACHTEN SIE:

Der einzelne Steuerzahler kann umsatzsteuerlich *nur ein Unternehmen* haben!

BEISPIEL

Sie sind als Rechtsanwalt freiberuflich tätig. Daneben vermieten Sie noch Büroräume und eine Lagerhalle. Im Voranmeldungszeitraum März 1998 haben Sie daraus folgende Netto-Umsätze erzielt:

Rechtsanwaltskanzlei	15.000 DM
Miete Büroräume	5.000 DM
Miete Lagerhalle	3.000 DM
Umsätze gesamt	23.000 DM

Die gesamten Umsätze Ihres Unternehmens müssen Sie zusammengefaßt in einer Voranmeldung aufführen. Vorsteuerbeträge, die mit der Ausführung dieser Umsätze in Zusammenhang stehen, dürfen dabei in Abzug gebracht werden.

2.3 Inland

Inland im Sinne des Umsatzsteuergesetzes ist das Gebiet der Bundesrepublik Deutschland mit Ausnahme des Zollausschlußgebietes Büsingen und der Zollfreigebiete. Zollfreigebiete sind deutsche Hoheitsgebiete, die vom deutschen Zollgebiet ausgeschlossen und einem ausländischen Hoheitsgebiet nicht angeschlossen sind (z.B. die Insel Helgoland oder der Freihafen Hamburg).

Neben dem Begriff „Inland“ verwendet das UStG auch die Begriffe „Gemeinschaftsgebiet“ und „Drittlandsgebiet“.

C

Das *Gemeinschaftsgebiet* umfaßt das Inland nach der oben erläuterten Definition sowie die Gebiete der übrigen Mitgliedstaaten der Europäischen Union.

Unter das *Drittlandsgebiet* fallen alle Gebiete, die nicht dem Gemeinschaftsgebiet zugeordnet sind. Demnach gehören also auch das Zollausschlußgebiet Büsingen und die Zollfreigebiete zum Drittlandsgebiet.

2.4 Entgelt/Leistungsaustausch

Für die Steuerbarkeit einer Lieferung oder sonstigen Leistung muß als weiteres Element ein *Leistungsaustausch* gegeben sein. Ein Leistungsaustausch liegt dann vor, wenn die folgenden Voraussetzungen erfüllt sind:

- Leistung gegen Entgelt (Gegenleistung)
- mindestens zwei Beteiligte
- wirtschaftlicher Zusammenhang zwischen Leistung und Entgelt

Eine abweichende Regelung ergibt sich für Lieferungen und sonstige Leistungen, die ein Unternehmer an seine Arbeitnehmer aufgrund des Dienstverhältnisses ausführt. Diese sind auch dann steuerbar, wenn der Leistungsempfänger kein besonders berechnetes Entgelt aufwendet. Hierunter fallen z.B. Sachzuwendungen wie die unentgeltliche Abgabe von Mahlzeiten.

Zwischen zwei Betrieben eines Unternehmens kann kein Leistungsaustausch stattfinden. Nutzt z.B. ein Rechtsanwalt bisher an fremde Dritte vermietete Büroräume jetzt zu eigenen beruflichen Zwecken, liegt kein Leistungsaustausch vor, da nicht mindestens zwei Beteiligte vorhanden sind. „Mietzahlungen" vom Kanzleikonto auf ein Mietkonto wären in diesem Fall *nicht steuerbare* Innenumsätze.

2.5 Ort der sonstigen Leistung

Gerade für die Frage der Steuerbarkeit *freiberuflicher Leistungen* ist der *Leistungsort* von zentraler Bedeutung. Liegt der Ort der sonstigen Leistung nämlich im Ausland, ist die ausgeführte Leistung nicht steuerbar, d.h. sie unterliegt im Inland nicht der Umsatzsteuer. Je nach Art der Tätigkeit und der Person des Leistungsempfängers kann der Leistungsort höchst unterschiedlich zu beurteilen sein. Folgende Varianten sind denkbar: Ort der sonstigen Leistung ist der

- Lageort,
- Tätigkeitsort,
- Sitz des Leistungsempfängers,
- Sitz des Leistenden.

Lageort
Sonstige Leistungen im Zusammenhang mit *Grundstücken* gelten dort als ausgeführt, wo das Grundstück liegt.

BEISPIEL

Ein Architekt aus Deutschland plant für einen Deutschen ein Ferienhaus auf einem Grundstück in der Schweiz. Da das Grundstück im Ausland liegt, ist die Leistung nicht steuerbar und unterliegt somit nicht der deutschen Umsatzsteuer.

BEACHTEN SIE:

Nicht unter diese Vorschrift fallen die Rechts- und Steuerberatung in Grundstückssachen.

Tätigkeitsort
Bei Freiberuflern, die künstlerische, wissenschaftliche oder unterrichtende Tätigkeiten ausführen, bestimmt sich der Ort der Leistung danach, wo der Leistende jeweils *ausschließlich* oder *zum wesentlichen Teil* tätig wurde. Dabei kommt es immer auf die *einzelne* sonstige Leistung an.

PRAXIS-TIP

Wissenschaftliche Leistungen bestimmen sich nicht nach dem Tätigkeitsort, wenn das erstellte Gutachten dem Auftraggeber als Entscheidungshilfe für die Lösung konkreter technischer, wirtschaftlicher oder rechtlicher Fragen dient. In diesen Fällen liegt eine Beratungsleistung vor, für deren Leistungsort der Sitz des Leistungsempfängers maßgeblich ist (siehe 2.5.3).

C

Sitz des Leistungsempfängers
Für Tätigkeiten in *rechtlicher, wirtschaftlicher und technischer Beratung*, insbesondere ausgeübt von

- Rechtsanwälten,
- Steuerberatern und Steuerbevollmächtigten,
- Wirtschaftsprüfern und vereidigten Buchprüfern,
- Sachverständigen und Ingenieuren

bestimmt sich der Ort der sonstigen Leistung grundsätzlich nach dem Sitz des *Leistungsempfängers*. Dabei ist wie folgt zu differenzieren:

- Der Leistungsempfänger ist *Unternehmer*: Ort der sonstigen Leistung ist dort, wo dieser sein Unternehmen oder seine Betriebsstätte betreibt.
- Der Leistungsempfänger ist *nicht Unternehmer* und hat seinen
  a) *Wohnsitz im Gemeinschaftsgebiet*: Alle Leistungen sind im Inland der Umsatzsteuer zu unterwerfen
  b) *Wohnsitz im Drittlandgebiet*: Ort der sonstigen Leistung ist im Drittlandgebiet; deutsche Umsatzsteuer fällt nicht an.

Sitz des Leistenden
Der Ort der sonstigen Leistung befindet sich bei den vorstehend aufgezählten Leistungen am Sitz des Leistenden, wenn der Leistungsempfänger *kein Unternehmer* ist und im *Gemeinschaftsgebiet* (einschließlich Deutschland) ansässig ist.

Somit sind alle Leistungen, die z.B. ein Steuerberater oder ein Rechtsanwalt an *inländische bzw. innergemeinschaftliche Nichtunternehmer* erbringen, im Inland der Umsatzsteuer zu unterwerfen.

3 Steuerpflichtige und steuerfreie Umsätze

Umsätze aus Lieferungen oder sonstigen Leistungen, die nach den oben erläuterten Grundsätzen steuerbar sind, unterliegen grundsätzlich der Umsatzsteuer, es sei denn, es liegt für diese Leistungen eine *Steuerbefreiung* vor.

Mit Ausnahme der Steuerbefreiungen für die Heilberufe (§ 4 Nr. 14 UStG) unterliegen Leistungen, die *freiberufliche Unternehmer* im Inland erbringen, grundsätzlich immer der Umsatzsteuer. Die Steuerbefreiungen für Lieferungen und sonstige Leistungen sind abschließend in der Vorschrift des § 4 UStG aufgeführt. Durch die USt-Befreiung können sich unterschiedliche Auswirkungen auf den Vorsteuerabzug ergeben. Deshalb müssen die Befreiungsvorschriften in vier Gruppen gegliedert werden:

- absolut zum Vorsteuerabzug berechtigende Steuerbefreiungen (§ 4 Nr. 1 - 7 UStG);
- Befreiungen mit absolutem Vorsteuerabzugsverbot (§ 4 Nr. 8 ff. UStG ohne die nachfolgend aufgezählten Befreiungen);
- Befreiungen mit Optionsmöglichkeit nach § 9 UStG (§§ 4 Nr. 8a - g, Nr. 9a, Nr. 12, 13 und 19 UStG);
- bedingt zum Vorsteuerabzug berechtigende Steuerbefreiungen (§ 4 Nr. 8a - g, Nr. 10a UStG).

Mit der nachfolgenden Darstellung werden die wichtigsten dieser Befreiungsvorschriften erläutert.

3.1 Absolut zum Vorsteuerabzug berechtigende Steuerbefreiungen

Umsätze, die unter diese Gruppe der Steuerbefreiungen fallen, berechtigen trotz der Steuerfreiheit zur Vornahme des *vollen Vorsteuerabzugs*. Aus dieser Kategorie sind vor allen Dingen die *Ausfuhrlieferungen* zu erwähnen. Eine Ausfuhrlieferung, die von der USt befreit ist, liegt dann vor, wenn eine Warenlieferung in ein *Drittlandsgebiet* erfolgt, also in ein Gebiet außerhalb der Europäischen Union. Ausfuhrlieferungen können in Einzelfällen auch bei Freiberuflern vorkommen.

BEISPIEL

Ein Rechtsanwalt in Freiburg schafft eine neue Büroeinrichtung an. Die gebrauchten Wirtschaftsgüter verkauft er für 5.000 DM an einen Kollegen in Basel/Schweiz. Es handelt sich bei dem Vorgang um eine Ausfuhrlieferung. Wenn entsprechende Ausfuhrnachweise vorliegen, muß der Vorgang als umsatzsteuerfreie Lieferung behandelt werden.

Unter die Gruppe der zum Vorsteuerabzug berechtigenden Steuerbefreiung fallen außerdem (Auswahl):

- die innergemeinschaftlichen Lieferungen;
- die Umsätze für die Seeschiffahrt und die Luftfahrt;
- die grenzüberschreitenden Beförderungen von Gegenständen.

  Bei *innergemeinschaftlichen Lieferungen*, also Lieferungen an Abnehmer im Gemeinschaftsgebiet, muß der liefernde Unternehmer dann keine USt in Rechnung stellen, wenn der Abnehmer ebenfalls ein Unternehmer ist und dem Lieferanten seine *USt-Identifikationsnummer* vorweisen kann.

3.2 Befreiungen mit absolutem Vorsteuerabzugsverbot

Leistungen aus dieser Gruppe werden in der Regel an den *Endverbraucher* getätigt. Die Steuerbefreiung schließt den Vorsteuerabzug aus. Zu dieser Gruppe gehören insbesondere:

- *Umsätze aus der heilberuflichen Tätigkeit* von Ärzten, Zahnärzten, Heilpraktikern, Krankengymnasten, Hebammen und anderen Heilberufen;
- Leistungen aufgrund eines Versicherungsverhältnisses;
- Umsätze aus der Tätigkeit als Bausparkassenvertreter, Versicherungsvetreter und Versicherungsmakler;
- Umsätze aus der Lieferung oder Entnahme von Gegenständen, die ausschließlich zur Ausführung der oben aufgeführten steuerfreien Leistungen verwendet wurden (*z.B. Veräußerung von Gegenständen der Praxiseinrichtung bei einem Arzt*).

Tierärzte fallen nicht unter diese Befreiungsvorschrift.

Bei *Zahnärzten* ist zu beachten, daß für die Lieferung oder Reparatur von Zahnprothesen oder kieferorthopädischen Apparaten (z.B. Zahnspangen) im Rahmen einer Zahnbehandlung die Steuerbefreiung nur dann gilt, wenn er diese Gegenstände *nicht* in seinem eigenen Unternehmen hergestellt oder repariert hat.

3.3 Befreiungen mit Optionsmöglichkeit nach § 9 UStG

Die größte Bedeutung haben USt-Befreiungen mit Optionsmöglichkeit bei *Grundstücksgeschäften* und bei der *Vermietung oder Verpachtung von Grundstücken*. Die Option, also der *Verzicht* auf eine an sich vorgesehene Steuerbefreiung, ist nur unter folgenden Voraussetzungen möglich:

- Der Umsatz ist grundsätzlich nach § 4 Nr. 8a - g, k, Nr. 9 a, 12, 13 oder 19 UStG steuerfrei und
- er wird an einen *anderen Unternehmer* ausgeführt.

BEACHTEN SIE:

Sie können demnach eine Option bei Grundstücksgeschäften oder bei der Vermietung oder Verpachtung von Grundstücken nur dann wirksam in Anspruch nehmen, wenn das Grundstück in der Endstufe weder Wohnzwecken oder anderen nichtunternehmerischen Zwecken dient oder zu dienen bestimmt ist und der Erwerber auch kein Arzt oder anderer Unternehmer ist, der endgültig vom Vorsteuerabzug ausgeschlossen ist. Auch bei der Einschaltung von Zwischenmietern oder -händlern wird auf die letztendliche Verwendung abgehoben. Somit kann ein Verkauf eines Wohnhauses oder die Vermietung einer Wohnung nie umsatzsteuerpflichtig erfolgen; es ist folgerichtig in diesem Zusammenhang auch kein Vorsteuerabzug zulässig.

Nicht als Wohnzwecken dienend im Sinne des UStG wird die Verwendung von Grundstücken bei folgenden Nutzungen angesehen:

- Vermietung von Wohn- und Schlafräumen zur kurzfristigen Beherbergung von Fremden (also in Hotels, Pensionen usw.);
- Vermietung von Abstellplätzen für Fahrzeuge;
- kurzfristige Vermietung von Campingplätzen;
- Vermietung von Betriebsvorrichtungen.

In diesen Fällen ist die steuerpflichtige Vermietung oder Veräußerung von Grundstücken genauso zulässig wie z.B. bei Büroräumen oder anderen gewerblich genutzten Objekten (Fabrik- und Lagerhallen u.v.m.).

Option zur Umsatzsteuer

Mit der Option zur Umsatzsteuer kann auf eine nach dem UStG grundsätzlich bestehende Steuerfreiheit verzichtet werden. Die Option ist lediglich bei einigen wenigen Steuerbefreiungstatbeständen zulässig. Der Verzicht auf die Steuerbefreiung macht vor allem dann Sinn, wenn die anfallende Umsatzsteuer zusätzlich zum eigentlichen Entgelt in Rechnung gestellt werden kann und sich dadurch dem optierenden Unternehmer selbst die Möglichkeit des Vorsteuerabzugs ergibt.

Verzicht auf Steuerbefreiungen

Bei Freiberuflern kommt eine Option bei folgenden, grundsätzlich von der Umsatzsteuer befreiten Umsätzen in Betracht:

C

- Grundstücksgeschäfte, die unter das Grunderwerbsteuergesetz fallen, also insbesondere der Verkauf von unbebauten und bebauten Grundstücken;
- Vermietung und Verpachtung von Grundstücken.

Grundstücksgeschäfte
Bei der Veräußerung von Grundstücken besteht nur nur dann eine Optionsmöglichkeit, wenn der Umsatz *an einen anderen Unternehmer für dessen Unternehmen* ausgeführt und in der Endstufe eine umsatzsteuerpflichtige Leistung erbracht wird. Der optierende Unternehmer muß den Nachweis erbringen, daß diese Voraussetzungen gegeben sind.

PRAXIS-TIP

Nicht nur die Veräußerung von unbebauten und bebauten Grundstücken, sondern auch die nachfolgend aufgezählten Grundstücksgeschäfte fallen unter die Befreiungsvorschrift:
- die Bestellung und Übertragung von Erbbaurechten;
- die Entnahme von Grundstücken für Zwecke, die außerhalb des Unternehmens liegen;
- die Übertragung von Miteigentumsanteilen an einem Grundstück;
- die Lieferung von Gebäuden auf fremdem Grund und Boden nach Ablauf der Miet- oder Pachtzeit.

Auch für diese Geschäfte kommt allerdings ein Verzicht auf die Steuerbefreiung nur dann in Betracht, wenn die oben erläuterten Grundsätze vorliegen.

Vermietung von Grundstücken
Die Vermietung und Verpachtung von Grundstücken, die Nutzungsüberlassung sowie die Bestellung, Übertragung und Überlassung von dinglichen Nutzungsrechten an Grundstücken oder Grundstücksteilen sind nach § 4 Nr. 12 UStG von der Umsatzsteuer befreit. Übliche Nebenleistungen, wie z.B. die Lieferung von Wärme, die Versorgung mit Wasser oder die Treppenhausbeleuchtung, teilen das Schicksal der Hauptleistung, d.h. auch diese Umsätze fallen unter die Steuerbefreiung.

BEACHTEN SIE:

Keine Nebenleistungen in diesem Sinne sind:

- die Lieferung von elektrischem Strom,
- die Lieferung von Heizöl und Heizgas,
- die Mitvermietung von Einrichtungsgegenständen,
- die Berechtigung zur Nutzung von zentralen Fernsprechanlagen und ähnlichen technischen Einrichtungen.

Diese Lieferungen oder sonstigen Leistungen sind daher nach den *allgemeinen Grundsätzen* der Umsatzsteuer zu unterwerfen.

Eine Option zur Umsatzsteuer ist bei der Vermietung von Grundstücken nur zulässig, wenn der tatsächliche Nutzer des Mietobjekts dieses zur Ausführung von in der Endstufe *steuerpflichtigen Umsätzen* verwendet. Ein Ausschluß vom Vorsteuerabzug ergibt sich z.B. bei einer Nutzung zu *Wohnzwecken* oder durch eine *Arztpraxis*.

BEISPIEL

1. Unternehmer A vermietet ein Bürohaus an Unternehmer B. B vermietet das Bürohaus an die Stadtverwaltung C, die das Gebäude als Rathaus nutzt. Lösung: Die Vermietung ist auf allen Stufen steuerfrei; eine Option ist nicht zulässig, da die Endnutzung hoheitlich ist.
2. Unternehmer D vermietet in einem Wohngebäude die einzelnen Wohnungen an Privatpersonen für deren Wohnzwecke.

   Lösung: Auch hier liegen steuerfreie Umsätze vor. Eine Option ist nicht zulässig, da die Vermietung in der Endstufe Wohnzwecken dient.
3. Unternehmer E vermietet Büroräume an den Architekten F. Dieser nutzt die Büros für sein Unternehmen zur Ausführung umsatzsteuerpflichtiger Umsätze.

   Lösung: Grundsätzlich liegt auch hier eine steuerfreie Vermietungsleistung vor. Da der Umsatz aber an einen anderen Unternehmer für dessen Unternehmen bewirkt wird, ist eine Option zur Umsatzsteuer zulässig.
4. Unternehmer G vermietet Räume an den Arzt H. Dieser nutzt diese für seine Arztpraxis.

Lösung: Ein Arzt ist zwar grundsätzlich auch Unternehmer. Ärztliche Leistungen sind aber von der Umsatzsteuer befreit; eine Option ist nicht möglich. Die Vermietung kann daher ausschließlich steuerfrei erfolgen.

5. Abwandlung von 4: Jetzt vermietet G die Räume an Frau H, die wiederum an ihren Mann für dessen Arztpraxis untervermietet.

   Lösung: Auch hier ist eine Option für die Vermietung von G an Frau H nicht zulässig, weil in der Endstufe eine steuerfreie heilberufliche Nutzung erfolgt, für die ein Verzicht auf die Steuerbefreiung nicht zulässig ist.

Verfahren

Die Option ist für jeden einzelnen Umsatz gesondert möglich. Für die Vermietung von Grundstücken gilt allerdings das *Kalenderjahresprinzip*. Es ist nicht möglich, für das jeweilige Mietverhältnis Monat für Monat zwischen steuerpflichtiger und steuerfreier Vermietung zu wechseln. Die Wahl, ob steuerpflichtig oder steuerfrei vermietet werden soll, muß jeweils für das ganze Kalenderjahr getroffen werden. Bei mehreren, rechtlich voneinander unabhängigen Mietverträgen ist allerdings eine einheitliche Wahl *nicht erforderlich*.

BEISPIEL

Unternehmer A vermietet in seinem Haus das Erdgeschoß und das Obergeschoß als Büros. Mieter im EG ist der Arzt B, dessen Leistungen von der Umsatzsteuer befreit sind. Das OG wurde an den Rechtsanwalt C vermietet, der mit seiner Kanzlei steuerpflichtige Umsätze ausführt. Die Vermietung an den Arzt ist steuerfrei, eine Option nicht zulässig. Für das OG darf dagegen von dem Verzicht auf die Steuerbefreiung Gebrauch gemacht werden.

Der Verzicht auf die Steuerbefreiung ist an keine besondere Form oder Frist gebunden. Er wird dadurch wirksam, daß der Unternehmer einen Umsatz als steuerpflichtig behandelt. Dies kann durch Erteilung einer Rechnung mit offenem USt-Ausweis oder Erfassung des Umsatzes als steuerpflichtig in der USt-Voranmeldung dokumentiert werden. Die Option ist zulässig, solange die betreffende Steuerfestsetzung noch nicht unanfechtbar geworden ist oder unter dem Vorbehalt der Nachprüfung steht. Der Verzicht ist sogar noch möglich, wenn die Steuerfestsetzung aufgehoben oder geändert wird. Dies bedeutet, daß im Einzelfall auch noch *rückwirkend* optiert werden kann.

PRAXIS-TIP

Unter den gleichen Voraussetzungen ist es auch zulässig, einen bereits erklärten Verzicht auf Steuerbefreiung wieder rückgängig zu machen. Dabei müssen Sie allerdings beachten, daß für diese Umsätze die Steuerschuld nur dann entfällt, wenn hierfür erteilte Rechnungen oder Gutschriften mit gesondertem Steuerausweis entsprechend berichtigt werden.

3.4 Bedingt zum Vorsteuerabzug berechtigende Steuerbefreiungen

Diese Steuerbefreiungen betreffen praktisch nur Umsätze im Geldverkehr, wie z.B. die steuerfreie *Kreditgewährung*. In erster Linie kommt dies bei der Darlehensgewährung durch Banken in Betracht, betrifft aber grundsätzlich auch die Hingabe von Darlehen durch *andere Unternehmer*. Die Gewährung eines steuerfreien Darlehens hat grundsätzlich zur Folge, daß der Vorsteuerabzug für die damit im Zusammenhang stehenden Vorumsätze ausgeschlossen ist. Dies gilt jedoch nicht, wenn ein Darlehen zur Finanzierung einer *Ausfuhrlieferung in ein Drittlandgebiet* gewährt wird. In diesem Fall tritt ausnahmsweise das Vorsteuerabzugsverbot für die mit der Darlehensgewährung im Zusammenhang stehenden Vorsteuern nicht ein.

Da die weiteren Steuerbefreiungen dieser Gruppe nur für Geldinstitute und ähnliche Unternehmen - nicht aber für Freiberufler - von Bedeutung sind, wird hier nicht näher darauf eingegangen.

4 Bemessungsgrundlage/Entgelt/Steuersätze

4.1 Entgelt

Bemessungsgrundlage für die Höhe der für eine Leistung zu zahlenden Umsatzsteuer ist das Entgelt. Entgelt ist alles, was der *Leistungsempfänger* aufwendet, um die Leistung zu erhalten. Dabei ist allerdings zu beachten, daß die Umsatzsteuer selbst nicht zum Entgelt gehört. Im Normalfall der Lieferung oder sonstigen Leistung wird die USt zumeist einfach zu ermitteln sein, da hierbei die Preise zwischen fremden Dritten vereinbart wurden.

PRAXIS-TIP

Im Geschäftsverkehr ist es oftmals üblich, daß in Preislisten und ähnlichen Unterlagen Endpreise einschließlich Umsatzsteuer angegeben werden. Wenn Sie aus diesen Beträgen die USt herausrechnen wollen, können Sie folgende Faktoren zu Hilfe nehmen:

- 15 % USt 13,04 % (bis 31.3.1998)
- 16 % USt 13,79 % (ab 1.4.1998)
- 7 % USt 6,54 %

Bei einem Endpreis von z.B. 200 DM läßt sich so ganz leicht der Umsatzsteuerbetrag mit 27,58 DM (13,79 % von 200 DM) ermitteln. Als Probe können Sie nun vom Nettopreis (172,42 DM) 16 % rechnen und kommen wieder auf den USt-Betrag von 27,58 DM.

4.2 Mindestbemessungsgrundlage

Die Mindestbemessungsgrundlage ist heranzuziehen, wenn eine Lieferung oder sonstige Leistung *aus privaten Gründen verbilligt* ausgeführt wurde und deshalb das eigentlich vom Leistungsempfänger gezahlte Entgelt nicht der Besteuerung unterworfen werden kann. In diesem Fall tritt anstelle des tatsächlich berechneten niedrigeren Preises der Einkaufspreis zuzüglich Nebenkosten oder die *Selbstkosten*.

BEISPIEL

Sie haben als Architekt gegenüber Ihrer Tochter die Planungsleistungen für deren Einfamilienhaus lediglich mit 25 % des allgemein üblichen Honorars abgerechnet (5.000 DM zuzüglich 16 % Umsatzsteuer = 800 DM). Die für diesen Auftrag im Architekturbüro angefallenen Selbstkosten beliefen sich auf 5.000 DM, das Honorar für einen von Ihnen beauftragten Statiker in Höhe von 3.000 DM wurde ebenfalls von Ihnen übernommen. Da die verbilligte Abrechnung aus privaten Gründen erfolgte, ist für die Berechnung der USt die Mindestbemessungsgrundlage wie folgt heranzuziehen:

Selbstkosten	5.000 DM
Honorar Statiker	3.000 DM
Mindestbemessungsgrundlage	8.000 DM
Umsatzsteuer 16 %	**1.280 DM**

PRAXIS-TIP

Wurde eine Leistung, für welche die USt nach den Vorschriften über die Mindestbemessungsgrundlage zu ermitteln ist, an einen anderen Unternehmer für dessen Unternehmen erbracht, darf darüber *ausnahmsweise* eine Rechnung erteilt werden.

Wäre also in obigem Beispiel die Tochter Unternehmerin und anstelle des privaten Wohnhauses ein Bürogebäude für das Unternehmen der Tochter geplant worden, dürfte der Architekt über diesen Vorgang eine Rechnung erteilen, die beim Leistungsempfänger einen Vorsteuerabzug zulassen würde.

Die Mindestbemessungsgrundlage ist nicht heranzuziehen, wenn der Leistungsempfänger ein ortsübliches Entgelt zahlt (z.B. bei der Vermietung von Büroräumen).

4.3 Eigenverbrauch/Unentgeltliche Leistungen

Das Umsatzsteuergesetz sieht folgende Eigenverbrauchstatbestände vor:

- Entnahmeeigenverbrauch (z.B. Entnahme von Wirtschaftsgütern des Unternehmensvermögens für private Zwecke),
- Verwendungseigenverbrauch (z.B. private Pkw-Nutzung),
- Aufwendungseigenverbrauch (z.B. Geschenke über 75 DM).

Die Besteuerung des Eigenverbrauchs erfolgt nach den gleichen Grundsätzen, wie für die *Mindestbemessungsgrundlage* erläutert.

Gleiches gilt für die unentgeltliche Erbringung von Leistungen durch den Unternehmer an seine *Arbeitnehmer*.

4.4 Steuersätze

Derzeit sind in der Bundesrepublik zwei Steuersätze maßgeblich:

- der Regelsteuersatz von 16 % (bis 31.3.1998: 15 %) sowie
- der ermäßigte Steuersatz von 7 %.

C

Für alle Umsätze, die nicht ausdrücklich mit dem ermäßigten Steuersatz von 7 % belegt sind, ist der *Regelsteuersatz* heranzuziehen.

BEACHTEN SIE:

Ermäßigt besteuert werden die freiberuflichen Leistungen von Schriftstellern und Künstlern, soweit einem anderen Nutzungsrechte an urheberrechtlich geschützten Werken eingeräumt werden, sowie die zahntechnischen Eigenlaborleistungen von Zahnärzten. Während die Umsätze von Ärzten und anderen Heilberufen gänzlich steuerfrei bleiben, unterliegen die übrigen freiberuflichen Leistungen dem Regelsteuersatz.

5 Vorsteuerabzug

Die Vorsteuer ist beim Unternehmer das Gegenteil der (Ausgangs-)Umsatzsteuer. Man spricht deshalb hier auch von der Eingangs-Umsatzsteuer. Zur Inanspruchnahme des Vorsteuerabzugs nach § 15 UStG müssen folgende Voraussetzungen vorliegen:

- Der Leistungsempfänger ist Unternehmer.
- Er unterliegt der Regelbesteuerung.
- Die Leistungen sind an das Unternehmen des Leistungsempfängers erbracht worden.
- Der Leistungsgeber ist Unternehmer.
- Die USt ist gesondert in einer Rechnung oder Gutschrift ausgewiesen.
- Ein Vorsteuerabzug ist beim Leistungsempfänger nicht nach § 15 Abs. 2 UStG ausgeschlossen.

5.1 Regelbesteuerung/Ausschluß des Vorsteuerabzugs

Die Vornahme des Vorsteuerabzugs ist nur zulässig, wenn der Leistungsempfänger der Regelbesteuerung unterliegt. *Kleinunternehmer* (§ 19 UStG) dürfen daher einen Vorsteuerabzug nicht in Anspruch nehmen.

Vom Vorsteuerabzug außerdem ausgeschlossen ist die USt für die Lieferungen, die Einfuhr und den innergemeinschaftlichen Verkehr von Gegenständen sowie für die sonstigen Leistungen, die der Leistungsempfänger zur Ausführung folgender Umsätze verwendet:

- steuerfreie Umsätze;
- Umsätze im Ausland, die steuerfrei wären, wenn sie im Inland ausgeführt würden;
- unentgeltliche Lieferungen oder sonstige Leistungen, die steuerfrei wären, wenn sie gegen Entgelt ausgeführt würden.

PRAXIS-TIP

In bestimmten Fällen, z.B. bei *Ausfuhrlieferungen* in ein nicht zur Europäischen Union gehörendes Drittland, ist - trotz der bestehenden Steuerbefreiung - ein Abzug der in diesem Zusammenhang anfallenden Vorsteuern zulässig. Gleiches gilt in den Fällen, in denen auf die Inanspruchnahme einer an sich bestehenden Umsatzsteuerbefreiung verzichtet wurde (z.B. bei der Vermietung gewerblich genutzter Büros oder der Verpachtung von Geschäftsräumen). Auf die Ausführungen unter 3 wird verwiesen.

Bei Vorsteuern aus Leistungen, die sowohl zur Ausführung steuerfreier als auch steuerpflichtiger Umsätze verwendet werden, ist im Einzelfall eine *Vorsteueraufteilung* durchzuführen.

5.2 Leistungen an das Unternehmen

Ein Vorsteuerabzug kommt nur für die Steuerbeträge in Betracht, die in einer *Rechnung* oder *Gutschrift* für Leistungen an das Unternehmen gesondert ausgewiesen sind. Es nützt also nichts, wenn ein Unternehmer zwar eine Rechnung mit USt-Ausweis vorliegen hat, die Leistung (z.B. Lieferung eines Fernsehapparates) aber nicht für Zwecke seines Unternehmens, sondern für den nichtunternehmerischen *Privatbereich* erfolgte. In solchen Fällen ist der Vorsteuerabzug nicht zulässig.

5.3 Rechnung

Führt ein Unternehmer *steuerpflichtige* Lieferungen oder sonstige Leistungen aus, so ist er berechtigt - und auf Verlangen des Leistungsempfängers sogar verpflichtet -, Rechnungen auszustellen, in denen die Umsatzsteuer *gesondert* ausgewiesen ist. Der gesonderte USt-Ausweis hat - wie vorstehend ausgeführt - vor allem große Bedeutung hinsichtlich der Inanspruchnahme des Vorsteuerabzugs.

Begriff der Rechnung

Eine Rechung ist jede *Urkunde*, mit welcher ein Unternehmer über eine Lieferung oder sonstige Leistung abrechnet. Die Rechnung muß dem *Leistungsempfänger* als außenstehender Person zugehen. Unternehmensinterne Buchungsbelege, aber auch Mahnungen und Kontoauszüge, die an Dritte versandt werden, sind keine Rechnungen im Sinne des UStG, auch wenn diese Schriftstücke alle Elemente einer Rechnung enthalten. Dagegen kann auch ein *Vertrag* als Rechnung anzusehen sein, wenn er alle geforderten Angaben enthält. Auf die ausdrückliche Bezeichnung als Rechnung kommt es nicht an.

Inhalt einer Rechnung

Folgende Angaben muß eine Urkunde enthalten, um als Rechnung i.S.d. § 14 Abs. 1 UStG anerkannt zu werden:

- Name und Anschrift des leistenden Unternehmers,
- Name und Anschrift des Leistungsempfängers,
- Menge und handelsübliche Bezeichnung des Gegenstandes der Lieferung oder die Art und der Umfang der sonstigen Leistung,
- Zeitpunkt der Lieferung oder sonstigen Leistung,
- Höhe des Entgelts für die Lieferung oder sonstige Leistung,
- den USt-Betrag, der auf das Entgelt entfällt.

BEACHTEN SIE:

Bei Dauerschuldverhältnissen (z.B. Mietverträgen) kommt es häufig vor, daß diese Angaben nicht alle auf dem jeweiligen Abrechnungsbeleg enthalten sind. Hier genügt es, wenn sich die fehlenden Angaben aus anderen Urkunden ergeben und in der Abrechnung darauf verwiesen wird.

BEISPIEL

Sie haben am 1.5.1998 einen Mietvertrag über Büroräume abgeschlossen. Darin sind alle erforderlichen Angaben aufgeführt. U.a. heißt es auch:

Monatsmiete	3.000 DM
zuzüglich 16 % USt	480 DM
Miete gesamt	**3.480 DM**

In diesem Fall ist es zur Einhaltung der Formvorschriften völlig ausreichend, wenn auf dem Lastschriftbeleg der Bank z.B. angegeben ist:
Miete Büroräume Mai 1998
lt. Mietvertrag vom 1.5.1998: 3.480 DM

Der Kunde oder Mandant als Leistungsempfänger hat grundsätzlich einen zivilrechtlich durchsetzbaren *Anspruch* auf Erteilung einer Rechnung mit USt-Ausweis. Dies setzt allerdings voraus, daß der leistende Unternehmer überhaupt zum gesonderten Steuerausweis berechtigt ist. Im Normalfall werden diese Voraussetzungen gegeben sein. *Keine Berechtigung* zum gesonderten Steuerausweis haben Kleinunternehmer oder Unternehmer, die *steuerfreie* Leistungen ausführen (*z.B. Ärzte*).

PRAXIS-TIP

Wurden gegenüber einem Leistungsempfänger gleichzeitig mehrere Leistungen erbracht, die *verschiedenen Steuersätzen* unterliegen, ist es nicht erforderlich, getrennte Rechnungen auszustellen. Die Leistungen dürfen vielmehr *innerhalb einer Rechnung* gemeinsam abgerechnet werden. Die Entgelte mit den darauf entfallenden Steuerbeträgen müssen allerdings im Beleg getrennt aufgeführt sein.

Kleinbetragsrechnung

Eine Kleinbetragsrechnung liegt dann vor, wenn der *Bruttorechnungsbetrag* einschließlich der Umsatzsteuer einen Betrag von *200 DM* nicht übersteigt. Für diese Fälle werden geringere Anforderungen an den Inhalt der Rechnung gestellt. Von den unter 5.3 aufgeführten Angaben sind bei der Kleinbetragsrechnung folgende entbehrlich:

- Name und Anschrift des Leistungsempfängers,
- Zeitpunkt der Leistung,
- der auf das Entgelt entfallende USt-Betrag.

Anstelle des USt-Betrages müssen lediglich das Bruttoentgelt und der *Steuersatz* ausgewiesen werden.

C

Rechnungen über Anzahlungen

Für Rechnungen über Anzahlungen oder Teilleistungen, die bei Architekten und Bauingenieuren häufig anzutreffen sind, aber auch bei anderen Freiberuflern (z.B. bei Rechtsanwälten im Zusammenhang mit langwierigen Gerichtsverfahren) gelegentlich vorkommen können, haben die obigen Ausführungen zum Inhalt einer Rechnung in gleichem Maße Gültigkeit. Dabei muß aber genau darauf geachtet werden, daß nicht für eine einheitliche Leistung insgesamt *zu hohe USt-Beträge* in den Rechnungen ausgewiesen werden.

BEISPIEL

Sie haben als Architekt einem Bauherrn für die Abwicklung eines Bauvorhabens Anzahlungen wie folgt berechnet:

30. 4.	1. Anzahlung	30.000 DM + (16 % USt) 4.800 DM =	34.800 DM
31. 5.	2. Anzahlung	20.000 DM + (16 % USt) 3.200 DM =	23.200 DM
30. 6.	3. Anzahlung	40.000 DM + (16 % USt) 6.400 DM =	46.400 DM

Ihre Schlußrechnung hat folgenden Inhalt:

31. 8. Architektenleistungen lt. Auftrag:
100.000 DM + (16 % USt) 16.000 DM = 116.000 DM

Rechnungszusatz: Von dem ausgewiesenen Betrag sind 3 Anzahlungen mit einem Gesamtbetrag von 104.400 DM in Abzug zu bringen. Es verbleibt eine Restzahlung von 11.600 DM.

Bei dieser Rechnungsstellung schulden Sie als Unternehmer nicht etwa nur den in der Schlußrechnung ausgewiesenen Umsatzsteuerbetrag von 16.000 DM, sondern einen Gesamtbetrag von 30.400 DM, weil die in den Anzahlungsrechnungen ausgewiesenen USt-Beträge i.H.v. insgesamt 14.400 DM in der Schlußrechnung nicht ausdrücklich abgesetzt wurden.

PRAXIS-TIP

Ihre Schlußrechnung hätte *richtigerweise* wie folgt aussehen müssen:

31. 8. Architektenleistungen lt. Auftrag	100.000 DM
abzüglich 1. Anzahlung	30.000 DM netto

2. Anzahlung	20.000 DM	netto
3. Anzahlung	40.000 DM	netto
Restzahlung	10.000 DM	
+ 16 % USt	1.600 DM	
Gesamt	**11.600 DM**	

Auf diese Weise ist sichergestellt, daß *insgesamt* - Anzahlungsrechnungen zuzüglich Schlußrechnung - nicht mehr als 16 % USt aus der Auftragssumme in Rechnung gestellt werden.

5.4 Gutschrift

Eine Gutschrift unterscheidet sich von einer Rechnung im oben beschriebenen Sinne dadurch, daß nicht der Leistende, sondern der *Leistungsempfänger* über die Leistung abrechnet. Soweit keine anderweitige *gesetzliche Regelung* zur Abrechnungsverpflichtung besteht, können die Vertragspartner wahlweise bestimmen, ob die Abrechnung durch Rechnung oder per Gutschrift erfolgen soll. Eine Gutschrift hat grundsätzlich die *gleichen inhaltlichen Angaben* aufzuweisen wie eine Rechnung. Allerdings muß aus dem Papier zumindest sinngemäß hervorgehen, daß die Abrechnung auf dem Gutschriftswege erfolgt. Eine ausdrückliche Bezeichnung als „Gutschrift" ist allerdings nicht Voraussetzung für die steuerrechtliche Anerkennung. Da eine ordnungsgemäße Gutschrift die gleiche Wirkung wie eine Rechnung hat, berechtigt diese genauso zum Abzug der darin gesondert ausgewiesenen Umsatzsteuer als Vorsteuer, sofern auch die übrigen Abzugsvoraussetzungen gegeben sind.

BEISPIEL

Mit einem Lieferanten haben Sie vereinbart, daß über erhaltene Lieferungen per Gutschrift abgerechnet wird. Neben den allgemeinen Angaben, wie Name und Anschrift des Gutschriftausstellers (in diesem Fall Sie als der Leistungsempfänger) und des leistenden Unternehmers (hier der Lieferant), Menge und handelsübliche Bezeichnung des Gegenstandes der Lieferung sowie Zeitpunkt der Lieferung, steht auf dem Abrechnungspapier:

Gutschrift:	Entgelt	10.000 DM
	+ 16 % USt	1.600 DM
	Gesamt	**11.600 DM**

Da die Gutschrift alle Elemente einer *ordnungsgemäßen Rechnung* enthält, ist der Leistungsempfänger zum Abzug der von ihm selbst in der Gutschrift ausgewiesenen Umsatzsteuer als Vorsteuer berechtigt.

BEACHTEN SIE:

Eine Gutschrift gilt nur dann als Rechnung im Sinne des UStG, wenn der leistende Unternehmer, also der Gutschriftsempfänger, auch tatsächlich zum gesonderten Ausweis der USt berechtigt ist. Fehlt diese Berechtigung - z.B. bei einem Kleinunternehmer (§ 19 UStG) oder bei einem Unternehmer, der steuerfreie Leistungen erbringt - hat die Gutschrift nicht die Wirkung einer zum Vorsteuerabzug berechtigenden Rechnung.

Das Einverständnis zur Abrechnung mit Gutschriften braucht zwischen den Beteiligten nicht in einer bestimmten Form erklärt zu werden. Die Vereinbarung kann sich aus Verträgen oder sonstigen Geschäftsunterlagen ergeben. Auch mündliche Vereinbarungen sind zulässig.

5.5 Vorsteuerabzug ohne Rechnung oder Gutschrift

In bestimmten Ausnahmefällen ist ein Vorsteuerabzug auch ohne Vorlage einer ordnungsgemäßen Rechnung oder Gutschrift zulässig. Es handelt sich hierbei um Vorsteuerbeträge aus pauschal geltend gemachten *Reisekosten* und um den Vorsteuerabzug nach *Durchschnittsätzen*.

5.5.1 Vorsteuerabzug aus Reisekosten

Aus pauschal abgerechneten Reisekosten wäre nach den allgemeinen Grundsätzen ein Vorsteuerabzug nicht zulässig, weil es hier *keine Rechnung mit USt-Ausweis* gibt. Um einen Vorsteuerabzug dennoch zu ermöglichen, hat der Gesetzgeber eine Sonderregelung (§§ 36 - 38 UStDV) geschaffen. Danach ist für Reisen *im Inland* ein *pauschalierter Vorsteuerabzug* möglich bei:

- Mehraufwendungen für Verpflegung aus Anlaß einer Dienst- und Geschäftsreise mit 13,1 % (bis 31.3.1998: 12,3 %) der einkommensteuerlich zulässigen Pauschale;
- Übernachtungskosten bei Dienstreisen mit 13,1 % (bis 31.3.1998: 12,3 %) der erstatteten Pauschale;
- Fahrtkostenerstattungen bei Dienstreisen mit einem privaten Pkw eines Arbeitnehmers mit 8,7 % (bis 31.3.1998: 8,2 %) der erstatteten Pauschale;
- Verwendung eines nicht zum Unternehmen gehörenden Pkw durch den Unternehmer für Geschäftsreisen mit 6,1 % (bis 31.3.1998: 5,7 %) des Pauschbetrags von 0,52 DM pro gefahrenem Kilometer.

Von *Dienstreise* wird in diesem Zusammenhang dann gesprochen, wenn die Reise von einem Arbeitnehmer des Unternehmers durchgeführt wird, von *Geschäftsreise*, wenn diese der Unternehmer selbst ausführt.

BEACHTEN SIE:

Aus *Auslandsreisekosten* ist ein Vorsteuerabzug weder nach vorliegenden Belegen noch über die Pauschalabrechnung zulässig.

Der Unternehmer hat grundsätzlich für jede einzelne Reise die Möglichkeit zu entscheiden, ob er die Einzelabrechnungsmethode oder die Teilpauschalierung anwendet. Dabei muß allerdings beachtet werden, daß bei der einzelnen Reise für jede Kostenart nur ein einheitliches Abrechnungsverfahren zulässig ist.

PRAXIS-TIP

Anstelle des gesonderten Vorsteuerabzuges für jede einzelne Reisekostenart kann auch von der sog. *Gesamtpauschalierung* Gebrauch gemacht werden. Zu diesem Zweck müssen die Gesamtreisekosten (ohne Auslandsreisekosten) des betreffenden Kalenderjahres ermittelt und aus diesem Betrag *die Vorsteuern mit dem einheitlichen* Pauschsatz von *10,5 %* (bis 31.3.1998: 9,8 %) errechnet werden.

C

5.5.2 Vorsteuerabzug nach Durchschnittsätzen

§§ 69 ff. UStDV regeln in zwei verschiedenen Fallgruppen den *pauschalen Vorsteuerabzug* nach Durchschnittsätzen. Diese Durchschnittsätze ermöglichen grundsätzlich den Abzug der Vorsteuer - *ohne Einzelermittlung* - nach einem bestimmten Prozentsatz des Umsatzes.

BEACHTEN SIE:

Für den Vorsteuerabzug nach Durchschnittsätzen gilt:

- Unternehmer, die im vorangegangen Jahr einen Umsatz von über *120.000 DM* erzielt haben, sind von der Anwendung dieser Regelung ausgeschlossen.
- Bei einem *Verzicht* auf die Anwendung der Durchschnittsätze darf der Unternehmer erst nach Ablauf von *5 Kalenderjahren* wieder von dieser besonderen Art des Vorsteuerabzugs Gebrauch machen. Die Anwendung der Durchschnittsätze schließt einen Vorsteuerabzug nach den allgemeinen Vorschriften grundsätzlich aus.

Durchschnittsätze für die Berechnung sämtlicher Vorsteuerbeträge

Diese Durchschnittsätze gelten für sämtliche Vorsteuerbeträge, die mit der Tätigkeit des Unternehmers zusammenhängen. Folgende Berufsgruppen fallen hierunter:

Berufsgruppe	Prozentsatz	ab 1.4.1998
Bildhauer	6,6	7,0
Grafiker (nicht Gebrauchsgrafiker)	4,9	5,2
Kunstmaler	4,9	5,2
Selbständige Mitarbeiter bei Bühne, Film, Funk, Fernsehen und Schallplattenproduzenten	3,4	3,6
Hochschullehrer (freiberufliche Nebentätigkeit zur unselbständig ausgeübten wissenschaftlichen Tätigkeit)	2,7	2,9
Freiberuflich tätige Journalisten	4,5	4,8
Schriftsteller	2,4	2,6

BEISPIEL

Sie haben im Jahr 1997 als Schriftsteller einen Netto-Umsatz (ohne USt) in Höhe von 80.000 DM erzielt. In Ihrer USt-Jahreserklärung für 1997 nehmen Sie den Vorsteuerabzug nach Durchschnittsätzen in Anspruch. Die Berechnung Ihrer USt-Zahllast sieht folgendermaßen aus:

Umsatz 1997	80.000 DM x 7 % USt	= 5.600 DM
Vorsteuer nach Durchschnittsätzen	80.000 DM x 2,4 %	= 1.920 DM
Umsatzsteuer-Zahllast 1997		**3.680 DM**

Durchschnittsätze für die Berechnung eines Teils der Vorsteuerbeträge

In dieser Fallgruppe ist für einen Teil der Vorsteuern ein Abzug mit den *tatsächlich entstandenen Vorsteuerbeträgen*, für den anderen Teil nach den nachfolgend aufgeführten Durchschnittsätzen zulässig.

Berufsgruppe	Prozentsatz	ab 1.4.1998
Architekten, Bauingenieure, Statiker, Vermessungsbüros, Bausachverständige (nicht Film- und Bühnenarchitekten)	1,8	1,9
Patentanwälte (ohne Lizenz- und Patentverwertung)	1,6	1,7
Rechtsanwälte und Notare	1,4	1,5
Steuerberater, Steuerbevollmächtigte, Wirtschaftsprüfer, vereidigte Buchprüfer, wirtschaftliche Unternehmensberater	1,6	1,7

Neben dem Vorsteuerabzug nach den vorstehend aufgeführten Durchschnittsätzen ist der volle Abzug zulässig:

- von Vorsteuerbeträgen aus der Anschaffung oder Herstellung von Gebäuden, Grundstücken oder Grundstücksteilen,
- von Vorsteuerbeträgen, die für Ausbauten, Einbauten, Umbauten und Instandsetzungen an den vorstehend genannten Wirtschaftsgütern angefallen sind,
- von Vorsteuerbeträgen aus der Anmietung von Räumen, die für das Unternehmen genutzt werden.

BEISPIEL

Sie haben im Jahr 1997 als Architekt einen Netto-Umsatz (ohne USt) von 100.000 DM erzielt. Die Miete für Ihre Büroräume beträgt monatlich 1.775 DM. In diesem Betrag sind 225 DM Vorsteuern enthalten. Da die allgemeinen Voraussetzungen für den Vorsteuerabzug gegeben sind, dürfen Sie Ihre USt-Schuld für 1997 wie folgt berechnen:

Umsatz 1997	100.000 DM x 15 % USt	=	15.000 DM
Vorsteuer			
a) aus der Büromiete:	12 x 225 DM	=	2.700 DM
b) nach Durchschnittsätzen:	100.000 DM x 1,8 %	=	1.800 DM
Umsatzsteuer-Zahllast 1997			**10.500 DM**

6 Kleinunternehmer

Aus *Vereinfachungsgründen* sieht das UStG für Unternehmer, die nur in geringem Umfang Umsätze erzielen, eine Sonderregelung vor. Kleinunternehmer unterliegen zwar grundsätzlich auch der USt-Pflicht; die Steuer, die der Kleinunternehmer für seine Umsätze eigentlich schuldet, wird aber *nicht erhoben*.

6.1 Voraussetzungen

Die Kleinunternehmerregelung dürfen Unternehmer in Anspruch nehmen, wenn ihr Umsatz *im Vorjahr* einen Betrag von *32.500 DM* nicht überschritten hat *und* im laufenden Jahr voraussichtlich *100.000 DM* nicht übersteigen wird. Maßgeblich ist dabei der jeweilige *Gesamtumsatz* (siehe 6.2).

BEISPIEL

In den vergangenen Jahren haben Sie folgende Umsätze erzielt:

1994:	22.000 DM
1995:	24.000 DM
1996:	40.000 DM
1997:	23.000 DM

Der Umsatz des Jahres 1998 wird voraussichtlich unter 100.000 DM liegen.

Für 1994, 1995 und 1996 haben Sie zulässigerweise von der Kleinunternehmerregelung Gebrauch gemacht. 1997 ist deren Anwendung aber nicht möglich, weil der Umsatz des Vorjahres über 32.500 DM lag. Erst für 1998 kommt die Kleinunternehmerbesteuerung wieder in Betracht, weil der tatsächliche Umsatz des Vorjahres (1997) innerhalb der Grenze von 32.500 DM liegt und der voraussichtliche Umsatz 1998 den Wert von 100.000 DM nicht übersteigen wird.

BEACHTEN SIE:

Die Größe des *voraussichtlichen Umsatzes* des laufenden Jahres kann von Ihnen zu Beginn eines Jahres nur überschlägig geschätzt werden. Sind Sie dabei aufgrund nachvollziehbarer und schlüssiger Überlegungen davon ausgegangen, daß ein Betrag von 100.000 DM nicht überstiegen wird, bleibt die Besteuerung als Kleinunternehmer auch dann wirksam, wenn die Grenze aufgrund besonderer Umstände letztlich doch überschritten wird.

Wird die freiberufliche Tätigkeit erst *im Laufe eines Kalenderjahres* aufgenommen, fehlt die Vergleichsgröße Vorjahresumsatz. In diesen Fällen ist allein auf den voraussichtlichen Umsatz des laufenden Kalenderjahres abzustellen. Dabei ist allerdings - abweichend von der sonst gültigen Regelung - nicht die Grenze von 100.000 DM, sondern der Betrag von *32.500 DM* maßgeblich.

6.2 Gesamtumsatz

Die schon mehrfach angesprochenen Umsatzgrenzen von 32.500 DM und 100.000 DM beziehen sich jeweils auf den nach den *vereinnahmten Entgelten* des jeweiligen Jahres bemessenen Gesamtumsatz eines Unternehmens. Die Ermittlung des Gesamtumsatzes ist nach dem Wortlaut des UStG äußerst kompliziert. Für den Normalfall gestaltet sich die Sache allerdings wesentlich einfacher. Danach sind zur Ermittlung des Gesamtumsatzes grundsätzlich die folgenden im jeweiligen Kalenderjahr insgesamt getätigten Umsätze heranzuziehen:

- alle steuerpflichtigen Lieferungen und sonstigen Leistungen,
- alle steuerfreien Lieferungen und sonstigen Leistungen,
- steuerpflichtiger Eigenverbrauch.

Sofern oben enthalten, müssen von der so ermittelten Summe folgende, *nicht* zum Gesamtumsatz gehörende, steuerfreie Umsätze abgezogen werden:

- Briefmarkenumsätze,
- Umsätze, die unter die Rennwett- und Lotteriesteuer fallen,
- Umsätze von Ärzten und anderen Heilberufen,
- Umsätze von Versicherungs- und Bausparkassenvertretern,
- Hilfsumsätze.

BEACHTEN SIE:

Umsätze von Wirtschaftsgütern des Anlagevermögens, also z.B. aus dem Verkauf eines Betriebs-Pkw, sind ebenfalls nicht in die Ermittlung des Gesamtumsatzes mit einzubeziehen.

BEISPIEL

Aus der Tätigkeit als Rechtsanwalt haben Sie 1997 Einnahmen von insgesamt 30.000 DM erzielt. Für die Privatnutzung Ihres Pkw ist ein Eigenverbrauch in Höhe von 2.400 DM anzusetzen. Daneben haben Sie durch den Verkauf eines zum Anlagevermögen gehörenden Pkw einen Erlös von 7.000 DM erzielt. Ihr Umsatz 1998 wird sich voraussichtlich auf 50.000 DM belaufen. Zur Ermittlung des maßgeblichen Gesamtumsatzes rechnen Sie wie folgt:

Betriebseinnahmen	30.000 DM
Eigenverbrauch	2.400 DM
Erlös Verkauf Pkw	7.000 DM
Zwischensumme	39.400 DM
abzüglich:	
Anlageverkauf	7.000 DM
Gesamtumsatz	**32.400 DM**

Da der maßgebliche Gesamtumsatz des Jahres 1997 den Betrag von 32.500 DM nicht übersteigt und Sie für 1998 voraussichtlich unter 100.000 DM bleiben werden, dürfen Sie die Kleinunternehmerbesteuerung für 1998 anwenden.

6.3 Durchführung der Kleinunternehmerregelung

Wenn Sie mit Ihrem Unternehmen innerhalb der oben erläuterten Umsatzgrenzen liegen, sind Sie Kleinunternehmer i.S.d. § 19 UStG. Haben Sie nicht zur Regelbesteuerung optiert (siehe 6.4), bedeutet dies in der Praxis:

- Für die von Ihnen ausgeführten Umsätze wird Umsatzsteuer *nicht erhoben*.
- Sie dürfen in Rechnungen USt-Beträge *nicht gesondert* ausweisen.
- Ein Vorsteuerabzug ist nicht zulässig.

PRAXIS-TIP

Als Kleinunternehmer sollten Sie immer beachten, daß Sie auf gar keinen Fall - auch nicht aus Gefälligkeit - Umsatzsteuer gesondert in Rechnung stellen dürfen. Tun Sie dies doch, schulden Sie dem Finanzamt den ausgewiesenen Betrag auch dann in voller Höhe, wenn der Betrag von Ihnen gar nicht zusätzlich vereinnahmt wurde. Eine nachträgliche Berichtigung der Rechnung entbindet Sie in diesem Fall nicht von Ihrer Zahlungsverpflichtung.

6.4 Option zur Regelbesteuerung

Die Inanspruchnahme der Kleinunternehmerregelung bringt zwar einerseits *Vorteile* (niedrigere Endpreise, da keine Belastung mit USt, keine Abgabe von USt-Voranmeldungen), andererseits aber auch *Nachteile*, wie etwa den Ausschluß vom Vorsteuerabzug. Da für Unternehmer, die im Rahmen der oben erläuterten Umsatzgrenzen liegen, die Besteuerung als Kleinunternehmer *nicht zwingend* vorgeschrieben ist, lassen sich diese Nachteile durch die Option zur Regelbesteuerung vermeiden.

BEACHTEN SIE:

Vor allen Dingen, wenn Ihre Geschäftspartner überwiegend oder ausschließlich vorsteuerabzugsberechtigte Unternehmer sind, kann die Option echte Vorteile bringen. Die von Ihnen zusätzlich in Rechnung gestellte USt zahlt der Leistungsempfänger. Sie sind selbst damit nicht belastet, dürfen aber die Ihnen berechneten USt-Beträge als *Vorsteuern* in Abzug bringen.

C

Durch den Wechsel zur Regelbesteuerung ist der Kleinunternehmer *5 Jahre* lang an diese Option gebunden. Nach Ablauf dieses Zeitraums ist ein Wechsel zurück zur Kleinunternehmerbesteuerung wieder möglich, wenn zum betreffenden Zeitpunkt weiterhin die oben erläuterten Umsatzgrenzen eingehalten werden.

Der Verzicht auf die Kleinunternehmerregelung ist nicht an eine bestimmte Form gebunden. Als *Optionserklärung* reicht es aus, eine USt-Voranmeldung abzugeben, mit welcher USt- und Vorsteuerbeträge angemeldet werden. Die Option kann bis zur Unanfechtbarkeit der Steuerfestsetzung erklärt oder auch widerrufen werden.

7 Besteuerungsverfahren

Das Finanzamt verpflichtet den Unternehmer zur Selbstberechnung und regelmäßigen Anmeldung seiner *Umsatzsteuerzahllast* durch Abgabe von Umsatzsteuer-Voranmeldungen und/oder einer Umsatzsteuer-Jahreserklärung.

Dies gilt auch für *Freiberufler*. Was dabei im einzelnen zu beachten ist, zeigt die nachfolgende Darstellung.

7.1 Berechnung der Umsatzsteuer nach vereinnahmten Entgelten

Grundsätzlich ist die Umsatzsteuer nach *vereinbarten Entgelten* zu berechnen (§ 16 Abs. 1. Satz 1 UStG). Dies bedeutet, daß eine Anmeldung und Abführung der *in Rechnung gestellten* USt-Beträge unabhängig vom tatsächlichen Zahlungseingang zu erfolgen hat.

Wie so oft im Steuerrecht gibt es aber auch hier eine *Ausnahme* von der Regel, die es u.a. den *Angehörigen der freien Berufe* gestattet, die Umsatzsteuer nach *vereinnahmten Entgelten* zu berechnen und abzuführen (§ 20 Abs. 1 Nr. 3 UStG).

BEACHTEN SIE:

Voraussetzung für die Durchführung der Besteuerung nach vereinnahmten Entgelten ist eine Genehmigung durch das Finanzamt. Sie müssen daher einen entsprechenden *Antrag* stellen. Dieser Antrag ist an keine Form und Frist gebunden.

BEISPIEL

Ein Architekt eröffnet zum 1.10.1998 ein eigenes Büro. Aufgrund der voraussichtlichen Umsätze beabsichtigt er, seine USt-Voranmeldungen zunächst vierteljährlich abzugeben. Mit Schreiben vom 30.11.1998 beantragt er bei seinem Finanzamt die Berechnung der Steuer nach vereinnahmten Entgelten. Da er Freiberufler ist, erteilt ihm die Behörde die entsprechende Genehmigung. Am 8.1.1999 macht er sich an seine USt-Voranmeldung für das 4. Quartal 1998. Dabei stellt er fest:

zwischen 1.10. und 31.12.1998 in Rechnung gestellte USt:	4.500 DM
davon durch Kunden bis zum 31.12.1998 tatsächlich gezahlt:	3.200 DM

Der Architekt muß also in seiner USt-Voranmeldung lediglich den Betrag von 3.200 DM erfassen, da im 4. Quartal 1998 nur diese Summe tatsächlich vereinnahmt wurde.

7.2 Voranmeldungen

Anmeldezeitraum

Der Anmeldezeitraum für die Umsatzsteuer-Voranmeldungen ist entweder der *Kalendermonat* oder das *Kalendervierteljahr*. Unternehmer, die im vorangegangenen *Kalenderjahr* nur eine geringe Zahllast hatten, kann das Finanzamt von der Pflicht zur Abgabe von Voranmeldungen befreien. Der zutreffende Voranmeldungszeitraum ergibt sich wie folgt aus der Zahllast des vorangegangenen Kalenderjahres:

- nicht mehr als 1.000 DM: Jahreserklärung
- nicht mehr als 12.000 DM: vierteljährliche Voranmeldungen
- mehr als 12.000 DM: monatliche Voranmeldungen

Bezugsgröße sind grundsätzlich die vorangemeldeten Beträge. Hat das Finanzamt die Umsatzsteuer-Zahllast für das vorangegangene Jahr allerdings abweichend von den Voranmeldungen oder der Umsatzsteuer-Jahreserklärung festgesetzt, ist dieser Wert entscheidend.

BEACHTEN SIE:

Nehmen Sie Ihre Tätigkeit erst während des Kalenderjahres auf, ist die *zu erwartende* Jahressteuer ausschlaggebend.

BEISPIEL

Sie haben zum 1.4.1998 ein Architekturbüro begonnen. Nach überschlägiger Berechnung dürfte sich für 1998 eine USt-Zahllast von etwa 4.000 DM ergeben. Somit sind Sie als Unternehmer verpflichtet, ab dem 2. Quartal 1998 vierteljährliche USt-Voranmeldungen abzugeben.

Kleinunternehmer sind von der Abgabe von USt-Voranmeldungen befreit. Ein Kleinunternehmer i.S.d. § 19 UStG liegt dann vor, wenn der maßgebliche Umsatz zuzüglich der darauf entfallenden Steuer im vorangegangenen Kalenderjahr 32.500 DM nicht überstiegen hat und im laufenden Kalenderjahr 100.000 DM voraussichtlich nicht übersteigen wird.

Abgabe der Voranmeldungen

Die Voranmeldung muß spätestens *10 Tage* nach Ablauf des Voranmeldungszeitraums beim Finanzamt eingereicht werden. Bis zu diesem Termin ist auch die sich ergebende *USt-Zahllast* abzuführen.

Abgabe- und Zahlungstermine der USt-Voranmeldungen bei

- monatlichen Voranmeldungen: jeweils der 10. des Folgemonats
- vierteljährlichen Voranmeldungen:
  - → 1. Quartal: 10. April
  - → 2. Quartal: 10. Juli
  - → 3. Quartal: 10. Oktober
  - → 4. Quartal: 10. Januar des Folgejahres

Dauerfristverlängerung

Die Abgabefrist von 10 Tagen nach Ablauf des Voranmeldungszeitraums ist sehr knapp bemessen. Es besteht aber die Möglichkeit, sich diesen Zeitraum um *einen Monat* verlängern zu lassen. Hierzu kann beim Finanzamt jederzeit ein Antrag auf Dauerfristverlängerung gestellt werden. Geht der Antrag bis zum 10. Tag nach Ende eines Voranmeldungszeitraum beim Finanzamt ein, wird die Dauerfristverlängerung bereits ab diesem Zeitraum wirksam. Bei *monatlicher Abgabe* der USt-Voranmeldungen wird die Fristverlängerung allerdings nur unter der Bedingung eingeräumt, daß Sie eine *Sondervorauszahlung* leisten. Diese Sondervorauszahlung beträgt $^{1}/_{11}$ der Vorauszahlungen für das vorangegangene Jahr.

BEISPIEL

Als Rechtsanwalt haben Sie für das Jahr 1997 Umsatzsteuervorauszahlungen in Höhe von 22.000 DM geleistet. Für den Voranmeldungszeitraum März 1998 stellen Sie einen Antrag auf Dauerfristverlängerung. Damit dieser wirksam wird, müssen Sie den Antrag bis spätestens 10. April 1998 beim Finanzamt einreichen und ebenfalls bis zu diesem Tag die Sondervorauszahlung in Höhe von 2.000 DM ($^1/_{11}$ von 22.000 DM) bezahlen.

PRAXIS-TIP

Die Sondervorauszahlung darf mit der zu leistenden Vorauszahlung des Monats Dezember verrechnet werden. Wird das Unternehmen im Laufe des Kalenderjahres aufgegeben, so darf die Verrechnung mit der letzten Voranmeldung des Besteuerungszeitraums erfolgen.

Wird nach Ablauf eines Kalenderjahres nicht *ausdrücklich* auf die Dauerfristverlängerung verzichtet, gilt diese auch im nachfolgenden Jahr. Die Sondervorauszahlung muß jedes Jahr auf der Basis der Vorauszahlungen des vorangegangenen Jahres neu berechnet und jeweils bis zum *10. Februar* beim Finanzamt angemeldet und bezahlt werden.

Vordrucke

Die amtlichen Vordrucke für die Erstellung der Umsatzsteuer-Voranmeldungen stellen die Finanzämter kostenlos zur Verfügung. Andere Vordrucke, welche z.B. die Steuerberaterorganisationen oder der Bürobedarfshandel anbieten, dürfen nur verwendet werden, wenn diese den amtlichen Mustern entsprechen[1].

7.3 Jahreserklärungen

Abgabe

Jeder Unternehmer ist zur Abgabe einer Umsatzsteuer-Jahreserklärung verpflichtet. Die regelmäßige Abgabe der Voranmeldungen während des Kalenderjahres entbindet nicht von dieser Verpflichtung. Unternehmer, die wegen der *geringen USt-Zahllast* (nicht mehr als 1.000 DM) von der Abgabe der Voranmeldungen be-

C

freit sind, melden mit der Umsatzsteuer-Jahreserklärung ihre gesamten Umsätze eines Kalenderjahres an.

Diese muß im allgemeinen bis spätestens *31. Mai des Folgejahres* beim Finanzamt eingereicht werden.

BEACHTEN SIE:

Ist ein Steuerberater mit der Ausfertigung der Steuererklärung beauftragt und ist dieser Umstand dem Finanzamt bekannt, verlängert sich die Frist automatisch bis zum 30. September des Folgejahres. Sofern ausreichende Gründe vorliegen, kann allerdings auch dann ein Antrag auf Fristverlängerung gestellt werden, wenn der Unternehmer seine Steuererklärungen selbst erstellt.

Selbstberechnung

Mit der USt-Jahreserklärung erfolgt die *Selbstberechnung* der Umsatzsteuer für das gesamte Kalenderjahr. Die Umsatzsteuerbeträge sämtlicher steuerpflichtiger Vorgänge des betreffenden Jahres werden darin zusammengefaßt und die *Umsatzsteuer-Zahllast* unter Abzug der Vorsteuerbeträge und ggf. unter Berücksichtigung sonstiger Zu- oder Abrechnungsbeträge (z.B. Vorsteuerberichtigung nach § 15a UStG) ermittelt. Nach Anrechnung der geleisteten Vorauszahlungen verbleibt die zu entrichtende Abschlußzahlung. Waren die bisher geleisteten Vorauszahlungen höher als die sich aus der Jahreserklärung ergebende Zahllast, wird der Differenzbetrag vom Finanzamt erstattet oder mit anderen Steueransprüchen verrechnet.

BEISPIEL

	Architekt A 1998 DM		Architekt B 1998 DM
Summe USt aus Lieferungen und sonstigen Leistungen	35.000		35.000
Vorsteuern	10.000		10.000
USt-Zahllast	25.000		25.000
Vorauszahlungen	22.000		30.000
Abschlußzahlung	**3.000**	**Erstattung**	**5.000**

[1] BMF, Schreiben vom 13.10.1994, BStBl I 1994 S. 800

D Vermögensteuer

1 Wegfall der Vermögensteuer

In einer Grundsatzentscheidung hat das BVerfG entschieden, daß die Vermögensteuer in der bisherigen Form lediglich bis einschließlich 1996 erhoben werden darf[1]. Dies führte zur Aussetzung der Vermögensteuerfestsetzungen durch das Jahressteuergesetz 1997 ab dem 1.1.1997.

Fraglich war lediglich, ob nach dem 1.1.1997 auch Festsetzungen für die Zeiträume bis einschließlich 1996 nicht mehr zulässig sind. Insoweit haben jedoch sowohl der BFH als auch das BVerfG entschieden, daß Festsetzungen für die Jahre bis einschließlich 1996 auch nach dem 1.1.1997 zulässig sind[2].

BEACHTEN SIE:

Nicht von der Aufhebung betroffen ist der Einheitswert des dem freien Beruf dienenden Vermögens. Bei Freiberuflern, die ihre Praxis als Einzelunternehmer oder als Personengesellschaft betreiben, stellt die Vermögensteuer die einzige laufend veranlagte Steuer dar, für die der Einheitswert des dem freien Beruf dienenden Vermögens von Bedeutung ist. Mit dem Wegfall der Vermögensteuer entfällt damit praktisch auch die Einheitswertfeststellung.

2 Vermögensbesteuerung bis 1996

2.1 Persönliche und sachliche Steuerpflicht

Natürliche Personen und Körperschaften sind *unbeschränkt vermögensteuerpflichtig*, wenn sie im Bundesgebiet ihren Wohnsitz oder ihren gewöhnlichen Aufenthalt bzw. ihre Geschäftsleitung oder ihren Sitz haben. Der Besteuerung unterliegt dem Grunde nach das Weltvermögen, soweit nach dem Vermögensteuergesetz und dem Bewertungsgesetz steuerpflichtiges Vermögen vorliegt und keine Einschränkung des Besteuerungsrechts (z.B. durch DBA) gegeben ist.

Natürliche Personen und Körperschaften, die weder ihren Wohnsitz noch ihren gewöhnlichen Aufenthalt bzw. weder Sitz noch Ort der Geschäftsleitung im Inland haben, unterliegen als *beschränkt Steuerpflichtige* nur mit ihrem Inlandsvermögen der Besteuerung.

2.2 Veranlagungsart und Veranlagungszeitpunkt

Bei unbeschränkter Steuerpflicht aller Beteiligten werden zwingend *zusammen veranlagt*:

- Ehegatten, wenn sie nicht dauernd getrennt leben,
- Ehegatten und Kinder oder Einzelpersonen und Kinder, wenn diese eine Haushaltsgemeinschaft bilden und die Kinder das 18. Lebensjahr noch nicht vollendet haben.

Auf gemeinsamen Antrag werden bei unbeschränkter Steuerpflicht aller Beteiligten ferner Ehegatten oder Einzelpersonen auch mit Kindern zusammen veranlagt, die das 18. Lebensjahr überschritten haben, wenn bestimmte Voraussetzungen erfüllt sind.

Bei der Zusammenveranlagung ist das Vermögen aller beteiligten Personen zu einem einheitlichen Gesamtvermögen zusammenzurechnen.

Fehlt es an den Voraussetzungen für die Zusammenveranlagung, sind jeweils Einzelveranlagungen durchzuführen. In diesem Fall hat jede Person nur ihr eigenes Vermögen der Besteuerung zu unterwerfen.

Eine Vermögensteuererklärung ist grundsätzlich zu jedem *Hauptveranlagungszeitpunkt* abzugeben, sofern ein steuerpflichtiges Vermögen vorhanden ist. Maßgebender Stichtag zur Feststellung des steuerpflichtigen Vermögens ist jeweils der 1. Januar eines Jahres. Die letzten Hauptveranlagungszeitpunkte waren der 1.1.1993 und der 1.1.1995. Auf den darauffolgenden Stichtag 1.1.1996 ist eine *Neuveranlagung* nur durchzuführen und somit eine Steuererklärung abzugeben, wenn sich entweder das Vermögen soweit verändert hat, daß die Wertgrenzen für eine Neuveranlagung überschritten sind, oder sich die Verhältnisse für die Zusammenveranlagung ändern.

2.3 Besteuerungsgrundlagen

Die Besteuerungsgrundlagen ergeben sich aus

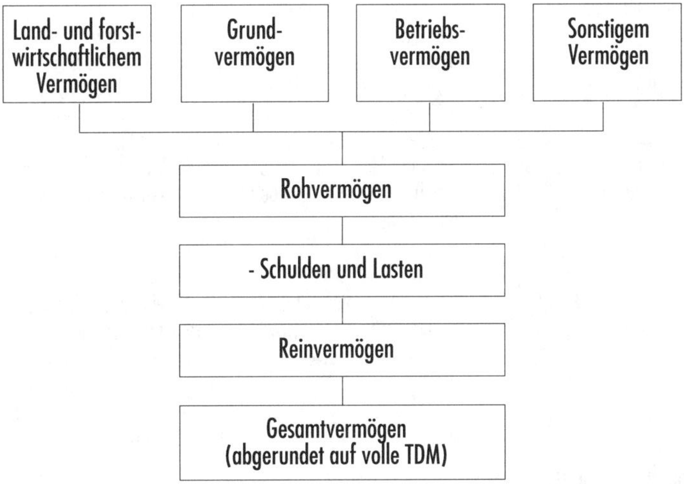

Übersicht über die Wertansätze

Vermögensart	Wertansatz	Freibetrag/Freigrenze
Land- und forstwirtschaftliches Vermögen		
Zum land- und forstwirtschaftlichen Vermögen gehören alle Wirtschaftsgüter, die einem Betrieb der Land- und Forstwirtschaft dauernd zu dienen bestimmt sind.	Ansatz der wirtschaftlichen Einheiten mit dem Einheitswert	
Grundvermögen		
Grundstücke	Einheitswert x 140 %	
Betriebsvermögen		
Gewerbebetrieb Beteiligung an einer gewerblich tätigen PersG Freiberufliche Praxis Beteiligung an einer freiberuflichen Praxis	Einheitswert des Betriebsvermögens Anteil am Einheitswert des Betriebsvermögens Einheitswert des dem freien Beruf dienenden Vermögens Anteil am Einheitswert des dem freien Beruf dienenden Vermögens	Ist das Betriebsvermögen, für das ein Einheitswert für Zwecke der Vermögensteuer festgestellt ist, insgesamt positiv, bleibt es bei der Ermittlung des Gesamtvermögens bis zu einem Betrag von 500.000 DM außer Ansatz. Der übersteigende Teil ist mit 75 % anzusetzen.
Sonstiges Vermögen		
Ansatz der in § 110 BewG und § 111 BewG genannten Vermögenswerte	Der Ansatz erfolgt mit dem jeweils nach §§ 9 ff. BewG maßgebenden Bewertungsmaßstab.	Für die einzelnen Vermögenswerte sind Freigrenzen und Freibeträge zu beachten, die mit der Gesamtzahl der zusammenveranlagten Personen zu vervielfältigen sind.
Schulden und sonstige Abzüge		
Ansatz der in § 118 BewG genannten Schulden und sonstige Abzüge	Der Ansatz erfolgt mit dem jeweils nach §§ 9 ff. BewG maßgebenden Bewertungsmaßstab	

2.4 Persönliche Freibeträge

Bei der Veranlagung einer unbeschränkt steuerpflichtigen natürlichen Person bleiben 70 000 DM (ab 1.1.1995: 120.000 DM[3]) und im Falle der Zusammenveranlagung von Ehegatten 140.000 DM (ab 1. 1. 1995: 240.000 DM) vermögensteuerfrei.

Für jedes Kind, das mit einem Steuerpflichtigen oder mit Ehegatten zusammen veranlagt wird, sind weitere 70.000 DM (ab 1.1.1995: 120.000 DM) vermögensteuerfrei. Kinder im Sinne des Gesetzes sind eheliche Kinder, für ehelich erklärte Kinder, nichteheliche Kinder, Stiefkinder, Adoptivkinder und Pflegekinder.

2.5 Steuersätze

Bis zum 31.12.1994 betrug die Vermögensteuer jährlich

- für natürliche Personen *0,5 vom Hundert* des steuerpflichtigen Vermögens;
- für die in § 1 Abs. 1 Nr. 2 und § 2 Abs. 1 Nr. 2 bezeichneten Körperschaften, Personenvereinigungen und Vermögensmassen *0,6 vom Hundert* des steuerpflichtigen Vermögens.

Ab dem 1.1.1995 beträgt die Vermögensteuer jährlich

- für natürliche Personen *1 vom Hundert* des steuerpflichtigen Vermögens. Sie beträgt *0,5 vom Hundert* des steuerpflichtigen Vermögens, soweit in dem steuerpflichtigen Vermögen land- und forstwirtschaftliches Vermögen, Betriebsvermögen und Wirtschaftsgüter im Sinne des § 110 Abs. 1 Nr. 3 des Bewertungsgesetzes enthalten sind; der Wert dieses Vermögens ist auf volle tausend Deutsche Mark nach oben aufzurunden;
- für die in § 1 Abs. 1 Nr. 2 und § 2 Abs. 1 Nr. 2 bezeichneten Körperschaften, Personenvereinigungen und Vermögensmassen *0,6 vom Hundert* des steuerpflichtigen Vermögens.

3 Einheitswert des dem freien Beruf dienenden Vermögens

3.1 Feststellungsarten

Feststellungszeitpunkt ist stets der 1. Januar. Das Bewertungsgesetz unterscheidet zwischen:

- *Hauptfeststellung*
  Der Einheitswert des dem freien Beruf dienenden Vermögens wird grundsätzlich alle 3 Jahre festgestellt (§ 21 Abs. 1 Nr. 2 BewG). Die auf den sog. Hauptfeststellungszeitpunkt festgestellten Werte sind dann drei Jahre lang gültig. Von dem Zeitraum von 3 Jahren kann abgewichen werden. Von dieser Ausnahmeregelung wurde insoweit Gebrauch gemacht, daß zum 1.1.1993 und zum 1.1.1995 eine Hauptfeststellung durchgeführt wurde.
- *Nachfeststellung*
  Eine Nachfeststellung ist u.a. durchzuführen, wenn ein Betrieb zwischen den Hauptfeststellungszeitpunkten neu gegründet wurde.
- *Wertfortschreibung*
  Werden bestimmte Wertabweichungsgrenzen überschritten, ist auch zwischen den Hauptfeststellungszeitpunkten eine neue Wertermittlung durchzuführen.
- *Aufhebung des Einheitswerts*
  Der Einheitswert ist aufzuheben, wenn der Betrieb zwischen den Hauptfeststellungzeitpunkten aufgegeben oder veräußert wird.

3.2 Wertansätze in der Vermögensaufstellung

Bei Freiberuflern, die ihren Gewinn durch Betriebsvermögensvergleich ermitteln, sind die zum Betriebsvermögen gehörenden Wirtschaftsgüter, sonstigen aktiven Ansätze, Schulden und sonstigen passiven Ansätze mit den Steuerbilanzwerten anzusetzen (§ 109 Abs. 1 BewG). Eine Ausnahme stellen die Wirtschaftsgüter dar, für die ein *Einheitswert* festzustellen ist sowie *Wertpapiere* und *Anteile an Kapitalgesellschaften* (§ 109 Abs. 3 und 4 BewG).

Ein Einheitswert ist festzustellen für *Betriebsgrundstücke* und *für Beteiligungen an Personengesellschaften*. Der Ansatz der Betriebsgrundstücke einer freiberuflichen Praxis ist der um 40 % erhöhte Einheitswert. Für Wertpapiere und Anteile an Kapitalgesellschaften, z.B. GmbH, gilt der *Kurswert* vom 31. Dezember bzw. der ermittelte *gemeine Wert* vom 31. Dezember. *Erbbauzinsansprüche* und *Erbbauzinsverpflichtungen* werden in der Bilanz nicht erfaßt. Sie werden aber mit dem *Kapitalwert* in der Vermögensaufstellung angesetzt.

Für *nichtbilanzierende* Freiberufler gelten hinsichtlich des Wertansatzes folgende *Besonderheiten*:

Die Wirtschaftsgüter des *abnutzbaren Anlagevermögens* werden mit dem sich aus dem Anlageverzeichnis ergebenden ertragsteuerlichen Wert angesetzt. Handelt es sich dabei um Grundbesitz, gilt als Wertansatz ebenfalls das 1,4fache des Einheitswerts. Für Wertpapiere und GmbH-Anteile ist der Kurswert oder der *gemeine Wert* maßgebend. Das Recht auf den Erbbauzins und die Erbbauzinsverpflichtung ist mit dem *Kapitalwert* anzusetzen. Der Kapitalwert ist auch maßgebend bei der Bewertung der Rentenansprüche bzw. Nießbrauchsrechte sowie der Rentenverpflichtungen und Nießbrauchslasten. Die *Kapitalforderungen* und Schulden werden entweder mit dem *Nennwert* oder bei unverzinslichen, niedrig- oder hochverzinslichen Forderungen und Schulden mit dem *Gegenwartswert* bewertet. Uneinbringliche Forderungen bleiben außer Ansatz. Zweifelhafte Forderungen werden mit dem voraussichtlich noch eingehenden Betrag angesetzt. Alle übrigen Wirtschaftsgüter sind mit dem für das Betriebsvermögen allgemein geltenden Bewertungsmaßstab *Teilwert* zu bewerten.

BEACHTEN SIE:

Bei Waren und beim sonstigen Vorratsvermögen entspricht der Teilwert den *Wiederbeschaffungskosten* am Bewertungsstichtag. Für nichtbilanzierende Betriebe ist es daher erforderlich, auf den 1. Januar eine Art Inventar zu erstellen. Dieser Wertansatz beeinflußt aber nicht die Gewinnermittlung.

Die nachstehende Zusammenstellung gibt nochmals einen Überblick über die wesentlichen Ansätze:

Art der Wirtschaftsgüter	Bilanzierende Betriebe	Nichtbilanzierende Betriebe
Besitzposten		
Betriebsgrundstücke i.S.d. § 99 Abs. 1 Nr. 1 BewG (Grundstücke)	Einheitswert x 1,4 (§ 121a BewG)	Einheitswert x 1,4 (§ 121a BewG)
ausländisches Sachvermögen	Bilanzwert	gemeiner Wert (§ 31 BewG)
übriges abnutzbares Anlagevermögen	Bilanzwert	ertragsteuerlicher Wert laut Anlageverzeichnis
Beteiligungen an Personengesellschaften	Anteil am Einheitswert	Anteil am Einheitswert
notierte Wertpapiere	Kurswert am 31.12.	Kurswert am 31.12.
nichtnotierte Anteile an Kapitalgesellschaften	gemeiner Wert (§ 11 BewG) am 31.12.	gemeiner Wert (§ 11 BewG) am 31.12.
Erbbauzinsansprüche/ Erbbauzinsverpflichtungen	Kapitalwert (§ 13 BewG bis § 15 BewG)	Kapitalwert (§ 13 BewG bis § 15 BewG)
Vorratsvermögen, z.B. Waren	Bilanzwert	Teilwert
Kapitalforderungen	Bilanzwert	Wert (§ 12 BewG)
Renten und wiederkehrende Nutzungen und Leistungen	Bilanzwert	Kapitalwert (§§ 13 BewG bis § 15 BewG)
Sachleistungsansprüche	Bilanzwert in Höhe der Anzahlung	Teilwert
Schulden in Zusammenhang mit Betriebsgrundstücken	Bilanzpassivposten	Wert (§ 12 BewG)
Kapitalschulden	Bilanzwert	Wert (§ 12 BewG)
Rentenverpflichtungen und wiederkehrende Lasten (Nießbrauchsverpflichtungen)	Bilanzwert	Wert (§§ 13 bis 15 BewG)
Passive Rechnungsabgrenzungsposten	Bilanzwert	Ansatz mit Teilwert, wenn echte Verbindlichkeiten
Wertberichtigungen	Bilanzwert	kein Ansatz
Sachleistungsverpflichtungen	Bilanzwert in Höhe der Anzahlung	Teilwert

[1] BVerfG, Beschluß vom 22.6.1995, BStBl 1995 II S. 655
[2] BFH, Beschluß vom 18.6.1997, II B 33/97, BStBl 1997 II S. 515; BVerfG, Beschluß vom 30.3.1998, 1 BvR 1831/97
[3] Neufassung ab 1.1.1993 durch das Zinsabschlaggesetz vom 9.11.1992, BGBl 1992 I S. 1853

E Freiberufler als Arbeitgeber

Egal ob Architekt, Arzt, Rechtsanwalt oder ein anderer freiberuflicher Berufszweig: Für Tätigkeiten in der Büro- und Praxisorganisation, zur Erledigung von Verwaltungsarbeiten oder zur Unterstützung in anderen Arbeitsfeldern beschäftigt nahezu jeder Freiberufler einen oder mehrere *Arbeitnehmer*. Dadurch wird er selbst zum *Arbeitgeber*, der eine Vielzahl von Pflichten zu beachten hat. Zu den wichtigsten Arbeitgeberpflichten gehört die Einbehaltung, Anmeldung und Abführung der Lohn- und Kirchensteuern sowie der Sozialabgaben. Was dabei zu beachten ist, wird nachfolgend dargestellt und erläutert.

1 Lohnsteueranmeldung und -abführung

1.1 Erhebung der Lohnsteuer

Einkünfte aus nichtselbständiger Arbeit unterliegen genauso wie andere Einkünfte der Einkommensteuer. Allerdings wird bei den Arbeitsentgelten die Steuer als *Lohnsteuer* unmittelbar bei Auszahlung der Bezüge erhoben.

Den Steuerabzug vom Arbeitslohn hat der *Arbeitgeber* im Rahmen der jeweiligen Lohn- oder Gehaltsabrechnung vorzunehmen. Dabei ist es gleichgültig, ob es sich um laufende oder einmalige Bezüge handelt und in welcher Form, z.B. durch Barzahlung oder als Sachbezug, das Arbeitsentgelt gewährt wird.

Der Lohnsteuerabzug erstreckt sich auch auf Arbeitslöhne, die aus einem *früheren oder für ein künftiges* Beschäftigungsverhältnis gezahlt werden.

Wer ist Arbeitgeber?

Arbeitgeber ist jeder Freiberufler, der Arbeitnehmer beschäftigt. Wird die freiberufliche Tätigkeit nicht als Einzelpraxis oder Einzelbüro, sondern in anderer Rechtsform ausgeübt, so gehen die Arbeitnehmerpflichten auf die Gesellschaft oder deren Gesellschafter über. Dies können z.B. sein:

- Sozietäten
- Büro- oder Praxisgemeinschaften
- Partnerschaftsgesellschaften
- Freiberufler-GmbHs

Die Verpflichtung zum Lohnsteuerabzug besteht nur für *inländische Arbeitgeber*.

Wer ist Arbeitnehmer?

Die steuerliche Definition des Arbeitnehmerbegriffs geht davon aus, daß ein *Dienstverhältnis* dann vorliegt, wenn der Beschäftigte bei der Ausübung einer Tätigkeit unter der Leitung seines Arbeitgebers steht und dessen Weisungen zu befolgen hat. *Abgrenzungsprobleme* bei der Frage, ob ein Mitarbeiter Arbeitnehmer ist oder die Tätigkeit selbständig ausübt, ergeben sich gerade bei Freiberuflern relativ oft.

PRAXIS-TIP

Die Abgrenzung Arbeitnehmer/freier Mitarbeiter fällt leichter, wenn folgende Grundsätze beachtet werden:

Schuldet der Mitarbeiter weniger einen bestimmten Arbeitserfolg als seine *Arbeitsleistung*, muß zumeist davon ausgegangen werden, daß er Arbeitnehmer ist. Steht umgekehrt der Arbeitserfolg im Vordergrund und ist es dem Arbeitgeber bzw. Auftraggeber gleichgültig, unter welchen Umständen die Arbeit ausgeführt wurde, spricht dies dafür, daß der Beschäftigte ein freier Mitarbeiter ist. Dies kann z.B. der Fall sein, wenn ein Ingenieur- oder Rechtsanwaltsbüro einen freien Mitarbeiter mit der Erstellung eines Gutachtens beauftragt und die einzige Bedingung die Einhaltung eines bestimmten Abgabetermins ist. Zur Beurteilung dieser Abgrenzungsfrage ist die inhaltliche, aber auch die tatsächliche Ausgestaltung des *Vertragsverhältnisses* von besonderer Bedeutung.

1.2 Lohnsteuerabzug

Der Arbeitgeber behält den jeweiligen Lohnsteuerbetrag vom Bruttoarbeitslohn ein.

Die Lohnabrechnung wird in der Regel *monatlich* vorgenommen, wöchentliche oder tägliche Abrechnungen sind grundsätzlich auch möglich. Dem Arbeitnehmer werden die *Nettobezüge* nach Abzug der Lohnsteuer und möglicher anderer Abzugsbeträge, z.B. zur Sozialversicherung, ausbezahlt.

BEISPIEL

Die Lohnabrechnung Februar 1998 für Ihre Arzthelferin (Steuerklasse I) sieht wie folgt aus:

Bruttoarbeitslohn		3.000,00 DM
abzüglich		
Lohnsteuer	475,00 DM	
Solidaritätszuschlag (5,5 %)	26,12 DM	
Kirchenlohnsteuer (8 %)	38,00 DM	
Sozialversicherung	630,00 DM	1.169,12 DM
Auszuzahlende Nettobezüge		**1.830,88 DM**

Zur Berechnung der Lohnsteuer ist die für das jeweilige Kalenderjahr maßgebliche Lohnsteuertabelle zugrunde zu legen. Innerhalb der Lohnsteuertabellen wird nach sechs verschiedenen Steuerklassen unterschieden. Die für den jeweiligen Arbeitnehmer anzuwendende Steuerklasse ergibt sich aus der Lohnsteuerkarte, die jeder Beschäftigte seinem Arbeitgeber vorzulegen hat. Die Lohnsteuerkarte wird von der Wohnsitzgemeinde des Arbeitnehmers ausgestellt. Ist auf der Lohnsteuerkarte ein Steuerfreibetrag eingetragen, muß dieser vor Anwendung der Lohnsteuertabelle vom jeweiligen Bruttoarbeitslohn abgezogen werden.

BEACHTEN SIE:

Legt ein Arbeitnehmer aus eigenem Verschulden keine Lohnsteuerkarte vor, muß vom Bruttoarbeitslohn der Lohnsteuerabzug nach der ungünstigsten Lohnsteuerklasse VI vorgenommen werden.

In bestimmten Ausnahmefällen, z.B. bei der Beschäftigung von Aushilfskräften, kann die Vornahme einer *Lohnsteuerpauschalierung* in Betracht kommen. Hierzu wird keine Lohnsteuerkarte benötigt.

1.3 Lohnsteueranmeldung

Der Arbeitgeber ist zur Abgabe von Lohnsteueranmeldungen verpflichtet. Hierzu müssen die *amtlich vorgeschriebenen Vordrucke* verwendet werden. Diese sind bei jedem Finanzamt erhältlich.

Für jeden Lohnsteueranmeldungszeitraum ist eine *einheitliche Lohnsteueranmeldung* abzugeben. Eine Aufteilung der Anmeldungen, z.B. nach Akademikern und Nichtakademikern, oder die Einreichung einer getrennten Lohnsteueranmeldung für den oder die Gesellschafter-Geschäftsführer bei einer Freiberufler-GmbH ist nicht zulässig. In der Lohnsteueranmeldung eines jeden Anmeldungszeitraums sind die gesamten im betreffenden Zeitraum von den Arbeitnehmern einbehaltenen Lohn- und Kirchensteuerbeträge sowie etwaige sonstige Abgaben (z.B. Solidaritätszuschlag) anzugeben. Lohnsteuerbeträge aufgrund von *Pauschalierungen* sind ebenfalls mit einzubeziehen. Wann und wie oft die Anmeldung abzugeben ist, hängt vom Lohnsteueraufkommen des einzelnen Arbeitgebers ab. Näheres ergibt sich aus der nachstehenden Übersicht:

Jahreslohnsteuer des Vorjahres	Lohnsteueranmeldungs-Zeitraum	Anmeldung abzugeben bis
nicht mehr als 1.600 DM	Kalenderjahr	10. Januar des Folgejahres
mehr als 1.600 DM bis höchstens 6.000 DM	Kalendervierteljahr	10. Januar 10. April 10. Juli 10. Oktober
mehr als 6.000 DM	Kalendermonat	10. Tag des Folgemonats

Bestand die Betriebsstätte nicht während des ganzen vorangegangenen Kalenderjahres, muß für die Ermittlung des maßgeblichen Anmeldungszeitraums das Lohnsteueraufkommen des Vorjahres auf einen Jahresbetrag hochgerechnet werden.

BEISPIEL

Sie haben am 1.11.1998 in Freiburg eine Rechtsanwaltskanzlei eröffnet. Im November und Dezember 1998 sind hier je 450 DM an Lohnsteuer angefallen. Sie nehmen folgende Berechnung zur Ermittlung des für Sie maßgeblichen Anmeldungszeitraums vor:

450 DM x 12 Monate = 5.400 DM

Da sich aus der Umrechnung auf 12 Monate ein Betrag von mehr als 1.600 DM, aber nicht mehr als 6.000 DM ergeben hat, sind Sie verpflichtet, im Jahr 1999 vierteljährliche Lohnsteueranmeldungen beim Finanzamt einzureichen.

PRAXIS-TIP

Hat die Betriebsstätte im vorangegangenen Kalenderjahr noch gar nicht bestanden, muß die im ersten vollen Kalendermonat entstandene Lohnsteuer entsprechend dem obigen Beispiel auf einen Jahresbetrag umgerechnet werden. Aus dem so ermittelten Wert ergibt sich dann der maßgebliche Anmeldungszeitraum.

Die Verpflichtung zur Abgabe von Lohnsteueranmeldungen entfällt, wenn der Arbeitgeber *keine Arbeitnehmer* mehr beschäftigt und er dies seinem zuständigen Finanzamt mitgeteilt hat. In allen anderen Fällen sind weiterhin Anmeldungen einzureichen, ggf. mit einer Steuerschuld von 0 DM.

1.4 Zahlung der Lohnsteuer

Der Arbeitgeber muß den in der Lohnsteueranmeldung ausgewiesenen Betrag an das zuständige *Betriebsstättenfinanzamt* abführen. Für die Zahlung gelten die gleichen Fristen wie für die Abgabe der Lohnsteueranmeldung.

Wichtig!
Um Fehlbuchungen seitens des Finanzamts und damit möglicherweise verbundene Unannehmlichkeiten zu vermeiden, sollten auf der Überweisung oder dem Scheck folgende Angaben gemacht werden:
- Steuernummer
- Bezeichnung der Steuer (hier: Lohnsteuer)
- Lohnsteueranmeldungszeitraum

1.5 Aufzeichnungspflichten/Lohnkonto

Der Arbeitgeber muß für jeden Arbeitnehmer ein *Lohnkonto* führen. Im Lohnkonto sind folgende *Grundangaben* zum jeweiligen Beschäftigten aufzuzeichnen:
- Name und Vorname
- Geburtstag
- Anschrift
- Steuerklasse lt. Lohnsteuerkarte
- Zahl der Kinder lt. Lohnsteuerkarte; bei Änderung in der Zahl der Kinder ist der Zeitpunkt zu vermerken, von dem an die Änderung gilt
- Religionsbekenntnis
- Gemeinde, die die Lohnsteuerkarte ausgestellt hat
- Finanzamt, in dessen Bezirk die Lohnsteuerkarte ausgestellt wurde
- steuerfreier Jahresbetrag und Monatsbetrag (ggf. Wochen- oder Tagesbetrag), der auf der Lohnsteuerkarte bescheinigt ist, und der Zeitraum, für den die Eintragung gilt
- bei Arbeitnehmern, für die dem Arbeitgeber eine Freistellungsbescheinigung (§ 39b Abs. 6 EStG) vorliegt, ist der Zeitraum anzugeben, für den die Lohnsteuerbefreiung gilt, sowie das Finanzamt, das die Bescheinigung ausgestellt hat, und der Tag der Ausstellung
- bei Auszahlung des Kindergeldes durch den Arbeitgeber: Kindergeldnummer, Ausstellungsdatum der Kindergeldbescheinigung sowie Zeiträume und Beträge des monatlich auszuzahlenden Kindergeldes (siehe auch 8)

Bei Vorname *einer jeden Lohnabrechnung* ist im Lohnkonto folgendes einzutragen:
- Tag der Lohnzahlung
- Lohnzahlungszeitraum
- Großbuchstabe U, wenn während der Dauer des Dienstverhältnisses an min-

destens fünf aufeinander folgenden Arbeitstagen der Anspruch auf Arbeitslohn im wesentlichen weggefallen ist, also z.B. bei unbezahltem Urlaub

- Arbeitslohn, getrennt nach Barlohn und Sachbezügen, ohne Kürzung um den Versorgungsfreibetrag und den Freibetrag für Belegschaftsrabatte
- hochgerechneter Bruttolohn bei Nettolohnvereinbarung
- einbehaltene Lohn- und Kirchensteuer
- steuerfreie Bezüge mit Ausnahme der Trinkgelder
- Bezüge, die nach einem DBA oder unter Progressionsvorbehalt von der Lohnsteuer freigestellt sind
- gezahltes Kurzarbeiter- oder Schlechtwettergeld
- Zuschuß zum Mutterschaftsgeld
- Entschädigungen für Verdienstausfall nach dem Bundesseuchengesetz
- sonstige Bezüge für Zeiträume, die zu mehreren Kalenderjahren gehören, und Entschädigungen, von denen die Lohnsteuer nur zur Hälfte einzubehalten war, und die jeweils davon einbehaltene Lohn- und Kirchensteuer
- Bezüge, die pauschal besteuert werden und die darauf entfallende Lohn- und Kirchensteuer (ggf. Aufzeichnung in einem Sammelkonto)

Die Eintragungen im Lohnkonto können handschriftlich vorgenommen werden; selbstverständlich ist jedoch auch die Führung von *Lohnkonten per EDV* zulässig. In jedem Fall sind die oben aufgezählten Aufzeichnungspflichten einzuhalten.

BEACHTEN SIE:

Aufzeichnungserleichterungen können von den Oberfinanzdirektionen zugelassen werden, wenn die Möglichkeit zur Nachprüfung trotzdem gewährleistet bleibt. Dazu ist im Lohnkonto die Zahlung der Bezüge und die Art der Aufzeichnung zu vermerken. Auf die Aufzeichnung von Personalrabatten im Lohnkonto kann das Betriebsstättenfinanzamt auf Antrag des Arbeitgebers verzichten, wenn es nach den betrieblichen Verhältnissen so gut wie ausgeschlossen ist, daß der Freibetrag von 2.400 DM im Einzelfall überschritten wird.

1.6 Abschluß des Lohnsteuerabzugs/Lohnsteuerkarte

Bei Beendigung eines Beschäftigungsverhältnisses oder am Ende eines Kalenderjahres muß der Arbeitgeber das Lohnkonto des Arbeitnehmers abschließen und die vom Arbeitnehmer vorgelegte *Lohnsteuerkarte* ausfüllen. Der Arbeitgeber muß dabei aufgrund der Aufzeichnungen im Lohnkonto folgende Eintragungen auf der Lohnsteuerkarte vornehmen:

- Dauer des Beschäftigungsverhältnisses während des Kalenderjahres
- Anzahl der im Lohnkonto vermerkten Großbuchstaben U
- Art und Höhe des gezahlten Arbeitslohns
- einbehaltene Lohnsteuer und Kirchensteuer sowie sonstige Abzugsbeträge wie z.B. den Solidaritätszuschlag
- Kurzarbeitergeld, Schlechtwettergeld, Zuschuß zum Mutterschaftsgeld, Entschädigungen für Verdienstausfall nach dem Bundesseuchengesetz, Aufstockungsbeträge nach dem Altersteilzeitgesetz
- vollständige Anschrift des Arbeitgebers
- Zuschüsse zu freiwilligen Krankenversicherungen
- Arbeitnehmeranteil am Gesamtsozialversicherungsbeitrag (Renten-, Kranken-, Pflege- und Arbeitslosenversicherung)
- steuerfreie Barzuschüsse für die Nutzung öffentlicher Verkehrsmittel
- pauschal versteuerte Zuschüsse für die Benutzung eines arbeitnehmereigenen Kfz für die Fahrten zwischen Wohnung und Arbeitsstätte
- Großbuchstabe F bei unentgeltlicher oder verbilligter Beförderung von Arbeitnehmern zur Arbeitsstätte
- die Summe des vom Arbeitgeber ausgezahlten Kindergeldes sowie der Kalendermonat, für den zuletzt das Kindergeld gezahlt wurde

1.7 Änderung des Lohnsteuerabzugs

Der Arbeitgeber darf bei der jeweils *nächstfolgenden Lohnzahlung* bisher erhobene Lohnsteuer erstatten oder noch nicht erhobene Lohnsteuerbeträge nachträglich einbehalten, wenn er erkennt, daß der Lohnsteuerabzug bisher in *unzutreffender Höhe* erfolgte. Auch bei nachträglichen Änderungen der Angaben auf der Lohnsteuerkarte, z.B. Eintragung von Lohnsteuerfreibeträgen, ist dies zulässig. Es ist dabei allerdings genau zu beachten, wie weit die Änderung zurückreicht.

Nach Ablauf des Kalenderjahres oder – wenn das Beschäftigungsverhältnis vor Ablauf des Kalenderjahres endet – nach Beendigung des Beschäftigungsverhältnisses, ist eine Änderung des Lohnsteuerabzugs nur bis zur Vornahme der Eintragungen auf der Lohnsteuerkarte zulässig. Fälle, in denen der Arbeitgeber von der Berechtigung zur nachträglichen Einbehaltung von Lohnsteuer keinen Gebrauch gemacht hat oder die Lohnsteuer nicht nachträglich einbehalten werden kann, z.B. weil die Lohnsteuerkarte dem Arbeitnehmer bereits ausgehändigt wurde, müssen vom Arbeitgeber aufgrund der Vorschrift des *§ 41c Abs. 4 EStG* dem Betriebsstättenfinanzamt unverzüglich *angezeigt werden*. Die zuwenig erhobene Lohnsteuer wird das Finanzamt beim Arbeitnehmer nachfordern.

1.8 Kindergeld

Die Auszahlung von Kindergeld soll seit 1996 generell *durch den Arbeitgeber* erfolgen. Es gibt allerdings verschiedene Ausnahmeregelungen:

- Arbeitgeber, die auf Dauer nicht mehr als 50 Arbeitnehmer (ohne pauschal besteuerte Teilzeit- und Aushilfskräfte) beschäftigen, können sich von der Auszahlungspflicht befreien lassen.
- Ergibt sich in den Lohnsteueranmeldungen durch die Anrechnung des Kindergeldes auf die abzuführende Lohnsteuer auf Dauer ein Erstattungsbetrag, kann ebenfalls eine Befreiung beantragt werden.
- Für Arbeitnehmer, die nur kurzfristig beschäftigt werden (nicht länger als 6 Monate), ist per Gesetz die Familienkasse zur Auszahlung des Kindergeldes verpflichtet.
- Rückwirkende Kindergeldzahlungen dürfen nicht vorgenommen werden.

PRAXIS-TIP

Der Arbeitgeber darf nur dann von der Kindergeldzahlung absehen, wenn ihm über die Befreiung ein schriftlicher Bescheid des Arbeitsamts vorliegt. Die Befreiung wird nicht erteilt, wenn davon auszugehen ist, daß die Zahl der dort beschäftigten Arbeitnehmer innerhalb der nächsten 6 Monate über 50 Personen hinausgehen wird.

Kindergeldbescheinigung

Die Auszahlung des Kindergeldes darf der Arbeitgeber nur vornehmen, wenn ihm eine Kindergeldbescheinigung vorliegt. Diese Bescheinigung erhält der Arbeitnehmer auf Antrag von der *Familienkasse* des zuständigen Arbeitsamts. Aus der Kindergeldbescheinigung müssen folgende Angaben ersichtlich sein:

- der Kindergeldberechtigte,
- die Höhe der monatlichen Kindergeldbeträge,
- der Zeitraum, für den das Kindergeld zu zahlen ist.

Auszahlung des Kindergeldes
Sind alle Voraussetzungen erfüllt, darf der Arbeitgeber die Auszahlung des Kindergeldes *monatlich* mit den Lohn- oder Gehaltszahlungen vornehmen.

Für Monate, in denen *kein Arbeitslohn* zu zahlen ist, entfällt grundsätzlich die Auszahlungspflicht. Besteht allerdings das Dienstverhältnis fort, *darf* der Arbeitgeber auch für *Zeiträume ohne Lohnzahlung* (z.B. im Krankheitsfall oder bei unbezahltem Urlaub) die Auszahlung des Kindergeldes fortsetzen.

PRAXIS-TIP

Der Arbeitgeber hat in diesen Fällen ein Wahlrecht. Insbesondere bei nur kurzfristiger Unterbrechung der Lohnzahlungen dürfte es verwaltungstechnisch sinnvoll sein, die Kindergeldzahlungen fortzuführen.

Bei *Beendigung des Arbeitsverhältnisses* entfällt die Auszahlungspflicht des Arbeitgebers. Das Kindergeld ist nur noch für den letzten Beschäftigungsmonat an den Arbeitnehmer auszuzahlen, und zwar auch dann, wenn das Dienstverhältnis bereits während des Monats aufgelöst wurde.

Wegen der Aufzeichnung und Bescheinigung der Kindergeldzahlungen wird auf 1.5 und 1.6 verwiesen.

2 Betrieblicher Lohnsteuer-Jahresausgleich

2.1 Voraussetzungen

Während eines Kalenderjahres können Schwankungen in der Höhe des Arbeitslohns dazu führen, daß die Summe der einbehaltenen Lohnsteuer- und anderer Abzugsbeträge nicht exakt mit den Werten nach der *Jahreslohnsteuertabelle* übereinstimmt. Durch den betrieblichen Lohnsteuer-Jahresausgleich hat der Arbeitgeber die Möglichkeit, diese Differenzen ohne Antragstellung beim Finanzamt zu korrigieren und den Arbeitnehmern *zuviel einbehaltene* Steuerbeträge zu erstatten.

Die Durchführung des Lohnsteuer-Jahresausgleichs durch den Arbeitgeber ist an *verschiedene Voraussetzungen* gebunden. Der Lohnsteuer-Jahresausgleich darf danach nur vorgenommen werden, wenn

- der Arbeitnehmer am 31. Dezember des Ausgleichsjahres unbeschränkt steuerpflichtig ist,
- der Arbeitnehmer ganzjährig in einem lohnsteuerpflichtigen Dienstverhältnis gestanden hat und
- das Dienstverhältnis am 31. Dezember des Ausgleichsjahres noch besteht.

Unbeschränkt steuerpflichtig ist nur der Arbeitnehmer, der im Inland einen Wohnsitz oder gewöhnlichen Aufenthalt hat. Die Nationalität ist ohne Bedeutung.

Für Beschäftigte, die im Ausgleichsjahr teilweise in keinem oder lediglich in einem pauschalbesteuerten Dienstverhältnis standen, ist der Lohnsteuer-Jahresausgleich durch den Arbeitgeber *nicht zulässig*. Aus diesem Grund ist zur Durchführung des Lohnsteuer-Jahresausgleichs immer die Vorlage der *Lohnsteuerkarte* erforderlich, da dort etwaige *Fehlzeiten* ersichtlich sind.

Hatte ein Beschäftigter während des Jahres verschiedene Dienstverhältnisse, darf der betriebliche Lohnsteuer-Jahresausgleich nur von dem Arbeitgeber vorgenommen werden, bei dem er am *31. 12. des Ausgleichsjahres* beschäftigt ist.

PRAXIS-TIP

Eine Verpflichtung zur Vornahme des betrieblichen Lohnsteuer-Jahresausgleichs ergibt sich für den Arbeitgeber nur dann, wenn er insgesamt mindestens 10 Arbeitnehmer beschäftigt. Bei der Ermittlung der Anzahl der Arbeitnehmer sind Aushilfs- und Teilzeitkräfte, die der Lohnsteuerpauschalierung unterliegen, nicht zu berücksichtigen.

2.2 Durchführung

Grundlage für den Lohnsteuer-Jahresausgleich durch den Arbeitgeber ist der *Jahresarbeitslohn*. Dieser ergibt sich aus der *Zusammenrechnung* aller Arbeitslöhne, die dem Arbeitnehmer für das betreffende Kalenderjahr, ggf. auch aus früheren Dienstverhältnissen, auf der *Lohnsteuerkarte* bescheinigt wurden.

Ermäßigt besteuerte Entschädigungen und Vergütungen für mehrjährige Tätigkeiten dürfen in den Lohnsteuer-Jahresausgleich durch den Arbeitgeber nur einbezogen werden, wenn dies *vom Arbeitnehmer beantragt* wird. Solche Beträge sind dann *wie laufender Arbeitslohn* zu behandeln, d.h. mit den vollen Beträgen anzurechnen.

Wird von dem Beschäftigten kein entsprechender Antrag gestellt, müssen vor der Ermittlung des Ausgleichsbetrags die Entschädigungen und Vergütungen für mehrjährige Tätigkeiten sowie die darauf entfallenden Steuerabzugsbeträge aus der Berechnungsgrundlage herausgerechnet werden.

BEACHTEN SIE:

Der betriebliche Lohnsteuer-Jahresausgleich darf *frühestens* für den letzten im Ausgleichsjahr endenden Lohnzahlungszeitraum vorgenommen werden. In der Regel wird dies die Lohnabrechnung für den Dezember sein. *Spätester Zeitpunkt* für die Durchführung des Lohnsteuer-Jahresausgleichs durch den Arbeitgeber ist der letzte Lohnzahlungszeitraum, der im *März des Folgejahres* endet, also z.B. März 1998 für den Lohnsteuer-Jahresausgleich 1997.

2.3 Berechnung des Ausgleichsbetrages

Zur Ermittlung des dem Arbeitnehmer zustehenden Ausgleichsbetrags sind die *Jahreswerte laut Lohnkonto* heranzuziehen und den Beträgen nach der *Jahreslohnsteuertabelle* gegenüberzustellen. Dabei sind ggf. *Freibeträge* nach der Lohnsteuerkarte sowie ein etwa zu berücksichtigender Versorgungsfreibetrag oder Altersentlastungsbetrag vom Jahresarbeitslohn abzuziehen.

Der betriebliche Lohnsteuer-Jahresausgleich bleibt allerdings nicht auf die Lohnsteuer beschränkt. Die Lohnsteuer ist vielmehr *Maßstabssteuer* für die Kirchenlohnsteuer und ggf. andere Steuerabzugsbeträge, wie z.B. den Solidaritätszuschlag (SolZ), für die ebenfalls ein Jahresausgleich durchzuführen ist.

BEISPIEL

Für einen Arbeitnehmer entnehmen Sie für das Ausgleichsjahr *1998* aus dem Lohnkonto folgende Angaben:

E

Jahresarbeitslohn	58.420,00 DM
einbehaltene Lohnsteuer	12.654,00 DM
einbehaltene Kirchensteuer (8 %)	1.012,32 DM
einbehaltener Solidaritätszuschlag (5,5 %)	695,97 DM

Auf der Lohnsteuerkarte ist ein Freibetrag von 3.000 DM eingetragen. Somit ergibt sich folgende Berechnung:

Jahresarbeitslohn	58.420,00 DM
abzüglich Freibetrag	3.000,00 DM
maßgeblicher Jahresarbeitslohn	**55.420,00 DM**

Die Lohnsteuer-Jahresausgleichsbeträge können Sie nun – ausgehend vom maßgeblichen Jahresarbeitslohn von 55.420 DM – wie folgt ermitteln:

	Lohnsteuer	Kirchenlohnsteuer (8 %)	Solidaritätszuschlag (5,5 %)
Beträge lt. Jahres-lohnsteuertabelle	10.541,00 DM	843,28 DM	579,75 DM
bisher einbehalten	12.654,00 DM	1.012,32 DM	695,97 DM
Erstattungsbeträge	2.113,00 DM	169,04 DM	116,22 DM

2.4 Ausschlußgründe

Der betriebliche Lohnsteuer-Jahresausgleich darf nicht durchgeführt werden, wenn der Arbeitnehmer

- die Nichtdurchführung beantragt hat,
- im Kalenderjahr ganz oder teilweise nach Steuerklasse V oder VI besteuert wurde,
- für einen Teil des Ausgleichsjahres nach den Steuerklassen III oder IV besteuert wurde,
- im Ausgleichsjahr Kurzarbeitergeld, Schlechtwettergeld, Zuschuß zum Mutterschaftsgeld nach dem Mutterschutzgesetz, Entschädigungen für Verdienstausfall nach dem Bundesseuchengesetz, Aufstockungsbeträge nach dem Altersteilzeitgesetz oder andere steuerfreie Lohnersatzleistungen bezogen hat (Eintrag Großbuchstabe U im Lohnkonto bzw. auf der Lohnsteuerkarte),

- im Ausgleichsjahr nach der allgemeinen und der besonderen Lohnsteuertabelle zu besteuern war (Eintrag des Großbuchstabens B im Lohnkonto) oder
- im Ausgleichsjahr ausländische Einkünfte aus nichtselbständiger Arbeit bezogen hat, die nach einem Doppelbesteuerungsabkommen oder dem Auslandstätigkeitserlaß von der Lohnsteuer freigestellt waren.

2.5 Aufzeichnungs- und Bescheinigungspflichten

Die im Lohnsteuer-Jahresausgleich erstatteten Beträge an Lohnsteuer, Kirchenlohnsteuer und Solidaritätszuschlag sind im *Lohnkonto* zu vermerken. Dort ist auch der Inhalt etwaiger Lohnsteuerbescheinigungen aus vorangegangenen Dienstverhältnissen einzutragen.

PRAXIS-TIP

Auf der *Lohnsteuerkarte* des Arbeitnehmers sind lediglich die Nettobeträge an Lohnsteuer usw. zu bescheinigen, die sich nach Durchführung des Lohnsteuer-Jahresausgleichs ergeben. Ein gesonderter Hinweis auf Erstattungsbeträge aus dem betrieblichen Lohnsteuer-Jahresausgleich ist nicht vorzunehmen.

2.6 Permanenter Lohnsteuer-Jahresausgleich

Der permanente Lohnsteuer-Jahresausgleich ist ein spezielles Berechnungsverfahren bei *maschineller Lohnberechnung*. Die auf dem Markt befindlichen Computerprogramme ermöglichen bei jeder Lohnabrechnung den Vergleich der aufgelaufenen tatsächlich einbehaltenen Lohnsteuerbeträge mit den zutreffenden Werten laut Lohnsteuertabelle. Bei jeder neuen Lohnabrechnung nimmt das Programm eine Richtigstellung auf der Basis der aktuellen Zahlen vor. Es wird damit praktisch jeweils eine Art Lohnsteuer-Jahresausgleich durchgeführt.

E

BEACHTEN SIE:

Der permanente Lohnsteuer-Jahresausgleich hat für den Arbeitgeber den Vorteil, daß durch die automatische Neuberechnung der Steuerabzugsbeträge zu jedem Lohnabrechnungszeitraum der komplizierte Jahresausgleich am Ende des Kalenderjahres entfällt. Die Arbeitnehmer können darauf vertrauen, daß die Lohnsteuerberechnung Monat für Monat neu überprüft wird und mögliche Fehler frühzeitig korrigiert werden. Ein zusätzlicher Vorteil ergibt sich für die Beschäftigten mit den Steuerklassen V oder VI. Dieser Personenkreis ist vom betrieblichen Lohnsteuer-Jahresausgleich zum Ende des Kalenderjahres ausgeschlossen (siehe 2.4). Der permanente Lohnsteuerausgleich darf dagegen auch für diese Arbeitnehmer vorgenommen werden.

3 Wichtige Lohn- und Gehaltsbestandteile

Neben der Entlohnung in Geldbeträgen (Lohn oder Gehalt) erhalten Arbeitnehmer im Rahmen eines Arbeitsverhältnisses häufig auch Zuwendungen, die *nicht in Geld* bestehen. Unter bestimmten Voraussetzungen sind manche dieser Vorteile *steuerfrei*, während andere als *Sachbezüge oder geldwerter Vorteil* der Lohnsteuer zu unterwerfen sind. Nachfolgend werden die für Arbeitnehmer in freiberuflichen Unternehmen wichtigsten Vergütungsarten im einzelnen erläutert und deren lohnsteuerliche Behandlung dargestellt.

3.1 Abfindungen

Abfindungen wegen einer vom Arbeitgeber veranlaßten oder gerichtlich ausgesprochenen Auflösung des Arbeitsverhältnisses bleiben bis zu einem Betrag von *24.000 DM steuerfrei*. Höhere Freibeträge kommen unter folgenden Voraussetzungen zur Anwendung:

- Der Arbeitnehmer hat das 50. Lebensjahr vollendet und das Dienstverhältnis hat mindestens 15 Jahre bestanden: 30.000 DM
- Der Arbeitnehmer hat das 55. Lebensjahr vollendet und das Dienstverhältnis hat mindestens 20 Jahre bestanden: 36.000 DM

Zahlungen, die die o.g. Freibeträge übersteigen, sind steuerpflichtig. In der Regel unterliegen diese Beträge allerdings dann dem *ermäßigten Steuersatz*.

3.2 Aufmerksamkeiten

Unter Aufmerksamkeiten werden *Sachleistungen* des Arbeitgebers verstanden, die im gesellschaftlichen Verkehr allgemein üblich sind und zu keiner ins Gewicht fallenden Bereicherung beim Arbeitnehmer führen. Sie stellen *keinen Arbeitslohn* dar und sind deshalb *nicht steuerpflichtig*.

BEACHTEN SIE:

Zu den Aufmerksamkeiten gehören:

- Geschenke (ohne Geldgeschenke) bis zu einem Wert von 60 DM, z.B. Blumen, Genußmittel, Buch, Schallplatte, die dem Arbeitnehmer oder dessen Angehörigen aus Anlaß eines besonderen persönlichen Ereignisses zugewendet werden.
- Getränke und Genußmittel, die der Arbeitgeber seinen Arbeitnehmern zum Verzehr im Betrieb unentgeltlich oder verbilligt überläßt.
- Speisen, die der Arbeitgeber den Arbeitnehmern aus Anlaß und während eines außergewöhnlichen Arbeitseinsatzes, z.B. während einer betrieblichen Besprechung, zum Verzehr im Betrieb verbilligt oder unentgeltlich überläßt.
- Die Teilnahme an einem geschäftlich veranlaßten Essen, an dem betriebsfremde Personen teilnehmen.

Geldzuwendungen stellen auch bei geringem Wert keine Aufmerksamkeit im Sinne des Steuerrechts dar und sind daher immer als *steuerpflichtiger* Arbeitslohn zu erfassen.

3.3 Ausbildungsvergütungen

Ausbildungsvergütungen sind lohnsteuerpflichtige Einnahmen, auch wenn den Zahlungen in erster Linie Unterhaltscharakter zukommt[1].

3.4 Auslagenersatz

Ein *steuerfreier* Auslagenersatz liegt vor, wenn ein Arbeitnehmer Ausgaben für Rechnung des Arbeitgebers macht, wobei es gleichgültig ist, ob dies im Namen des Arbeitgebers oder im eigenen Namen geschieht. Über die Ausgaben muß im einzelnen abgerechnet werden.

BEISPIEL

Eine Arbeitnehmerin in einem Architekturbüro soll für einen Geschäftsfreund ihres Chefs ein Weihnachtsgeschenk besorgen. Sie kauft ein Buch zum Preis von 60 DM. Der Beleg des Buchhändlers lautet auf den Namen der Arbeitnehmerin. Diese legt die Rechnung ihrem Arbeitgeber vor, der ihr den Betrag von 60 DM erstattet.

Die Voraussetzungen für einen steuerfreien Auslagenersatz sind gegeben. Der Arbeitgeber muß den Beleg der Buchhandlung mit einer Quittung des Arbeitnehmers über den Erhalt des Rechnungsbetrages zu seinen Unterlagen nehmen.

Ein *pauschaler Auslagenersatz* für bestimmte Aufwendungen ist grundsätzlich nicht zulässig und führt deshalb zu steuerpflichtigem Arbeitslohn. *In Ausnahmefällen*, insbesondere wenn es sich um kleinere Beträge handelt, die erfahrungsgemäß den tatsächlichen Aufwand nicht übersteigen, kann von einer Lohnversteuerung abgesehen werden. Es empfiehlt sich allerdings, diese Ausnahmefälle zuvor mit dem zuständigen Finanzamt abzustimmen.

3.5 Berufskleidung

Aufwendungen des Arbeitgebers für die kostenlose oder verbilligte Ausstattung von Arbeitnehmern mit *typischer* Berufskleidung sind *steuerfrei*. Diese typische Berufskleidung wird in freiberuflichen Praxen und Büros in erster Linie bei Ärzten anzutreffen sein.

Barzahlungen des Arbeitgebers für die Beschaffung von Arbeitskleidung durch Arbeitnehmer sind nur steuerfrei, wenn der Arbeitnehmer nach Gesetz, Tarifvertrag oder Betriebsvereinbarung *einen Anspruch* auf Gestellung von Arbeitskleidung hat, der aus betrieblichen Gründen durch die Barvergütung abgelöst wird. Erfolgt die Barzahlung dagegen aufgrund einer *Einzelvereinbarung* mit dem Arbeitnehmer, sind die gezahlten Beträge *steuerpflichtig*. *Pauschale Barablösungen* sind steuerfrei, soweit sie die regelmäßigen Absetzungen für Abnutzung und die üblichen Instandsetzungskosten der typischen Berufskleidung abgelten.

3.6 Betriebsveranstaltungen

Zuwendungen des Arbeitgebers an seine Arbeitnehmer aus Anlaß von Betriebsveranstaltungen gehören als *Leistungen im ganz überwiegenden betrieblichen Interesse* des Arbeitgebers nicht zum Arbeitslohn.

Betriebsveranstaltungen sind:

- Betriebsausflüge
- Weihnachtsfeiern
- Feier eines Firmenjubiläums
- Feier von steuerbegünstigten Arbeitnehmerjubiläen

BEACHTEN SIE:

Die Zuwendungen anläßlich einer Betriebsveranstaltung sind bei Ihren Arbeitnehmern nur dann steuerfrei, wenn es sich um eine eintägige Veranstaltung ohne Übernachtung handelt und die Aufwendungen pro Arbeitnehmer (ggf. einschließlich der Kosten für Angehörige) 200 DM nicht übersteigen. Wird der Höchstbetrag überschritten, sind die gesamten Zuwendungen der Lohnsteuer zu unterwerfen.

Pro Jahr dürfen höchstens zwei steuerfreie Betriebsveranstaltungen durchgeführt werden. Bei *mehr als zwei* Veranstaltungen innerhalb eines Kalenderjahres kann der Arbeitgeber die beiden Veranstaltungen, die steuerfrei bleiben sollen, frei wählen.

PRAXIS-TIP

Die steuerpflichtigen Zuwendungen anläßlich einer nicht begünstigten Betriebsveranstaltung sind grundsätzlich innerhalb der Lohn- oder Gehaltsabrechnung des jeweiligen Arbeitnehmers der Lohnsteuer zu unterwerfen. Sie können allerdings Ihren Arbeitnehmern auch einen Gefallen tun und die Lohnsteuer mit 25 % pauschal übernehmen. Ihre Mitarbeiter haben dabei den zusätzlichen Vorteil, daß bei der Pauschalierung keine Beiträge zur Sozialversicherung anfallen.

3.7 Fortbildungskosten

Nicht als Arbeitslohn steuerpflichtig sind Aufwendungen des Arbeitgebers für die berufliche Fortbildung seiner Arbeitnehmer. Die Teilnahme des Arbeitnehmers an der Fortbildungsmaßnahme muß allerdings im ganz *überwiegenden Interesse des Arbeitgebers* liegen. Es ist dabei unerheblich, an welchem Ort die Veranstaltung stattfindet und wer sie durchführt. In Zweifelsfällen ist von einem überwiegenden Interesse des Arbeitgebers auszugehen, wenn die Fortbildungsmaßnahme die Einsatzfähigkeit des Arbeitnehmers im Betrieb erhöhen soll. Dies ist erfüllt, wenn die Teilnahme an der Veranstaltung zumindest zu einem gewissen Teil *als Arbeitszeit angerechnet* wird.

3.8 Kindergartenzuschüsse

Arbeitgeberleistungen zur Unterbringung und Betreuung nicht schulpflichtiger Kinder der Arbeitnehmer in Kindergärten und ähnlichen Einrichtungen sind *steuerfrei*, wenn diese Leistungen zusätzlich zum normalen Arbeitslohn erbracht werden. Gehaltsumwandlungen sind nicht zulässig.

BEACHTEN SIE:

Sie dürfen dem Arbeitnehmer maximal den ihm entstehenden Aufwand für die Unterbringung und Betreuung des Kindes steuerfrei erstatten. Der Beschäftigte ist verpflichtet, diese Kosten nachzuweisen. Die entsprechende Bescheinigung oder schriftliche Bestätigung muß als Beleg zum Lohnkonto aufbewahrt werden.

3.9 Reisekosten

Verpflegungspauschalen

Die Erstattung von Verpflegungskosten, die beim Arbeitnehmer anläßlich einer Dienstreise angefallen sind, bleibt als *Aufwendungsersatz* steuerfrei, sofern folgende Pauschbeträge nicht überschritten werden:

Berufliche Abwesenheit von der Wohnung oder dem Betrieb

- mindestens 24 Stunden: 46 DM
- mindestens 14 Stunden: 20 DM
- mindestens 8 Stunden: 10 DM

Bei einer Abwesenheit von weniger als 8 Stunden ist ein *steuerfreier Ersatz* von Verpflegungskosten nicht zulässig. Werden höhere als die oben genannten Beträge ersetzt, sind die übersteigenden Beträge der Lohnsteuer zu unterwerfen.

BEACHTEN SIE:

Sie können als Arbeitgeber die Lohnsteuer für Ihre Mitarbeiter übernehmen, wenn Sie für die über die o.g. steuerfreien Beträge hinausgehenden Reisekostenerstattungen die Lohnsteuerpauschalierung in Anspruch nehmen. Der Pauschsteuersatz für diese Fälle beträgt 25 %.

Übernachtungskosten

Für Übernachtungskosten können entweder ein Pauschbetrag (bei Dienstreisen im Inland 39 DM) oder - dies wird der Regelfall sein - die dem Arbeitnehmer tatsächlich entstandenen Aufwendungen *steuerfrei* ersetzt werden.

Wird in der Hotelrechnung für *Übernachtung und Frühstück* ein einheitlicher Preis ausgewiesen, muß der auf das Frühstück entfallende Betrag pauschal mit 9 DM herausgerechnet werden.

BEISPIEL

Hotelrechnung: 2 Übernachtungen einschl. Frühstück je 95 DM = 190 DM
Der Arbeitgeber berechnet die steuerfreie Erstattung wie folgt:

Gesamtbetrag lt. Rechnung	190 DM
abzüglich Frühstück 2 x 9 DM =	18 DM
Erstattungsbetrag:	**172 DM**

Fahrtkostenersatz

Benutzt der Arbeitnehmer für eine Dienstreise *öffentliche Verkehrsmittel*, dürfen ihm - gegen entsprechenden Nachweis - die tatsächlich angefallenen Kosten steuerfrei ersetzt werden.

Führt der Arbeitnehmer die Dienstreise mit seinem *eigenen Pkw* durch, ist ohne besonderen Nachweis die Erstattung von 0,52 DM je gefahrenem Kilometer zulässig.

E

BEACHTEN SIE:

Die Erstattung höherer Beträge ist grundsätzlich möglich. Allerdings muß der Arbeitnehmer dann gegenüber dem Arbeitgeber seine tatsächlichen Kfz-Kosten nachweisen. Diesen Nachweis müssen Sie als Beleg zum Lohnkonto aufbewahren.

3.10 Vermögenswirksame Leistungen

Arbeitgeberzahlungen zu den vermögenswirksamen Leistungen eines Arbeitnehmers *unterliegen der Lohnsteuer*. Die eigenen Einzahlungen des Beschäftigten, z.B. auf einen Bausparvertrag, sind dagegen nicht zu besteuern, da diese aus bereits versteuerten Einkünften bestritten werden.

4 Lohnsteuerpauschalierung

Die Ermittlung der Lohnsteuer vom Arbeitslohn hat grundsätzlich aufgrund der *individuellen Besteuerungsmerkmale* zu erfolgen, die sich aus der Lohnsteuerkarte des jeweiligen Arbeitnehmers ergeben. Daneben ist für bestimmte Fälle auch die Erhebung einer *Pauschallohnsteuer* zugelassen. Die pauschal ermittelten Lohnsteuerbeträge übernimmt - im Gegensatz zur Abrechnung nach der Lohnsteuerkarte - der *Arbeitgeber*[2].

4.1 Teilzeit- und Aushilfsbeschäftigte

Unter Verzicht auf die Vorlage einer Lohnsteuerkarte kann der Arbeitgeber für Arbeitnehmer, die er nur *kurzfristig oder in geringem Umfang und gegen geringen Arbeitslohn* in seinem Betrieb beschäftigt, die Lohnsteuer nach einem festen Pauschsteuersatz ermitteln. Da die Beschäftigung von Teilzeitkräften bei Freiberuflern relativ häufig vorkommt, soll hier auf die in diesen Fällen bestehenden Möglichkeiten der Lohnsteuerpauschalierung besonders eingegangen werden.

Beschäftigung in geringem Umfang und gegen geringen Arbeitslohn

Es handelt sich hierbei um den klassischen Fall der *Teilzeitbeschäftigung*. Der *Steuersatz* beträgt *20 %*. Zur Vornahme der Lohnsteuerpauschalierung müssen 1998 folgende *Grundvoraussetzungen* erfüllt werden:

- Beschäftigungsdauer höchstens 86 Stunden pro Monat
- Arbeitslohn monatlich maximal 620 DM
- Stundenlohn durchschnittlich nicht höher als 21,70 DM

Bei kürzeren Lohnzahlungszeiträumen darf die Beschäftigungsdauer 20 Stunden und der Arbeitslohn 144,67 DM wöchentlich sowie durchschnittlich 21,70 DM je Stunde nicht übersteigen.

Wird einem Arbeitnehmer wegen Urlaub, Krankheit oder gesetzlicher Feiertage der *Arbeitslohn fortgezahlt*, gelten auch solche Zeiträume als Beschäftigungsdauer. Der Arbeitgeber muß als Nachweis, daß die Voraussetzungen für die Lohnsteuerpauschalierung vorgelegen haben, die Zahl der tatsächlich geleisteten Arbeitsstunden *aufzeichnen*.

BEACHTEN SIE:

Wurden keine Aufzeichnungen geführt oder sind diese fehlerhaft, kann eine Lohnsteuerpauschalierung trotzdem zulässig sein, wenn die Pauschalierungsvoraussetzungen auf andere Weise, z.B. durch Arbeitsnachweise, Zeitkontrollen oder Zeugenaussagen, nachgewiesen oder glaubhaft gemacht werden können.

Erhält ein Arbeitnehmer *sonstige Bezüge*, die nicht zum laufenden Arbeitslohn gehören, z.B. *Urlaubsgeld oder Weihnachtsgeld*, müssen solche Beträge zur Überprüfung der Einhaltung der Pauschalierungsgrenzen rechnerisch gleichmäßig auf die Lohnzahlungszeiträume verteilt werden.

BEISPIEL

Eine Anwaltsgehilfin arbeitet 1998 an 3 Tagen wöchentlich jeweils drei Stunden in einer Rechtsanwaltskanzlei. Sie erhält einen Stundenlohn von 16 DM. Im Dezember zahlt ihr der Arbeitgeber ein Weihnachtsgeld von 600 DM.

Zur Überprüfung der Pauschalierungsgrenze von derzeit 620 DM (1998) ist wie folgt vorzugehen:

Monatliche Arbeitszeit: 36 Stunden	
Stundenlohn 16 DM, somit Monatslohn	576 DM
Weihnachtsgeld 480 DM geteilt durch 12 Monate	
ergibt einen monatlichen Anteil in Höhe von	40 DM
somit monatliche Gesamtvergütung	**616 DM**

Die Pauschalierungsgrenze wird hier auch bei Einbeziehung des Weihnachtsgeldes nicht überschritten. Die Vornahme der Lohnsteuerpauschalierung durch den Arbeitgeber ist also zulässig.

Führt die Verteilung des sonstiges Bezugs nachträglich dazu, daß die Pauschalierungsgrenzen in früheren Lohnzahlungszeiträumen überschritten werden, muß für diese Perioden die *Regelbesteuerung* nachgeholt werden. Der Arbeitgeber muß sich in einem solchen Fall vom Arbeitnehmer eine Lohnsteuerkarte vorlegen lassen. Geschieht dies nicht, muß der Lohnsteuerabzug nach *Steuerklasse VI* vorgenommen werden.

Kurzfristige Beschäftigung

Eine kurzfristige Beschäftigung, also eine *Aushilfstätigkeit,* für die ein *Steuersatz* von *25 %* zur Anwendung kommt, liegt vor, wenn der Arbeitnehmer

- gelegentlich, nicht regelmäßig wiederkehrend, beschäftigt wird;
- die Dauer der Beschäftigung 18 zusammenhängende Arbeitstage nicht übersteigt;
- der Arbeitslohn während der Beschäftigungsdauer 120 DM durchschnittlich je Arbeitstag nicht übersteigt
- *oder* die Beschäftigung zu einem unvorhersehbaren Zeitpunkt sofort erforderlich wird.

Die letzte Voraussetzung ist erfüllt, wenn das Arbeitsverhältnis dem Ersatz einer ausgefallenen oder dem akuten Bedarf einer zusätzlichen Arbeitskraft dient. Die planmäßige Beschäftigung einer Aushilfe, weil z.B. bereits längere Zeit feststeht, daß ein Mitarbeiter wegen Urlaub, Kur oder ähnlichem für längere Zeit ausfällt, kann dagegen grundsätzlich nicht als unvorhersehbar und sofort erforderlich angesehen werden. Wird eine Einstellung von Aushilfskräften dagegen entgegen dem vorhersehbaren Bedarf notwendig, ist eine andere Beurteilung der Sachlage durchaus denkbar. Der Arbeitslohn darf in beiden Fällen während der Beschäftigungsdauer *höchstens 21,70 DM je Arbeitsstunde* betragen.

4.2 Lohnsteuerpauschalierung nach einem festen Pauschsteuersatz

Der feste Pauschsteuersatz beträgt grundsätzlich *25 %*. Er ist für bestimmte Zuwendungen anzuwenden, die der Arbeitgeber seinen Arbeitnehmern gewährt. Im wesentlichen sind dies:

- steuerpflichtige Zuwendungen, die aus Anlaß von Betriebsveranstaltungen gewährt werden;
- die Erstattung von Verpflegungskosten anläßlich einer Dienstreise, soweit mehr als die steuerfreien Pauschbeträge gezahlt werden;
- der geldwerte Vorteil für die verbilligte oder unentgeltliche Gewährung von Mahlzeiten.

Ein Pauschsteuersatz von 20 % ist fällig bei:

- Direktversicherungen
- Zuwendungen an eine Pensionskasse
- Beiträgen zu einer Gruppenunfallversicherung.

In folgenden Fällen kommt ein fester Pauschsteuersatz in Höhe von *15 %* zur Anwendung:

- unentgeltliche oder verbilligte Beförderung eines Arbeitnehmers zwischen Wohnung und Arbeitsstätte. Hierzu zählt auch die Zurverfügungstellung eines Fahrzeugs für diesen Zweck;
- Zuschüsse zu den Aufwendungen des Arbeitnehmers für dessen Fahrten zwischen Wohnung und Arbeitsstätte im Rahmen der Beträge, die hierfür als Werbungskosten abzugsfähig wären, also derzeit 0,70 DM je Entfernungskilometer.

PRAXIS-TIP

Zuschüsse des Arbeitgebers für Fahrten zur Arbeitsstätte mit öffentlichen Verkehrsmitteln und sog. Job-Tickets sind steuerfrei.

Die Pauschalierungen nach einem festen Steuersatz sind auch bei Teilzeitbeschäftigten zulässig, deren Arbeitslohn pauschal versteuert wird.

4.3 Kirchensteuer/Solidaritätszuschlag

Neben der pauschalen Lohnsteuer muß der Arbeitgeber zusätzlich den Solidaritätszuschlag und ggf. auch Kirchenlohnsteuer an das Finanzamt abführen.

Der Solidaritätszuschlag beträgt auch hier 5,5 % (ab 1998). Bemessungsgrundlage ist die pauschale Lohnsteuer.

BEISPIEL

Eine Teilzeitbeschäftigte hat für den Monat Februar 1998 einen Arbeitslohn von 600 DM erhalten. Die Pauschallohnsteuer beträgt 20 % von 600 DM = 120 DM. Somit ergibt sich ein Solidaritätszuschlag von 6,60 DM (5,5 % von 120 DM).

Die Sätze der *pauschalen Kirchenlohnsteuer* sind in den einzelnen Bundesländern unterschiedlich. Sie bewegen sich derzeit zwischen 4,5 und 7 %. Wie bei der Berechnung des Solidaritätszuschlags bildet auch hier die Pauschallohnsteuer die Bemessungsgrundlage.

5 Sozialversicherung

Eine weitere Arbeitgeberpflicht ist die Einbehaltung und Abführung der Sozialversicherungsbeiträge. Die einzelnen Elemente der Sozialversicherung sind

- die gesetzliche Rentenversicherung,
- die gesetzliche Krankenversicherung,
- die Arbeitslosenversicherung sowie
- die Pflegeversicherung,
- die Unfallversicherung.

Die *Beitragspflicht* der Arbeitnehmer ist im wesentlichen an die *Steuerpflicht* der Löhne und Gehälter gekoppelt.

BEACHTEN SIE:

Arbeitslöhne, die pauschal besteuert werden, unterliegen nicht der Sozialversicherung. Deshalb kann es für den Arbeitnehmer in bestimmten Fällen von erheblicher Bedeutung sein, wenn Teile der Bezüge (z.B. Zuschüsse zu den Fahrten zwischen Wohnung und Arbeitsstätte) der pauschalen Lohnsteuer unterworfen werden. Auf die Ausführungen unter 4 wird verwiesen.

Ausführliche Informationen zur Sozialversicherung - z.B. zur Höhe der derzeit maßgeblichen Beitragssätze oder der Beitragsbemessungsgrenzen - geben Beratungsstellen und Broschüren der Renten- und Krankenversicherungsträger.

Über die gesetzliche Unfallversicherung informieren die Berufsgenossenschaften.

[1] BFH, Urteil vom 18.7.1985, BStBl 1985 II S. 644
[2] § 40 Abs. 3 EStG

F Partnerschaftsgesellschaften, Sozietäten und Praxis-gemeinschaften

1 Gesellschaftsrechtliche Zusammenschlußmöglichkeiten

Der Zusammenschluß von Freiberuflern zur gemeinsamen Ausübung ihrer Tätigkeit führt nicht zur Ausübung eines Gewerbes. Die Gesellschaftsform der *Offenen Handelsgesellschaft* (OHG) oder der *Kommanditgesellschaft* (KG) ist den Freiberuflern verwehrt, da diese Gesellschaftsformen nur zum Zwecke des Betriebs eines Handelsgewerbes gebildet werden dürfen.

Den Freiberuflern stand daher in der Vergangenheit grundsätzlich nur die *Gesellschaft bürgerlichen Rechts* (GbR oder BGB-Gesellschaft) als Möglichkeit des gesellschaftsrechtlichen Zusammenschlusses zur Verfügung.

Die BGB-Gesellschaft eignet sich als Rechtsform nur für kleinere Zusammenschlüsse, nicht jedoch für größere Einheiten oder überregional tätige Gesellschaften; denn sie ist nicht rechtsfähig, nicht voll namensrechtsfähig, nicht parteifähig, kann also nicht unter ihrem Namen klagen oder verklagt werden. Auch fehlt ihr die Grundbuchfähigkeit, die Konkursfähigkeit und die Vergleichsfähigkeit.

Zum Ausgleich dieser Nachteile war bisher die einzige Alternative die Gründung einer *Kapitalgesellschaft*, die jedoch nur wenigen freiberuflichen Berufszweigen offensteht (siehe hierzu im einzelnen Kapitel G).

Durch das „Gesetz über Partnerschaftsgesellschaften Angehöriger Freier Berufe“ vom 25.7.1994 (PartGG) [1] wird Freiberuflern eine neue Gesellschaftsform zur Verfügung gestellt. Die *Partnerschaftsgesellschaft* soll die Lücke zwischen der BGB-Gesellschaft und der Kapitalgesellschaft schließen.

1.1 Wesen der Partnerschaftsgesellschaft

Die Partnerschaftsgesellschaft soll im freiberuflichen Bereich die BGB-Gesellschaft nicht ersetzen, sondern ergänzen. Freiberufler, die sich zusammenschließen wollen, sollen zwischen *mehreren* Rechtsformen wählen können.

Die Partnerschaftsgesellschaft ist als *Personengesellschaft* ausgestaltet. Sie hat in ihrer *Rechtsstellung nach außen* große *Ähnlichkeit mit der OHG*. Die Ähnlichkeit findet darin ihren Ausdruck, daß viele Vorschriften des OHG-Rechts auf die Partnerschaftsgesellschaft Anwendung finden. Die Partnerschaftsgesellschaft kann – wie die OHG – unter ihrem Namen Rechte erwerben und Verbindlichkeiten eingehen, klagen und verklagt werden. Eine Annäherung an eine *juristische Person* ist dadurch gegeben, ohne das die Partnerschaftsgesellschaft ihren Status als Personengesellschaft verliert.

Bei der Erbringung ihrer beruflichen Leistung handeln die Partner *eigenverantwortlich* und *unabhängig*. Jeder Partner ist *allein zur Führung der gewöhnlichen Geschäfte berechtigt*. Demgemäß ist grundsätzlich auch jeder Partner berechtigt, die Partnerschaftsgesellschaft *allein zu vertreten*.

Für die *Verbindlichkeiten* der Partnerschaftsgesellschaft *haften* neben dem Vermögen der Partnerschaftsgesellschaft grundsätzlich *sämtliche Partner* mit ihrem Privatvermögen als Gesamtschuldner. Diese weitgehende Haftung der einzelnen Partner kann aber beschränkt werden.

Die Partnerschaftsgesellschaft ist nur den Angehörigen freier Berufe zugänglich. Als *Ausübung eines freien Berufs* bezeichnet das Gesetz die selbständige Berufstätigkeit der

- Ärzte, Zahnärzte, Tierärzte, Heilpraktiker, Krankengymnasten, Hebammen, Heilmasseure, Diplom-Psychologen,
- Mitglieder der Rechtsanwaltskammern, Patentanwälte, Wirtschaftsprüfer, Steuerberater, beratenden Volks- und Betriebswirte, vereidigten Buchprüfer (vereidigten Buchrevisoren), Steuerbevollmächtigten,
- Ingenieure, Architekten, Handelschemiker,

- Lotsen, hauptberuflichen Sachverständigen,
- Journalisten, Bildberichterstatter, Dolmetscher, Übersetzer und ähnlicher Berufe,
- Wissenschaftler, Künstler, Schriftsteller, Lehrer und Erzieher.

Diese Aufstellung der freien Berufe entspricht im wesentlichen den freiberuflichen „Katalogberufen“ im Einkommensteuergesetz. Die Aufzählung ist jedoch nicht abschließend, da auch Berufsgruppen, die den genannten Berufen *ähnlich* sind, eine Partnerschaftsgesellschaft eingehen können. Die Abgrenzungsprobleme und die damit verbundenen Schwierigkeiten dürften daher denen des Steuerrechts vergleichbar sein.

Angehörige einer Partnerschaftsgesellschaft können nur *natürliche Personen* werden. So kann zwar ein Steuerberater, nicht aber eine Steuerberater-GmbH einer Partnerschaftsgesellschaft angehören.

Anlaß für die Gründung einer Partnerschaftsgesellschaft ist vor allem die Aufnahme eines Partners in eine bereits bestehende Einzelpraxis oder die Umwandlung einer bisher als BGB-Gesellschaft betriebenen Sozietät.

Eine Partnerschaftsgesellschaft entsteht regelmäßig durch den wirksamen Abschluß eines *Partnerschaftsvertrags* und die *Eintragung im Partnerschaftsregister*.

1.2 Unterschiede zur BGB-Gesellschaft

Registerpflicht

Ein wesentlicher Unterschied der Partnerschaftsgesellschaft zur BGB-Gesellschaft liegt in der Eintragung der Partnerschaftsgesellschaft in ein öffentliches Register, das „Partnerschaftsregister“. Ohne diese Eintragung entsteht die Partnerschaftsgesellschaft nicht.

Für die BGB-Gesellschaft ist eine Eintragung in ein öffentliches Register nicht vorgesehen.

Berufstätigkeit

Während der Zweck der BGB-Gesellschaft auf die gemeinsame Ausübung jeder Tätigkeit gerichtet sein kann, also sowohl zum Zweck des Betriebs eines Gewerbes als auch zum Zweck der Ausübung einer freien Berufstätigkeit, steht die Partnerschaftsgesellschaft nur Angehörigen freier Berufe offen.

Gesellschaftereigenschaft

Gesellschafter der Partnerschaftsgesellschaft können nur natürliche Personen sein. Bei der BGB-Gesellschaft können neben natürlichen Personen auch juristische Personen und Gesamthandsgemeinschaften beteiligt sein.

BEACHTEN SIE:

Eine Partnerschaftsgesellschaft kann Gesellschafter einer BGB-Gesellschaft sein, aber nicht umgekehrt.

Innengesellschaft und Außengesellschaft

Die BGB-Gesellschaft kann in den unterschiedlichsten Formen auftreten.

So sind reine Innengesellschaften wie beispielsweise Bürogemeinschaften von Architekten, Anwälten usw. oder Praxisgemeinschaften von Ärzten und Zahnärzten möglich. Deren Zweck beschränkt sich darauf, die erforderlichen technischen, räumlichen und personellen Einrichtungen gemeinsam und dadurch kostensparend zu nutzen, während jeder einzelne Gesellschafter seinen Beruf selbständig ausübt.

Der Zusammenschluß in Form der BGB-Gesellschaft kann auch als Außengesellschaft erfolgen, z.B. als Sozietät bei Rechtsanwälten, Steuerberatern usw. oder Gemeinschaftspraxen von Ärzten, Krankengymnasten u.ä.

Die Partnerschaftsgesellschaft kann jedoch nur eine Außengesellschaft sein, da es zum Wesen der Partnerschaft gehört, daß Freiberufler sich zur Ausübung ihrer Berufe zusammenschließen.

Parteifähigkeit

Die Partnerschaftsgesellschaft ist voll parteifähig.

Bei der BGB-Gesellschaft sind nur die Gesellschafter in der gesamthänderischen Bindung aktiv und passiv legitimiert. Die BGB-Gesellschaft als solche kann keinen Prozeß gegen einen einzelnen Gesellschafter führen. Der einzelne Gesellschafter kann seine Ansprüche gegenüber der Gesellschaft nur gegen die Gesamthand der übrigen Gesellschafter geltend machen.

Grundbuchfähigkeit

Die BGB-Gesellschaft kann als solche nicht in das Grundbuch eingetragen werden. Die Eintragung einer BGB-Gesellschaft kann nur in der Art und Weise erfolgen, daß die einzelnen Gesellschafter, die gesamthänderisch gebunden sind, namentlich eingetragen werden. Scheidet ein Gesellschafter aus oder tritt ein neuer Gesellschafter ein, muß das Grundbuch berichtigt werden.

Die Partnerschaftsgesellschaft ist dagegen voll grundbuchfähig, das heißt Grundstücke oder Rechte an Grundstücken, die zum Vermögen der Partnerschaft gehören, können unter dem Namen der Partnerschaft in das Grundbuch eingetragen werden. Bei einem Wechsel in der Partnerschaft ist eine Grundbuchberichtigung nicht erforderlich.

Namensrechtsfähigkeit

Im Gegensatz zur BGB-Gesellschaft ist die Partnerschaftsgesellschaft namensrechtsfähig.

Der Name der Partnerschaftsgesellschaft muß den Namen mindestens eines Partners, den Zusatz „und Partner" oder „Partnerschaft" sowie die Berufsbezeichnungen aller in der Partnerschaftsgesellschaft vertretenen Berufe enthalten.

BEISPIEL

Dr. Weber und Partner, Rechtsanwälte und Steuerberater
Partnerschaft Dr. Weber & Kollegen, Rechtsanwälte und Steuerberater

BEACHTEN SIE:

Den Zusatz „Partnerschaft" oder „und Partner" dürfen in Zukunft nur noch Partnerschaften nach dem PartGG führen. Gesellschaften (insbesondere Sozietäten), die bei Inkrafttreten des PartGG solche Bezeichnungen in ihrem Namen führten, müssen diese Bezeichnung ab *1. 7. 1997* aufgeben oder einen Hinweis auf die andere Rechtsform (z.B. „Gesellschaft bürgerlichen Rechts") hinzufügen.

Haftung der Gesellschafter

Bei der BGB-Gesellschaft haften grundsätzlich alle Gesellschafter als Gesamtschuldner für die ordnungsgemäße Erfüllung von Verträgen. Die aus der beruflichen Tätigkeit entstehenden Forderungen sind Forderungen der Gesellschaft und unterliegen der gesamthänderischen Bindung. Der Gesellschafter haftet neben dem Gesellschaftsvermögen auch persönlich mit seinem Privatvermögen für die Schulden der Gesellschaft.

Auch bei der Partnerschaftsgesellschaft besteht die grundsätzliche gesamtschuldnerische Haftung der Gesellschaft und des einzelnen Gesellschafters mit seinem Privatvermögen.

Das Partnerschaftsgesellschaftsgesetz bietet jedoch die Möglichkeit der Haftungsbeschränkung auf den Partner, der innerhalb der Partnerschaft die berufliche Leistung zu erbringen oder verantwortlich zu leiten und zu überwachen hat. Die Haftung beschränkt sich in diesem Fall auf das Gesellschaftsvermögen und das Privatvermögen des betroffenen Gesellschafters.

Gesellschaftsvertrag

Ein weiterer wesentlicher Unterschied zwischen BGB-Gesellschaft und Partnerschaftsgesellschaft ist die Form des Gesellschaftsvertrags. Während der Abschluß und die Änderung des Gesellschaftsvertrags bei der BGB-Gesellschaft grundsätzlich formlos erfolgen kann, ist bei der Partnerschaftsgesellschaft *zwingend die Schriftform* erforderlich. Zudem muß für die Wirksamkeit des Partnerschaftsvertrages gegenüber Dritten die Eintragung der Partnerschaft in das Partnerschaftsregister erfolgen.

Abgrenzung zur Kapitalgesellschaft

Auch wenn die Partnerschaftsgesellschaft Abweichungen gegenüber der BGB-Gesellschaft enthält und die Eigenständigkeit in starkem Maße hervorhebt, bleibt sie eine Personengesellschaft.

1.3 Steuerrechtliche Einordnung

Für die Besteuerung der Einkünfte, die im Rahmen einer Partnerschaft erzielt werden, gibt es keine eigenen Vorschriften. Eine Partnerschaftsgesellschaft unterliegt als *Personengesellschaft* den gleichen steuerrechtlichen Regeln wie andere Personengesellschaften, insbesondere die BGB-Gesellschaft.

2 Ertragsteuerliche Behandlung
2.1 Gewinnfeststellung

2.1.1 Einheitliche und gesonderte Feststellung der Einkünfte

Wird die freiberufliche Praxis in Form eines Einzelunternehmens betrieben, sind die Einkünfte aus der freiberuflichen Tätigkeit *unselbständige Besteuerungsgrundlage* bei der Einkommensteuerveranlagung.

Wird jedoch die freiberufliche Praxis gemeinsam mit Dritten in Form der Partnerschaftsgesellschaft oder Sozietät betrieben, wird der Gewinn in einem besonderen Verfahren, der *einheitlichen und gesonderten Feststellung*, ermittelt. Gleichzeitig dient die einheitliche und gesonderte Feststellung auch der Aufteilung der Gewinne auf die Gesellschafter. Der zugewiesene Gewinnanteil wird dann im Rahmen der Einkommensteuerveranlagung des jeweiligen Gesellschafters zusammen mit den übrigen Einkünften zur Einkommensteuer herangezogen.

Über die einheitliche und gesonderte Feststellung ergeht ein gesonderter Bescheid, der wie ein Steuerbescheid wirkt und gegen den eigenständig Rechtsmittel in Form des Einspruchs eingelegt werden kann.

BEACHTEN SIE:

Wird gegen die einheitliche und gesonderte Feststellung kein Rechtsmittel geführt und dadurch der erteilte Bescheid bestandskräftig, kann im späteren Einkommensteuerbescheid keine Änderung des Gewinnanteils mehr erreicht werden. Der Feststellungsbescheid ist für die Einkommensteuerfestsetzung *Grundlagenbescheid* und muß, wenn letztendlich auch mit einem unzutreffenden Gewinn, im Rahmen der Einkommensteuerveranlagung berücksichtigt werden.

Die Funktion des Grundlagenbescheids bewirkt aber auch, daß ein geänderter Gewinnfeststellungsbescheid zu einer Änderung des Einkommensteuerbescheides führt, auch wenn dieser bereits bestandskräftig ist.

Die einheitliche und gesonderte Feststellung beschränkt sich aber nicht nur auf die Feststellung der Einkünfte. Darüber hinaus wird auch festgestellt,

- wer als Gesellschafter an der Gesellschaft beteiligt ist,
- wie sich die Einkünfte auf die Gesellschafter verteilen,

- zu welcher Einkunftsart die Einkünfte gehören,
- ob die Einkünfte steuerfrei oder steuerpflichtig sind und
- ob Steuerermäßigungen in Anspruch genommen werden können.

BEACHTEN SIE:

Im Falle der Gewährung des Freibetrags für eine Betriebsveräußerung ist im Feststellungsverfahren auch darüber zu entscheiden, ob der Freibetrag dem Grunde nach zusteht und wie er sich auf die Gesellschafter verteilt. Im Veranlagungsverfahren ist dann noch über die persönliche Berechtigung zur Gewährung des Freibetrags zu entscheiden.

2.1.2 Mitunternehmerschaft

Für die steuerliche Behandlung ist nicht allein entscheidend, ob zivilrechtlich eine Gesellschaft vorliegt. Für die Annahme einer steuerlichen „Mitunternehmerschaft“ ist im Rahmen einer freiberuflichen Tätigkeit erforderlich

- die Gesellschafterstellung,
- die Mitunternehmereigenschaft in Form einer Mitunternehmerinitiative und des Mitunternehmerrisikos,
- die Beteiligung an der Ausübung der freiberuflichen Tätigkeit.

BEACHTEN SIE:

Die Voraussetzungen gehen über diejenigen hinaus, die für eine gewerbliche Mitunternehmerschaft erforderlich sind. Zusätzlich ist erforderlich, daß die freiberufliche Tätigkeit *leitend* und *eigenverantwortlich* ausgeübt werden muß. Somit ist im Rahmen einer Mitunternehmerschaft Bedingung, daß *jeder* Gesellschafter bzw. Mitunternehmer die Voraussetzung für eine freiberufliche Tätigkeit erfüllt.

2.1.3 Gewinnermittlungszeitraum

Ein vom Kalenderjahr abweichender Gewinnermittlungszeitraum, wie dies bei Gewerbebetrieben möglich und im Bereich der land- und forstwirtschaftlichen Einkünfte die Regel ist, ist bei den freiberuflichen Einkünften nicht zulässig.

Keine Ausnahme von dieser Regel bilden auch die *Partnerschaftsgesellschaft* oder die Umqualifizierung der Einkünfte in solche aus Gewerbebetrieb,

F

wenn eine *berufsfremde Person* beteiligt ist[2]. Die Eintragung der Partnerschaftsgesellschaft steht insoweit nicht dem Eintrag ins Handelsregister gleich.

2.1.4 Umfang der Einkünfte

Die Gewinnermittlung einer freiberuflich tätigen Mitunternehmerschaft umfaßt wie die gewerbliche Mitunternehmerschaft

- den Gewinnanteil,
- die Sondervergütungen,
- Sonderbetriebseinnahmen und Sonderbetriebsausgaben, insbesondere im Zusammenhang mit vorhandenem Sonderbetriebsvermögen.

Gewinnanteil

Der *Gewinnanteil* ist derjenige Teil des Gewinns der Gesellschaft, der entsprechend der getroffenen Gewinnverteilungsabrede auf jeden einzelnen Gesellschafter entfällt. Maßgebender Gewinn ist dabei entweder der aufgrund des Betriebsvermögensvergleichs aus der Steuerbilanz oder der durch Einnahme-Überschußrechnung ermittelte Gewinn.

BEISPIEL

Die Kinderärzte A, B und C haben sich zu einer Sozietät zusammengeschlossen. Da A und B jeweils nur halbtags tätig sind, wird der Gewinn im Gesellschaftsvertrag auf C zu 50 % sowie A und B jeweils zu 25 % verteilt. 1998 haben sie durch Einnahme-Überschußrechnung einen Gewinn von 600.000 DM erzielt.

Der Gewinn wird wie folgt verteilt:

A	(Gewinnanteil 25 %)	150.000 DM
B	(Gewinnanteil 25 %)	150.000 DM
C	(Gewinnanteil 50 %)	300.000 DM

Wird die Gewinnverteilung während eines Wirtschaftsjahres *rückwirkend* geändert, so bleibt für die *steuerliche* Gewinnverteilung diese Rückwirkung außer Betracht. Der bis zum Zeitpunkt der Änderung entstandene Gewinn ist mit dem bis dahin gültigen Gewinnverteilungsschlüssel zu verteilen. Das anteilige Ergebnis ist ggf. im Schätzungswege zu ermitteln.

BEACHTEN SIE:

Eine Ausnahme bei der Übernahme der vereinbarten Gewinnverteilung ist bei Familiengesellschaften möglich, da insoweit eine Angemessenheitsprüfung geboten ist. Bei Zusammenschlüssen von freiberuflich Tätigen dürfte dies jedoch wesentlich seltener sein, wie dies bei gewerblichen Gesellschaften der Fall ist. In erster Linie schränkt das Erfordernis der leitenden und eigenverantwortlichen Tätigkeit die möglichen Fallgestaltungen - insbesondere im Bereich der Einkunftsverlagerung auf Kinder - ein.

Sondervergütungen

In den Gewinn sind weiterhin die sog. *Sondervergütungen* einzubeziehen.

Als Sondervergütungen kommen nach dem Wortlaut des Gesetzes nur in Betracht[3]:

- Tätigkeitsvergütungen
- Vergütungen für die Hingabe von Darlehen
- Vergütungen für die Überlassung von Wirtschaftsgütern

Für diese Vergütungen gilt unabhängig von ihrer zivilrechtlichen Beurteilung, daß sie nicht zu Betriebsausgaben bei der Gesellschaft führen dürfen.

Voraussetzung für die Einbeziehung der Sondervergütungen ist ferner, daß eine *gesellschaftliche Veranlassung* gegeben ist und die Vergütungen *bezogen* wurden. Das zufällige Zusammentreffen von Leistung und Gesellschafterstellung ist somit nicht ausreichend. Der Bezug der Leistung ist gegeben

- beim Betriebsvermögensvergleich durch *Aufwandsbuchung* (Zahlung oder Einstellung einer Verbindlichkeit),
- bei der Einnahme-Überschußrechnung durch *Abfluß* (Zahlung).

Zu den Tätigkeitsvergütungen gehören nicht nur Arbeitslöhne, sondern auch Entgelte aufgrund eines Dienstvertrags, eines Werkvertrags oder eines Geschäftsbesorgungsvertrags.

BEACHTEN SIE:

Zu den Tätigkeitsvergütungen im Rahmen eines zivilrechtlichen Arbeitsverhältnisses gehören auch eventuell von der Gesellschaft entrichtete *Arbeitgeberanteile zur Sozialversicherung*. Der Zurechnung steht nicht entgegen, daß Arbeitgeberanteile zur Sozialversicherung bei Arbeitnehmern steuerfrei gestellt sind.

F

Sonderbetriebseinnahmen und -ausgaben

Im Rahmen der Einkunftsermittlung der Mitunternehmerschaft sind auch Sonderbetriebseinnahmen und Sonderbetriebsausgaben zu erfassen.

Sonderbetriebseinnahmen sind Einnahmen, die ihren Grund mittelbar in der Mitunternehmerstellung haben, aber dennoch dem Mitunternehmer persönlich zugeflossen sind und in der Gewinnermittlung der Mitunternehmerschaft keinen Niederschlag gefunden haben.

BEISPIEL

- Veräußerung von Sonderbetriebsvermögen
- Einnahmen aus Fachbeiträgen in einer Berufszeitschrift, soweit nicht eine eigene selbständige Tätigkeit des Mitunternehmers vorliegt

Sonderbetriebsausgaben sind Ausgaben, die dem Sonderbetriebsvermögen dienen, sowie alle Aufwendungen, die dem Mitunternehmer allein aus Anlaß des gemeinsamen Betriebs der Personengesellschaft entstehen.

BEISPIEL

- Kosten eines häuslichen Arbeitszimmers
- Fachliteratur, soweit sie der Mitunternehmer auf eigene Rechnung beschafft
- Besuch von Fortbildungsveranstaltungen
- Aufwendungen für Wirtschaftsgüter des Sonderbetriebsvermögens

BEACHTEN SIE:

Der Zeitpunkt der Erfassung von Sonderbetriebseinnahmen und -ausgaben richtet sich nach der Art der Gewinnermittlung für die Mitunternehmerschaft. Wird der Gewinn der Mitunternehmerschaft durch Betriebsvermögensvergleich ermittelt, gilt dies auch für die Sonderbetriebseinnahmen und -ausgaben. Gleiches gilt für das Zu- und Abflußprinzip, wenn der Gewinn durch Einnahme-Überschußrechnung ermittelt wird.

Was für die laufenden Ausgaben und Einnahmen gilt, ist auch auf das Betriebsvermögen anzuwenden. Zum Betriebsvermögen einer freiberuflich tätigen Personengesellschaft gehört daher nicht nur das Vermögen der Gesellschaft (Gesamthandsvermögen), sondern auch das Vermögen der Gesellschafter, das der Gesellschaft zu dienen bestimmt ist. Dieses Vermögen wird als *Sonderbetriebsvermögen* bezeichnet.

Zu unterscheiden ist dabei zwischen den Wirtschaftsgütern, die der Gesellschafter der Gesellschaft zur Nutzung überläßt (*Sonderbetriebsvermögen I*), und solchem Vermögen, das der eigenen Beteiligung des Gesellschafters zu dienen bestimmt ist (*Sonderbetriebsvermögen II*).

BEACHTEN SIE:

Für den Umfang des Sonderbetriebsvermögens gelten die gleichen Grundsätze wie für das Betriebsvermögen einer Einzelpraxis. Das bedeutet, daß sowohl die Möglichkeit, gewillkürtes Betriebsvermögen zu bilden, gegenüber den Einkünften aus Gewerbebetrieb eingeschränkt und, soweit der Gewinn durch Einnahme-Überschußrechnung ermittelt wird, sogar gänzlich ausgeschlossen ist.

Beispiele für Sonderbetriebsvermögen

- Grundstücke oder Grundstücksteile eines Gesellschafters, die an die Gesellschaft zur betrieblichen Nutzung vermietet werden
- häusliches Arbeitszimmer, wenn die Grenzen für die Grundstücksaktivierung bei untergeordneter Bedeutung überschritten sind, auch wenn die Höhe des Betriebsausgabenabzugs beschränkt ist
- Darlehen, das ein Gesellschafter aufnimmt, um damit den betrieblichen Teil einer Kontokorrentschuld der Gesellschaft abzulösen[4]

BEISPIEL

Die Rechtsanwälte A, B, und C haben sich zu einer Sozietät zusammengeschlossen. Da sie jeweils mit unterschiedlichem Zeiteinsatz die Praxis betreiben, wurden folgende Tätigkeitsvergütungen im Gesellschaftsvertrag vereinbart:

A 100.000 DM
B 75.000 DM
C 60.000 DM

Der Restgewinn bzw. -verlust wird gleichmäßig auf die Gesellschafter verteilt. 1998 beträgt der durch Einnahme-Überschußrechnung ermittelte verbleibende Gewinn 60.000 DM, wobei die Tätigkeitsvergütung als Ausgabe berücksichtigt wurde.

Fortbildungen und Fachliteratur hat jeder Gesellschafter aus eigenen Mitteln zu tragen. 1998 sind bei den Gesellschaftern folgende Aufwendungen angefallen:

	A	B	C
Fachliteratur	1.500 DM	1.800 DM	1.200 DM
Fortbildungsmaßnahmen	2.500 DM	1.000 DM	1.400 DM
Summe	**4.000 DM**	**2.800 DM**	**2.600 DM**

Die Praxisräume stehen im Eigentum von A. A erhält hierfür von der Sozietät eine monatliche Miete von 6.000 DM, die im Rahmen der Gewinnermittlung bei der Sozietät als Ausgabe verbucht wurde. Laufende Grundstücksaufwendungen sind 1998 insgesamt in Höhe von 20.000 DM angefallen. Die lineare AfA für das Gebäude beträgt jährlich 10.000 DM.

Der einheitlich und gesondert festzustellende Gewinn beträgt:

	A	B	C
Restgewinn der Gesellschaft	20.000 DM	20.000 DM	20.000 DM
+ Tätigkeitsvergütung	100.000 DM	75.000 DM	60.000 DM
- Sonderbetriebsausgaben	- 4.000 DM	- 2.800 DM	- 2.600 DM
+ Vergütung für die Überlassung der Praxisräume	72.000 DM	-	-
- Sonderbetriebsausgaben für die Praxisräume	- 30.000 DM	-	-
Gesamtgewinnanteil	**158.000 DM**	**92.200 DM**	**77.400 DM**
einheitlich und gesondert festzustellender Gewinn der Gesellschaft			**327.600 DM**

2.2 Büro- und sonstige Kostengemeinschaften

Bei diesen Zusammenschlüssen handelt es sich um Gesellschaften bürgerlichen Rechts. Die Zusammenschlüsse haben als Zweck nicht die gemeinsame Berufsausübung, sondern nur die gemeinsame Nutzung von Räumen, Einrichtungen und Gerätschaften. Als Beispiele für solche Zusammenschlüsse sind im Bereich der freiberuflich Tätigen zu nennen:

- Bürogemeinschaft, insbesondere bei Rechtsanwälten und Steuerberatern
- Apparate- und Laborgemeinschaft (erbringt medizinisch-technische Leistungen für die beteiligten Ärzte)

Die Besonderheit der Kostengemeinschaft liegt darin, daß die freiberuflich Tätigen mit ihrer eigenen Praxis jeweils selbständig tätig sind. Durch die Kostengemeinschaft entsteht keine steuerliche Mitunternehmerschaft.

Unabhängig davon ist es möglich, für die Kostengemeinschaft eine einheitliche und gesonderte Feststellung durchzuführen. Nicht nur Einkünfte, sondern auch einzelne Besteuerungsmerkmale können einheitlich und gesondert festgestellt werden[5]. Als Kosten können aber nur solche Beträge berücksichtigt werden, die auch tatsächlich anfallen. Rein kalkulatorische Kosten bleiben außer Ansatz.

BEACHTEN SIE:

Wird für die Kostengemeinschaft eine einheitliche und gesonderte Feststellung durchgeführt, enthält der Feststellungsbescheid die auf jeden Beteiligten entfallenden Kosten. Dieser Betrag wird unmittelbar in der Einkommensteuerveranlagung des beteiligten Freiberuflers berücksichtigt. Zahlungen zur Deckung der Kosten dürfen daher nicht nochmals als Betriebsausgaben im Rahmen der Gewinnermittlung der Einzelpraxis abgezogen werden.

BEISPIEL

Die Rechtsanwälte A und B betreiben ihre Kanzlei in gemeinsamen Räumen. Darüber hinaus werden Büroeinrichtungsgegenstände gemeinsam genutzt. Zur Deckung der Kosten zahlen A und B monatlich eine A-Konto-Zahlung von 4.000 DM. Nach Ablauf eines jeden Jahres erfolgt eine Abrechnung anhand der angefallenen Kosten. Die einheitliche und gesonderte Feststellung der Kosten führt für 1998 zu steuerlich berücksichtigungsfähigen Gesamtausgaben von 100.000 DM, die je zur Hälfte auf A und B entfallen.

In der Einkommensteuererklärung von A und B wird aus der Kostengemeinschaft ein Verlust von 50.000 DM erfaßt. Die monatlichen A-Konto-Zahlungen dürfen jedoch den Gewinn der eigenen Praxis von A und B nicht mehr mindern.

Bei einer Apparate- und Laborgemeinschaft besteht aber auch die Möglichkeit, daß eine Mitunternehmerschaft gegeben ist. Dies ist dann der Fall, wenn die Leistungen entgeltlich an die jeweiligen Gesellschafter bzw. auch an Dritte im Rahmen eines selbständigen Betriebs erbracht werden. Inwieweit diese Gemeinschaft freiberuflich tätig ist, muß für die Gemeinschaft gesondert beurteilt werden. Die einheitliche und gesonderte Feststellung der Einkünfte erfolgt in diesem Fall für die dann bestehende steuerliche Mitunternehmerschaft.

2.3 Gemischte Tätigkeit

Die freiberufliche Tätigkeit in Form einer Personengesellschaft birgt auch ein steuerliches Risiko in sich. Werden im Rahmen der Personengesellschaft Tätigkeiten ausgeübt, die als gewerbliche Einkünfte anzusehen sind, führt diese Tätigkeit, und sei sie auch noch so unbedeutend, dazu, daß die gesamte Betätigung der Personengesellschaft als gewerbliche Tätigkeit eingestuft wird (sog. *Abfärbetheorie*[6]). Im Hinblick auf die eintretende Gewerbesteuerbelastung sollte in der Praxis daher jede Tätigkeit vermieden werden, die ggf. als gewerbliche Tätigkeit angesehen werden kann. Eine Ausnahme könnte nur dann gelten, wenn nur wenige und ggf. versehentlich der Gesellschaft zugerechnete gewerbliche Tätigkeiten durchgeführt wurden.

PRAXIS-TIP

Sollte es jedoch unvermeidbar sein, daß neben der rein freiberuflichen Tätigkeit Tätigkeiten mit gewerblichem Charakter ausgeübt werden, sollte eine weitere Gesellschaft gegründet werden, die sich auf die gewerbliche Tätigkeit beschränkt. In dieser beteiligungsidentischen Gesellschaft dürfte kein Steuerumgehungstatbestand zu sehen sein. Die Gewerbesteuerbelastung wird dann auf den abgegrenzten gewerblichen Teil der Einkünfte beschränkt.

Diese Trennung der erzielten Einkünfte wurde auch von der Finanzverwaltung für folgende Fälle bereits zugelassen[7]:

- gewerbliche Medikamentenverkäufe im Rahmen einer tierärztlichen Gemeinschaftspraxis
- Verkauf von Kontaktlinsen und Zubehör im Rahmen einer augenärztlichen Gemeinschaftspraxis

Für die Anerkennung der Gestaltung ist neben der gesellschaftsrechtlichen Trennung auch eine wirtschaftliche, finanzielle und organisatorische Trennung erforderlich. Hierzu gehört u.a. die Führung getrennter Bücher, die Einrichtung besonderer Bank- und Kassenkonten und die Verwendung eigener Rechnungsformulare. Die Warenvorräte des gewerblichen Bereichs sind getrennt vom Praxismaterial aufzubewahren. Soweit bestimmte Wirtschaftsgüter (z.B. Einrichtungsgegenstände, Telefon, Räumlichkeiten) sowohl der freiberuflichen Praxis als auch dem gewerblichen Bereich der Tätigkeit dienen und die Kosten dafür nicht nach dem Verursacherprinzip zurechenbar sind, ist es nicht zu beanstanden, wenn die Aufteilung im Verhältnis der Umsätze oder einem entsprechenden Schlüssel und eine gegenseitige Erstattung erfolgt.

Eine weitere Möglichkeit zur Trennung der gewerblichen und freiberuflichen Tätigkeit ist die Übertragung der gewerblichen Geschäfte auf eine hierfür gegründete Kapitalgesellschaft. Diese Lösung ist vor allem dann empfehlenswert, wenn die freiberufliche und die gewerbliche Tätigkeit so eng miteinander verbunden ist, daß eine Aufteilung in zwei Personengesellschaften nicht möglich ist.

BEISPIEL

Eine Architektengemeinschaft ist neben der reinen Architektentätigkeit auch im Immobilienbau und Immobilienvertrieb tätig.

2.4 Beteiligung berufsfremder Personen

Neben der gemischten Tätigkeit von ausschließlich freiberuflich Tätigen führt auch die Beteiligung einer berufsfremden Person zur Gewerblichkeit der gesamten Betätigung, auch wenn ausschließlich Tätigkeiten ausgeübt werden, die die Voraussetzungen für die Annahme einer freiberuflichen Tätigkeit rechtfertigen würden.

Als berufsfremd gilt in diesem Zusammenhang die Mitunternehmerschaft

- mit einer Kapitalgesellschaft, auch wenn sie selbst nur auf einem freiberuflichen Gebiet tätig wird (Beispiel: Eine Steuerberatungs-GmbH beteiligt sich an einer Steuerberatersozietät);
- mit einem Kapitalanleger, selbst wenn er über die berufliche Qualifikation verfügt. Schädlich ist dabei schon eine reine Innengesellschaft, die nach au-

ßen nicht in Erscheinung tritt, aber die Voraussetzung für eine steuerliche Mitunternehmerschaft erfüllt (Beispiel: Ein Steuerberater nimmt zur Finanzierung seiner neu gegründeten Praxis einen Kapitalanleger als atypisch stillen Gesellschafter auf)[8];

- mit jeder anderen Beteiligung einer Person, die nicht über die erforderliche Qualifikation für einen freiberuflichen Beruf oder den freien Berufen ähnlichen Beruf verfügt (Beispiel: Ein Steuerberater schließt sich mit einem Steuerfachgehilfen zu einer Gesellschaft bürgerlichen Rechts zusammen, um gemeinsam ein Steuerberatungsbüro zu betreiben. Unabhängig davon, ob ein solcher Zusammenschluß standesrechtlich zulässig ist, führt der Zusammenschluß steuerlich zum Gewerbebetrieb.

BEACHTEN SIE:

Um die negativen Folgen der Einstufung als Gewerbebetrieb zu vermeiden, ist es erforderlich, daß die Verbindung mit berufsfremden Personen nicht auf der Basis eines Gesellschaftsvertrags erfolgt. Bei reinen Kapitalbeteiligungen kann sich als Alternative das partiarische Darlehen (Darlehen mit erfolgsabhängigen Zinsen) anbieten. Steht die Mitarbeit des Berufsfremden im Vordergrund, bietet der Arbeitsvertrag mit einer erfolgsabhängigen Vergütung (Tantieme) eine Möglichkeit, dem Gesellschaftsverhältnis aus dem Weg zu gehen.

Diese vorgenannten Grundsätze gelten uneingeschränkt auch für die *Erbfolge*. Setzen Erben die freiberufliche Tätigkeit des Erblasser fort, ohne das alle Erben die Qualifikation für den freien Beruf besitzen, wird aus der bisherigen freiberuflichen Tätigkeit ein Gewerbebetrieb. Die Regelung, daß eine berufsfremde Person unschädlich ist, wenn nach kurzer Zeit die Erbauseinandersetzung erfolgt und die Praxis nur von nicht berufsfremden Erben fortgesetzt wird, findet keine Anwendung mehr.

BEACHTEN SIE:

Unschädlich sind jedoch Handlungen, die nur noch der Abwicklung der freiberuflichen Praxis des Erblassers dienen (z.B. Realisierung der vom Erblasser geschaffenen Vermögenswerte). Insoweit liegen dann nachträgliche Einkünfte aus freiberuflicher Tätigkeit vor.

PRAXIS-TIP

Setzen sich die Erben allerdings innerhalb von *sechs Monaten nach dem Erbfall* - zumindest hinsichtlich der freiberuflichen Praxis - in der Weise auseinander, daß ein *beruflich qualifizierter Erbe* die Praxis übernimmt, können diesem Erben die Praxiseinkünfte *rückwirkend* auf den Zeitpunkt des Erbfalls - und zwar als *Einkünfte aus freiberuflicher Tätigkeit* - zugerechnet werden[9].

2.5 Gründung einer Sozietät oder Partnerschaftsgesellschaft

Bei der Sozietätsgründung sind grundsätzlich zwei Fallgestaltungen denkbar: die Bargründung und die Einbringung einer oder mehrerer bestehender Einzelpraxen.

Bargründung

Die Bargründung bringt i.d.R. keine steuerlichen Probleme mit sich. Sie ist in vollem Umfang mit der Eröffnung einer Einzelpraxis vergleichbar.

BEACHTEN SIE:

Soweit Sachwerte aus dem Privatvermögen eingebracht werden, liegt eine Einlage vor. Die Bewertung dieser Einlage erfolgt grundsätzlich mit dem Teilwert. Eine Ausnahme gilt nur dann, wenn das Wirtschaftsgut innerhalb von drei Jahren vor der Einlage angeschafft oder hergestellt wurde. In diesen Fällen stellen die Anschaffungskosten bzw. Herstellungskosten, bei abnutzbaren Wirtschaftsgütern die fortgeführten Anschaffungs- oder Herstellungskosten die Obergrenze des Einlagewerts dar.

BEISPIEL

Die Steuerberater A und B gründen gemeinsam eine Steuerberatersozietät. Um Kosten zu sparen, verwendet A zu Beginn seinen in der Wohnung stehenden Schreibtisch in den Praxisräumen. Der Schreibtisch ist ein altes Erbstück und der Wert beträgt unstreitig 4.000 DM.

F

Es liegt eine Einlage in das Betriebsvermögen vor. Der Einlagewert gilt als Bemessungsgrundlage für die vorzunehmende Abschreibung.

Einbringung einer Praxis

Die Einbringung einer Praxis in eine neu gegründete Sozietät oder Partnerschaftsgesellschaft gegen Gewährung von Gesellschaftsrechten erfüllt dem Grunde nach die Voraussetzungen einer Betriebsaufgabe. Derartige Einbringungsvorgänge fallen jedoch unter die vorrangigen Spezialregelungen des Umwandlungssteuergesetzes (UmwStG)[10].

Voraussetzung für die Anwendung des UmwStG ist, daß die Praxis mit ihren gesamten wesentlichen Grundlagen eingebracht wird. Zu den wesentlichen Praxisgrundlagen zählen i.d.R. weniger die körperlichen Wirtschaftsgüter wie Praxisausstattung, Fuhrpark usw., sondern - auch bedingt durch den persönlichen Einsatz im Bereich der freiberuflichen Tätigkeit - in erster Linie die immateriellen Wirtschaftsgüter in Form des Mandanten- bzw. Patientenstamms oder des Praxiswerts.

BEACHTEN SIE:

Eine begünstigte Einbringung des Mandanten- oder Patientenstamms liegt auch vor, wenn ein Teil des Mandanten- bzw. Patientenstamms nicht eingebracht wird, sondern auch zukünftig vom freiberuflich Tätigen selbst betreut wird. Voraussetzung ist jedoch, daß auf den Anteil der zurückbehaltenen Mandate bzw. Patienten weniger als 10 % der Einnahmen in den letzten drei Jahren entfallen[11].

Unschädlich für die Anwendung des UmwStG ist auch die Zurückbehaltung unwesentlicher Praxisgrundlagen.

Sind die Voraussetzungen für die Einbringung der Praxis i.S.d. UmwStG erfüllt, steht für den Ansatz der Sacheinlage ein Wahlrecht zu. Das Wahlrecht bietet folgende Möglichkeiten und hat folgende Rechtsfolgen für den Gewinn der eingebrachten Einzelpraxis:

1. Möglichkeit Buchwertfortführung	2. Möglichkeit Teilwertansatz	3. Möglichkeit Zwischenwertansatz
Personengesellschaft	Personengesellschaft	Personengesellschaft
Fortführung der Buchwerte	Ansatz der eingebrachten Wirtschaftsgüter mit dem Teilwert	Ansatz eines Zwischenwerts zwischen Buchwert und Teilwert
Einzelpraxis	Einzelpraxis	Einzelpraxis
Keine Versteuerung eines Aufgabegewinns, da keine stillen Reserven aufgedeckt werden.	Die Aufdeckung der stillen Reserven führt zu einem steuerbegünstigten Aufgabegewinn (Freibetrag und ermäßigter Steuersatz).	Die Aufdeckung der stillen Reserven führt zu einem laufenden Gewinn; ein steuerbegünstigter Aufgabegewinn ist nicht gegeben.
Die Zurückbehaltung und Überführung unwesentlicher Praxisgrundlagen in das Privatvermögen führt insoweit zur Aufdeckung der stillen Reserven und zu einem laufenden Gewinn. Der Ansatz erfolgt mit dem gemeinen Wert.	Die Zurückbehaltung und Überführung unwesentlicher Praxisgrundlagen in das Privatvermögen führt insoweit zur Aufdeckung der stillen Reserven. Der Ansatz erfolgt mit dem gemeinen Wert und gehört zum steuerbegünstigten Aufgabegewinn. **Achtung!** Bei Einbringungen nach dem 31. 12. 1993 werden die Steuervergünstigungen für den aufgedeckten Gewinn insoweit nicht mehr gewährt, als der Einbringende selbst an der Personengesellschaft beteiligt ist[12].	Die Zurückbehaltung und Überführung unwesentlicher Praxisgrundlagen in das Privatvermögen führt insoweit zur Aufdeckung der stillen Reserven und zu einem laufenden Gewinn. Der Ansatz erfolgt mit dem gemeinen Wert.

BEACHTEN SIE:

Ausschließlich die aufnehmende Gesellschaft darf das Wahlrecht ausüben und die Wertansätze sowohl in der Gesamtbilanz als auch in eventuellen Sonderbilanzen oder Ergänzungsbilanzen bestimmen[13].

BEISPIEL

R führt seit einigen Jahren eine Rechtsanwaltskanzlei. Zum 31.12.1998 bringt er die Kanzlei in eine neu gegründete Sozietät mit S ein. Beide sind zu je 50 % an der Sozietät beteiligt. Der Wert der Kanzlei von R beträgt:

	Buchwert	**Teilwert**	**Gemeiner Wert**
Praxisausstattung	30.000 DM	50.000 DM	
Pkw (wird von R ins Privatvermögen übernommen)	5.000 DM	10.000 DM	12.000 DM
sonstige Vermögensgegenstände	50.000 DM	50.000 DM	
Praxiswert	0 DM	200.000 DM	

S erbringt seine Einlage von 300.000 DM in bar.

Fallgestaltung 1 - gewinneutrale Einbringung

Die gewinneutrale Einbringung ist im vorliegenden Fall zulässig, da alle wesentlichen Praxisgrundlagen in die Sozietät eingebracht werden.

Behandlung bei der Sozietät

Im Rahmen der Gesamthandsbilanz werden die Teilwerte der eingebrachten Wirtschaftsgüter angesetzt, da sie auch die Grundlage für die Gewinnverteilung nach dem Gesellschaftsvertrag bilden.

Eröffnungsbilanz der Sozietät

1. 1. 1999

Aktiva			**Passiva**
Praxiseinrichtung	50.000 DM	Eigenkapital R	300.000 DM
sonstige Vermögensgegenstände	50.000 DM	Eigenkapital S	300.000 DM
Praxiswert	200.000 DM		
Bareinlage	300.000 DM		
	600.000 DM		**600.000 DM**

Für die gewinneutrale Einbringung ist es erforderlich, daß zum Ausgleich der Teilwerte eine Ergänzungsbilanz erstellt wird, in der der Teilwertansatz durch den Ansatz von Negativwerten wieder auf den Buchwert zurückgeführt wird.

Ergänzungsbilanz des R
1.1.1999

Aktiva			Passiva
Eigenkapital R	220.000 DM	Praxiswert	200.000 DM
		Praxiseinrichtung	20.000 DM
	220.000 DM		**220.000 DM**

Die Positionen in der Ergänzungsbilanz sind in der Folgezeit in gleichem Umfang aufzulösen, wie die entsprechenden Wirtschaftsgüter in der Gesamthandsbilanz abgeschrieben werden. Dadurch gleicht sich die überhöhte Abschreibung in der Gesamthandsbilanz aus.

Behandlung beim Gesellschafter

Durch den Buchwertansatz entsteht beim Gesellschafter bei den eingebrachten Wirtschaftsgütern kein Veräußerungsgewinn. Der in das Privatvermögen übernommene Pkw ist mit dem gemeinen Wert von 12.000 DM anzusetzen. Die Differenz zum Buchwert ist als laufender Gewinn zu besteuern.

Fallgestaltung 2 - Einbringung zum Teilwert

Behandlung bei der Sozietät

Im Rahmen der Gesamthandsbilanz werden die Teilwerte der eingebrachten Wirtschaftsgüter angesetzt.

Eröffnungsbilanz der Sozietät
1. 1. 1999

Aktiva			Passiva
Praxiseinrichtung	50.000 DM	Eigenkapital R	300.000 DM
sonstige Vermögensgegenstände	50.000 DM	Eigenkapital S	300.000 DM
Praxiswert	200.000 DM		
Bareinlage	300.000 DM		
	600.000 DM		**600.000 DM**

Im Gegensatz zur gewinneutralen Einbringung ist keine Ergänzungsbilanz erforderlich.

F

Behandlung beim Gesellschafter
Durch den Teilwertansatz entsteht beim Gesellschafter bei den eingebrachten Wirtschaftsgütern ein Veräußerungsgewinn. Zudem ist der in das Privatvermögen übernommene Pkw mit dem gemeinen Wert von 12.000 DM anzusetzen.

Der Veräußerungsgewinn ist zur Hälfte als laufender Gewinn zu besteuern, da R zu 50 % an der neu gegründeten Sozietät beteiligt ist. Dies dürfte auch für den Gewinn aus der Überführung des Pkw in das Privatvermögen gelten.

PRAXIS-TIP

Ob die Möglichkeit besteht, den Veräußerungsgewinn, soweit er als laufender Gewinn besteuert wird, durch eine negative Ergänzungsbilanz im Rahmen der Sozietät bzw. Partnergesellschaft zu neutralisieren, ist noch nicht abschließend geklärt. In der Literatur wird diese Möglichkeit teilweise für zulässig erachtet[14].

Werden *Ausgleichszahlungen* des eintretenden Gesellschafters an den bisherigen Praxisinhaber *Privatvermögen* beim bisherigen Praxisinhaber, steht dies nach Auffassung der Finanzverwaltung der Annahme einer begünstigten Einbringung i.S.d. UmwStG nicht entgegen.

BEACHTEN SIE:

Eine andere Auffassung vertritt der BFH in einer neueren Entscheidung. Danach liegt ein nicht begünstigter Veräußerungsgewinn in Höhe der Differenz zwischen der Zuzahlung und dem anteiligen Buchwert der Sacheinlage vor[15]. Der verbleibende Teil der Einbringung fällt jedoch nach wie vor unter das UmwStG, so daß insoweit eine Buchwerteinbringung möglich ist.

Bei einer *Einbringung zu Zwischenwerten* ist zu beachten, daß eine Aufstockung der Buchwerte nicht auf einzelne Wirtschaftsgüter beschränkt werden darf, sondern prozentual gleichmäßig erfolgen muß. Ein originärer Praxiswert ist bei der Aufstockung nur zu berücksichtigen, wenn die übrigen Wirtschaftsgüter bereits bis zum Teilwert aufgestockt sind, aber insgesamt keine Einbringung zum Teilwert erfolgen soll.

2.6 Erweiterung einer Sozietät oder Partnerschaftsgesellschaft

Auch bei der Sozietätserweiterung gibt es die Möglichkeiten der Bar- und Sacheinlage sowie der Ausgleichszahlungen des neu eintretenden Gesellschafters an die bisherigen Gesellschafter in deren Privatvermögen.

Bei der Bar- oder Sacheinlage ist zu beachten:

- Es handelt sich um einen Vorgang, der unter das UmwStG fällt, da die bisherigen Sozien ihre Mitunternehmeranteile - zumindest wirtschaftlich - in eine um den neu eingetretenen Gesellschafter vergrößerte Gesellschaft einbringen.
- Wird im Rahmen der Einbringung der Teilwertansatz gewählt, liegt laufender Gewinn vor, soweit an der einbringenden und an der aufnehmenden Personengesellschaft dieselben Personen beteiligt sind.

BEACHTEN SIE:

Noch nicht abschließend geklärt ist die Frage, in welcher anteiligen Höhe ein laufender Gewinn anzusetzen ist.

Einerseits wird derzeit die Auffassung vertreten, daß ein laufender Gewinn nur insoweit vorliegt, als die alten Gesellschafter prozentual an der neuen Gesellschaft beteiligt sind.

Andererseits kann für die Berechnung des anteiligen laufenden Gewinns auch das Verhältnis der bisherigen zu der neuen Beteiligungsquote herangezogen werden.

BEISPIEL

An der Steuerberater-Sozietät sind A und B je zu $\frac{1}{2}$ beteiligt. Zum 1. 1. 1999 wird C in die Sozietät aufgenommen. A und B bringen ihre bisherige Sozietät ein und setzen die Teilwerte an.

Berechnung: Anteil laufender Gewinn des Veräußerungsgewinns

Auffassung 1	Auffassung 2
$\frac{33\,^1/_3\,\%}{100}$	$\frac{33\,^1/_3\,\%}{50}$

Ist die Aufnahme eines neuen Gesellschafters mit einer *Ausgleichszahlung ins Privatvermögen* verbunden, so ist der gesamte Einbringungsvorgang für die steuerliche Beurteilung in einen Veräußerungs- und einen Einbringungsvorgang aufzuteilen.

2.7 Besonderheiten der Einnahme-Überschußrechnung bei Gründung und Erweiterung einer Sozietät oder Partnerschaftsgesellschaft

Die vorgenannten Grundsätze zur Gründung und Erweiterung einer Sozietät oder Partnerschaftsgesellschaft gelten uneingeschränkt bei der Gewinnermittlung durch Betriebsvermögensvergleich. Typischerweise gehören die Freiberufler jedoch zu dem Personenkreis, der seinen Gewinn zutreffenderweise durch Einnahme-Überschußrechnung ermittelt.

Grundsätzlich wird durch die Einnahme-Überschußrechnung die Anwendung des UmwStG bei der Einbringung nicht ausgeschlossen. Es ist jedoch zu beachten, daß auch im Falle der Buchwertfortführung die Einbringung einen tauschähnlichen Vorgang darstellt und somit einer Veräußerung gleichsteht. Aus diesem Grund muß der einbringende Freiberufler mit Einnahme-Überschußrechnung im Einbringungszeitpunkt zum Bestandsvergleich übergehen[16]. Die wegen des Übergangs erforderlichen Korrekturen (siehe im einzelnen B 4) sind beim laufenden Gewinn des Jahres vorzunehmen, in dem die Einbringung stattfindet.

BEACHTEN SIE:

Im Hinblick darauf, daß auf seiten der Personengesellschaft entschieden wird, ob die begünstigte Einbringung zu Buch-, Teil- oder Zwischenwerten erfolgt, ist auch im Falle der Gewinnermittlung durch Einnahme-Überschußrechnung zum Zeitpunkt der Einbringung neben der Einbringungsbilanz eine Eröffnungsbilanz bei der Personengesellschaft zu erstellen.

Werden in diesem Zusammenhang wegen der Übertragung zu Buchwerten eine bzw. mehrere Ergänzungsbilanzen erstellt, so ist auch im Fall der Gewinnermittlung der Personengesellschaft durch Einnahme-Überschußrechnung sicherzustellen, daß die gebildeten Korrektivposten entsprechend ihrer vorzunehmenden Auflösung bei der Gewinnermittlung berücksichtigt werden. Dies kann dadurch erfolgen, daß die Werte der Ergänzungsbilanz in einer Art „Ergänzungsanlageverzeichnis" bis zu ihrer Auflösung weitergeführt werden.

---

3 Umsatzsteuerliche Behandlung

3.1 Unternehmereigenschaft

Alle Umsätze (Lieferungen und sonstige Leistungen), die *ein Unternehmer* im Inland gegen Entgelt *im Rahmen seines Unternehmens* ausführt, unterliegen der Umsatzsteuer. Unternehmer im Sinne des UStG ist, wer eine gewerbliche oder berufliche Tätigkeit *selbständig* ausübt. Neben natürlichen und juristischen Personen sowie allen *handelsrechtlichen Personengesellschaften* (OHG, KG, GmbH & Co. KG) sind somit auch die *freiberuflichen Sozietäten und Praxisgemeinschaften* Unternehmer im Sinne des UStG. Dagegen sind reine *Innengesellschaften*, die nach außen nicht in Erscheinung treten, unabhängig von ihrer Rechtsform nicht unternehmerfähig. Gleiches gilt für Personenvereinigungen, die nur gegenüber ihren Mitgliedern tätig werden.

3.2 Leistungsaustausch

Umsätze unterliegen nur dann der USt, wenn sie *steuerbar* sind. Für die Steuerbarkeit von Lieferungen und sonstigen Leistungen ist ein Leistungsaustausch erforderlich. Dies ist dann der Fall, wenn ein Unternehmer eine Leistung erbringt, für die er vom Leistungsempfänger ein *angemessenes Entgelt* erhält. Dieses Entgelt kann durch Zahlung des geforderten Betrages erbracht werden; es kann aber auch wiederum in einer Lieferung oder sonstigen Leistung bestehen.

Eine *Sozietät oder Praxisgemeinschaft* wird zur Erfüllung ihres Geschäftszwecks zumeist Umsätze an fremde Dritte ausführen. Es kommt aber auch ein Leistungsaustausch *mit den Gesellschaftern* in Betracht. Dabei sind *verschiedene Besonderheiten* zu beachten, die nachfolgend erläutert werden.

3.3 Leistungen an Gesellschafter

Da Sozietäten und Praxisgemeinschaften *selbständige Unternehmer* sind, können Umsätze zwischen ihnen und den beteiligten Gesellschaftern bewirkt werden. Ob Grundlage der Leistung das Gesellschaftsverhältnis ist oder der Leistungsaustausch außerhalb der gesellschaftsrechtlichen Beziehungen erfolgt, ist dabei *ohne Bedeutung*. Wichtig ist dagegen die Unterscheidung, ob die Lieferung oder sonstige Leistung

- entgeltlich,
- teilentgeltlich oder
- unentgeltlich erfolgte.

Entgeltliche Leistungen

Erbringt der Gesellschafter für die ihm zugewendete Leistung ein *angemessenes* Entgelt, so liegt ein Leistungsaustausch vor, der ohne Besonderheit nach den allgemeinen Grundsätzen zu beurteilen ist.

Teilentgeltliche Leistungen

Eine teilentgeltliche Leistung liegt vor, wenn die Gegenleistung unangemessen niedrig ist. Die Abgabe einer Leistung zu einem unangemessen niedrigen Entgelt führt dazu, daß der Vorgang nicht mit den tatsächlich in Rechnung gestellten Beträgen der Umsatzsteuer zu unterwerfen, sondern die sogenannte *Mindestbemessungsgrundlage* (§ 10 Abs. 5 UStG) heranzuziehen ist.

Im Falle der *Lieferung* eines Gegenstandes durch die Sozietät oder Praxisgemeinschaft an einen ihrer Gesellschafter ist zur Ermittlung der Mindestbemessungsgrundlage grundsätzlich vom *Einkaufspreis* zuzüglich der *Nebenkosten* im Zeitpunkt der Lieferung auszugehen. In allen anderen Leistungsfällen sind die *Selbstkosten* zum Zeitpunkt des Umsatzes heranzuziehen. Die Umsatzsteuer gehört dabei jeweils nicht zur Bemessungsgrundlage.

BEISPIEL

A ist Gesellschafter der Rechtsanwaltssozietät ABC. Einen im Eigentum der Sozietät stehenden Pkw darf A nach den Bestimmungen des Gesellschaftsvertrags auch für private Zwecke nutzen. Zur Abrechnung der privaten Pkw-Nutzung wird allerdings die Führung eines Fahrtenbuchs verlangt. Für 1997 wird wie folgt abgerechnet:

Privatfahrten lt. Fahrtenbuch: 8.500 km x 0,52 DM/km =	4.420 DM
zuzüglich 15 % Umsatzsteuer	663 DM
gesamt	**5.083 DM**

Bei einer Betriebsprüfung durch das Finanzamt wird festgestellt, daß die der Umsatzsteuer unterliegenden tatsächlichen Kosten je Kilometer 1.- DM betragen. Somit ist die Mindestbemessungsgrundlage wie folgt zu ermitteln:

Privatfahrten lt. Fahrtenbuch: 8.500 km x 1.- DM/km = 8.500 DM

Es ergibt sich hieraus ein Umsatzsteuerbetrag von (15 %) 1.275 DM.

Eine Rechnung über die sich durch die Anwendung der Mindestbemessungsgrundlage ergebende USt *darf nicht erteilt werden*, weil in einer Rechnung grundsätzlich nur das tatsächliche Entgelt und der darauf entfallende USt-Betrag ausgewiesen werden dürfen.

PRAXIS-TIP

Ist der Leistungsempfänger ebenfalls Unternehmer, so ist das leistende Unternehmen auf dessen Verlangen verpflichtet, die Mindestbemessungsgrundlage sowie den darauf entfallenden Steuerbetrag in einer Rechnung auszuweisen. Diese Sonderregelung gilt bei Personenvereinigungen unter folgenden Voraussetzungen:

- Der Leistungsempfänger ist Unternehmer.
- Es werden im Inland Lieferungen oder Leistungen an Gesellschafter oder diesen nahestehende Personen erbracht.
- Die Erbringung der Leistungen erfolgt verbilligt.

Unentgeltliche Leistungen

Bei unentgeltlichen Lieferungen oder Leistungen an Gesellschafter wird der Tatbestand eines *Eigenverbrauchs* erfüllt. Die Bemessungsgrundlage für den Eigenverbrauch ist *in gleicher Weise* zu ermitteln, wie die Mindestbemessungsgrundlage bei teilentgeltlichen Leistungen.

Danach sind beim *Entnahme-Eigenverbrauch* heranzuziehen:

- der Einkaufspreis (Wiederbeschaffungspreis) im Zeitpunkt der Entnahme;
- die mit der Entnahme im Zusammenhang stehenden Nebenkosten;
- die Selbstkosten, wenn ein Einkaufspreis nicht ermittelt werden kann. Diese umfassen alle durch den betrieblichen Leistungsprozeß bis zum Zeitpunkt der Entnahme entstandenen Kosten.

  Für den *Verwendungs-Eigenverbrauch* (sonstige Leistungen für unternehmensfremde Zwecke) gilt:
- Die Bemessungsgrundlage bilden die bei der Ausführung der Leistung entstandenen Kosten.

- Dabei ist grundsätzlich von den bei der Einkommensteuer zugrundegelegten Kosten auszugehen, die den anteiligen Unternehmerlohn nicht mit einschließen.
- Abziehbare Vorsteuerbeträge sind in diese Kosten nicht mit einzubeziehen.

Nicht zur umsatzsteuerlichen Bemessungsgrundlage für den Verwendungs-Eigenverbrauch gehört die *Absetzung für Abnutzung (AfA)* eines Gegenstandes, wenn der Unternehmer den Gegenstand von einem *Nichtunternehmer*, aus dem nichtunternehmerischen Bereich eines anderen Unternehmers oder von einem unter die Regelung des § 19 Abs. 1 UStG fallenden Kleinunternehmer, also ohne Berechtigung zum Vorsteuerabzug, erworben hat. Gleiches gilt für andere nicht mit Vorsteuer behaftete Kosten, z.B. Kfz-Steuer und -Versicherung.

BEISPIEL

Die ABC-Rechtsanwaltssozietät hat von einem Privatmann (Nichtunternehmer) einen gebrauchten Pkw für 20.000 DM erworben. Das Fahrzeug wird dem Gesellschafter C auch zur privaten Nutzung überlassen. Die Überlassung erfolgt unentgeltlich. In der Buchhaltung des Jahres 1997 wurden für das Fahrzeug folgende Kosten verbucht:

Kfz-Steuer	300 DM
Versicherung	1.200 DM
Reparaturen/Inspektionen	2.500 DM
Kraftstoff	3.000 DM
AfA	5.000 DM
Gesamtkosten	**12.000 DM**

Da bei Anschaffung des Pkw ein Vorsteuerabzug nicht möglich war, wird die Fahrzeug-AfA nicht in die Bemessungsgrundlage des Verwendungs-Eigenverbrauchs einbezogen. Zur Bemessungsgrundlage gehören ebenfalls nicht die Aufwendungen für die Kfz-Steuer und die Versicherungsbeiträge, da auch diese nicht mit Vorsteuer behaftet sind.

3.4 Leistungen von Gesellschaftern an die Sozietät oder Praxisgemeinschaft

Da Sozietäten und Praxisgemeinschaften eigenständige Unternehmer sind, können deren Gesellschafter auch Leistungen an die Gesellschaft erbringen. Soweit ein Gesellschafter eine nach dem Gesellschaftsvertrag vorgesehene Leistung erbringt, die *nicht* durch ein Sonderentgelt, sondern durch die Beteiligung an Gewinn oder Verlust der Gesellschaft vergütet wird, liegt ein *nicht steuerbarer* Gesellschafterbeitrag vor. Kein Sonderentgelt ist das sog. *Gewinnvoraus*, z.B. als Vergütung für die Tätigkeit innerhalb des Unternehmens.

BEACHTEN SIE:

Den nachfolgenden Ausführungen sollten Sie - insbesondere im Hinblick auf die Inanspruchnahme des *Vorsteuerabzugs* - erhöhte Aufmerksamkeit widmen. Eine falsche Vorgehensweise bei der Auswahl von *Gestaltungsmöglichkeiten* kann in diesem Bereich zu irreparablen steuerlichen Mehrbelastungen führen, da das Umsatzsteuerrecht sehr kleinlich mit der Einhaltung formeller Voraussetzungen umgeht.

3.4.1 Der Gesellschafter ist selbst Unternehmer

Überläßt der unternehmerisch tätige Gesellschafter einen Gegenstand seines Unternehmensvermögens einer Sozietät oder Praxisgemeinschaft *zur Nutzung*, so gilt folgendes:

Überlassung gegen Entgelt

Bei der Nutzungsüberlassung handelt es sich in diesem Fall um einen *steuerbaren Umsatz* im Rahmen des Unternehmens, der wie bei Leistungen unter fremden Dritten nach den allgemeinen Grundsätzen des UStG zu erfassen ist.

Überlassung ohne Entgelt

In diesen Fällen ist zu differenzieren, ob die Überlassung - vom Gesellschafter her betrachtet - aus *unternehmerischen* oder *unternehmensfremden* Gründen erfolgt.

Liegen unternehmerische Gründe vor, so handelt es sich um eine mangels Entgelt *nicht steuerbare* Leistung im Rahmen des Unternehmens.

Erfolgt die Überlassung aus unternehmensfremden Gründen, liegt beim Gesellschafter ein *Eigenverbrauchstatbestand* vor. Die Bemessungsgrundlage ist - wie unter 3.3 erläutert - zu ermitteln.

PRAXIS-TIP

Sowohl in den Fällen der entgeltlichen als auch der unentgeltlichen Überlassung kann der unternehmerisch tätige *Gesellschafter* die ihm bei Anschaffung des überlassenen Gegenstandes in Rechnung gestellte Umsatzsteuer als *Vorsteuer* abziehen. Ein Vorsteuerabzug der Gesellschaft ist insoweit *ausgeschlossen*.

3.4.2 Der Gesellschafter ist kein Unternehmer

Bei einem Gesellschafter, der nicht unternehmerisch tätig ist, aber einen Gegenstand erwirbt, den er *der Gesellschaft zur Nutzung überläßt*, gilt folgendes:

Überlassung gegen Entgelt

Durch die Überlassung eines Gegenstands gegen Entgelt wird der Gesellschafter selbst zum Unternehmer. Dadurch kommt er selbst in den Genuß des *Vorsteuerabzugs*.

BEISPIEL

Rechtsanwalt A erwirbt für eigene Rechnung einen Pkw, den er auf seinen Namen zuläßt und *in vollem Umfang* der ABC-Rechtsanwaltssozietät zur Nutzung überläßt. Die Sozietät bezahlt ihm für die Nutzung des Fahrzeugs eine besondere Vergütung. Diese kann in einer festen Monatsvergütung, aber auch in einer nach der Fahrleistung bemessenen Summe bestehen.

In diesem Fall ist die Unternehmereigenschaft von A zu bejahen. Er bewirkt mit der Überlassung des Pkw eine steuerbare Leistung an die Sozietät. Das Entgelt dafür besteht in der von der Gesellschaft gezahlten besonderen Vergütung.

Dies gilt auch für den Fall, daß der Gesellschafter den Gegenstand *teilweise* für private Zwecke verwendet.

BEISPIEL

Gleicher Sachverhalt wie im vorstehenden Beispiel mit der Abwandlung, daß der Pkw nur zu 70 % für Zwecke der Gesellschaft genutzt wird. 30 % entfallen auf die private, also unternehmensfremde Verwendung durch den Gesellschafter A. Hier findet ein Leistungsaustausch nur insoweit statt, als der Gegenstand für

Zwecke der Gesellschaft überlassen wird. Für den Anteil der privaten Nutzung liegt beim Gesellschafter ein steuerbarer Eigenverbrauch vor.

Auch im zweiten Fall darf *der Gesellschafter* die ihm beim Erwerb des Gegenstandes in Rechnung gestellte Umsatzsteuer als *Vorsteuer* abziehen. Bei der *Sozietät* kommt ein Vorsteuerabzug lediglich hinsichtlich der *laufenden Kosten* (z.B. Kraftstoffe und Reparaturen) in Betracht, wenn ihr diese tatsächlich in Rechnung gestellt werden.

Überlassung ohne Entgelt

Erhält ein Gesellschafter für die Überlassung eines ihm gehörenden Gegenstandes von der Sozietät keine besondere Vergütung, so handelt er nicht als Unternehmer. In diesem Fall kommen in den Genuß eines Vorsteuerabzugs bei der Anschaffung des Wirtschaftsguts *weder der Gesellschafter noch die Sozietät.*

PRAXIS-TIP

Zur Sicherung Ihres Anspruches auf Vorsteuererstattung sollten Sie bei der Anschaffung von Wirtschaftsgütern, die ausschließlich oder überwiegend für Ihre Sozietät oder Praxisgemeinschaft genutzt werden, planmäßig vorgehen. Sie haben hierzu zwei Möglichkeiten:

- Die Gesellschaft selbst erwirbt das Wirtschaftsgut. In diesem Fall muß unbedingt darauf geachtet werden, daß dies auch aus der Rechnung eindeutig hervorgeht, d.h. die Sozietät oder Praxisgemeinschaft muß als Erwerber und Rechnungsempfänger benannt sein.
- Der Gesellschafter erwirbt das Wirtschaftsgut. Die Rechnung muß nun auf den Gesellschafter lauten. Zusätzlich ist es erforderlich, einen Miet- oder Überlassungsvertrag abzuschließen, aus dem sich ergibt, daß der Gesellschafter das Wirtschaftsgut entgeltlich überläßt. Dadurch wird der Gesellschafter selbst zum Unternehmer, was ihm den Anspruch auf Vorsteuererstattung eröffnet.

[1] BGBl 1994 I S. 1744
[2] BMF, Schreiben vom 21.12.1994, IV B 2 - S 2115 - 6/94
[3] § 18 Abs. 4 i.V.m. § 15 Abs. 1 Nr. 2 EStG
[4] BFH, Urteil vom 8.11.1990, IV R 127/86, BStBl 1991 II S. 505
[5] § 180 Abs. 2 AO
[6] § 15 Abs. 3 Nr. 1 EStG
[7] BMF, Schreiben vom 14.5.1997, BStBl 1997 I S. 566
[8] BFH, Urteil vom 10.8.1994, I R 133/93, BStBl 1995 II S. 171
[9] BMF, Schreiben vom 11.1.1993, BStBl 1993 I S. 62
[10] BFH, Urteil vom 13.12.1979, IV R 69/74, BStBl 1980 II S. 239; BFH, Urteil vom 5.4.1984, IV R 88/80, BStBl 1984 II S. 518
[11] BFH, Urteil vom 29.10.1992, IV R 16/91, BStBl 1993 II S. 182; BFH, Urteil vom 18.5.1994, I R 109/93, BStBl 1994 II S. 925
[12] § 24 Abs. 3 UmwStG i.V.m. § 16 Abs. 2 S. 3 EStG
[13] BFH, Urteil vom 26.1.1994, III R 39/91, BStBl 1994 II S. 458
[14] Streck/Schwedhelm, BB 1993 S. 2420, 2421
[15] BFH, Urteil vom 8.12.1994, IV R 82/92, BStBl 1995 II S. 599
[16] BFH, Urteil vom 15.5.1986, IV R 146/84, BFH/NV 1988 S. 84; FG Baden-Württemberg, Urteil vom 5.6.1997, 6 K 41/94

G Freiberufler-GmbH

1 Grundlagen

Die Gründung einer GmbH zur gemeinschaftlichen Ausübung der freiberuflichen Tätigkeit ist nur *bestimmten* Freiberuflern gestattet. Hierzu zählen insbesondere:

- Architekten
- Bauingenieure
- sonstige freiberufliche Ingenieure
- Steuerberater
- Wirtschaftsprüfer

Ärzten und Rechtsanwälten verbietet das *Standesrecht* die Bildung von Kapitalgesellschaften. Allerdings beginnt die starre Ablehnungsfront auch hier zu bröckeln, insbesondere seit der Bundesgerichtshof die Gründung einer *Zahnheilkunde-GmbH* für zulässig erklärte[1]. Unter Verweis auf diese BGH-Entscheidung hat das Bayerische Oberste Landesgericht auch die Bildung einer Rechtsanwälte-GmbH akzeptiert[2].

BEACHTEN SIE:

Es ist trotz der vorstehend zitierten Rechtsprechung sicherlich weiterhin zu empfehlen, vor Gründung einer Freiberufler-GmbH deren Zulässigkeit mit der zuständigen Standesorganisation zu erörtern. Nur so können Sie vermeiden, daß vergebliche Ausgaben anfallen, z.B. für rechtliche Beratung im Zusammenhang mit dem Gründungsvorgang und der Abfassung des Gesellschaftsvertrags, weil die GmbH letztlich nicht zur freiberuflichen Berufsausübung zugelassen wird.

2 Vorteile und Nachteile der Freiberufler-GmbH

Eine Freiberufler-GmbH kann Vorteile insbesondere unter dem Gesichtspunkt der Haftungsbeschränkung (siehe 3.6) wie auch in steuerrechtlicher Hinsicht bringen.

Die *steuerrechtlichen Vorteile* liegen vor allem darin, daß die GmbH als juristische Person mit ihren Gesellschaftern wie unter fremden Dritten Verträge schließen kann. Denkbar sind hier insbesondere Anstellungs-, Miet- und Darlehensverträge.

Die Zahlungen aufgrund solcher Verträge dürfen unter bestimmten Voraussetzungen (siehe 4.1.2) als *Betriebsausgaben* abgezogen werden. Beim Gesellschafter unterliegen die entsprechenden Einnahmen zwar der Einkommensteuer; innerhalb der einzelnen Einkunftsart können aber z.T. beträchtliche Freibeträge ausgenutzt werden (z.B. bei den Einkünften aus Kapitalvermögen 12.200 DM für verheiratete Steuerzahler).

Bei Miet- und Pachtverhältnissen verbleibt das dem Gesellschafter gehörende Mietobjekt in dessen Privatvermögen. Eine im Laufe der betrieblichen Nutzung eingetretene Wertsteigerung wird - nach derzeitigem Einkommensteuerrecht - bei Aufgabe oder Veräußerung des Betriebs nicht besteuert. Bei einer freiberuflichen Einzelpraxis oder Sozietät zählen dagegen z.B. betrieblich genutzte Büroräume zum Betriebsvermögen mit der Folge, daß bei Praxisaufgabe oder -veräußerung ein Veräußerungs- oder Entnahmegewinn der Besteuerung unterworfen wird.

BEACHTEN SIE:

Nicht zu unterschätzen ist auch die Möglichkeit, Aufwendungen für die Altersvorsorge der Gesellschafter als Betriebsausgaben abzuziehen. Während die steuermindernde Geltendmachung von Vorsorgeaufwendungen im Rahmen Ihrer Einkommensteuererklärung nur in eingeschränktem Umfang zum Tragen kommt, kann bei der Freiberufler-GmbH insbesondere eine Pensionszusage einerseits

G

eine hohe Steuerentlastung und andererseits eine angemessene Altersversorgung bringen. Daneben kommen der Abschluß einer Direktversicherung sowie - beim nicht beherrschenden Gesellschafter - der Abzug der Sozialversicherungsbeiträge in Betracht.

Als *Nachteil* der Freiberufler-GmbH wird häufig empfunden, daß die Beachtung der durch das GmbHG vorgeschriebenen Strukturen (Beschlußfassung durch Gesellschafterversammlung, Eintragung bestimmter Vorgänge ins Handelsregister) sowie die scharfe Abgrenzung zwischen betrieblicher und privater Sphäre Entscheidungsprozesse erschwert oder verzögert.

Unter Kostengesichtspunkten fällt ins Gewicht, daß die GmbH zur Erstellung einer *Bilanz* verpflichtet ist, was im allgemeinen deutlich teurer kommt als die bei Freiberuflern übliche Gewinnermittlung durch Einnahme-Überschußrechnung. Änderungen des Gesellschaftsvertrags müssen notariell beurkundet und im Handelsregister eingetragen werden. Hierfür sind z.T. beträchtliche Gebühren zu bezahlen.

Ein steuerlicher Nachteil ist sicherlich die Tatsache, daß die GmbH der *Gewerbesteuer* unterliegt. Diese Steuerbelastung läßt sich in der Regel aber durch eine entsprechende Gestaltung der Vertragsverhältnisse (siehe 4.1.2) auf ein Mindestmaß reduzieren.

3 Handelsrecht

3.1 Rechtsform

Die GmbH ist eine Kapitalgesellschaft mit beschränkter Haftung, die nicht nur zum Betrieb eines Handelsgewerbes, sondern auch zu jedem anderen gesetzlich zulässigen Zweck - und somit auch zur freiberuflichen Berufsausübung (siehe 1) - errichtet werden kann. Unabhängig von ihrer satzungsmäßigen oder tatsächlichen Tätigkeit gilt jede GmbH als Handelsgesellschaft, auf die alle Vorschriften für *Vollkaufleute* anwendbar sind[3]. Als juristische Person mit eigener Rechtspersönlichkeit kann die GmbH Eigentum erwerben (z.B. an Grundstücken) und vor Gericht klagen oder verklagt werden. Sie haftet mit ihrem Gesellschaftsvermögen auch für unerlaubte Handlungen ihrer Organe.

3.2 Gründung

Zur Gründung einer GmbH finden sich im allgemeinen *mehrere Personen* zusammen. Gesellschafter können neben natürlichen auch juristische Personen (z.B. eine andere Freiberufler-GmbH oder -AG), Personengesellschaften (OHG, KG) oder Personenzusammenschlüsse (z.B. eine Erbengemeinschaft) werden.

Seit 1980 läßt das GmbHG die Gründung der Gesellschaft durch nur *eine Person* zu. In diesen Fällen wird von der „Ein-Mann-GmbH" gesprochen. Der Einzelgründer kann per einseitiger Erklärung die GmbH errichten. Diese Erklärung wird, wie bei der GmbH-Gründung durch zwei oder mehrere Gesellschafter, als *Gesellschaftsvertrag* oder *Satzung* bezeichnet. Durch den Inhalt des Gesellschaftsvertrags sind *zwingend* festzulegen:

- der Sitz und die Firma der GmbH
- der Unternehmensgegenstand (Tätigkeitsbereich oder Geschäftszweck)
- die Höhe des Stammkapitals
- die Namen der Gesellschafter
- die Höhe des von jedem einzelnen Gesellschafter zu leistenden Anteils am Stammkapital (Stammeinlage)

Darüber hinaus enthält ein Gesellschaftsvertrag zumeist eine Vielzahl *individueller Regelungen*, die dort aus Gründen der Zweckmäßigkeit und der Klarheit aufgeführt sind. Dies können z.B. sein:

- Zuständigkeiten der Gesellschafterversammlung
- Stimmrechtsvereinbarungen
- Gewinnverteilung
- Ausscheiden eines Gesellschafters
- Auflösung der GmbH
- Bestellung der Geschäftsführer

Durch den bloßen Abschluß eines Gesellschaftsvertrags ist die GmbH rechtlich noch nicht zustande gekommen. Erst nach *notarieller Beurkundung* der Satzung und Eintragung der Gesellschaft im *Handelsregister* ist die GmbH rechtswirksam gegründet. Zwischen der Beurkundung des Gesellschaftsvertrags und der Eintragung im Handelsregister liegt eine Gründungsgesellschaft vor, die als eigenständiges Gebilde eigene Rechte und Pflichten zu erfüllen hat.

Die Gründung der GmbH kann als Bargründung oder als Sachgründung erfolgen. Bei der *Bargründung* sind die Stammeinlagen in Geld zu leisten.

Eine *Sachgründung* liegt vor, wenn das Stammkapital ganz oder teilweise in Form von Sachwerten in das Unternehmen eingebracht wird. Bei der *Freiberufler-GmbH* ist wichtigster Sachwert der *Praxiswert* oder ein *Mandantenstamm*. Ohne Übertragung dieser wesentlichen Betriebsgrundlagen ist hier eine Sachgründung kaum denkbar. Daneben können auch Grundstücke, Einrichtungsgegenstände, Fahrzeuge, Patente oder andere Wirtschaftsgüter Gegenstand der Sacheinlage sein.

Im *Sachgründungsbericht*, der der Anmeldung beim Handelsregister beizufügen ist, muß die Bewertung der eingebrachten Wirtschaftsgüter dargestellt und erläutert werden.

3.3 Stammkapital

Das Stammkapital einer GmbH muß mindestens *50.000 DM* betragen[4]. Es setzt sich aus den *Stammeinlagen* der Gesellschafter zusammen. Jeder Gesellschafter darf bei Gründung nur eine Stammeinlage übernehmen, die einen Wert von *mindestens 500 DM* haben muß. Die Höhe der Stammeinlage der einzelnen Anteilseigner kann unterschiedlich hoch sein.

BEISPIEL

Vier Steuerberater errichten eine Steuerberatungs-GmbH im Wege einer Bargründung. Das Stammkapital wird mit 50.000 DM festgelegt. Die Gründungsgesellschafter übernehmen folgende Stammeinlagen:

A:	26.000 DM
B:	18.000 DM
C:	5.500 DM
D:	500 DM
	50.000 DM

Die *Handelsregisteranmeldung* ist erst zulässig, wenn

- bei *Bargründungen* von jeder Stammeinlage mindestens 25 % eingezahlt sind,
- bei *Sachgründungen* die Sacheinlagen voll erbracht sind *und*
- die eingezahlten Geldbeträge zuzüglich des Gesamtwerts der Sacheinlagen mindestens *25.000 DM* betragen.

Das Stammkapital darf vor Auflösung oder Liquidation der Gesellschaft weder direkt noch indirekt an die Anteilseigner zurückgezahlt werden. Wurde gegen dieses *Rückzahlungsverbot* verstoßen, hat die GmbH einen rechtsverbindlichen Anspruch auf Rückgewähr des ausgezahlten Betrages.

3.4 Organe der GmbH

Das GmbHG schreibt *bindend* zwei Organe vor:

- den Geschäftsführer
- die Gesellschafterversammlung

Darüber hinaus ist es den Gesellschaftern freigestellt, in der Satzung der GmbH auch die Errichtung eines *Aufsichtsrats* vorzusehen.

Geschäftsführer

Jede GmbH muß *mindestens einen* Geschäftsführer bestellen. Dieser führt die Geschäfte des Unternehmens und vertritt die Gesellschaft nach außen[5]. Dabei unterliegt er grundsätzlich keinen Beschränkungen. Trotzdem besteht für den GmbH-Geschäftsführer eine *Weisungsgebundenheit*, da er im Innenverhältnis festgelegte Einschränkungen zu beachten hat. Solche Einschränkungen können sich ergeben:

- aus der Satzung
- aus dem Anstellungsvertrag
- durch Gesellschafterbeschlüsse

Der oder die Geschäftsführer sind im *Handelsregister* einzutragen. Wurden mehrere Geschäftsführer bestellt, sind diese nur gemeinsam vertretungsberechtigt, es sei denn die Satzung sieht - bei entsprechender Eintragung im Handelsregister - ausdrücklich die *Alleinvertretung* jedes einzelnen Geschäftsführers vor.

Geschäftsführer einer GmbH können auch ein oder mehrere Gesellschafter sein. In diesen Fällen wird vom *Gesellschafter-Geschäftsführer* gesprochen. Unabhängig von ihrer Gesellschafterstellung gelten auch für diesen Personenkreis die Rechte und Pflichten des Geschäftsführers in gleichem Maße[6].

BEACHTEN SIE:

Besonders beim Gesellschafter-Geschäftsführer ergibt sich häufig die Problematik der „In-Sich-Geschäfte" (§ 181 BGB). Da eine Selbstkontrahierung grundsätzlich per Gesetz verboten ist, sind derartige Gestaltungen nur bei Ausschluß dieser Vorschrift zulässig. Rechtswirksam wird die Befreiung von § 181 BGB allerdings nur, wenn dies im Gesellschaftsvertrag festgelegt und im Handelsregister eingetragen wird.

G

Gesellschafterversammlung

Folgende Rechtsakte dürfen *ausschließlich* von der Gesellschafterversammlung beschlossen werden:

- Einforderung von Nachschüssen
- Satzungsänderungen
- Auflösung der Gesellschaft
- Ernennung und Abberufung von Liquidatoren

Soweit die Satzung *keine andere Regelung* vorsieht, muß die Gesellschafterversammlung darüber hinaus beschließen über:

- die Feststellung des Jahresabschlusses
- die Verwendung von Gewinnen oder Verlusten
- die Einforderung von Einzahlungen auf die Stammeinlagen
- die Bestellung und Abberufung des Geschäftsführers

Die Gesellschafterversammlung ist die *Gesamtheit der Gesellschafter* und damit oberstes Organ der Gesellschaft mit beschränkter Haftung[7]. Gesellschafterversammlungen müssen nicht zwingend als Zusammenkunft der Gesellschafter stattfinden. Es ist auch zulässig, daß die Anteilseigner ihre Beschlußfassung durch *schriftliche Abstimmung* vollziehen[8].

3.5 Jahresabschluß

Die GmbH ist wie jede andere Kapitalgesellschaft zur Aufstellung eines *Jahresabschlusses* verpflichtet[9]. Dieser muß bestehen aus:

- Bilanz
- Gewinn- und Verlustrechnung
- erläuterndem Anhang
- Lagebericht (nur bei mittelgroßen und großen Gesellschaften)

Die Aufstellung des Jahresabschlusses hat auch bei der Freiberufler-GmbH unter Beachtung der *Grundsätze ordnungsmäßiger Buchführung* zu erfolgen und muß ein den tatsächlichen Verhältnissen entsprechendes Bild der Vermögens-, Finanz- und Ertragslage der Gesellschaft vermitteln. Er ist von einem *Abschlußprüfer* - i.d.R. einem Wirtschaftsprüfer - zu prüfen und zu bestätigen[10].

BEACHTEN SIE:

Kleine GmbHs sind verpflichtet, ihren Jahresabschluß innerhalb der ersten sechs Monate nach Abschluß eines Geschäftsjahres aufzustellen. Für mittelgroße und große Gesellschaften beträgt die Frist drei Monate.

Die *Offenlegung* des Jahresabschlusses ist abhängig von der *Größe* der Gesellschaft. Es wird unterschieden zwischen kleinen, mittelgroßen und großen Kapitalgesellschaften. Die Jahresabschlüsse großer Gesellschaften müssen zum Handelsregister eingereicht und *im Bundesanzeiger veröffentlicht* werden. Für mittelgroße und kleine Gesellschaften ist lediglich die Einreichung einer *verkürzten Bilanz* zum Handelsregister vorgeschrieben.

3.6 Haftung

Die Haftung einer GmbH bleibt grundsätzlich auf das *Gesellschaftsvermögen* beschränkt. Hierin liegt einer der *Vorteile der Freiberufler-GmbH*, weil der Inhaber einer freiberuflichen Einzelpraxis oder die Gesellschafter einer Sozietät oder Praxisgemeinschaft immer auch mit ihrem gesamten Privatvermögen in Haftung genommen werden können.

Sind die Stammeinlagen nicht voll einbezahlt, schulden die Gesellschafter den ausstehenden Betrag nicht den Gläubigern des Unternehmens, sondern der GmbH. Eine *Durchgriffshaftung* auf den oder die Gesellschafter kommt nur selten in Betracht. Häufigste Anwendungsfälle sind die mißbräuchliche Verwendung des GmbH-Mantels oder - insbesondere bei der Ein-Mann-GmbH - Verstöße gegen die Grundsätze von Treu und Glauben.

3.7 Auflösung der GmbH

Die GmbH wird durch die Auflösung *beendet*. An die Auflösung schließt sich die Liquidation (Verteilung des Gesellschaftsvermögens) an. *Zwingende Auflösungsgründe* nach dem GmbHG sind:

- Gesellschafterbeschluß
- Zeitablauf, wenn die Satzung eine zeitliche Befristung der Gesellschaft vorsieht

- Auflösungsurteil eines Gerichts
- Konkurseröffnung

In den beiden erstgenannten Fällen kann durch die Gesellschafter - vor Beginn der Liquidation - die *Fortsetzung der Gesellschaft* beschlossen werden. Gleiches ist im Konkursfall möglich, wenn das Konkursverfahren durch einen Zwangsvergleich beendet wird oder auf Antrag der GmbH eingestellt wird.

4 Steuerrecht

4.1 Körperschaftsteuer

4.1.1 Einkommensermittlung

Eine GmbH mit Geschäftsleitung oder Sitz im Inland ist mit ihrem Einkommen unbeschränkt körperschaftsteuerpflichtig. Bemessungsgrundlage für die tarifliche Körperschaftsteuer ist das *zu versteuernde Einkommen*. Dieses wird wie folgt ermittelt:

	Steuerbilanzgewinn
+	nichtabziehbare Personensteuern (KSt, VSt, Solidaritätszuschlag)
+	Umsatzsteuer für Eigenverbrauch
+	Spenden, soweit die abzugsfähigen Beträge überschritten werden
+	nichtabziehbare Betriebsausgaben (z.B. Geschenke über 75 DM)
+	verdeckte Gewinnausschüttungen
-	steuerfreie Einnahmen (z.B. Investitionszulagen, Sanierungsgewinne)
=	zu versteuerndes Einkommen

Dieses zu versteuernde Einkommen ist vor Ermittlung der Körperschaftsteuer ggf. noch um *Verlustabzugsbeträge* zu mindern.

Der *Körperschaftsteuersatz* beträgt derzeit 45 %. Bei Gewinnausschüttungen kommt ein Steuersatz von 30 % zur Anwendung.

4.1.2 Verträge zwischen Gesellschaft und Gesellschafter

Im Gegensatz zur Personengesellschaft ist bei einer GmbH der *Betriebsausgabenabzug* für Zahlungen an Gesellschafter *steuerlich* zulässig. Dies bringt in erster Linie Vorteile für die *Gewerbesteuer*. Am häufigsten anzutreffen sind Gehaltszahlungen (siehe 4.1.3 zum Gesellschafter-Geschäftsführer), Mieten und

Pachten sowie Zinsaufwendungen aufgrund von Darlehensverträgen. Voraussetzungen für die Anerkennung von Verträgen zwischen Gesellschaft und Gesellschafter sind:

- klare und eindeutige Vereinbarung des Vertragsinhalts im voraus
- Angemessenheit der festgelegten Vergütungen
- Regelungen wie unter fremden Dritten üblich (Fremdvergleich)
- tatsächliche Durchführung des Vertragsverhältnisses

Formelle Mängel in Verträgen zwischen Anteilseigner und GmbH führen genauso zur Annahme *verdeckter Gewinnausschüttungen* (vGa) wie die Unangemessenheit der gezahlten Vergütungen oder ein Verstoß gegen das *Nachzahlungs- und Rückwirkungsverbot.* Die vGa wird definiert als Vermögensminderung oder verhinderte Vermögensmehrung bei der GmbH, die *durch das Gesellschaftsverhältnis veranlaßt* ist. Durch die Annahme einer vGa wird der von der GmbH in Anspruch genommene Betriebsausgabenabzug *außerbilanziell* - im Rahmen der Einkommensermittlung - rückgängig gemacht.

BEISPIEL

Eine Steuerberatungs-GmbH erzielte 1998 ein zu versteuerndes Einkommen in Höhe von 150.000 DM. An ihren beherrschenden Gesellschafter hat die GmbH 1998 für die Vermietung von Büroräumen eine Miete von monatlich 5.000 DM gezahlt. Der Mietvertrag ist formal ordnungsgemäß. Bei einer Überprüfung kommt das Finanzamt allerdings zum Ergebnis, daß die Miete monatlich um 2.000 DM zu hoch ist.

Die tatsächlichen Mietzahlungen für die Büroräume waren 1998 unangemessen hoch. Die GmbH wäre nicht bereit gewesen, diesen Betrag auch an einen fremden Dritten zu bezahlen. Es ergibt sich somit eine verdeckte Gewinnausschüttung in Höhe von 24.000 DM (2.000 DM x 12 Monate). Das zu versteuernde Einkommen für 1998 ist nun wie folgt zu ermitteln:

Einkommen 1998 bisher:	150.000 DM
+ verdeckte Gewinnausschüttung	24.000 DM
Einkommen 1998 neu	**174.000 DM**

Dieses um die verdeckte Gewinnausschüttung erhöhte Einkommen ist nun die Bemessungsgrundlage für die Ermittlung der Körperschaftsteuer und des Gewerbeertrags.

G

4.1.3 Gesellschafter-Geschäftsführer

Der Geschäftsführer einer GmbH wird steuerlich als *Arbeitnehmer* behandelt. Die Bezüge werden nach den allgemeinen Vorschriften der Lohnsteuer unterworfen. Zu diesem Zweck ist die Vorlage einer *Lohnsteuerkarte* erforderlich.

Der *Gesellschafter-Geschäftsführer* hat dabei die gleiche Stellung wie ein Fremd-Geschäftsführer. Allerdings prüfen die Finanzämter insbesondere beim *beherrschenden* Gesellschafter-Geschäftsführer die *Angemessenheit* des Geschäftsführergehalts sehr genau. Die Zahlung überhöhter Bezüge führt zur (teilweisen) Annahme verdeckter Gewinnausschüttungen.

Beherrschender Gesellschafter

Eine GmbH wird im allgemeinen von dem Gesellschafter beherrscht, der *mehr als 50 % des Stammkapitals* hält. Im Einzelfall kann sich durch die rechtlichen oder tatsächlichen Verhältnisse die Herrschaft einer Person über die Gesellschaft aber auch dann ergeben, wenn dieser Anteilseigner nominell weniger als 50 % der Anteile hält.

BEISPIEL

A hat 1990 als Alleingesellschafter eine GmbH mit einem Stammkapital von 100.000 DM gegründet. 1998 wird das Stammkapital auf 300.000 DM erhöht. Die Kapitalerhöhung übernehmen die neu eingetretenen Gesellschafter B und C mit je 100.000 DM. C ist ein minderjähriges Kind von A. Auf die Ausübung des Stimmrechts für den Anteil von C hat A entscheidenden Einfluß.

Somit hält A zwar gesellschaftsrechtlich nur ein Drittel des Gesamtkapitals, verfügt aber tatsächlich über einen Stimmrechtsanteil von 2 : 1. Dadurch hat er die Möglichkeit, seine Mitgesellschafter in der Gesellschafterversammlung zu überstimmen. Er beherrscht somit auch nach der Kapitalerhöhung weiterhin die GmbH.

Auch bei *mehreren Gesellschafter-Geschäftsführern*, von denen jeder einzelne weniger als 50 % der Anteile hält, kann eine Beherrschung der Gesellschaft durch diese Personengruppe vorliegen, da in diesen Fällen Verträge mit einem der Gesellschafter-Geschäftsführer von der Gesellschafterversammlung nur einvernehmlich geschlossen werden können.

BEISPIEL

An einer GmbH sind D, E und F zu je einem Drittel beteiligt. D und E sind gleichzeitig Geschäftsführer des Unternehmens.

Für die Festlegung der Anstellungsverträge wie auch für Änderungen dieser Verträge sind Mehrheitsbeschlüsse der Gesellschafterversammlung erforderlich. Durch ein einheitliches Abstimmungsverhalten haben die beiden Geschäftsführer die Möglichkeit, den Gesellschafter, der nicht der Geschäftsleitung angehört, zu überstimmen. Somit ist eine Beherrschung der GmbH durch die beiden Geschäftsführer gegeben.

Selbstkontrahierung

Der Gesellschafter-Geschäftsführer einer GmbH darf - unter Berücksichtigung der vorstehend erläuterten Voraussetzungen - nur dann *mit sich selbst* Verträge abschließen, wenn ihm durch die Gesellschafterversammlung *Befreiung vom Selbstkontrahierungsverbot* erteilt wurde (§ 181 BGB).

Eine solche Befreiung erlangt nur Rechtswirkung, wenn der Gesellschafterbeschluß auch *im Handelsregister eingetragen* wird. In allen Fällen, in denen bisher keine Handelsregister-Eintragung vorgenommen wurde, sind Verträge, die der Allein-Gesellschafter einer GmbH mit sich selbst geschlossen hat, zivilrechtlich schwebend unwirksam. Diese schwebende Unwirksamkeit kann allerdings durch eine nachträgliche Eintragung im Handelsregister aufgehoben werden mit der Folge, daß sich für die steuerrechtliche Beurteilung der Verträge keine nachteiligen Auswirkungen ergeben[11].

Wettbewerbsverbot

Eine *Konkurrenzsituation* kann sich zwischen GmbH und Freiberufler-Gesellschafter ergeben, wenn der Gesellschafter weiterhin eine *gleiche oder ähnliche* Tätigkeit ausübt. In diesem Fall ist eine *klare Abgrenzung* der Tätigkeitsgebiete unbedingt erforderlich, weil ansonsten den Belangen der GmbH Vorrang eingeräumt wird.

BEISPIEL

Bei Gründung einer Steuerberatungs-GmbH durch zwei Steuerberater wird festgelegt, daß die GmbH ausschließlich gewerbliche Unternehmen betreut (Buchführung, Jahresabschluß, Erstellung der Steuererklärungen, sonstige steuerliche Beratung), während die beiden Gesellschafter mit ihren freiberuflichen Büros weiterhin alle übrigen Mandate umfänglich vertreten.

Hierdurch wurde eine klare Abgrenzung geschaffen; eine Konkurrenzsituation kann nicht eintreten.

Liegt eine Konkurrenztätigkeit des Gesellschafter-Geschäftsführers außerhalb der GmbH vor, ohne daß eine *klare und eindeutige Aufgabenabgrenzung* festgelegt oder eine Befreiung vom zivilrechtlichen Wettbewerbsverbot erteilt wurde, wird die Tätigkeit außerhalb der Gesellschaft grundsätzlich über eine verdeckte Gewinnausschüttung steuerlich der GmbH zugerechnet.

Angemessenheit des Geschäftsführer-Gehalts

Beim beherrschenden Gesellschafter ist die bloße Einhaltung der formalen Vorgaben allein nicht ausreichend für die steuerliche Anerkennung des Geschäftsführergehaltes. Es muß daneben sichergestellt sein, daß die Bezüge des Gesellschafter-Geschäftsführers *insgesamt*, aber auch in ihren einzelnen Vergütungsbestandteilen *der Höhe nach* angemessen sind.

Für die Feststellung der Angemessenheit gibt es *keine festen Regeln*. Der BFH hat sich in den letzten Jahren häufig mit dieser Problematik auseinandergesetzt und dabei einige *grundsätzliche Überlegungen* zum Ausdruck gebracht, die zur Beurteilung eines derartigen Sachverhaltes herangezogen werden können. Danach sind hierzu alle relevanten *innerbetrieblichen und außerbetrieblichen Merkmale* heranzuziehen, die von Bedeutung sein können. Dies sind insbesondere:

- Art und Umfang der Tätigkeit des Geschäftsführers
- Kapitalverzinsung
- Verhältnis des Gehalts zum Gesamtgewinn des Unternehmens
- Vergleich mit gleichartigen Betrieben

Die Finanzverwaltung hat als Reaktion auf die BFH-Rechtsprechung *interne Anwendungsregeln* festgelegt, die zu einer Vereinheitlichung der Rechtsanwendung führen sollen. Danach wird z.B. bei Geschäftsführer-Gehältern *bis 300.000 DM* grundsätzlich von deren Angemessenheit ausgegangen. Bezüge, die diesen Betrag übersteigen, werden dagegen nur unter strengen Voraussetzungen als noch angemessen akzeptiert, während Vergütungen *über 800.000 DM* nach diesen Verwaltungsanweisungen *in keinem Fall* anzuerkennen sind.

BEACHTEN SIE:

Bei Freiberufler-GmbHs werden die vorstehend erläuterten Grundsätze - insbesondere die Gehaltsgrenze von 300.000 DM - nur in eingeschränktem Umfang angewendet. So dürfen hier die Gesamtvergütungen der Gesellschafter-Geschäftsführer diesen Wert auch *deutlich übersteigen*. Sie werden als angemessen anerkannt, wenn die unten erläuterten Voraussetzungen gegeben sind. Zwar muß auch danach der GmbH ein *angemessener Jahresüberschuß* (vor KSt und GewSt) verbleiben; die Meßlatte wird allerdings - im Vergleich zur „normalen" GmbH - wesentlich niedriger angelegt. Lediglich die *absolute Obergrenze von 800.000 DM* soll auch hier gelten. Alles, was darüber hinausgeht, wird von der Finanzverwaltung als unangemessen erachtet und führt zur Annahme einer verdeckten Gewinnausschüttung. Die Obergrenze behält auch bei der Tätigkeit in mehreren GmbHs Gültigkeit, d.h. sie darf *nicht mehrfach* in Anspruch genommen werden.

So wird der angemessene Gewinn der Freiberufler-GmbH ermittelt:

- Kapitalverzinsung von mindestens 15 % des gezeichneten Kapitals;
- Der GmbH muß ein Betrag von mindestens 5 % der an die Gesellschafter-Geschäftsführer gezahlten Tantiemen verbleiben.

BEISPIEL

Eine Wirtschaftsprüfungsgesellschaft hat drei Gesellschafter-Geschäftsführer, die jeweils 1/3 des Stammkapitals von 240.000 DM halten. Für 1998 erhalten die Geschäftsführer Tantiemen von insgesamt 1.200.000 DM.

Die Berechnung des angemessenen Mindestgewinns der GmbH für 1998 ist wie folgt vorzunehmen:

Kapitalverzinsung 15 % von 240.000 DM	=	36.000 DM
Anteil der Tantiemen 5 % von 1.200.000 DM	=	<u>60.000 DM</u>
geforderter Mindestgewinn (vor KSt und GewSt):		**96.000 DM**

G

Übliche Vergütungsbestandteile

Bei freiberuflichen GmbHs kommen in der Praxis vor allem folgende Gehaltsteile vor, deren steuerliche Anerkennung - bei Beachtung der formalen Voraussetzungen und *Einhaltung der Angemessenheitsgrenzen* - keine Probleme bereitet:

- Grundgehalt
- Tantiemen
- Urlaubs- und Weihnachtsgeld
- geldwerter Vorteil für die private Pkw-Nutzung
- Direktversicherungen
- Pensionszusagen

Tantiemen werden häufig als *variabler Gehaltsbestandteil* der Geschäftsführerbezüge vereinbart. Die Höhe der Tantieme orientiert sich in den meisten Fällen am Gewinn - in Ausnahmefällen auch am Umsatz - der GmbH. Die Regelungen sollten so gestaltet sein, daß sich die Tantieme nach Feststellung der Bilanz der GmbH anhand der Bezugsgrößen *ohne Einflußmöglichkeit* durch den Gesellschafter-Geschäftsführer errechnen läßt.

BEACHTEN SIE:

Die Tatsache, daß der beherrschende Gesellschafter-Geschäftsführer die Höhe des Gewinns durch entsprechende Ausübung von Wahlrechten bei der Abschreibung oder der Bewertung verschiedener Bilanzpositionen entscheidend beeinflussen und verändern kann, ist keine Einflußnahme in diesem Sinne.

Schädlich sind dagegen Formulierungen in der Tantiemevereinbarung, wonach sich z.B. die Gesellschafterversammlung der GmbH im Einzelfall die Zahlung der Tantieme vorbehält.

BEISPIEL

Eine Ingenieur-GmbH hat mit ihrem Geschäftsführer eine an sich klare und eindeutige Tantiemevereinbarung getroffen, die grundsätzlich nicht zu beanstanden wäre. Allerdings enthält der Vertrag den Zusatz: „Der Tantiemeanspruch entfällt ersatzlos und endgültig, wenn die Gesellschaft zum Zeitpunkt der Feststellung des Jahresabschlusses nicht über ausreichende Liquidität zur Auszahlung der Tantieme verfügt." Was als ausreichende Liquidität anzusehen ist, wird nicht weiter ausgeführt.

Durch diesen Zusatz wird die Tantiemevereinbarung so unbestimmt, daß eine steuerliche Anerkennung der Regelung ausgeschlossen ist. Ein fremder Geschäftsführer würde einem solchen Vertrag, der ihn nachträglich um die Früchte seiner Arbeit bringen kann, wohl kaum zustimmen.

Außerordentliche Bezüge

Als außerordentliche Bezüge dürfen folgende Vergütungen auch einem Gesellschafter-Geschäftsführer gewährt werden, soweit die allgemeinen *steuerlichen Voraussetzungen* erfüllt sind und die Zahlung der *betrieblichen Übung* entspricht:

- Abfindungen wegen einer vom Arbeitgeber veranlaßten oder gerichtlich ausgesprochenen Auflösung des Dienstverhältnisses
- Jubiläumszuwendungen

4.1.4 Gliederungsrechnung

Aufgrund unterschiedlicher Steuersätze in den vergangenen Jahren und der Steuerfreiheit bestimmter Einkommensteile und Vermögenszuwächse (z.B. Einlagen durch die Anteilseigner) muß das *verwendbare Eigenkapital* entsprechend der darauf entfallenden *Tarifbelastung* gegliedert werden[12]. Bei der Vornahme offener oder verdeckter Gewinnausschüttungen ist unter Heranziehung der entsprechenden Einkommensteile aus der Gliederungsrechnung die Ausschüttungsbelastung zu ermitteln.

4.2 Gründung der Freiberufler-GmbH

Bargründung

Wie oben ausgeführt (3.2), kann eine GmbH sowohl durch Bar- als auch durch Sachgründung errichtet werden. Bei einer Bargründung ergeben sich im allgemeinen keine steuerlichen Besonderheiten.

Ein *Sonderfall* liegt allerdings vor, wenn ein Gesellschafter zunächst eine Bareinlage erbringt, anschließend aber seine Einzelpraxis an die GmbH veräußert und in diesem Zusammenhang die Bareinlage ganz oder teilweise zurückbezahlt wird. In diesem Fall spricht das Steuerrecht von einer *verschleierten Sachgründung*. Folge dieser Vorgehensweise ist eine *volle Besteuerung* des Gewinns aus der Praxisveräußerung beim Gesellschafter.

G

Sachgründung

Bei der *Sachgründung* durch Einbringung einer freiberuflichen Praxis, Teilpraxis oder eines Anteils an einer Praxis gegen Gewährung von Gesellschaftsanteilen gelten die Vorschriften des Umwandlungssteuergesetzes[13]. Voraussetzung hierfür ist die Einbringung *wesentlicher Praxisgrundlagen*. Beim Freiberufler sind dies zumeist der *Praxiswert* oder ein *Mandantenstamm*.

BEACHTEN SIE:

Wurden diese wesentlichen Praxisgrundlagen in die Freiberufler-GmbH eingebracht, ist die Zurückbehaltung einzelner Wirtschaftsgüter (z.B. eines Pkw oder von Einrichtungsgegenständen) unschädlich im Sinne des UmwStG.

Die Einbringung der Praxis oder Teilpraxis in die GmbH kann zum *Buchwert*, zum *Teilwert* oder zu einem beliebigen *Zwischenwert* erfolgen. Je nach Wert ergeben sich unterschiedliche steuerliche Konsequenzen für die GmbH und für den einbringenden Freiberufler.

Einbringung zum Buchwert

In diesem Fall führt die GmbH die Buchwerte und Abschreibungssätze des Rechtsvorgängers fort. Der Ausweis eines *originären Praxiswerts* ist nicht zulässig. Somit kommt auch keine Abschreibung auf den Praxiswert in Betracht.

Beim bisherigen Praxisinhaber entsteht ein tarifbegünstigter Veräußerungs- oder Entnahmegewinn nur hinsichtlich der Wirtschaftsgüter, die er nicht in die GmbH eingebracht hat.

Einbringung zum Teilwert

Teilwert ist der Wert, den ein *fremder Dritter* bei Fortführung des Betriebs für die Praxis zu zahlen bereit wäre. Der Teilwert der Einzelwirtschaftsgüter muß in der Bilanz ausgewiesen werden und bildet die Grundlage für die Abschreibungen der GmbH. Ist im Teilwert ein *Praxiswert* enthalten, darf dieser über einen Zeitraum von *6 bis 10 Jahren* abgeschrieben werden.

Beim einbringenden Gesellschafter werden die aufgedeckten *stillen Reserven* (= Differenz zwischen Buch- und Teilwert) als Veräußerungsgewinn - nach Abzug des Freibetrags nach § 16 Abs. 4 EStG - mit dem ermäßigten (halben) Steuersatz versteuert.

Einbringung mit einem Zwischenwert
Hier muß der Zwischenwert gleichmäßig auf die übertragenen Wirtschaftsgüter verteilt werden. Ein Praxiswert kommt dabei nur zum Ansatz, wenn die Zwischenwerte den Teilwert der einzelnen Wirtschaftsgüter übersteigen. Die Zwischenwerte bilden die AfA-Bemessungsgrundlage.

Beim Gesellschafter wird in diesem Fall der Veräußerungsgewinn als Differenz aus Zwischenwert und Buchwert ermittelt. Der ermäßigte Steuersatz kommt auch hier zum Tragen, *nicht* aber der Freibetrag nach § 16 Abs. 4 EStG.

4.3 Gewerbesteuer

Eine GmbH gilt - unabhängig von ihrer satzungsmäßigen oder tatsächlichen Tätigkeit - stets und in vollem Umfang als *Gewerbebetrieb*[14].

Gewerbeertrag und *Gewerbekapital* (nur noch bis einschließlich 1997) sind nach den Vorschriften des GewStG unter Berücksichtigung der einschlägigen Hinzurechnungs- und Kürzungsvorschriften zu ermitteln. Dabei ist als Gewinn aus Gewerbebetrieb das körperschaftsteuerliche Einkommen *vor Kürzung* eines etwaigen Verlustabzugsbetrags heranzuziehen. Im Gegensatz zu Einzelunternehmen und Personengesellschaften sieht das GewStG bei der Ermittlung des Gewerbeertrags für die GmbH *keinen Freibetrag* und keine Staffelregelung vor.

4.4 Einheitswert des Betriebsvermögens/Vermögensteuer

Die Vermögensteuer wird *ab 1997* auch bei Kapitalgesellschaften nicht mehr erhoben.

Für die Jahre bis einschließlich *1996* gilt folgendes: Wie bei der Körperschaftsteuer ist auch bei der Vermögensteuer die GmbH mit Geschäftsleitung oder Sitz *im Inland* unbeschränkt steuerpflichtig. Grundlage für die Ermittlung des steuerpflichtigen Vermögens ist der Einheitswert des Betriebsvermögens. Betriebsvermögen bis zu einem Betrag von *500.000 DM* bleibt außer Ansatz, der übersteigende Betrag wird mit *75 %* in Ansatz gebracht und unterliegt einem *Vermögensteuersatz von 0,6 %*. Die Vermögensteuer wird bei Kapitalgesellschaften nur erhoben, wenn das Gesamtvermögen *mindestens 20.000 DM* beträgt.

4.5 Umsatzsteuer

Die GmbH ist umsatzsteuerlicher *Unternehmer*. Die Vorschriften des UStG hinsichtlich Steuerbarkeit und Steuerpflicht der Umsätze, Steuerbefreiungen, Vorsteuerabzug und Steuersätzen sind demzufolge hier in vollem Umfang anzuwenden.

1 BGH, Urteil vom 25.11.1993, BGHZ 124 S. 224
2 BayObLG, Urteil vom 24.11.1994, NJW 1995 S. 199
3 §§ 6, 13 Abs. 3 HGB
4 § 5 GmbHG
5 § 35 GmbHG
6 §§ 40 - 43 GmbHG
7 § 48 Abs. 1 GmbHG
8 § 48 Abs. 2 GmbHG
9 §§ 264 ff. HGB
10 §§ 310 ff. HGB
11 Hessisches FG, nicht rkr. Urteil vom 15.3.1994, 4 K 479/92, EFG 1995 S. 385; Az. des Revisionsverfahrens beim BFH: I R 64/94
12 § 30 KStG
13 §§ 20 - 23 UmwStG
14 § 2 Abs. 2 GewStG

H Praxisaufgabe/Praxisveräußerung

1 Steuerbegünstigung für Aufgabe- oder Veräußerungsgewinne

Die Aufgabe oder Veräußerung einer freiberuflichen Praxis oder Sozietät führt in den meisten Fällen zur Entstehung eines außerordentlichen Gewinns. Dieser *Aufgabe- oder Veräußerungsgewinn* unterliegt im Rahmen der Einkünfte aus freiberuflicher Tätigkeit der Einkommensteuer[1].

Da die erzielten Erträge häufig der *Alters- oder Existenzsicherung* des bisherigen Praxisinhabers dienen sollen, sieht das Einkommensteuergesetz - unter bestimmten Voraussetzungen - hierfür die Gewährung eines Freibetrags (siehe 1.3) sowie die Besteuerung mit einem *ermäßigten (halben) Steuersatz* (siehe 1.4) vor. Die zu erfüllenden Voraussetzungen sind:

- Einstellung der Tätigkeit im bisherigen örtlichen Wirkungskreis (siehe 1.1)
- Abwicklung der Praxisaufgabe oder Praxisveräußerung in einem einheitlichen Vorgang (siehe 1.2)

1.1 Einstellung der freiberuflichen Tätigkeit

Sowohl bei der Praxisaufgabe als auch bei der Praxisveräußerung ist *Grundvoraussetzung* für die Gewährung der Steuerbegünstigungen, daß der Praxisinhaber seine freiberufliche Tätigkeit in dem bisherigen *örtlich begrenzten Wirkungskreis* zumindest für eine gewisse Zeit *einstellt.*

BEACHTEN SIE:

Die Beendigung der Praxis muß auch nach außen hin klar erkennbar sein. Dies kann z.B. durch eine entsprechende Anzeige in der örtlichen Tageszeitung dokumentiert werden[2].

Die weitere Betreuung von Patienten oder Mandanten ist nur dann unschädlich, wenn die Einnahmen hieraus in der Vergangenheit *weniger als 10 %* der Gesamteinnahmen betrugen. Näheres hierzu unter *Praxisveräußerung* (6).

Die Frage des örtlich begrenzten Wirkungskreises muß immer auch unter Berücksichtigung der Struktur des Patienten- oder Mandantenstamms betrachtet werden. Bei einem sehr eng gesteckten Wirkungskreis kann bereits eine Praxisneugründung in der Nachbarstadt steuerunschädlich sein, während dagegen bei überregionaler Tätigkeit eine Praxisverlegung in eine andere Großstadt keiner Steuerbegünstigung zugänglich ist.

BEISPIEL

Ein Kinderarzt in Karlsruhe veräußert im Oktober 1997 seine Praxis. Die Patienten kamen ausschließlich aus dem Stadtgebiet von Karlsruhe. Im März 1998 eröffnet er eine neue Kinderarztpraxis in Heidelberg. Hier kommen die Patienten ausschließlich aus Heidelberg.

Die Veräußerung der ersten Praxis ist steuerbegünstigt, weil die freiberufliche Tätigkeit am bisherigen örtlichen Wirkungskreis eingestellt wurde.

BEISPIEL

Ein Wirtschaftsprüfer aus Freiburg betreut fast ausschließlich größere Unternehmen in Süd- und Westdeutschland. Um für die vielen Geschäftsreisen einen zentraleren Standort zu haben, wird das Büro im Dezember 1997 nach Mainz verlegt. Ein kleiner Mandantenkreis aus dem Raum Freiburg, der ca. 30 % des Jahresumsatzes brachte, wird an einen Kollegen veräußert. Es handelt sich dabei um keine Teilpraxis.

In diesem Fall liegt keine begünstigte Praxisaufgabe bzw. -veräußerung vor, weil der Wirtschaftsprüfer aufgrund seiner überregionalen Tätigkeit weiterhin in seinem bisherigen Wirkungskreis tätig bleibt. Die Veräußerung eines Teils des Mandantenstamms ist nicht begünstigt, weil es sich dabei nicht um eine organisatorisch selbständige Einheit handelte (keine in sich abgegrenzte Teilpraxis).

1.2 Einheitlicher Vorgang

Eine steuerlich begünstigte Praxisaufgabe oder -veräußerung setzt weiterhin voraus, daß die *Abwicklung* in einem einheitlichen Vorgang erfolgt. Von einem einheitlichen Vorgang kann in diesem Zusammenhang ausgegangen werden, wenn alle wesentlichen Betriebsgrundlagen *innerhalb kurzer Zeit* - einem Zeitraum von sechs Monaten - ins Privatvermögen überführt oder veräußert werden. Bei wesentlicher Überschreitung dieses Zeitrahmens liegt - sofern nicht besondere Umstände gegeben sind - eine begünstigte Betriebsabwicklung nicht vor[3].

1.3 Steuerfreibetrag

In Fällen der Betriebs- bzw. Praxisaufgabe oder -veräußerung *nach dem 31. 12. 1995* erhält der Steuerzahler einen Freibetrag von *60.000 DM*, wenn folgende Voraussetzungen erfüllt sind:

- Im Zeitpunkt der Aufgabe oder Veräußerung hat der Freiberufler das *55. Lebensjahr* vollendet oder
- er ist im sozialversicherungsrechtlichen Sinne *berufsunfähig* und
- es wurde von ihm im Laufe seines Lebens *bisher noch kein Freibetrag* im Sinne dieser Regelung beansprucht.

BEACHTEN SIE:

Der Freibetrag darf demnach von jedem Steuerzahler nur einmal in seinem Leben beantragt werden. Wurde aber vor dem 1. 1. 1996 bereits einmal ein Freibetrag für eine Praxisveräußerung in Anspruch genommen, so ist dies unschädlich.

Lediglich für den nach dem 31. 12. 1995 maßgeblichen neuen Freibetrag nach dem Jahressteuergesetz 1996 gilt die vorstehend dargestellte Einschränkung.

BEISPIEL

Ein Arzt war in Hamburg mit einer eigenen Praxis freiberuflich tätig. Diese hat er 1983 veräußert, weil er eine Chefarztstelle an einem Krankenhaus in Köln übernahm. Für den Gewinn aus der Praxisveräußerung hat er einen Freibetrag nach den damals geltenden Regelungen in Anspruch genommen. 1988 verläßt der Arzt das Krankenhaus und eröffnet in München wiederum eine neue Praxis. Nach Vollendung seines 55. Lebensjahres verkauft er diese Praxis zum 1. 1. 1998 an einen jungen Kollegen.

Die Voraussetzungen für die Gewährung des Freibetrags von 60.000 DM sind gegeben: Der Veräußerer hat das 55. Lebensjahr vollendet und er hat bisher noch keinen Freibetrag nach der neuen Regelung in Anspruch genommen. Die 1983 erfolgte Ausnutzung der alten Freibetragsregelung ist unschädlich.

Der volle Freibetrag von 60.000 DM wird – im Gegensatz zu der vor dem 1. 1. 1996 geltenden Regelung – auch gewährt, wenn nur ein *Anteil* an einer Sozietät oder Praxisgemeinschaft veräußert wird.

Der Freibetrag vermindert sich um den Betrag, um den der Veräußerungs- oder Aufgabegewinn *300.000 DM übersteigt*[4].

BEISPIEL

Ungekürzter Freibetrag

Aus der Veräußerung eines Architekturbüros ergibt sich ein begünstigter Gewinn in Höhe von 280.000 DM. Da der Veräußerungsgewinn unter 300.000 DM liegt, ist eine Kürzung nicht vorzunehmen. Der Freibetrag von 60.000 DM wird somit in vollem Umfang gewährt. Der Architekt muß lediglich den verbleibenden Betrag in Höhe von 220.000 DM (280.000 DM – 60.000 DM) der Einkommensteuer unterwerfen.

BEISPIEL

Kürzung des Freibetrags
In diesem Fall beträgt der begünstigte Gewinn 320.000 DM. Der Freibetrag ist somit zu kürzen und der zu versteuernde Veräußerungsgewinn in drei Stufen wie folgt zu berechnen:

1.	Veräußerungsgewinn	320.000 DM
-	Begünstigungsgrenze	300.000 DM
	übersteigender Betrag	20.000 DM
2.	ungekürzter Freibetrag	60.000 DM
-	übersteigender Betrag lt. obiger Berechnung	20.000 DM
	verbleibender Freibetrag	40.000 DM
3.	Veräußerungsgewinn	320.000 DM
-	verbleibender Freibetrag (siehe 2)	40.000 DM
	steuerpflichtiger Veräußerungsgewinn	**280.000 DM**

Ein *Sonderfall* ergibt sich, wenn der Praxisinhaber noch zu Lebzeiten seine freiberufliche Praxis wegen dauernder Berufsunfähigkeit verkauft hat, die Praxis aber erst nach seinem Tod übertragen wird. In diesem Fall dürfen die Erben den Freibetrag unter den Voraussetzungen, die der Erblasser erfüllt hat, in Anspruch nehmen[5].

BEISPIEL

Ein freiberuflich tätiger Arzt veräußert wegen dauernder Berufsunfähigkeit mit Vertrag vom 30. 12. 1996 seine Praxis an einen Kollegen. Dieser soll die Praxis zum 1. 3. 1997 übernehmen. Der Veräußerungsgewinn soll 180.000 DM betragen. Am 4. 1. 1997 stirbt der Veräußerer. Der Erwerber übernimmt daraufhin die Praxis bereits am 1. 2. 1997.

Der Arzt wird von seiner Ehefrau und den beiden Kindern zu je $^1/_3$ beerbt. Da es für die Frage, ob eine Praxisveräußerung wegen dauernder Berufsunfähigkeit vorliegt, auf die Verhältnisse des Erblassers ankommt, steht in diesem Fall jedem

Miterben der Freibetrag von 60.000 DM zu. Im Beispielsfall beträgt der Freibetrag somit insgesamt 180.000 DM. Der Veräußerungsgewinn bleibt somit in vollem Umfang steuerfrei.

1.4 Ermäßigter Steuersatz

Veräußerungs- und Aufgabegewinne zählen - auch bei freiberuflichen Unternehmen - zu den *außerordentlichen Einkünften* im Sinne des § 34 Abs. 2 Nr. 1 EStG. Diese unterliegen dem ermäßigten Steuersatz, soweit sie einen Betrag von 30 Millionen DM nicht übersteigen. Als ermäßigter Steuersatz wird die *Hälfte des durchschnittlichen Steuersatzes* herangezogen, der sich ergeben würde, wenn die Einkünfte (einschließlich Veräußerungs- oder Aufgabegewinn) ganz normal der tariflichen Einkommensteuer unterworfen würden.

BEISPIEL

Ein Arzt veräußert im Dezember 1996 seine Praxis. Der Veräußerungsgewinn beträgt nach Abzug des Freibetrags 150.000 DM. Das zu versteuernde Einkommen 1996 würde ohne Veräußerungsgewinn 70.000 DM, mit Veräußerungsgewinn also 220.000 DM betragen. Es ist folgende Berechnung vorzunehmen (vereinfachte Darstellung):

zu versteuerndes Einkommen	220.000 DM
ESt lt. Splittingtabelle	71.216 DM
durchschnittlicher Steuersatz	32,37 %
ermäßigter Steuersatz (32,37 % : 2) =	16,185 %

Die gesamte ESt wird nun wie folgt ermittelt:

1. nach der Einkommensteuer(Splitting-)tabelle

zu versteuerndes Einkommen	220.000 DM	
abzüglich des steuerpflichtigen Teils des Veräußerungsgewinns	150.000 DM	
verbleiben	70.000 DM	
darauf entfallender Steuerbetrag		13.360 DM

H

2. mit dem ermäßigten Steuersatz

Veräußerungsgewinn	150.000 DM	
darauf Steuer mit dem oben ermittelten ermäßigten Steuersatz von 16,185 %		24.277 DM
Einkommensteuer insgesamt		**37.637 DM**

BEACHTEN SIE:

Wie das Beispiel zeigt, bringt die Anwendung des ermäßigten Steuersatzes eine beträchtliche Steuerersparnis (37.637 DM gegenüber 71.216 DM bei normaler Besteuerung). Es lohnt sich daher unbedingt, dafür Sorge zu tragen, daß der Aufgabe- oder Veräußerungsgewinn die dargestellten Voraussetzungen zur Inanspruchnahme der Steuerbegünstigungen erfüllt.

1.5 Umsatzsteuerliche Behandlung

Praxisveräußerung

Die Veräußerung einer freiberuflichen Praxis im ganzen ist eine Geschäftsveräußerung im Sinne des UStG. Umsätze im Rahmen einer Geschäftsveräußerung an einen anderen Unternehmer für dessen Unternehmen unterliegen als nichtsteuerbare Umsätze nicht der Umsatzsteuer[6].

Eine *Geschäftsveräußerung* in diesem Sinne liegt vor, wenn

- ein Unternehmen oder ein in der Gliederung eines Unternehmens gesondert geführter Betrieb
- im ganzen
- entgeltlich oder unentgeltlich
- an einen anderen Unternehmer übereignet oder in eine neue Gesellschaft eingebracht wird.

BEACHTEN SIE:

Der erwerbende Unternehmer tritt insgesamt an die Stelle des Veräußerers, und zwar auch hinsichtlich der Pflicht, den Vorsteuerabzug zu berichtigen. Der für das einzelne Wirtschaftsgut geltende Berichtigungszeitraum wird durch die Betriebsveräußerung nicht unterbrochen. Deshalb ist der Veräußerer verpflichtet, dem Erwerber die für die Durchführung einer eventuellen Vorsteuerberichtigung erforderlichen Angaben zu machen.

Praxisaufgabe

Die *Praxisaufgabe* ist umsatzsteuerlich kein Fall der Praxisveräußerung. Soweit der Steuerzahler Wirtschaftsgüter aus dem Betriebsvermögen in sein Privatvermögen überführt, liegt ein Eigenverbrauch vor. Hat der Freiberufler mit seiner Praxis umsatzsteuerpflichtige Leistungen ausgeführt (also in der Regel alle Freiberufler mit Ausnahme der Heilberufe), unterliegt dieser Entnahmeeigenverbrauch der Umsatzsteuer. Soweit anläßlich der Praxisaufgabe Wirtschaftsgüter veräußert werden, gelten die allgemeinen umsatzsteuerlichen Grundsätze.

BEISPIEL

Ein Steuerberater gibt seine Kanzlei zum 31.12.1997 auf. Seinen Pkw übernimmt er ins Privatvermögen. Der anzusetzende Eigenverbrauchswert beträgt netto 20.000 DM. Die restlichen Wirtschaftsgüter des Anlagevermögens (Büroeinrichtung, Computer etc.) veräußert er an verschiedene Erwerber. Der Gesamterlös beträgt netto 30.000 DM. Für seine Umsatzsteuererklärung macht er für den Aufgabevorgang folgende Berechnung:

Entnahmewert Pkw	20.000 DM	
Verkaufserlös übriges Anlagevermögen	30.000 DM	
Summe = Bemessungsgrundlage für USt	50.000 DM	
davon USt 15 % =		**7.500 DM**

2 Praxisaufgabe

2.1 Aufgabe der freiberuflichen Tätigkeit

Von einer Praxisaufgabe wird immer dann gesprochen, wenn die Ausübung der freiberuflichen Tätigkeit ohne Veräußerung wesentlicher Betriebsgrundlagen *eingestellt* wird. Die Einstellung muß nach außen hin klar erkennbar sein (z.B. durch eine Anzeige in der örtlichen Tageszeitung).

Die Aufgabe kann erfolgen aus

- Altersgründen,
- gesundheitlichen Gründen,
- standesrechtlichen Gründen (z.B. Entzug der Kassenzulassung bei einem Arzt),
- persönlichen Gründen (z.B. Berufswechsel) oder
- wegen Todes des Freiberuflers.

BEACHTEN SIE:

Keine Praxisaufgabe, sondern eine Praxisveräußerung (siehe 6) liegt vor, wenn in Zusammenhang mit der Einstellung der freiberuflichen Tätigkeit wesentliche Betriebsgrundlagen veräußert werden. Solche wesentlichen Grundlagen einer freiberuflichen Praxis sind der *Patienten- oder Mandantenstamm* sowie der *Praxiswert.*

2.2 Ermittlung des Aufgabegewinns

Bei der Praxisaufgabe verflüchtigen sich die als *immateriellen Werte* im Betrieb vorhandenen wesentlichen Betriebsgrundlagen wie Praxiswert oder Patienten- bzw. Mandantenstamm. Mangels Realisation dieser latent vorhandenen Vermögenswerte durch Verkauf kann sich aus dieser Position kein Aufgabegewinn ergeben. Die nicht zur wesentlichen Betriebsgrundlage zählenden Wirtschaftsgüter des freiberuflichen Betriebsvermögens sind bei der Praxisaufgabe in das *Privatvermögen* zu überführen, soweit nicht in diesem Zusammenhang einzelne Gegenstände zur Veräußerung gelangen.

Die Überführung von Wirtschaftsgütern des Betriebsvermögens in das Privatvermögen wird steuerlich als *Entnahme* bezeichnet. Für entnommene Wirtschaftsgüter muß bei der Ermittlung des Aufgabegewinns der *gemeine Wert* in Ansatz gebracht werden. Unter gemeinem Wert versteht man den Zeitwert (Verkehrswert) zum Zeitpunkt der Entnahme. Durch Ansatz dieses Werts werden die in den entnommenen Wirtschaftsgütern enthaltenen *stillen Reserven* aufgedeckt. Die Differenz zwischen dem steuerlichen Buchwert und dem tatsächlichen Wert ergibt den Entnahmegewinn, welcher zusammen mit dem Gewinn aus den im Rahmen der Praxisaufgabe veräußerten Wirtschaftsgütern den Aufgabegewinn bildet.

Aufwendungen, die in unmittelbarem Zusammenhang mit der Betriebsaufgabe anfallen, werden als *Aufgabekosten* bei der Ermittlung des Aufgabegewinns in Abzug gebracht. Zu diesen Ausgaben zählen z.B. das Honorar für einen amtlich bestellten und vereidigten Bausachverständigen, der den Verkehrswert der entnommenen Büroräume ermittelt hat.

Das Schema zur Ermittlung des Aufgabegewinns sieht wie folgt aus:

Summe der Veräußerungserlöse der verkauften Wirtschaftsgüter
zuzüglich:
Gemeiner Wert der in das Privatvermögen entnommenen Wirtschaftsgüter

Zwischensumme
abzüglich:
Buchwerte der veräußerten bzw. entnommenen Wirtschaftsgüter
Aufgabe- und Veräußerungskosten

Summe = Aufgabegewinn

BEISPIEL

Ein Rechtsanwalt gibt im Dezember 1997 seine Kanzlei auf, ohne den Mandantenstamm an Dritte zu veräußern. Die Büroräume, die seit 20 Jahren in seinem Eigentum stehen und somit zum Betriebsvermögen gehörten, vermietet er ab 1. 3. 1998 an einen Steuerberater. Der von einem Bausachverständigen ermittelte Verkehrswert beträgt 350.000 DM. Seinen betrieblichen Pkw (Verkehrswert lt. Gutachten: 25.000 DM) sowie einen hochwertigen Schreibtisch mit dazugehörigem Bücherschrank (Verkehrswert zusammen 30.000 DM lt. Expertise eines Sachverständigen) übernimmt er ebenfalls ins Privatvermögen. Das restliche Inventar verkauft er an eine Verwertungsfirma zum Preis von 5.000 DM.

Der Aufgabegewinn wird wie folgt ermittelt:

Gegenstand	*Buchwert*	*Verkehrswert/ Kaufpreis*	*Gewinn*
Büroräume	100.000 DM	350.000 DM	250.000 DM
Pkw	14.000 DM	25.000 DM	11.000 DM
Schreibtisch und Bücherschrank	2.000 DM	30.000 DM	28.000 DM
übriges Inventar	4.000 DM	5.000 DM	1.000 DM
Zwischensumme			290.000 DM

Kosten der Praxisaufgabe:	Honorar Bausachverständiger	7.000 DM
	Kosten Pkw-Gutachten	1.000 DM
	sonstige Aufgabekosten	2.000 DM
	Aufgabegewinn	**280.000 DM**

BEACHTEN SIE:

Eine begünstigte Praxisaufgabe liegt vor, wenn das gesamte Betriebsvermögen in einem einheitlichen Vorgang innerhalb kurzer Zeit entweder insgesamt in das Privatvermögen überführt oder insgesamt einzeln an verschiedene Erwerber veräußert oder teilweise veräußert und teilweise ins Privatvermögen überführt wird. Innerhalb kurzer Zeit bedeutet einen Zeitraum von bis zu sechs Monaten: Wird dieser Zeitraum wesentlich überschritten und ist dies nicht durch das Vorliegen besonderer Verhältnisse gerechtfertigt, ist von einer nicht begünstigten Betriebsabwicklung auszugehen[7].

Einen tarifbegünstigten Aufgabegewinn kann ein Freiberufler, der seine Praxis aufgibt, nur dann erzielen, wenn er seine selbständige Tätigkeit in dem bisherigen örtlichen Wirkungskreis zumindest für eine gewisse Zeit einstellt (siehe 6.1).

Die Fortführung der freiberuflichen Tätigkeit in unbedeutendem Umfang (10 %-Grenze, siehe Praxisveräußerung) ist auch im Fall der Praxisaufgabe für die Tarifbegünstigung des Veräußerungsgewinns unschädlich.

2.3 Verpachtung einer freiberuflichen Praxis

Die Verpachtung einer freiberuflichen Praxis führt zur *Betriebsaufgabe*.

Im Gegensatz zum Gewerbetreibenden, der bei der Verpachtung der wesentlichen Betriebsgrundlagen an einem Dritten wählen kann, ob er den Betrieb aufgibt oder diesen als ruhenden Gewerbebetrieb weiterführt, wird dieses *Verpächterwahlrecht* dem Freiberufler *nicht eingeräumt*. Hier wird vielmehr angenommen, daß mit der Verpachtung eine Betriebsaufgabe eintritt mit der Folge, daß vorhandene stille Reserven aufzudecken sind.

Seltene *Ausnahmen* können nur vorkommen

- bei der Verpachtung einer geerbten Praxis oder
- für den Fall, daß die materiellen Wirtschaftsgüter des Praxisvermögens ausnahmsweise die wesentlichen Betriebsgrundlagen bilden.

BEACHTEN SIE:

Die Annahme einer Praxisaufgabe im Fall der Verpachtung führt dazu, daß die Pachteinnahmen als Einkünfte aus Vermietung und Verpachtung zu erfassen sind. Die im Aufgabezeitpunkt im Betriebsvermögen enthaltenen stillen Reserven müssen aufgedeckt und als (ggf. steuerbegünstigter) Aufgabegewinn versteuert werden.

Behandlung des Praxiswerts bei Verpachtung

Ein etwa vorhandener originärer oder derivativer Praxiswert ist bei der Ermittlung des Aufgabegewinns der verpachteten Praxis nicht anzusetzen. Der verpachtete Praxiswert gehört weiterhin zum Betriebsvermögen. Ein derivativer (erworbener) Praxiswert ist weiterhin abzuschreiben, ggf. kommt eine Teilwertabschreibung in Betracht. Ein späterer Veräußerungserlös ist als nachträgliche, nicht steuerbegünstigte Betriebseinnahme bei den Einkünften aus selbständiger Arbeit zu erfassen[8].

3 Realteilung einer Praxis

3.1 Realteilung als Praxisaufgabe

Eine Personengesellschaft - und damit auch eine *Sozietät oder Praxisgemeinschaft* - kann auch in der Weise aufgelöst werden, daß auf der Grundlage eines entsprechenden Auflösungsbeschlusses die Wirtschaftsgüter des Gesellschaftsvermögens den einzelnen Mitunternehmern entsprechend ihrer Beteiligung zugewiesen werden. Die einzelnen Wirtschaftsgüter gehen in diesem Fall aus dem Gesellschaftsvermögen in das jeweilige Vermögen der Gesellschafter über.

Eine solche Aufteilung gemeinschaftlichen Betriebsvermögens zur Erfüllung des Auseinandersetzungsanspruchs der Gesellschafter wird als *Realteilung* bezeichnet. Steuerlich wird die Beendigung einer freiberuflich tätigen Personengesellschaft durch Realteilung als *Betriebsaufgabe* angesehen[9], die bei der Gesellschaft grundsätzlich zur Entstehung eines Aufgabegewinns führt.

H

BEACHTEN SIE:

Bleiben die übernommenen Wirtschaftsgüter bei den Gesellschaftern *weiterhin Betriebsvermögen*, haben diese für die steuerliche Behandlung der Übernahme ein *Wahlrecht.* Sie können

- einen Aufgabegewinn versteuern (Ansatz der übernommenen Wirtschaftsgüter zum vollen Teilwert) oder
- ohne Gewinnrealisierung die Buchwerte fortführen.

Ein Ansatz von *Zwischenwerten* ist nicht zulässig.

Entscheiden sich die Gesellschafter für die erste Variante (Gewinnrealisierung), wird der Aufgabegewinn *steuerlich nicht begünstigt*, sondern unterliegt dem *Normaltarif*, weil die Gesellschafter weiterhin in ihrem bisherigen örtlichen Wirkungskreis tätig sind.

3.2 Kapitalkontenanpassung

Beim Idealfall einer Realteilung sind die Buchwerte der übertragenen Wirtschaftsgüter und die Buchwerte der Kapitalkonten der Gesellschafter identisch. Die in den übertragenen Wirtschaftsgütern enthaltenen stillen Reserven entsprechen zudem dem Anteil des betreffenden Gesellschafters am Gesellschaftsvermögen. Dieser Idealfall ist aber in den seltensten Fällen anzutreffen. Zumeist ist es nicht möglich, den einzelnen Gesellschaftern Wirtschaftsgüter zuzuteilen, deren Buchwerte exakt dem Buchwert ihres Kapitalkontos entsprechen.

Dieses Problem kann durch die von der Rechtsprechung entwickelte Kapitalkontenanpassungsmethode[10] gelöst werden. Danach müssen die Realteiler ihr jeweiliges Kapitalkonto erfolgsneutral durch Auf- bzw. Abstocken an die Buchwerte der zugeteilten Wirtschaftsgüter anpassen.

BEISPIEL

A und B sind zu je 50 % an einer Steuerberater-Sozietät beteiligt. Das Gesellschaftsvermögen besteht aus den Wirtschaftsgütern 1 (Buchwert: 100.000 DM, Teilwert: 200.000 DM) und den Wirtschaftsgütern 2 (Buchwert: 50.000 DM, Teilwert: 200.000 DM); der originäre Praxiswert beträgt 500.000 DM. Die Kapitalkonten von A und B belaufen sich auf je 75.000 DM. A erhält bei der Realteilung die Wirtschaftsgüter 1 und B die Wirtschaftsgüter 2. Vom Mandantenstamm wird jedem Gesellschafter eine Hälfte übertragen. Beide Steuerberater überführen die ihnen zugeteilten Wirtschaftsgüter in Einzelpraxen. Eine Gewinnrealisierung wollen sie nicht vornehmen.

Die Kapitalkontenanspassungsmethode wird in diesem Fall in der steuerlichen Realteilungsbilanz der Sozietät in der Weise vollzogen, daß die Realteiler ihr jeweiliges Kapitalkonto erfolgsneutral durch Auf- bzw. Abstocken an die Buchwerte der zugeteilten Wirtschaftsgüter anpassen: A muß sein Kapitalkonto erfolgsneutral von 75.000 DM auf 100.000 DM aufstocken, B dagegen muß sein Kapitalkonto erfolgsneutral von 75.000 DM auf 50.000 DM abstocken. Der Praxiswert bleibt außer Ansatz, weil es sich dabei um einen selbstgeschaffenen (originären) Wert handelt, der nur im Falle einer Veräußerung zu einer Gewinnrealisierung führt.

3.3 Realteilung mit Spitzenausgleich

Ein vollständiger Wertausgleich unter den Realteilern durch die Aufteilung des Gesellschaftsvermögens der Sozietät oder Praxisgemeinschaft ist oftmals nicht möglich. Deshalb muß ein interner Ausgleich unter den Gesellschaftern erfolgen, indem der Freiberufler, der zuviel erhalten hat, dem Freiberufler, der zuwenig erhalten hat, einen Wertausgleich in Geld zahlt (Realteilung mit Spitzenausgleich).

Die Rechtsprechung des BFH[11] läßt die *gewinneutrale* Realteilung mit Spitzenausgleich ausdrücklich zu. Demnach können die Gesellschafter auch bei dieser Gestaltung die Buchwerte der ihnen zugeteilten Wirtschaftsgüter fortführen. Allerdings führt laut BFH der *Ausgleichsanspruch* zu einem *Veräußerungsgewinn*, für den die steuerlichen Begünstigungen nicht gewährt werden.

Die Finanzverwaltung[12] ist dieser Rechtsprechung mit einem Nichtanwendungserlaß entgegengetreten. Sie vertritt die Auffassung, daß

- zur Ermittlung des Veräußerungsgewinns die Abfindungszahlung dem Teil des Kapitalkontos gegenüberzustellen ist, der dem Verhältnis der Abfindung zum Wert des übernommenen Betriebsvermögens entspricht (anteilige Gegenrechnung der Buchwerte),

- der Veräußerungsgewinn tarifbegünstigt ist, wenn es sich bei den zugeteilten Wirtschaftsgütern nicht um Einzelwirtschaftsgüter, sondern um Betriebe oder Teilbetriebe handelt,
- das Wahlrecht, die Realteilung als Betriebsaufgabe zu behandeln oder die Buchwerte fortzuführen, wenn die bei der Realteilung erworbenen Wirtschaftsgüter in ein anderes Betriebsvermögen überführt werden, von den Beteiligten einheitlich ausgeübt werden muß.

Die Finanzverwaltung will also bei der Realteilung einer Personengesellschaft für den aus der Vereinbarung des Spitzenausgleichs resultierenden Veräußerungsgewinn die Tarifbegünstigung grundsätzlich gewähren. Bei der Realteilung einer *freiberuflich* tätigen Personengesellschaft *scheitert* die Tarifbegünstigung aber bereits daran, daß die Gesellschafter weiterhin in dem *bisherigen örtlichen Wirkungskreis* tätig werden.

4 Teilentgeltliche Praxisübertragung

Die teilentgeltliche Praxisübertragung steht *zwischen* einer entgeltlichen und einer unentgeltlichen Übertragung. Sie kommt zumeist bei der Veräußerung unter *nahen Angehörigen* vor. Der Veräußerer will die Praxis zwar verkaufen, verlangt aber mit Rücksicht auf die verwandtschaftlichen Beziehungen einen unangemessen niedrigen Kaufpreis, den er einem fremden Praxiserwerber nie einräumen würde.

BEISPIEL

Ein Arzt veräußert seine Arztpraxis an seinen Sohn. Der Praxiswert würde unter fremden Dritten einen Kaufpreis von 800.000 DM bringen, die übrigen Wirtschaftsgüter haben einen Teilwert von insgesamt 200.000 DM.

Tatsächlich muß der Sohn an seinen Vater einen Betrag von 300.000 DM und an seine beiden Geschwister je 100.000 DM bezahlen. Der Sohn bezahlt also insgesamt nur die Hälfte des tatsächlichen Werts, es liegt eine teilentgeltliche Praxisübertragung vor.

Bei der teilentgeltlichen Praxisübertragung entsteht dem Praxisübergeber ein *Veräußerungsgewinn* nur, soweit die Gegenleistung des Übernehmers den gesamten Netto-Buchwert, also das steuerliche Kapitalkonto des Übergebers, übersteigt.

BEISPIEL

Ein Architekt überträgt sein freiberufliches Büro gegen Zahlung von 350.000 DM auf seine Tochter. Unter fremden Dritten hätte ein Kaufpreis von 500.000 DM erzielt werden können. Der Buchwert des Betriebsvermögens liegt bei 250.000 DM.

Die Zahlung der Tochter liegt zwischen Buchwert und Teilwert; es liegt also eine teilentgeltliche Übertragung vor. Es ergibt sich sich ein Veräußerungsgewinn von 100.000 DM (350.000 DM abzüglich Buchwert 250.000 DM), für den – sofern alle übrigen Voraussetzungen erfüllt sind – sowohl der Abzug des Freibetrags von 60.000 DM als auch die Gewährung des ermäßigten Steuersatzes in Betracht kommen.

Bei der Tochter stellt der Betrag von 350.000 DM Anschaffungskosten dar. Sie muß die Buchwerte des übernommenen Praxiswertes bis zur Höhe ihrer Anschaffungskosten aufstocken.

Ist das Teilentgelt *nicht höher* als der Buchwert des übertragenen Praxisvermögens, muß der Übernehmer die Buchwerte fortführen; dem Übergeber entsteht *kein Veräußerungsverlust*.

BEISPIEL

Gleicher Ausgangssachverhalt wie im vorstehenden Beispiel: Dieses Mal bezahlt die Tochter für die Übernahme des Architekturbüros aber lediglich 180.000 DM. Hier liegt das Teilentgelt unter den Buchwerten mit der Folge, daß sich beim Vater kein Veräußerungsgewinn ergibt und die Tochter die Buchwerte des Vaters weiterführen muß.

Trotz rechnerischen Verlusts beim Vater (180.000 DM Kaufpreis zu 200.000 DM Buchwert) darf dieser den Verlust steuerlich nicht geltend machen.

5 Praxisübertragung im Erbfall
5.1 Grundlagen

Die freiberufliche Berufsausübung ist unmittelbar mit der Person des Berufsträgers verknüpft. Trotzdem gilt mit dem Tod eines Freiberuflers der Betrieb *nicht automatisch* als aufgegeben, da mit dem Todesfall zwar im allgemeinen

H

die Einstellung der Praxis einhergeht, nicht aber die Praxisaufgabe oder Praxisveräußerung. Das der freiberuflichen Tätigkeit dienende Vermögen bleibt deshalb zunächst weiterhin Betriebsvermögen. Es geht durch den Erbfall nicht in das Privatvermögen der Erben über.

Die Erben beziehen vielmehr *nachträgliche freiberufliche Einkünfte*, solange sie - ohne eigene aktive Tätigkeit im Betrieb des Erblassers - lediglich Entgelte für im Rahmen der ehemaligen freiberuflichen Tätigkeit erbrachte Leistungen beziehen. Dies kommt für einen längeren Zeitraum insbesondere im Bereich der künstlerischen oder schriftstellerischen Tätigkeit in Betracht.

BEISPIEL

Ein Kunstmaler erzielte mit seinen Arbeiten bis zu seinem Tod Einkünfte aus freiberuflicher Tätigkeit. Bei seinem Tod hinterläßt er seiner Ehefrau als Alleinerbin zahlreiche selbstgemalte Bilder. Die Ehefrau veräußert die meisten dieser Gemälde in den folgenden Jahren.

Obwohl B selbst nicht künstlerisch tätig ist, erzielt sie aus dem Bilderverkauf nachträgliche Einkünfte aus künstlerischer Tätigkeit, weil die Bilder ihre Zugehörigkeit zum Betriebsvermögen durch den Tod des freiberuflich tätigen Ehemanns nicht verloren haben.

Nachträgliche Einkünfte aus einer ehemaligen freiberuflichen Tätigkeit liegen also immer dann vor, wenn die Zahlungen eine Vergütung für die *frühere Tätigkeit des Erblassers* sind. Deshalb gehören z.B. auch Zahlungen eines Verlags an den Erben eines Autors zu den nachträglichen Einkünften aus freiberuflicher Tätigkeit; der Tod eines Schriftstellers führt nicht ohne weiteres zu einer Aufgabe der freiberuflichen Tätigkeit.

BEACHTEN SIE:

Zu diesen nachträglichen Einkünften aus der freiberuflichen Berufstätigkeit gehört insbesondere auch der Veräußerungsgewinn, wenn die Erben die Praxis - ohne diese selbst betrieben zu haben - im Anschluß an den Erbfall verkaufen.

BEISPIEL

Nach dem Tod eines Arztes geht dessen Vermögen auf seine drei Kinder über. Da von diesen keines über eine ärztliche Ausbildung verfügt, beschließen sie, einen Käufer für die Praxis ihres Vaters zu suchen. Nach drei Monaten findet sich ein Erwerber. Der beim Verkauf entstehende Veräußerungsgewinn zählt bei den Erben - obwohl keiner Freiberufler ist - zu den Einkünften aus freiberuflicher Tätigkeit.

5.2 Praxisfortführung durch Erben

Keine nachträglichen Einkünfte aus einer ehemaligen Tätigkeit des Erblassers, sondern Einkünfte kraft vollständiger eigener Verwirklichung des Einkünftetatbestands liegen dagegen vor, wenn die Erben die freiberufliche Tätigkeit des Erblassers fortführen.

BEISPIEL

Ein Wirtschaftsprüfer betrieb bis zu seinem Tod eine WP-Kanzlei. Er wird von seinen beiden Söhnen beerbt, die beide selbst Wirtschaftsprüfer sind, bisher aber als Angestellte in einer Wirtschaftprüfungsgesellschaft tätig waren. Sie scheiden nach dem Tod des Vaters dort aus und führen nun die Kanzlei des Erblassers auf eigene Rechnung und Gefahr fort.

Die mit dieser Tätigkeit erzielten Gewinne der Söhne sind diesen als eigene Einkünfte aus freiberuflicher Tätigkeit zuzurechnen.

5.3 Berufsfremder Miterbe bei Praxisfortführung

Die Annahme freiberuflicher Einkünfte setzt voraus, daß derjenige, der die freiberufliche Tätigkeit ausübt, auch die erforderliche *persönliche Qualifikation* für die Berufsausübung besitzt. Der Inhaber eines freiberuflichen Betriebs darf demnach kein Berufsfremder sein.

Sind an einer Erbengemeinschaft, die einen Freiberufler beerbt hat, Personen beteiligt, die nicht über die berufliche Qualifikation des Erblassers verfügen, und führt diese Erbengemeinschaft den Betrieb fort, erzielen sämtliche Erben mit dieser Tätigkeit *Einkünfte aus Gewerbebetrieb*. Dies hat zur Folge, daß die Einkünfte der Gewerbesteuer unterliegen.

BEISPIEL

Das Büro eines freiberuflich tätigen Bauingenieurs wird nach dessen Tod von seinen beiden Söhnen weitergeführt. Während einer davon selbst eine abgeschlossene Bauingenieurausbildung vorweisen kann, hat der andere lediglich eine kaufmännische Berufsausbildung absolviert. Trotzdem führen sie das Büro als gleichberechtigte Gesellschafter einer GbR.

Die GbR erzielt in diesem Fall aufgrund der Beteiligung einer berufsfremden Person keine freiberuflichen, sondern gewerbliche Einkünfte.

Die Umqualifikation einer von einer Erbengemeinschaft betriebenen freiberuflichen Praxis in einen Gewerbebetrieb infolge der Beteiligung eines Berufsfremden hat u.a. auch zur Folge, daß das durch die Erbfolge übergegangene freiberufliche Betriebsvermögen zu *gewerblichem Betriebsvermögen* wird.

Ein etwa vorhandener originärer oder derivativer Praxiswert besteht als solcher nicht fort, sondern wird zu einem *gewerblichen Geschäfts- oder Firmenwert*, da ein Praxiswert nur bei einer freiberuflichen Tätigkeit möglich ist.

Neben den negativen steuerlichen Aspekten sind bei der Fortführung eines freiberuflichen Betriebs unter Beteiligung eines nicht freiberuflichen Miterben insbesondere auch standesrechtliche Probleme zu beachten. Deshalb kommt in diesen Fällen eine Fortführung des freiberuflichen Betriebs so nicht in Betracht. Die Praxis muß vielmehr auf den oder die Erben übertragen werden, die über die freiberufliche Qualifikation verfügen.

BEACHTEN SIE:

In Fällen, bei denen sich frühzeitig abzeichnet, daß nicht alle der zukünftigen Erben die erforderliche berufliche Qualifikation mitbringen, sollten Sie durch entsprechende testamentarische Regelungen die Weichen in die richtige Richtung stellen. Eine Mitarbeit von Nichtfreiberufler-Erben als Arbeitnehmer in der Praxis des Erblassers ist im allgemeinen unschädlich, wenn sichergestellt ist, daß die eigenverantwortliche Leitung der Praxis oder des freiberuflichen Büros beim jeweiligen Berufsträger liegt.

5.4 Verpachtung der geerbten Praxis

Die Verpachtung eines freiberuflichen Betriebs oder einer freiberuflichen Praxis führt grundsätzlich zur *Betriebsaufgabe*. Der Aufgabegewinn ist entsprechend den Ausführungen unter 2.2 festzustellen.

Erfolgt dagegen - ohne Erklärung der Betriebsaufgabe - lediglich eine *vorübergehende Verpachtung*, weil der Erbe im Begriff ist, die für die beabsichtigte Praxisfortführung erforderliche freiberufliche Qualifikation zu erlangen, führt dies nicht zur Betriebsaufgabe[13].

BEISPIEL

Der Sohn eines freiberuflich tätigen Zahnarztes steht kurz vor dem Abschluß seiner eigenen zahnmedizinischen Ausbildung, als sein Vater am 31. 3. 1997 stirbt. Es wird noch etwa neun Monate dauern, bis der Sohn als Alleinerbe berechtigt ist, die Praxis selbst zu führen. Um eine ununterbrochene Versorgung der Patienten zu gewährleisten und den Patientenstamm zu erhalten, verpachtet er die Praxis bis zum 31. 12. 1997 an einen Berufskollegen. Nach erfolgreichem Abschluß seiner Ausbildung übernimmt der Erbe zum 1. 1. 1998 dann die alleinige Führung der Praxis.

In diesem Fall sind somit die oben erläuterten Voraussetzungen erfüllt. Die Verpachtung der ererbten Praxis führte nicht zur Betriebsaufgabe und somit nicht zur Aufdeckung stiller Reserven. Der Sohn darf die bisherigen Buchwerte fortführen.

6 Praxisveräußerung

6.1 Veräußerung einer Praxis im ganzen

Eine Veräußerung der ganzen Praxis liegt vor, wenn ein Freiberufler beim Verkauf

- dem Erwerber die wesentlichen Praxisgrundlagen überträgt *und*
- seine Tätigkeit im bisherigen örtlichen Wirkungskreis zumindest für eine gewisse Zeit einstellt[14].

H

Übertragung der wesentlichen Praxisgrundlagen

Die Veräußerung einer Praxis im ganzen setzt voraus, daß die für die Ausübung der freiberuflichen Tätigkeit wesentlichen wirtschaftlichen Grundlagen entgeltlich auf einen Dritten übertragen werden. Diese wesentlichen Grundlagen einer Freiberufler-Praxis sind vor allem der *Mandanten- oder Patientenstamm und der Praxiswert*[15].

Im Gegensatz zu diesen immateriellen Wirtschaftsgütern stellen die übrigen Anlagegüter einer Praxis (wie z.B. Grundstücke, Büro- oder Praxiseinrichtung, Fahrzeuge, medizintechnische Geräte eines Arztes) im allgemeinen *keine* wesentlichen Betriebsgrundlagen dar, weil hier ein beliebiger Austausch möglich ist. Die Entnahme einzelner derartiger Wirtschaftsgüter steht daher der Annahme einer Praxisveräußerung nicht im Wege.

BEISPIEL

Ein älterer Arzt verkauft seine Praxis an einen jüngeren Kollegen. Die Praxis wurde bisher in angemieteten Räumen betrieben. Der Erwerber tritt in den Mietvertrag ein, will aber die Praxiseinrichtung komplett erneuern. Der Veräußerer übernimmt deshalb neben seinem Pkw verschiedene Einrichtungsgegenstände in sein Privatvermögen; die nicht benötigten Stücke kommen auf den Müll.

Gegenstand der Praxisveräußerung ist also ausschließlich die Übertragung des Patientenstamms und des Praxiswerts. Trotzdem liegt hier eine Veräußerung im ganzen vor, weil der Käufer die wesentlichen Betriebsgrundlagen erworben hat.

Einstellung der freiberuflichen Tätigkeit

Von einer Übertragung der wesentlichen Betriebsgrundlagen kann nur dann ausgegangen werden, wenn der Veräußerer seine Tätigkeit im *bisherigen örtlichen Wirkungskreis* zumindest für eine gewisse Zeit *einstellt*[16]. Dabei geht die Rechtsprechung davon aus, daß bei fortdauernder Tätigkeit des Freiberuflers in seinem örtlichen Wirkungskreis die *persönliche Beziehung* zu den bisherigen Mandanten und Patienten - die ja ein herausragendes Element der freiberuflichen Tätigkeit darstellt - weiterhin bestehen bleibt. Dies steht einer tatsächlichen Übertragung der wesentlichen Praxisgrundlagen auf den Erwerber entgegen.

Hat demnach der Veräußerer Teile des Patienten- oder Mandantenstamms zurückbehalten, kann *keine begünstigte* Praxisveräußerung vorliegen.

BEACHTEN SIE:

Selbst für den Fall, daß ein Freiberufler tatsächlich seine Praxis vollständig auf einen Dritten übertragen hat, aber mit neuen Mandanten oder Patienten im Bereich des bisherigen örtlichen Wirkungskreises weiterhin seinen Beruf ausübt, geht die Rechtsprechung davon aus, daß keine begünstigte Praxisveräußerung gegeben ist[17]. In diesem Fall gilt auch das durch den Praxisnamen bestimmte Wirkungsfeld als maßgebliche Grundlage zur Gewinnung neuer Patienten oder Mandanten.

Werden dagegen bei einer Praxisveräußerung lediglich *geringfügige Teile* der bisherigen Geschäftsbeziehungen zur Ausübung der freien Berufstätigkeit aufrechterhalten, ist dies für die Inanspruchnahme der steuerlichen Begünstigungen des Veräußerungsgewinns unschädlich. Von geringfügigen Teilen kann dann ausgegangen werden, wenn einzelne Mandate zurückbehalten werden, auf die in den letzten drei Jahren *weniger als 10 %* der gesamten Einnahmen entfielen[18].

In der Auslegung dieser Rechtsprechung gehen die Auffassungen der Finanzverwaltung und des Schrifttums auseinander[19]. Während nach den EStR[20] verlangt wird, daß in keinem der drei letzten Jahre die 10 %-Grenze überschritten werden darf, wird in der Literatur überwiegend die Meinung vertreten, daß auf den Durchschnitt der drei letzten Jahre abzustellen ist.

Mitarbeit in der Praxis des Erwerbers

Für die Inanspruchnahme des Freibetrags sowie der Tarifbegünstigung für den Veräußerungsgewinn ist es *unschädlich*, wenn der bisherige Inhaber in der Praxis des Erwerbers als *Arbeitnehmer* beschäftigt wird.

BEISPIEL

Steuerberater A veräußert seine Kanzlei mit allen wesentlichen Betriebsgrundlagen an Steuerberater B. Da dieser erst vor kurzem die Beraterprüfung abgelegt hat und über wenig Erfahrung in der Führung einer Kanzlei verfügt, vereinbaren die beiden, daß A über einen Zeitraum von drei Jahren als Angestellter im Büro mitarbeitet, um B in organisatorischen Fragen zu unterstützen. Die eigentliche Betreuung der Mandanten übernimmt B sofort nach dem Erwerb der Kanzlei.

In diesem Fall ist die Praxis mit allen wesentlichen Betriebsgrundlagen an B übertragen worden, der diese seither eigenverantwortlich führt. Bei A sind somit

- trotz der Tätigkeit in seiner bisherigen Kanzlei - die Voraussetzungen für eine steuerbegünstigte Praxisveräußerung erfüllt.

Die EStR lassen offen, ob die Begünstigung auch dann zum Tragen kommt, wenn die Mitarbeit des bisherigen Praxisinhabers nicht als Arbeitnehmer, sondern als freiberuflicher *freier Mitarbeiter* erfolgt. Der Auffassung, eine freie Mitarbeit in der Praxis des Erwerbers sei steuerschädlich, hat der BFH in neueren Entscheidungen eine Absage erteilt. Er stellt sich dabei auf den Standpunkt, daß nur entscheidend ist, ob die bisherige Praxis mit ihren immateriellen Wirtschaftsgütern definitiv an einen Erwerber veräußert wurde. Diese Voraussetzung ist aber auch dann erfüllt, wenn der Veräußerer sämtliche Mandate auf den Praxiserwerber überträgt und ausschließlich für ihn tätig wird. Dabei macht es keinen Unterschied, ob die Tätigkeit als freier Mitarbeiter oder als Angestellter ausgeübt wird.

Praxisübertragung auf Rentenbasis

Wird eine Praxis nicht im Wege der sofortigen Kaufpreiszahlung, sondern auf Rentenbasis übertragen, muß zunächst untersucht werden, ob eine betriebliche Veräußerungsrente oder eine private Versorgungs- oder Unterhaltsrente vorliegt.

Eine *betriebliche Veräußerungsrente* ist dann gegeben, wenn die Rentenhöhe eine *angemessene Gegenleistung* für das erworbene Praxisvermögen darstellt. Ist dies der Fall, hat der Veräußerer hinsichtlich der Besteuerung des Veräußerungsgewinns ein Wahlrecht. Er kann

- den Veräußerungsgewinn *sofort* besteuern und dabei die Steuerbegünstigungen (Freibetrag und ermäßigter Steuersatz) ausschöpfen oder
- die laufenden Rentenzahlungen als nachträgliche Einkünfte aus freiberuflicher Tätigkeit im jeweiligen Zuflußzeitpunkt in vollem Umfang versteuern. In diesem Fall werden *keine Steuervergünstigungen* gewährt.

BEACHTEN SIE:

Bei der ersten Variante wird von den laufenden Renteneinnahmen lediglich der sogenannte Ertragsanteil der Einkommensteuer zum Normaltarif unterworfen. Werden neben den Renten nur noch geringfügige andere Einkünfte bezogen, bedeutet dies in vielen Fällen, daß die Rentenbezüge entweder gar nicht oder nur sehr wenig mit Einkommensteuer belastet werden.

Die *private Versorgungsrente* kommt hauptsächlich bei der Praxisübertragung von Eltern auf Kinder vor. Hier orientiert sich die Höhe der Rente nach den *Versorgungsbedürfnissen* der Eltern und nicht am Wert des übertragenen Praxisvermögens. In diesem Fall handelt es sich um einen *außerbetrieblichen* Vorgang. Der Praxisübernehmer erwirbt unentgeltlich und führt die Buchwerte des Rechtsvorgängers fort. Beim bisherigen Praxisinhaber entsteht kein Veräußerungsgewinn. Er muß allerdings die Rentenzahlungen mit dem Ertragsanteil als *sonstige Einkünfte* versteuern. Der Erwerber darf die entsprechenden Beträge als *Sonderausgaben* steuermindernd geltend machen.

Eine *Unterhaltsrente* liegt vor, wenn der Wert der übertragenen Praxis *weniger als die Hälfte* des Rentenbarwerts beträgt. Hierbei handelt es sich um einen rein privaten Vorgang, der - auch hinsichtlich der Rentenzahlungen - weder beim Erwerber noch beim Veräußerer steuerliche Konsequenzen nach sich zieht.

6.2 Veräußerung einer Teilpraxis

Die begünstigte Veräußerung einer Teilpraxis kommt nur dann in Betracht, wenn diese eine *selbständige organisatorische Einheit* darstellt (z.B. ein Steuerberater in Freiburg mit einem Büro in Dresden) oder vom Praxisinhaber *zwei verschiedene freiberufliche Tätigkeiten* ausgeübt werden (z.B. Rechtsanwalt und Steuerberater). In beiden Fällen ist es für die Inanspruchnahme der Steuerbegünstigungen erforderlich, daß die Teilpraxen über *unterschiedliche*, klar voneinander abgegrenzte *Mandantenkreise* verfügen.

Wird dagegen eine sachlich einheitliche Praxis von nur einem Büro aus betrieben, stellt die *teilweise Veräußerung* des Patienten- oder Mandantenstamms *keine* begünstige Veräußerung dar.

6.3 Veräußerung eines Praxisanteils

Veräußerung des gesamten Anteils

Steuerbegünstigt ist der Veräußerungsgewinn eines Freiberuflers auch dann, wenn er seinen Anteil an einer *Sozietät oder Praxisgemeinschaft* verkauft.

Auch in diesem Fall müssen die allgemeinen Voraussetzungen erfüllt sein, d.h. der Gesellschafter muß seine freiberufliche Tätigkeit im bisherigen örtlichen Wirkungskreis zumindest für eine gewisse Zeit *einstellen*[21].

H

BEACHTEN SIE:

Auch bei der Veräußerung eines Praxisanteils ist die Fortführung einer freiberuflichen Tätigkeit im Rahmen der oben erläuterten 10 %-Grenze steuerlich unschädlich. Dies gilt auch hinsichtlich der freiberuflichen oder nichtselbständigen Mitarbeit.

Veräußerung von Teilen eines Anteils

Eine Besonderheit ergibt sich, wenn ein Freiberufler nicht seinen gesamten Anteil an einer Sozietät oder Praxisgemeinschaft verkauft, sondern nur einen Teil davon veräußert. In diesem Fall bleibt der Freiberufler weiterhin an der Sozietät beteiligt und als Gesellschafter auch in ihr tätig. In diesem Fall ist die Einstellung der freiberuflichen Tätigkeit im bisherigen örtlich begrenzten Wirkungskreis *nicht erforderlich*. Die Überlassung des Mandantenvertrauens innerhalb einer Personengesellschaft ist nach Ansicht des BFH auch sichergestellt, wenn Teile von Mitunternehmeranteilen durch Anwachsung zwischen den Gesellschaftern oder auf fremde Dritte übertragen werden. Der erwerbende Gesellschafter partizipiert in einem größeren Umfang als vorher an dem Mandantenvertrauen, weshalb die Anwendung des ermäßigten Steuersatzes und ggf. die Gewährung des Steuerfreibetrags gerechtfertigt sei[22].

BEISPIEL

D und E betreiben gemeinsam eine Rechtsanwaltskanzlei in Form einer Sozietät. D hält zunächst 80 % der Anteile und E 20 %. Zum 1.10.1998 veräußert D einen Teil seiner Anteile an E, so daß nun beide Gesellschafter zu je 50 % an der Sozietät beteiligt sind. D erzielt aus dem Vorgang einen Gewinn von 200.000 DM. Dieser Veräußerungsgewinn ist steuerbegünstigt (ermäßigter Steuersatz), obwohl D seine freiberufliche Tätigkeit weiterhin ausübt.

6.4 Ermittlung des Veräußerungsgewinns

Veräußerungsgewinn ist der Betrag, um den der Veräußerungspreis nach Abzug der Veräußerungskosten den Buchwert übersteigt[23].

Veräußerungspreis ist dabei der Betrag, den der oder die Käufer für die Übernahme der zum freiberuflichen Betriebsvermögen zählenden Wirtschaftsgüter bezahlen (zur teilentgeltlichen Übertragung siehe die Ausführungen unter 4).

Werden einzelne Gegenstände, die nicht zu den wesentlichen Betriebsgrundlagen gehören, vom Verkäufer in sein *Privatvermögen* übernommen, ist den erzielten Veräußerungspreisen der *gemeine Wert* dieser Wirtschaftsgüter hinzuzurechnen. Als gemeiner Wert ist im allgemeinen der Verkehrswert oder Einzelveräußerungspreis heranzuziehen.

Als *Veräußerungskosten* kommen nur Aufwendungen zum Abzug, die unmittelbar in sachlichem Bezug zum Veräußerungsvorgang stehen. Dies können z.B. sein:

- Vermittlungsprovisionen für die Benennung von Kaufinteressenten
- Beratungshonorare
- Kosten für Anzeigen in Fachzeitschriften und Zeitungen
- Gutachterkosten (z.B. für die Ermittlung eines Grundstückswerts)
- Notariatsgebühren
- Grundbuchkosten u.ä.

Das Schema zur Ermittlung des Veräußerungsgewinns sieht wie folgt aus:

Veräußerungspreis
zuzüglich:
Veräußerungserlöse für einzeln verkaufte Wirtschaftsgüter
Gemeiner Wert der in das Privatvermögen entnommenen Wirtschaftsgüter

---

Zwischensumme
abzüglich:
Buchwerte der veräußerten bzw. entnommenen Wirtschaftsgüter
Veräußerungskosten

Summe = Veräußerungsgewinn

BEISPIEL

Ein Steuerberater veräußert im Februar 1998 seine Kanzlei an einen Berufskollegen. Für Praxiswert und komplette Büroeinrichtung (mit Ausnahme der

EDV-Anlage) zahlt dieser 600.000 DM. Im Anlageverzeichnis aufgeführt ist u.a. in Höhe von 50.000 DM der Restbuchwert für einen vor drei Jahren erworbenen Praxiswert eines kleinen Steuerberatungsbüros, das in die jetzt veräußerte Kanzlei eingegliedert wurde. Die Büroräume, die zum Betriebsvermögen des Steuerberaters gehören, werden nicht mitveräußert, sondern an den Praxiserwerber vermietet.

Die Vermietung führt zur Entnahme des Wirtschaftsguts in das Privatvermögen. Der hierfür von einem Bausachverständigen ermittelte Verkehrswert beträgt 270.000 DM. Seinen betrieblichen Pkw (Verkehrswert lt. Gutachten: 10.000 DM) überführt der Veräußerer ebenfalls in sein Privatvermögen. Die EDV-Anlage kann für 1.000 DM an einen Privatmann verkauft werden.

Der Veräußerungsgewinn wird wie folgt ermittelt:

Gegenstand	*Buchwert*	*Verkehrswert/ Kaufpreis*	*Gewinn*
Praxiswert	50.000 DM	Gesamterlös	
Büroeinrichtung	30.000 DM	600.000 DM	520.000 DM
Büroräume	80.000 DM	270.000 DM	190.000 DM
Pkw	2.000 DM	10.000 DM	8.000 DM
EDV-Anlage	5.000 DM	1.000 DM	- 4.000 DM
	Zwischensumme		714.000 DM
Kosten der Praxisaufgabe: Vermittlungsprovision			18.000 DM
Honorar Bausachverständiger			3.000 DM
Kosten Pkw-Gutachten			500 DM
sonstige Veräußerungskosten			2.500 DM
		Veräußerungswinn	**690.000 DM**

Da der Veräußerungsgewinn 300.000 DM und auch den Betrag von 360.000 DM überschreitet, kommt die Gewährung des Freibetrags nach § 16 Abs. 4 EStG nicht in Betracht (siehe 1.3). Der Betrag von 690.000 DM ist demnach in vollem Umfang mit dem ermäßigten (halben) Steuersatz zu besteuern. Wegen der Ermittlung des halben Steuersatzes bei der Einkommensteuer (siehe 1.4).

7 Übergangsbesteuerung

7.1 Übergang zum Bestandsvergleich

Freiberufler sind nicht buchführungspflichtig. Sie ermitteln deshalb in den meisten Fällen ihren Gewinn durch eine *Einnahme-Überschußrechnung*. Diese Form der Gewinnermittlung muß über die Gesamtzeit der Berufsausübung zum selben Totalgewinn führen wie die Gewinnermittlung durch *Bestandsvergleich*, also bei Buchführung und Bilanzierung. Um dies zu erreichen, sind Freiberufler mit Einnahme-Überschußrechnung im Jahr der Veräußerung oder Aufgabe ihrer Praxis zum Übergang zur Gewinnermittlung durch Bestandsvergleich verpflichtet.

Im Zeitpunkt der Praxisveräußerung oder -aufgabe muß demnach eine *Bilanz aufgestellt* und das zu diesem Stichtag vorhandene Betriebsvermögen in dieser Bilanz ausgewiesen werden. Mit Hilfe von Zu- und Abschlägen wird dann der Gewinn im Veräußerungs- oder Aufgabejahr so korrigiert, daß sich im Gesamtergebnis die gleichen Gewinne ergeben, wie sie der Steuerzahler erzielt hätte, wenn von vorneherein der Gewinn durch Betriebsvermögensvergleich ermittelt worden wäre. Der Vorgang wird als *Wechsel der Gewinnermittlungsart* bezeichnet. Nähere Erläuterungen zur Vorgehensweise beim Wechsel der Gewinnermittlungsart siehe unter B 4.

7.2 Korrektivposten als laufender Gewinn

Im Fall der Praxisaufgabe oder -veräußerung muß beachtet werden, daß der durch Zu- und Abschläge entstehende Gewinn *nicht* Bestandteil des tarifbegünstigten Veräußerungs- oder Aufgabegewinns ist, sondern zum *laufenden Gewinn* zählt. Dieser muß der Einkommensteuer zum *Normaltarif* unterworfen werden. Eine Verteilung dieses sogenannten Übergangsgewinns (Saldo aus Zu- und Abrechnungen) auf mehrere Jahre ist im Fall der Praxisveräußerung oder -aufgabe – anders als bei einem freiwilligen Übergang zur Gewinnermittlung durch Bestandsvergleich – nicht zulässig.

BEISPIEL

Ein Steuerberater verkauft am 31. 12. 1997 seine gesamte Kanzlei mit Praxiswert, Büroeinrichtung und EDV-Anlage zum Preis von 500.000 DM.

H

Der in der Zeit vom 1. 1. bis 31. 12. 1997 durch Einnahme-Überschußrechnung ermittelte Gewinn beträgt 150.000 DM. Wegen der Praxisveräußerung muß zum 31. 12. 1997 folgende Bilanz aufgestellt werden:

Bilanz zum 31. 12. 1997

Aktiva		Passiva	
Büroeinrichtung	25.000 DM	Kapital	100.000 DM
EDV-Anlage	15.000 DM	Darlehen	15.000 DM
Forderungen	100.000 DM	USt-Schuld	25.000 DM
	140.000 DM		**140.000 DM**

Der laufende Gewinn ist infolge des Übergangs zum Bestandsvergleich wie folgt zu korrigieren:

Gewinn 1997 lt. Überschußrechnung	150.000 DM
+ Forderungen	100.000 DM
- USt-Schuld	25.000 DM
korrigierter Gewinn	275.000 DM

Dieser korrigierte Gewinn ist insgesamt als laufender Gewinn der Einkommensteuer zu unterwerfen.

7.3 Gewinnermittlung im Erbfall

Wird nach dem Tod des Praxisinhabers die Praxis von den Erben nicht weiterbetrieben, sondern veräußert oder abgewickelt, können die Erben die Einnahme-Überschußrechnung bis zur Veräußerung bzw. endgültigen Aufgabe beibehalten.

BEISPIEL

Die Kanzlei eines am 30. 11. 1997 verstorbenen Rechtsanwalts wird von dessen Erben am 3. 2. 1998 verkauft.

In diesem Fall darf die Erbengemeinschaft die Einnahme-Überschußrechnung bis zum Zeitpunkt der Praxisveräußerung beibehalten. Erst dann muß - wegen der Betriebsaufgabe - zum Bestandsvergleich übergegangen werden.

Die sich aus dem Übergang ergebenden Gewinnkorrekturen sind somit erst im Jahr 1998 zu berücksichtigen.

8 Gestaltungshinweise

8.1 Wahl des Aufgabe- bzw. Veräußerungszeitpunkts

Eine Praxisaufgabe oder -veräußerung erfolgt in den meisten Fällen nicht von heute auf morgen. Sie läßt sich daher *zeitlich steuern*. Um die *Zusammenballung* von laufendem Gewinn (einschließlich Korrektivposten) und Veräußerungs- bzw. Aufgabegewinn in einem Veranlagungszeitraum zu *verhindern*, empfiehlt es sich, die Praxis nicht zum Jahresende, sondern zum Jahresanfang des Folgejahres, also z. B. am *2. Januar*, zu veräußern oder aufzugeben. Durch diese absolut legale und auch gängige Gestaltungsmöglichkeit läßt sich die Progressionswirkung des Einkommensteuertarifs entschärfen.

BEISPIEL

Ein Arzt veräußert seine Praxis:
a) zum 15. 12. 1997
b) zum 15. 1. 1998
Im Fall b) war die Praxis vom 15. 12. 1997 bis zum 15. 1. 1998 wegen der Abwicklung des Übergangs auf den Erwerber geschlossen. Es wurden also vom Veräußerer nach dem 15. 12. 1997 in beiden Fällen keine Einnahmen aus der freiberuflichen Tätigkeit mehr erzielt.

Nach der Einnahme-Überschußrechnung für 1997 wurde ein laufender Gewinn von 150.000 DM erzielt. Der Übergang zum Bestandsvergleich führt zu einer Gewinnkorrektur von 100.000 DM. Der begünstigte Veräußerungsgewinn beträgt 300.000 DM. Unter Berücksichtigung dieser Zahlen ergeben sich für die beiden Veräußerungstermine die nachstehend dargestellten Auswirkungen:

	Veräußerung zum 15. 12. 1997	Veräußerung zum 15. 1. 1998
Einkommensteuer 1997		
Gewinn lt. EÜR	150.000 DM	150.000 DM
Gewinnkorrekturen	100.000 DM	0 DM
Summe laufender Gewinn 1997	250.000 DM	150.000 DM

H

Ermäßigt besteuerter Veräußerungsgewinn 1997 (nach Abzug des Freibetrags von 60.000 DM)	240.000 DM	0 DM
Summe laufender Gewinn + Veräußerungsgewinn	**490.000 DM**	**150.000 DM**
Einkommensteuer 1998		
Gewinn lt. EÜR	0 DM	0 DM
Gewinnkorrekturen	0 DM	100.000 DM
Summe laufender Gewinn 1998	0 DM	100.000 DM
Ermäßigt besteuerter Veräußerungsgewinn 1998 (nach Abzug des Freibetrags von 60.000 DM)	0 DM	240.000 DM
Summe laufender Gewinn + Veräußerungsgewinn	**0 DM**	**340.000 DM**

Im Beispielsfall a) ergibt sich eine Kumulation der Gewinne im Jahr 1997, während diese im Fall b) auf zwei Veranlagungszeiträume verteilt werden. Dies hat zur Folge, daß im Fall b) - trotz in der Summe identischer Beträge - aufgrund deutlich niedrigerer Grenzsteuersätze, die sich auch auf die Ermittlung des ermäßigten Steuersatzes (siehe 1.4) auswirken, eine Steuerersparnis von mehreren 10.000 DM eintreten kann.

BEACHTEN SIE:

Das Finanzamt wird diese Gestaltung nur dann anerkennen, wenn der Übergang des Eigentums an der Praxis auch zivilrechtlich eindeutig erkennbar ist. Es genügt also nicht, lediglich zu behaupten, die Praxis sei am steuerlich günstigeren Termin (z.B. dem 15. 1. wie im obigen Beispiel) auf den Erwerber übergegangen. Der Sachverhalt muß vielmehr auch anhand von Verträgen und Zahlungsverkehr nachvollziehbar sein.

8.2 Einheitlicher Vorgang

In den vorstehenden Ausführungen wurde bereits mehrfach auf die Bedeutung hingewiesen, die das Merkmal des *einheitlichen Aufgabevorgangs* auf die Gewährung der *Steuerbegünstigungen* für Aufgabe- oder Veräußerungsgewinne hat.

Dieser Punkt soll hier nochmals ausdrücklich angesprochen werden, weil die Mißachtung der erforderlichen Grundsätze *sehr teuere Konsequenzen* für den Steuerzahler haben kann.

BEACHTEN SIE:

Der Steuerfreibetrag von 60.000 DM sowie der ermäßigte Steuersatz wird Ihnen nur gewährt, wenn die Abwicklung Ihrer Praxis in einem einheitlichen Vorgang erfolgt. Wird dabei ein *Zeitraum von sechs Monaten* überschritten, ist ein einheitlicher Vorgang nicht mehr gegeben. Eine Ausnahme ist nur möglich, wenn Sie im Einzelfall darlegen können, daß außergewöhnliche Umstände eine zeitliche Verzögerung bewirkt haben.

Da zumeist allein der Steuerzahler seinen Aufgabezeitpunkt bestimmt, sollte diesem wichtigen Merkmal zur Erlangung der Steuerbegünstigungen höchste Aufmerksamkeit geschenkt werden. So verlockend ein gleitender Übergang in den wohlverdienten Ruhestand sein mag, durch die Versagung von *Steuerfreibetrag und ermäßigtem Steuersatz* wird dies teuer erkauft. Je nach Höhe des Aufgabegewinns können mehrere 10.000 DM, die an sich für die Altersversorgung gedacht waren, als unnötige Steuerzahlungen anfallen.

[1] § 18 Abs. 3 EStG
[2] BFH, Urteil vom 14.3.1975, IV R 78/71, BStBl 1975 II S. 661
[3] BFH, Urteil vom 25.11.1993, IV R 19/92, BFH/NV 1994 S. 540
[4] § 16 Abs. 4 S. 2 EStG
[5] BFH, Urteil vom 21.9.1995, IV R 1/95, BStBl 1995 II S. 893
[6] § 1 Abs. 1a S. 2 UStG
[7] BFH, Urteil vom 25.11.1993, IV R 19/92, BFH/NV 1994 S. 540
[8] § 24 Nr. 2 EStG
[9] § 16 Abs. 3 EStG
[10] BFH, Urteile vom 10.12.1991, VIII R 69/86, BStBl 1992 II S. 385 und vom 18.5.1995, IV R 20/94, BStBl 1996 II S. 71
[11] BFH, Urteile vom 1.12.1992, VIII R 57/90, BStBl 1994 II S. 607 und vom 17.2.1994, VIII R 12/93, BFH/NV 1995 S. 98
[12] BMF, Schreiben vom 11.8.1994, BStBl 1994 I S. 601
[13] BFH, Urteil vom 12.3.1992, IV R 29/91, BStBl 1993 II S. 36
[14] BFH, Urteil vom 23.1.1997, IV R 36/95, BStBl 1997 II S. 498
[15] BFH, Urteile vom 18.5.1994, I R 109/93, BStBl 1994 II S. 925 und vom 29.6.1994, I R 105/93, BFH/NV 1995 S. 109.
[16] BFH, Urteile vom 7.11.1991, IV R 14/90, BStBl 1992 II S. 457 und vom 29.6.1994, I R 105/93, BFH/NV 1995 S. 109.
[17] BFH, Urteil vom 15.11.1994, I B 83/94, BFH/NV 1995 S. 592
[18] BFH, Urteile vom 29.10.1992, IV R 16/91, BStBl 1993 II S. 182 und vom 18.5.1994, I R 109/93, BStBl 1994 II S. 925
[19] Vgl. Schoor, Praxisveräußerung, StWK 17/96, Gruppe 7, S. 65 ff.
[20] R 147 Abs. 1 EStR
[21] BFH, Urteil vom 23.1.1997, IV R 36/95, BStBl 1997 II S. 498
[22] BFH, Urteil vom 14.9.1994, I R 41/94, BFH/NV 1995 S. 766
[23] § 16 Abs. 2 EStG

I Betriebsprüfung

Eine Betriebsprüfung gehört zu den unweigerlichen Begleiterscheinungen auch der freiberuflichen Tätigkeit. Sie ist nach wie vor der stärkste Eingriff der Finanzverwaltung im Rahmen der Ermittlung der Besteuerungsgrundlagen. Nachfolgend wird der Ablauf der Betriebsprüfung, die typischen Prüfungsfelder und deren Problembereiche dargestellt. Auch die Möglichkeiten, sich gegen Prüfungshandlungen und Prüfungsfeststellungen zu wehren, werden angesprochen.

1 Rechtsgrundlagen

Für die Betriebsprüfung gelten wie für alle Außenprüfungen die §§ 193 - 207 AO. Ergänzt werden die gesetzlichen Bestimmungen durch die Verwaltungsanweisungen der BpO.

Für Freiberufler ist eine Betriebsprüfung im Rahmen des § 193 Abs. 1 AO möglich, da es sich bei den Einkünften um Gewinneinkünfte handelt und die freiberuflichen Einkünfte in § 193 AO auch genannt sind. Eine Begründung für die Prüfung ist bei dieser Rechtsgrundlage nicht erforderlich. Ebenfalls nicht notwendig ist, daß die Einkünfte aus freiberuflicher Tätigkeit, die zu einer Betriebsprüfung nach § 193 Abs. 1 AO führen, die Haupteinkünfte sind. Es genügt, daß überhaupt Einkünfte aus freiberuflicher Tätigkeit erzielt werden.

Werden Ehegatten zusammenveranlagt, ist die Prüfung im Rahmen des § 193 Abs. 1 AO nur bei dem Ehegatten zulässig, der die Voraussetzungen hierfür erfüllt. Die Prüfungsanordnung richtet sich dann nur gegen den Ehegatten, der die Einkünfte aus freiberuflicher Tätigkeit erzielt. Es besteht jedoch die Möglichkeit, den anderen Ehegatten mit seinen Einkünften mitzuprüfen. Für diesen Ehegatten ist dann die Prüfungsanordnung zu begründen. Daß gleichzeitig bei dem Ehegatten mit betrieblichen Einkünften eine Betriebsprüfung stattfindet, reicht als Begründung nicht aus. Die Begründung muß sich aus den Einkünften des mitzuprüfenden Ehegatten selbst ergeben.

BEISPIEL

Sie erzielen Einkünfte aus einem Architekturbüro. Ihre Ehefrau erhält für die Mitarbeit im Betrieb ein Gehalt. Darüber hinaus hat sie geringfügige Einkünfte aus einem Sparbuch. Das Finanzamt ordnet gegen Sie und Ihre Ehefrau eine Betriebsprüfung an.

Die Betriebsprüfung bei der Ehefrau ist nicht zulässig. Die Einkünfte aus nichtselbständiger Tätigkeit können im Rahmen der Beurteilung des Betriebsausgabenabzugs bei Ihrer Tätigkeit geprüft werden. Die restlichen Einkünfte der Ehefrau sind ohne größeren Aufwand auch an Amtsstelle überprüfbar.

2 Prüfungsumfang und Prüfungszeitraum

Sinn und Zweck der Betriebsprüfung ist eine umfassende und zusammenhängende Ermittlung der Besteuerungsgrundlagen bei einem Steuerpflichtigen. Sie hat sich im Regelfall auf alle beim Steuerpflichtigen in Betracht kommenden laufend veranlagten Steuerarten und innerhalb der Steuerarten auf alle steuerlich relevanten Sachverhalte zu erstrecken. Zu den laufend veranlagten Steuern rechnen bei Freiberuflern die

- Einkommensteuer,
- Umsatzsteuer,
- Vermögensteuer/Einheitswert des dem freien Beruf dienenden Vermögens.

Die Vielzahl der in einem Betrieb anzutreffenden Sachverhalte verlangt jedoch eine rationelle Durchführung der Prüfung. Zu diesem Zweck wurden von der Finanzverwaltung Rationalisierungsgrundsätze entwickelt. Der Schwerpunkt der Prüfung soll auf endgültigen Steuerausfällen und langfristigen Steuerverlagerungen liegen. Es dürfen auch Prüfungsfelder ausgespart werden.

Zum Prüfungszeitraum gibt es keine konkrete gesetzliche Regelung. Somit wäre es möglich, jeden Steuerpflichtigen für alle Besteuerungszeiträume im Rahmen des § 193 AO zu prüfen. Daß dies von der Personalausstattung der Finanzverwaltung nicht möglich ist, liegt auf der Hand. Die Finanzverwaltung hat daher in der BpO Regelungen getroffen, die diese allumfassende Prüfungsmöglichkeit verbindlich für alle Beteiligten einschränkt.

Einteilung der Betriebe in Größenklassen

Zur grundsätzlichen Bestimmung des zeitlichen Umfanges der Prüfung werden die Betriebe in Größenklassen eingeteilt.

Die Einteilung erfolgt in

- Großbetriebe,
- Mittelbetriebe,
- Klein- und Kleinstbetriebe.

Die Festsetzung der Einordnung erfolgt nach bestimmten Merkmalen alle 3 bis 4 Jahre. Die derzeit gültigen Merkmale für Freiberufler wurden zum 1.1.1998 wie folgt ermittelt:

	Großbetriebe	Mittelbetriebe	Kleinbetriebe	Kleinstbetriebe
Umsatz	über 6,7 Mio. DM	über 1,25 Mio. DM	über 250.000 DM	bis 250.000 DM
Gewinn	über 875.000 DM	über 200.000 DM	über 48.000 DM	bis 48.000 DM

Bei Betrieben, die als Mittel-, Klein- oder Kleinstbetrieb eingestuft sind, ist der Prüfungszeitraum auf die letzten drei Besteuerungszeiträume einzuschränken, für die Steuererklärungen für die *Ertragsteuern* abgegeben wurden. Der maßgebende Zeitpunkt zur Bestimmung des Prüfungszeitraums ist die Unterzeichnung der Prüfungsanordnung.

Bei Großbetrieben soll der Prüfungszeitraum an den vorherigen Prüfungszeitraum anschließen. Es handelt sich hierbei – wie der Text der Verordnung verrät – um eine Sollvorschrift. Diese Sollvorschrift wird von der Finanzverwaltung wegen der Bedeutung dieser Fälle als Mußvorschrift ausgelegt.

BEACHTEN SIE:

Bei der unterschiedlichen Häufigkeit der Betriebsprüfungen zwischen den einzelnen Größenklassen ist es sinnvoll, sehr genau zu prüfen, ob die Einstufung des Betriebs zutreffend ist.

Vom Grundsatz des Drei-Jahres-Zeitraums gibt es folgende Ausnahmen:

- einheitlicher Prüfungszeitraum bei konzernabhängigen oder sonstigen abhängigen Unternehmen
- Erweiterung des Prüfungszeitraums wegen des Verdachts einer Steuerstraftat oder einer Steuerordnungswidrigkeit
- Erweiterung des Prüfungszeitraums wegen nicht unerheblicher Steuererstattungen oder Steuernachforderungen
- Erweiterung des Prüfungszeitraums, weil die Besteuerungsgrundlagen nicht ohne Ausdehnung des Prüfungszeitraumes festgestellt werden können

Die Erweiterung wegen *nicht unerheblicher Mehrsteuern* ist in der Praxis der häufigste Fall der Prüfungserweiterung. Die Mehrsteuern müssen dabei noch nicht eindeutig feststehen. Es genügt, wenn sie wahrscheinlich sind.

Das Merkmal „nicht unerhebliche Steuernachforderungen" ist betragsmäßig nicht in der BpO festgelegt. Mehrsteuern von 3.000 DM pro Kalenderjahr sind bei einem Mittelbetrieb als nicht unerheblich anzusehen[1]. Für die betragsmäßige Höhe können die Feststellungen im bisherigen Prüfungszeitraum einen Anhaltspunkt bieten. Nach dem Gesamtbild der Verhältnisse muß zu erwarten sein, daß sich ähnliche Ergebnisse auch in den Vorjahren einstellen werden. Die Erweiterung hat sich jedoch auf die Jahre zu beschränken, für die die Grenze von 3.000 DM überschritten wird, und erstreckt sich in der Regel bis zur Verjährungsgrenze. Eine Einschränkung auf bestimmte Steuerarten erfolgt nicht.

BEISPIEL

Bei Ihnen wird für die Jahre 1993 bis 1995 eine Betriebsprüfung durchgeführt. Im Rahmen der Prüfung stellt der Prüfer fest, daß in der EDV-unterstützten Einnahme-Überschußrechnung auf einem Aufwandskonto Vorsteuer sowohl durch direkte Buchung als auch durch die Funktion automatisches Vorsteuerkonto und somit doppelt geltend gemacht wird. Die jährliche Auswirkung beträgt ca. 5.000 DM. Die Aufzeichnungen werden seit 1992 über EDV erstellt.

Der Prüfungszeitraum darf in diesem Fall auf das Jahr 1992 erweitert werden. Eine Beschränkung auf die Umsatzsteuer erfolgt jedoch nicht.

---

3 Prüfungsanordnung

Die Prüfungsanordnung ist ein Verwaltungsakt. Demnach gelten hier die allgemeinen Bestimmungen für Verwaltungsakte (§ 119 AO), ergänzt durch Spezialregelungen (§ 196 AO). Das bedeutet:

Die Prüfungsanordnung muß *schriftlich* erteilt werden, die *erlassende Behörde* erkennen lassen und die *Unterschrift oder Namenswiedergabe* des Behördenleiters, seines Vertreters oder Beauftragten (Sachgebietsleiter) enthalten. Sie enthält auch den *Namen des Prüfers* und den voraussichtlichen Beginn der Prüfung, wobei diese Angaben nicht zwingend sind. Die Prüfungsanordnung muß wie jeder Verwaltungsakt hinreichend bestimmt sein. Dazu müssen verschiedene Punkte im einzelnen genau aus der Prüfungsanordnung erkennbar sein.

- Es ist in der Prüfungsanordnung klarzustellen, ob eine abgekürzte Außenprüfung (§ 203 AO) oder eine Betriebsprüfung durchgeführt werden soll.
- In der Prüfungsanordnung sind alle zu prüfenden Steuerarten anzugeben. Werden im Rahmen der Prüfung Sachverhalte festgestellt, die den Umfang der bisherigen Prüfungsanordnung überschreiten, so ist die Prüfungsanordnung auf die neuen Steuerarten zu erweitern. Eine Ausnahme gilt nur, wenn der Prüfer seine Ermittlungen auf die allgemeine Ermittlungspflicht der Finanzbehörden stützt (§ 88 AO).
- In der Prüfungsanordnung ist zu regeln, welche Besteuerungszeiträume geprüft werden sollen. Keine hinreichende Bestimmung des Prüfungszeitraumes ist z.B. die Angabe „nicht verjährte Jahre“.
- Zur inhaltlichen Bestimmtheit eines Verwaltungsakts gehört zwingend die Angabe des *Inhaltsadressaten*. Dies ist die Person, für die die Prüfungsanordnung bestimmt ist bzw. gegen die sie wirken soll. Bei der Prüfungsanordnung ist dementsprechend anzugeben, bei welchem Steuerpflichtigen die Außenprüfung angeordnet wird.

  Von der Person des Prüfungspflichtigen ist zu unterscheiden:

  → der Adressat nach AO

  Der Adressat ist die Person, der die Prüfungsanordnung bekanntzugeben ist.

Die gesonderte Angabe eines vom Prüfungspflichtigen abweichenden Adressaten ist insbesondere für folgende Fälle erforderlich:
- Gesetzliche Vertreter von natürlichen Personen
- Geschäftsführer von nichtrechtsfähigen Personenvereinigungen
- Vermögensverwalter i.S.d. § 34 Abs. 3 AO

→ der Empfänger

Als Empfänger wird derjenige bezeichnet, dem die Prüfungsanordnung tatsächlich zugehen soll, damit sie durch Bekanntgabe wirksam wird. In der Regel ist der Prüfungspflichtige nicht nur mit dem Adressaten identisch, sondern ist gleichzeitig auch Empfänger der Anordnung.

Es können jedoch auch andere Personen Empfänger sein, wenn für sie eine schriftliche Empfangsvollmacht des Adressaten vorliegt. Der häufigste Fall ist die Empfangsvollmacht des Steuerberaters.

Aus der Prüfungsanordnung muß immer eindeutig hervorgehen, wer Steuerschuldner, Adressat und Empfänger der Prüfungsanordnung ist.

BEISPIEL

Prüfungsanordnung an die gesetzlichen Vertreter (Adressaten) eines Minderjährigen, die den Steuerberater als Empfangsbevollmächtigten bestellt haben.

Finanzamt A-Stadt	
Prüfungsanordnung	
Herrn	
Steuerberater	für Herrn Max Müller und Frau Eva
Karl Meier	Müller als gesetzliche Vertreter
Postfach	von Heinz Müller
A-Stadt	
Anordnung einer Außenprüfung (Betriebsprüfung) bei Heinz Müller, Straße, A-Stadt	

Eine nicht eindeutige Benennung des Prüfungspflichtigen kann zur inhaltlichen Unbestimmtheit der Prüfungsanordnung führen. Ist die Prüfungsanordnung nicht hinreichend bestimmt, so ist sie nichtig mit der Folge, daß ein Verwertungsverbot der Prüfungsfeststellungen eintritt. Dies kann sogar noch im finanzgerichtlichen Verfahren gegen die Steueränderungsbescheide geltend gemacht werden.

Bekanntgabe der Prüfungsanordnung

Die Prüfungsanordnung sowie der voraussichtliche Beginn der Prüfung sollen dem Steuerpflichtigen angemessene Zeit vor Prüfungsbeginn bekanntgegeben werden, wenn der Prüfungszweck dadurch nicht gefährdet ist. Als regelmäßige Fristen sind bei Mittelbetrieben 2 Wochen und bei Großbetrieben 4 Wochen vorgesehen. Die Einhaltung einer angemessenen Frist soll dem Steuerpflichtigen ermöglichen, sich auf die Prüfung organisatorisch einzustellen, die Rechtmäßigkeit der Prüfungsanordnung zu überprüfen oder ggf. einen Antrag auf Verlegung zu stellen.

4 Prüfung

4.1 Örtlich zuständiges Finanzamt

Die Zuständigkeit für eine Betriebsprüfung liegt bei dem Finanzamt, daß auch für die Besteuerung zuständig ist. Es besteht jedoch die Möglichkeit, generell die Zuständigkeit auf ein anderes Finanzamt zu verlagern. Dies wird in den einzelnen Bundesländern unterschiedlich gehandhabt.

Neben der generellen Übertragung der Zuständigkeit für eine Betriebsprüfung ist es auch im Einzelfall möglich, ein anderes Finanzamt mit der Betriebsprüfung zu beauftragen. Die Prüfungsanordnung kann wahlweise vom beauftragenden oder beauftragten Finanzamt erlassen werden. Das beauftragende Finanzamt bestimmt jedoch den zu prüfenden Steuerpflichtigen sowie den sachlichen und zeitlichen Umfang. Auf die Beauftragung ist in der Prüfungsanordnung zwingend hinzuweisen.

4.2 Ort der Prüfung

Nach den Regelungen der AO kommen als Prüfungsort in Betracht:

- die Geschäftsräume,
- die Wohnung,
- die Räume des Finanzamts.

Es handelt sich dabei um keine abschließende Aufzählung. Über den Wortlaut hinaus kann auch eine Prüfung an anderen Orten, insbesondere in den Räumen des steuerlichen Beraters, durchgeführt werden.

Die Geschäftsräume sind der Regelprüfungsort. Er ist immer dann zu wählen, wenn zur Betriebsprüfung geeignete Geschäftsräume vorhanden sind. Ob

Geschäftsräume für die Betriebsprüfung geeignet sind, richtet sich nach den Belangen der Finanzverwaltung. Das Interesse der Finanzverwaltung an einer Prüfung in den Geschäftsräumen geht Ihrem Interesse an einem reibungslosen Geschäftsablauf vor.

Stehen keine geeigneten Geschäftsräume zur Verfügung, kann auch in den Wohnräumen geprüft werden. Dies ist aber nur mit Ihrer Zustimmung möglich. Die Betriebsprüfung in den Wohnräumen kann nicht angeordnet werden.

Soll die Betriebsprüfung auf Ihren Antrag und bei Zustimmung des steuerlichen Beraters in den Räumen des steuerlichen Beraters stattfinden, so hat das Finanzamt eine Entscheidung nach sachlichem Ermessen zu treffen. Als Gründe für eine Prüfung beim steuerlichen Berater sprechen:

- unmittelbare Auskünfte zur Verbuchung und zum Jahresabschluß;
- laufende Unterrichtung der für steuerliche Fragen zuständigen Auskunftsperson;
- kurzfristige Besprechungen, auch mit dem Steuerpflichtigen sind möglich;

Dagegen können sprechen:

- die weite Entfernung des Beraterbüros vom Finanzamt und Ihrem Betrieb;
- Sachverhaltsermittlungen des Prüfers direkt beim Steuerpflichtigen werden blockiert.

Diese Erwägungen gelten nur, wo es um die Abwägung zwischen dem Prüfungsort Finanzamt und Prüfungsort Büro des steuerlichen Beraters geht.

Weitere mögliche Prüfungsorte kommen nur in Ausnahmefällen in Betracht.

4.3 Vorbereitung der Prüfung

Zu der *langfristigen* Vorbereitung gehören vor allem ordnungsgemäße Aufzeichnungen.

Zu der *kurzfristigen* Vorbereitung zählt vor allem, nochmals die Vollständigkeit der Belege und Unterlagen zu prüfen. Es sollte auch gewährleistet sein, daß alle steuerlich relevanten Verträge griffbereit sind.

Im Hinblick auf die mögliche strafrechtliche Würdigung von Steuernachzahlungen sollte auch überprüft werden, ob alle Einnahmen, insbesondere im Bereich der Kapitaleinkünfte, erklärt wurden. Denn nur solange der Prüfer noch nicht mit der Prüfung begonnen hat, ist eine strafbefreiende Selbstanzeige möglich.

4.4 Ablauf der Prüfung

Der Prüfer wird beim Steuerpflichtigen zum vereinbarten Termin eintreffen. Bei Erscheinen hat er sich unverzüglich auszuweisen. In der Praxis ist es jedoch inzwischen üblich, den Prüfer nur dann zu bitten sich auszuweisen, wenn berechtigte Zweifel daran bestehen, daß es sich tatsächlich um den Betriebsprüfer handelt. Mit seinen Arbeitszeiten muß sich der Betriebsprüfer an übliche Geschäftszeiten halten. In der Regel klärt der Betriebsprüfer gleich zu Beginn der Prüfung, zu welchen Zeiten er täglich beginnen und aufhören kann und welche Mittagszeiten eingehalten werden müssen. Als sinnvoll kann sich auch eine Absprache erweisen, zu welchen Zeiten der Steuerpflichtige mit dem Prüfer Sachverhaltsfragen klärt und in welcher Form er über Prüfungsfeststellungen unterrichten soll.

4.5 Mitwirkung im Rahmen der Prüfung

Zu den Mitwirkungspflichten gehört in erster Linie, daß Buchführungsunterlagen und die zugehörigen Aufzeichnungen, Geschäftsbücher, Geschäftsunterlagen usw. vorgelegt und - soweit erforderlich - dazu die notwendigen Erläuterungen gegeben werden. Daneben ist dem Betriebsprüfer ein angemessener Arbeitsplatz anzubieten, wobei sich der angemessene Arbeitsplatz an Ihren betrieblichen Gegebenheiten orientieren sollte.

Soweit der Steuerpflichtige nicht unmittelbar mitwirken muß, kann er auch *Auskunftspersonen* benennen. Zu diesen Auskunftspersonen rechnet auch der steuerliche Berater. Weitere nicht benannte Personen darf der Betriebsprüfer ohne Zustimmung des Steuerpflichtigen nicht befragen. Eine Ausnahme gilt nur, wenn der Steuerpflichtige seiner Auskunftspflicht nicht im erforderlichen Umfang nachkommt. Dies dürfte in der Praxis aber nur der Ausnahmefall sein.

Zu den Unterlagen, die vorzulegen sind, gehören auch die Belege der *privaten Einkünfte*, wenn sie nach dem Inhalt der Prüfungsanordnung mitgeprüft werden. Problematisch sind in diesem Zusammenhang die Vorlage von Unterlagen zu Einkünften, die der Steuerpflichtige gemeinsam mit seinem Ehegatten erzielt. In einem solchen Fall ist davon auszugehen, daß über derartige Unterlagen eine gemeinsame Verfügungsberechtigung besteht. Eine Herausgabe durch den Steuerpflichtigen ohne Einwilligung seines Ehepartners würde einen Bruch des Mitgewahrsams des Ehepartners bedeuten. Ein Herausgabeverlangen ist daher durch eine Prüfungsanordnung nicht gedeckt, die nur gegen den Steuerpflichtigen gerichtet ist.

4.6 Kontrollmitteilungen

Zu den Prüfungsaufgaben eines Betriebsprüfers gehört auch die Erstellung von Kontrollmitteilungen. Kontrollmitteilungen haben den Zweck, die Besteuerung bei Dritten, z.B. Lieferanten, sicherzustellen oder auch unerlaubte Hilfe in Steuersachen festzustellen. Die Feststellungen werden dem für den Dritten zuständigen Finanzamt mitgeteilt. Welche Kontrollmitteilungen der Betriebsprüfer erstellt, muß er nicht mitteilen, auch nicht, in welchem Umfang er Kontrollmitteilungen erstellt. Es muß lediglich sichergestellt sein, daß der einzige Prüfungszweck nicht das Schrciben von Kontrollmitteilungen ist.

Eine Einschränkung gilt, wenn dem Steuerpflichtigen ein *Auskunftsverweigerungsrecht* aufgrund seines Berufs zusteht. Das Berufsgeheimnis steht insbesondere Rechtsanwälten, Steuerberatern, Notaren und Ärzten zu. Nicht darunter fallen jedoch die Kreditinstitute. Sie können sich nicht auf ein Bankgeheimnis berufen. Sie sind bei Prüfungen vor dem Erstellen von Kontrollmitteilungen nur durch die Selbstbeschränkung der Finanzbehörden bei den Ermittlungen bei Kreditinstituten geschützt (Bankenerlaß). Soweit auf das Auskunftsverweigerungsrecht nicht verzichtet wird, ist es dem Prüfer untersagt, Kontrollmitteilungen in diesem Bereich zu erstellen.

5 Prüfungspunkte

5.1 Auswahl der Prüfungspunkte

Im Rahmen der erwähnten Schwerpunktbildung erstellt der Prüfer bereits nach der Aktenprüfung ein Prüfungskonzept, das den Rahmen für die späteren Prüfungshandlungen absteckt.

Erfahrungsgemäß achtet der Prüfer insbesondere auf folgende Bereiche:

- Abgrenzung Betriebsvermögen/Privatvermögen
  Betriebseinnahmen/Einlagen (private Vermögenszuflüsse)
  Betriebsausgaben/Entnahmen (private Ausgaben)
- Vollständigkeit der Betriebseinnahmen
- Eigenverbrauchstatbestände
- Nichtabzugsfähige Betriebsausgaben

- Grundstückskäufe und Grundstücksverkäufe (Finanzierung bzw. Verwendung der freigewordenen Mittel)
- Nutzungsänderungen bei Grundstücken
- Verträge zwischen nahestehenden Personen (Ehegatte, Kinder)

Bei den einzelnen Punkten handelt es sich keineswegs um eine abschließende Aufzählung. Neben den allgemein gültigen Schwerpunkten kommen häufig branchenbezogene oder betriebsbezogene Schwerpunkte hinzu.

5.2 Prüfungspunkte im einzelnen

Auf besondere Prüfungspunkte bzw. auch Vorgehensweisen des Prüfers in der Prüfung wird im folgenden eingegangen. Der Schwerpunkt in der Darstellung der Prüfungspunkte liegt im Bereich der Gewinnermittlung durch Einnahme-Überschußrechung, da die Einnahme-Überschußrechung üblicherweise bei freiberuflich Tätigen als Gewinnermittlungsart gewählt wird.

5.2.1 Betriebsvermögen

Zutreffende Zuordnung zum Betriebsvermögen

Gerade im Rahmen von Betriebsprüfungen wird die zutreffende Erfassung von Wirtschaftsgütern im Betriebsvermögen überprüft. Der Betriebsprüfer kann die Zugehörigkeit von Wirtschaftsgütern durch seine Anwesenheit im Betrieb wesentlich besser beurteilen als der Innendienst der Finanzverwaltung von Amtsstelle aus. Schwerpunkte seiner Ermittlung sind dabei:

- Zuordnung der betrieblich genutzten Wirtschaftsgüter zum Betriebsvermögen, um letztendlich die Besteuerung der stillen Reserven sicherzustellen;
- Feststellung von Nutzungsänderungen, die die Entnahme aus dem Betriebsvermögen oder die Einlage in das Betriebsvermögen zur Folge haben.

BEACHTEN SIE:

Im Gegensatz zur Gewinnermittlung durch Betriebsvermögensvergleich ist es bei der Einnahme-Überschußrechnung nicht möglich, gewillkürtes Betriebsvermögen zu bilden. Der Ansatz des Betriebsvermögens beschränkt sich daher auf den Bereich des notwendigen Betriebsvermögens.

BEISPIEL

Sie ermitteln zutreffend Ihren Gewinn nach § 4 Abs. 3 EStG. Sie nutzen folgende Wirtschaftsgüter ganz oder teilweise betrieblich:

- Pkw, 60 % betriebliche und 40 % private Nutzung
  Der Pkw ist notwendiges Betriebsvermögen und daher auch bei der Einnahme-Überschußrechnung als Betriebsvermögen zu erfassen.
- Pkw, 40 % betriebliche und 60 % private Nutzung
  Der Pkw ist dem gewillkürten Betriebsvermögen zuzuordnen. Er gehört daher nicht zum Betriebsvermögen bei der Einnahme-Überschußrechnung.
- Pkw, 40 % betriebliche Nutzung, 20 % Fahrten zwischen Wohnung und Betrieb, 40 % private Nutzung.
  Die Fahrten zwischen Wohnung und Betrieb rechnen trotz ihrer Beschränkungen beim Abzug zu den betrieblichen Fahrten. Der Umfang der betrieblichen Fahrten beträgt somit 60 %. Der Pkw rechnet zum notwendigen Betriebsvermögen.

Eine Ausnahme vom Grundsatz, daß bei der Einnahme-Überschußrechnung kein gewillkürtes Betriebsvermögen zulässig ist, wird in folgenden Fällen angenommen:

- Wechsel der Gewinnermittlungsart
  Gehörte ein Wirtschaftsgut bei der Gewinnermittlung durch Betriebsvermögensvergleich zum gewillkürten Betriebsvermögen und wird zur Gewinnermittlung durch Einnahme-Überschußrechnung gewechselt, so kann das Wirtschaftsgut im Betriebsvermögen verbleiben (vgl. § 4 Abs. 1 S. 3 EStG).
- Nutzungsänderung
  Gehörte ein Wirtschaftsgut bisher zutreffend zum notwendigen Betriebsvermögen und tritt eine Nutzungsänderung ein, so kann das Wirtschaftsgut weiterhin als Betriebsvermögen behandelt werden, wenn die Nutzungsänderung beim Betriebsvermögensvergleich nicht zu einer Zwangsentnahme führen würde (vgl. § 4 Abs. 1 S. 4 EStG).

Abschreibung

Zu den Prüfungsfeldern gehören hier vorrangig

- die zutreffende Ermittlung der Anschaffungskosten bzw. Herstellungskosten. Bei den Anschaffungskosten werden vor allem die *Anschaffungsnebenkosten* fälschlicherweise den sofort abzugsfähigen Kosten zugeordnet.

BEISPIEL

Sie erwerben für Ihre Zahnarztpraxis einen neuen Behandlungsstuhl für 50.000 DM. Der Elektroanschluß erfolgt durch einen Elektroinstallateur und wird gesondert mit 2.000 DM in Rechnung gestellt und als Instandhaltungsaufwendungen erfaßt.

Die Anschlußkosten sind Anschaffungsnebenkosten und daher mit den Anschaffungskosten auf die Nutzungsdauer abzuschreiben.

Bei den *Herstellungskosten* ist im Falle von Umbaumaßnahmen (z.B. an Gebäuden) die Abgrenzung zwischen nachträglichen Herstellungskosten und sofort abzugsfähigen Instandhaltungsaufwendungen schwierig. Der Prüfer wird im Falle solcher Aufwendungen sicherlich überprüfen, ob der Anteil der laufenden Instandhaltungskosten zutreffend von den Herstellungskosten abgegrenzt ist.

- die zutreffende Abschreibungsart

  Bei *beweglichen Wirtschaftsgütern* besteht
  - → ein Wahlrecht zwischen linearer und degressiver Abschreibung sowie
  - → die Möglichkeit der Abschreibung für das gesamte Wirtschaftsjahr bei Anschaffung/Herstellung im ersten Halbjahr bzw. Halbjahres-AfA bei Anschaffung/Herstellung im zweiten Halbjahr;
  - → die Möglichkeit der Inanspruchnahme der Sonderabschreibung nach § 7g EStG und der Ansparabschreibung (soweit die übrigen Voraussetzungen erfüllt sind).

  Bei den übrigen Wirtschaftsgütern (z.B. immateriellen Wirtschaftsgütern) besteht diese Möglichkeit nicht. Hier kann es zu nicht zutreffenden Zuordnungen kommen.

BEISPIEL

Sie erwerben für Ihr Architekturbüro einen neuen Personal-Computer für 10.000 DM und ein CAD-Programm für 15.000 DM. Die Anschaffung erfolgt im Dezember. Sie nehmen für die gesamten Anschaffungskosten von 25.000 DM die degressive AfA in Anspruch und schreiben zudem im Jahr der Anschaffung die Wirtschaftsgüter mit der halben Jahres-AfA ab.

Für den Personal-Computer als bewegliches Wirtschaftsgut ist die Handhabung zutreffend. Die Software stellt jedoch ein eigenständiges immaterielles Wirtschaftsgut dar, welches nur linear und streng zeitanteilig abgeschrieben werden darf.

Bei *Gebäuden* achtet der Prüfer im Hinblick auf die unterschiedlichen Abschreibungsmöglichkeiten in erster Linie darauf, ob es sich

→ um eine Anschaffung oder Herstellung,
→ um ein eigenständiges Gebäude oder einen Anbau,
→ um einen Gebäudeteil oder eine Betriebsvorrichtung handelt.

- *die zutreffende Nutzungsdauer*
  Die Nutzungsdauer der einzelnen Wirtschaftsgüter und somit der Abschreibungssatz richtet sich nach den amtlichen AfA-Tabellen. Diese Richtwerte können aber durch kürzere Nutzungsdauern ersetzt werden, wenn innerbetriebliche Umstände eine kürzere Nutzungsdauer rechtfertigen. Dieser Nachweis ist allerdings von Steuerpflichtigen zu führen.

Praxiswert

Der Praxiswert ist ein abnutzbares immaterielles Wirtschaftsgut. Eine Abschreibung auf diesen Wert ist nur zulässig, wenn dieser *entgeltlich erworben* wurde. Im Gegensatz zum Geschäftswert, für den das EStG eine Nutzung von 15 Jahren bindend vorschreibt, gibt es für den Praxiswert keine gesetzlich festgelegte Nutzungsdauer. Man sollte sich allerdings an die Rechtsprechung des BFH halten, wonach die Anschaffungskosten eines Praxiswerts auf *3 bis 5 Jahre* zu verteilen sind. Eine Verteilung auf lediglich 3 Jahre wird bei einer Betriebsprüfung nur dann anerkannt werden, wenn dies nach den Umständen des Einzelfalls *sachlich gerechtfertigt* ist.

Bei einem *Sozietätspraxiswert* ist die Nutzungsdauer bei Beteiligung und weiterer Mitwirkung des bisherigen Inhabers der Einzelpraxis doppelt so lang, also *6 bis 10 Jahre*.

5.2.2 Betriebseinnahmen

Die Prüfung konzentriert sich vor allem auf

- die *Abgrenzung* der betrieblichen Einnahmen zu den *privaten* Vermögenszuflüssen,
- die richtige *zeitliche Zuordnung* der Einnahmen,
- die *Vollständigkeit* der Einnahmen.

Umfang der Betriebseinnahmen

Der Begriff der Betriebseinnahmen unterscheidet sich bei der Einnahme-Überschußrechnung nicht von dem des Betriebsvermögensvergleichs. Begrifflich gehören hierzu alle Einnahmen in Geld oder Sachwerten, die im betrieblichen Bereich zufließen. Das sind

- *Erlöse aus erbrachten Leistungen* (z.B. Honorare als Arzt oder Rechtsanwalt usw.)
- *Erlöse aus Hilfs- und Nebengeschäften* (z.B. Verkäufe von Anlagevermögen, Zinsen auf betriebliche Forderungen)

BEISPIEL

Der betrieblich genutzte Pkw wird für 5.000 DM veräußert. Der Veräußerungserlös rechnet zu den Betriebseinnahmen.

Wie Betriebseinnahmen werden *Sach- und Nutzungsentnahmen* behandelt. Soweit die Ausgaben privat veranlaßt sind, dürfen sie nicht zu Betriebsausgaben führen. Durch den Ansatz der Privatentnahme als Betriebseinnahme wird der private Teil der Ausgaben ausgeglichen.

BEISPIEL

Für den im Betriebsvermögen befindlichen Pkw sind im Jahr 1996 10.000 DM Kosten angefallen. Sie nutzen den Pkw zu 30 % für private Zwecke. Die vorsteuerbehafteten Kosten betragen 8.000 DM.

Als Privatentnahme sind 3.000 DM anzusetzen. Der Abzug der Betriebsausgaben verbleibt in Höhe von 10.000 DM. Die Umsatzsteuer auf den Entnahme-Eigenverbrauch beträgt 360 DM.

Auch die *vereinnahmte Umsatzsteuer* sowie die bei der Entnahme entstehende Umsatzsteuer (Entnahme-Eigenverbrauch) ist eine Betriebseinnahme. Die Zahlung an das Finanzamt führt wiederum zur Betriebsausgabe, so daß letztendlich nur der *Nettobetrag* der Einnahmen und des Eigenverbrauchs als Gewinnerhöhung verbleibt.

Keine Einnahmen sind reine *Geldbewegungen* wie z.B. die Aufnahme eines betrieblichen Darlehens. Es liegt zwar ein Geldzufluß, aber keine Betriebseinnahme vor.

Zeitliche Erfassung

Für die Einnahme-Überschußrechnung gilt im Grundsatz, daß Einnahmen bei ihrem Zufluß und Ausgaben bei ihrem Abfluß zu erfassen sind.

Einnahmen sind innerhalb des Kalenderjahres bezogen, in dem sie dem Steuerpflichtigen zugeflossen sind (§ 11 Abs. 1 S. 1 EStG). Der Zufluß ist anzunehmen, wenn der Steuerpflichtige über die Einnahmen wirtschaftlich verfügen kann.

Vollständigkeit der Einnahmen

Die Frage der Vollständigkeit der Betriebseinnahmen steht vor allem im Bereich der Mittel-, Klein- und Kleinstbetriebe im Raum. Liegen Zweifel an der Vollständigkeit der Einnahmen vor und tauchen eventuell sogar noch ungeklärte Vermögenszuwächse auf, kann dies Anlaß für den Prüfer sein, eine Verprobung der erklärten Einkünfte durchzuführen.

Die Nachkalkulation scheidet i.d.R. bei freiberuflich Tätigen als Verprobungsmethode aus. Durchaus geeignet sind jedoch die Überprüfung der für *den Privatverbrauch zur Verfügung stehenden Geldmittel* und der nicht geklärten Vermögenszuflüsse und als sehr umfassende, dafür aber vollständige Verprobungen die *Vermögenszuwachsrechnung* und die *private Geldverkehrsrechnung*, wobei sich die private Geldverkehrsrechnung gerade in Fällen der Einnahme-Überschußrechnung besonders eignet.

5.2.3 Privatanteile

Der Umfang der privaten Nutzung von betrieblichen Wirtschaftsgütern gehört mit zu den Prüfungsschwerpunkten. Dies liegt vor allem daran, daß ein unzutreffender Ansatz zu endgültigen Steuerausfällen führt.

Die häufigsten Bereiche für den Ansatz eines Privatanteils sind dabei:

- Pkw-Nutzung
- Telefonnutzung
- private Nutzungsanteile bei Strom und Heizungskosten

Pkw-Nutzung

Nach den Regelungen des EStG sind grundsätzlich nur zwei Methoden der Ermittlung zulässig:

- Ohne Rücksicht auf den Umfang der durchgeführten Privatfahrten, z. B. Urlaubsfahrt, Einkaufsfahrt, Besuchsfahrt, ist die Privatnutzung mit *1 % des Listenpreises* des privat genutzten Fahrzeugs *je Monat* der Nutzung zu berechnen. Der Ansatz mit dem Listenpreis erfolgt auch im Falle der Anschaffung eines Gebrauchtfahrzeugs.

- Weicht die tatsächliche Nutzung von den vorstehenden Ansätzen zugunsten des Steuerpflichtigen ab, ist die geringere private Nutzung nachzuweisen. Der Nachweis ist durch ein *Fahrtenbuch* zu führen.

Telefonnutzung

Für die private Mitbenutzung eines Telefonanschlusses erfolgt ohne Einzelaufzeichnungen ein Ansatz von $^1/_3$ der Kosten, max. 420 DM bzw. 720 DM, wenn der Telefonanschluß sich in den Privaträumen befindet.

Strom und Heizung

Im Gegensatz zum Bereich der Pkw- und Telefonnutzung gibt es keine generelle Berechnungsmöglichkeit. Ausgehend von den tatsächlich angefallenen Kosten ist insbesondere das Verhältnis der betrieblich und privat genutzten Flächen ein geeigneter Maßstab für die Ermittlung des privaten Anteils.

Sind die Kosten schwierig festzustellen, können Erhebungen des Statistischen Bundesamts einen Anhaltspunkt für die Schätzung der Privatnutzung sein.

5.2.4 Nichtabzugsfähige Betriebsausgaben

Die nichtabzugsfähigen Betriebsausgaben stellen ebenfalls einen Prüfungsschwerpunkt dar, da auch hier bei einer Nichtbeanstandung ein endgültiger Steuerausfall gegeben ist. Die wichtigsten nichtabzugsfähigen Betriebsausgaben sind:

- Bewirtungskosten

  Unter folgenden Voraussetzungen ist ein Betriebsausgabenabzug für Bewirtungskosten grundsätzlich zulässig:
  - → Geschäftliche Veranlassung
  - → Bewirtung in einer Gaststätte
  - → Vorlage einer maschinell ausgedruckten und registrierten Rechnung, auf der die Speisen und Getränke einzeln aufgeführt sind
  - → Ergänzung der Angaben auf dem Beleg durch den Steuerzahler um die Namen der bewirteten Personen (einschließlich des Bewirtenden) und den Anlaß der Bewirtung
  - → Gesonderte Aufzeichnung der Aufwendungen

Neben diesen Punkten wird der Betriebsprüfer auch die Angemessenheit der geltend gemachten Bewirtungskosten begutachten. Von den insgesamt angemessenen Beträgen dürfen *80 %* als Betriebsausgaben abgezogen werden; die übrigen 20 % werden dem Gewinn hinzugerechnet.

BEACHTEN SIE:

Haben an einer Bewirtung neben dem Steuerzahler ausschließlich dessen Arbeitnehmer teilgenommen, so handelt es sich nicht um eine geschäftliche, sondern um eine betriebliche Bewirtung. Für betriebliche Bewirtungen ist die Kürzung um 20 % nicht vorzunehmen. Es bleibt allerdings zu prüfen, ob ggf. eine lohnsteuerpflichtige Betriebsveranstaltung vorliegt.

- Geschenke
  Aufwendungen für betrieblich veranlaßte Geschenke an Geschäftsfreunde dürfen nur in eingeschränktem Umfang als Betriebsausgaben abgezogen werden. Deshalb werden bei einer Betriebsprüfung diese Ausgaben besonders unter die Lupe genommen. Folgende Voraussetzungen müssen erfüllt sein, damit dem Prüfer kein Anlaß für Beanstandungen gegeben wird:
  - → Unentgeltliche Zuwendung an einen Dritten
  - → Betriebliche Veranlassung
  - → Aufwendungen nicht über 75 DM/Jahr
  - → Empfängerbenennung
  - → Gesonderte Aufzeichnung

BEACHTEN SIE:

Voraussetzung für den Betriebsausgabenabzug bei den Bewirtungskosten und den Geschenken ist auch die Beachtung *besonderer Aufzeichnungsvorschriften*. Nach § 4 Abs. 7 EStG müssen solche Aufwendungen *einzeln* und *getrennt* von den übrigen Betriebsausgaben aufgezeichnet werden. Diese Vorschriften gelten auch bei der Gewinnermittlung durch *Einnahme-Überschußrechnung*.

- Fahrten zwischen Wohnung und Betrieb
  Fahrten zwischen Wohnung und Betrieb sind zwar grundsätzlich *betrieblich veranlaßt*, im Wege der Gleichbehandlung mit den Arbeitnehmern darf aber

auch ein Freiberufler solche Aufwendungen nur *in begrenztem Umfang* als Betriebsausgaben abziehen. Dabei sind zwei Fallgestaltungen zu unterscheiden:

→ Fahrtenbuch

Bei Führung eines ordnungsgemäßen Fahrtenbuchs müssen zunächst die Kilometerkosten des jeweiligen Kalenderjahres ermittelt werden. Soweit die tatsächlichen Kosten den Betrag von 0,35 DM/Kilometer übersteigen, liegen nichtabzugsfähige Betriebsausgaben vor.

→ Pauschale Ermittlung

An Stelle der tatsächlichen Kosten wird für die pauschale Ermittlung pro Monat der Nutzung *0,03 % des Bruttolistenpreis* des Fahrzeugs zum Zeitpunkt der Erstzulassung zugrundegelegt. Dieser Wert wird mit der einfachen Entfernung Wohnung - Betrieb multipliziert. Soweit die sich so ergebende Summe die abziehbaren Aufwendungen übersteigt, liegen nichtabzugsfähige Betriebsausgaben vor.

5.2.5 Arbeitsverhältnisse mit Familienmitgliedern

Bei Arbeitsverhältnissen mit Ehegatten oder Kindern ist Voraussetzung für die steuerliche Anerkennung, daß diese ernsthaft vereinbart und tatsächlich durchgeführt werden. Um dies zu überprüfen, wird sich der Betriebsprüfer vor allem auf folgende Fragen konzentrieren:

- Wurde ein Arbeitsvertrag abgeschlossen?
- Wird die Arbeitsleistung tatsächlich erbracht?
- Werden angemessene Bezüge bezahlt?
- Wird der Arbeitslohn tatsächlich ausbezahlt?

5.2.6 Vorsteuerabzug

Voraussetzung für die Inanspruchnahme des Vorsteuerabzugs ist die exakte Einhaltung *formaler Grundsätze*. Deshalb wird bei einer Betriebsprüfung den nachfolgend erläuterten Formvorschriften besondere Beachtung geschenkt:

- Der Steuerzahler muß umsatzsteuerlicher Unternehmer sein.
- Er muß der Regelbesteuerung unterliegen.
- Die Leistungen müssen an sein Unternehmen erbracht werden.
- Der Leistungsgeber muß ebenfalls Unternehmer sein.
- Die USt muß gesondert in einer Rechnung oder Gutschrift ausgewiesen sein.
- Der Vorsteuerabzug darf beim Leistungsempfänger nicht nach § 15 Abs. 2 UStG ausgeschlossen sein.

6 Schlußbesprechung

Die Schlußbesprechung ist Bestandteil des allgemeinen Grundsatzes, daß dem Steuerpflichtigen *rechtliches Gehör* zu gewähren ist. Eine Schlußbesprechung ist zwingend durchzuführen, es sei denn,

- die Betriebsprüfung führt zu keiner Änderung der Besteuerungsgrundlagen oder
- der Steuerpflichtige verzichtet auf die Schlußbesprechung oder
- das rechtliche Gehör wurde durch die laufende Unterrichtung während der Betriebsprüfung gewährt.

Sind im Rahmen der Betriebsprüfung strittige Fragen aufgetreten, so kann die Schlußbesprechung dazu dienen, Unklarheiten zu beseitigen und, wenn möglich, im Rahmen des geltenden Rechts eine einvernehmliche Lösung zu finden. Zur besseren Vorbereitung der Schlußbesprechung ist es sinnvoll, daß der Prüfer dem Steuerpflichtigen die Besprechungspunkte vorab zur Verfügung stellt. Zudem sollte vom Prüfer mitgeteilt werden, ob ein für die Veranlagung zuständiger Beamter an der Besprechung teilnimmt. Führt die Schlußbesprechung zu keinem einvernehmlichen Ergebnis, hat die Finanzverwaltung das Recht, die Betriebsprüfung fortzusetzen. Die festgestellten Besprechungsergebnisse entfalten noch *keine Bindungswirkung*. Sowohl die Finanzverwaltung als auch der Steuerpflichtige haben das Recht, unzutreffende Rechtsauffassungen oder fehlerhafte Sachverhaltsermittlungen noch nach der Schlußbesprechung richtigzustellen. Die Ausnahme hiervon stellt die *Verständigung über einen schwierig zu ermittelnden Sachverhalt* dar. Insoweit entsteht eine Bindungswirkung, die sowohl bei der Steuerfestsetzung als auch in einem späteren Rechtsbehelfsverfahren Gültigkeit hat.

Werden Prüfungsfeststellungen getroffen, die ggf. auch bußgeld- oder strafrechtliche Folgen nach sich ziehen, und wurde das *Straf- oder Bußgeldverfahren* nicht eingeleitet, sollte der Betroffene in der Schlußbesprechung darauf hingewiesen werden, daß die straf- und bußgeldrechtliche Würdigung einem besonderen Verfahren vorbehalten bleibt (§ 201 Abs. 2 AO).

7 Verbindliche Zusage

Anläßlich einer Betriebsprüfung ist es möglich, eine verbindliche Zusage zu beantragen. Die verbindliche Zusage ist nur für einen geprüften und im Prüfungsbericht dargestellten Sachverhalt möglich. Zudem muß die zukünftige steuerliche Behandlung dieses Sachverhaltes für die geschäftlichen Maßnahmen des Steuerpflichtigen von Bedeutung sein.

8 Prüfungsbericht

Über das Ergebnis der Betriebsprüfung ist ein *schriftlicher Bericht* zu erstellen. Der Prüfungsbericht soll erlauben, die darin enthaltenen Feststellungen nachzuprüfen. Er ist neben der Schlußbesprechung ein weiterer Schritt des zu gewährenden rechtlichen Gehörs.

Im Prüfungsbericht werden die einzelnen Prüfungsfeststellungen mit ihrer Auswirkung auf die Besteuerungsgrundlagen dargestellt. Nicht enthalten ist in der Regel die Änderung der Steuerbeträge.

Die Darstellung im Prüfungsbericht darf sich auf das Wesentliche beschränken. Sie muß lediglich verständlich und nachvollziehbar sein.

Eine Verpflichtung zur *Übersendung vor Auswertung* besteht nur, wenn ein entsprechender Antrag gestellt wird. Bei gestelltem Antrag ist gleichzeitig eine Frist zum Vorbringen von Einwendungen zu gewähren. Die Frist beträgt im Normalfall 4 Wochen. Der Verzicht oder das Versäumen der Einwendungsfrist führt nicht zur einer Bindung an die getroffenen Prüfungsfeststellungen. Eine abweichende Rechtsauffassung oder Ergänzungen zum Sachverhalt können auch noch im Rechtsbehelfsverfahren gegen die geänderten Steuerbescheide vorgebracht werden.

Ergeben sich durch die Betriebsprüfung keine Änderungen, so genügt es, dies mitzuteilen.

9 Rechtsmittel im Rahmen der Betriebsprüfung

Fast immer führen Betriebsprüfungen zu nachträglichen Steuerfestsetzungen für den Prüfungszeitraum.

Es ist daher besonders wichtig zu wissen, wie man sich erfolgreich gegen die Durchführung der Prüfung und deren Auswirkung wehren kann. Die nachstehenden Punkte geben deshalb einen Überblick über die wichtigsten Schritte der Betriebsprüfung und die rechtlichen Möglichkeiten, sich entsprechend zu wehren.

9.1 Prüfungsanordnung

Gegen die Prüfungsanordnung kann *Einspruch* einlegt werden. Der Einspruch muß innerhalb von einem Monat nach Bekanntgabe der Prüfungsanordnung beim Finanzamt eingehen.

Um auch den Prüfungsbeginn hinauszuschieben, muß gleichzeitig ein Antrag auf Aussetzung der Vollziehung gestellt werden. Nur dann beginnt die Prüfung nicht zum festgelegten Termin.

Besteht Anlaß zu der Annahme, daß die Prüfungsanordnung nicht nur rechtswidrig, sondern nichtig ist, so kann ein *Antrag auf Feststellung der Nichtigkeit* gestellt werden. Die Nichtigkeit ist gegeben, wenn schwerwiegende Mängel z.B. bei der inhaltlichen Bestimmtheit vorliegen.

9.2 Prüfungshandlungen

Im Rahmen der Prüfung besteht eine Verpflichtung zur Mitwirkung. Sollte jedoch der Betriebsinhaber der Meinung sein, daß der Prüfer im Einzelfall seine Mitwirkungspflicht über Gebühr strapaziert, ist es sinnvoll, in erster Linie das Gespräch mit dem Betriebsprüfer zu suchen. Häufig läßt sich das Informationsbedürfnis des Betriebsprüfers auch anders befriedigen. Besteht der Betriebsprüfer dennoch auf der Mitwirkungspflicht in unveränderter Form, ist das Rechtsmittel des Einspruchs gegeben.

BEACHTEN SIE:

Neben den genannten Möglichkeiten kann auch eine *Dienstaufsichtsbeschwerde* gegen den Betriebsprüfer eingelegt werden. Dienstaufsichtsbeschwerden haben das Ziel, die Rechtmäßigkeit des Vorgehens des Betriebsprüfers durch seinen Vorgesetzten überprüfen zu lassen.

Der Rechtsschutz durch die Dienstaufsichtsbeschwerde ist relativ gering. Dem Betriebsprüfer bereitet sie aber einiges an Arbeit, weil er sich zu den Vorwürfen äußern muß. Als Folge wird er bei der Fortsetzung der Prüfung sehr genau sein und das kann sich auch zu Ihrem Nachteil auswirken.

Deshalb sollten Dienstaufsichtsbeschwerden nur in besonders schwerwiegenden Fällen erhoben werden.

9.3 Schlußbesprechung

Die Schlußbesprechung soll soweit wie möglich der Einigung strittiger Fragen dienen. Sie ist dann sinnvoll, wenn Prüfungsfeststellungen getroffen wurden, bei denen ein Ermessensspielraum vorhanden ist.

Vor allem in diesen Fällen sollten Sie Ihr Recht auf die Schlußbesprechung wahrnehmen.

Sollte die Schlußbesprechung nicht das gewünschte Ergebnis bringen, ist noch nicht alles verloren. Die getroffenen Entscheidungen entfalten noch keine Rechtswirkung. Dies gilt auch im Falle des Verzichtes auf die Schlußbesprechung.

9.4 Prüfungsbericht

Beim Prüfungsbericht besteht das Recht auf eine Stellungnahme. Hierzu muß eine angemessene Frist gewährt werden.

Für den Prüfungsbericht gilt das gleiche wie für die Schlußbesprechung. Auch das Anerkennen der Prüfungsfeststellungen nach Übersendung des Prüfungsberichts beinhaltet noch keine endgültige Entscheidung über das Ergebnis der Betriebsprüfung.

9.5 Änderungsbescheide

Die Prüfungsfeststellungen werden vom zuständigen Finanzamt durch geänderte Steuerbescheide ausgewertet. Gegen die geänderten Steuerbescheide können Sie Einspruch einlegen.

Der Einspruch ist die letzte Möglichkeit, eine abweichende Rechtsauffassung geltend zu machen. Bestandskräftige Steuerbescheide nach Betriebsprüfung können nur noch unter sehr engen Voraussetzungen geändert werden.

9.6 Tatsächliche Verständigung über schwierig zu ermittelnde Sachverhalte

Die tatsächliche Verständigung über schwierig zu ermittelnde Sachverhalte gehört nicht im eigentlichen Sinne zu den Rechtsmittelmöglichkeiten im Rahmen von Betriebsprüfungen. Dennoch hat diese Möglichkeit besondere Bedeutung gerade in einem Rechtsbehelfsverfahren.

Tatsächliche Verständigungen sind als Vereinbarungen über eine bestimmte *Sachbehandlung* grundsätzlich in jedem Stadium des Steuerveranlagungsverfahrens möglich. Üblicherweise wird sie bei Betriebsprüfungen im Rahmen der Durchführung der Ermittlungen stattfinden, d.h. bei Arbeitsgesprächen während der Betriebsprüfung oder typischerweise im Rahmen der Schlußbesprechung. Aber auch noch im Rahmen des laufenden Rechtsbehelfsverfahren ist eine tatsächliche Verständigung möglich.

Eine Verständigung ist nur über den *Sachverhalt* möglich, nicht jedoch über die rechtliche Würdigung dieses Sachverhalts. Die Verständigung muß von seiten des Steuerpflichtigen durch den Steuerpflichtigen selbst oder von einem rechtswirksam bestellten Vertreter (z.B. Steuerberater) und von seiten des Finanzamts durch den für die Veranlagung zuständigen Bediensteten (i.d.R. der Sachgebietsleiter) erfolgen.

Die tatsächliche Verständigung hat zur Folge, daß in einem angestrengten Rechtsbehelfsverfahrens eine Abweichung vom festgestellten Sachverhalt nicht mehr erfolgen darf. Es kann nur noch die rechtliche Würdigung und ggf. die formelle Voraussetzung für die Änderung des Steuerbescheids Gegenstand des Rechtsstreits werden.

Zu den häufigsten Anwendungsfällen für eine tatsächliche Verständigung in einem schwierig zu ermittelnden Sachverhalt gehört die Ermittlung von *Schätzungs- oder Zuschätzungsbeträgen* anhand von Verprobungsmethoden. Die Schätzung bringt ja gerade zum Ausdruck, daß die genaue Ermittlung der Besteuerungsgrundlagen Umsatz und Gewinn nicht mehr möglich ist.

1 BFH, Urteil vom 24.11.1988, IV R 199/85, BFH/NV 1989 S. 548

J Branchen-ABC

Das Branchen-ABC gibt für bestimmte Branchen einen Überblick über spezielle Besonderheiten, die bei der Besteuerung dieser Berufsgruppen zu beachten sind. Die Besonderheiten können im Bereich der Einnahmen, der Betriebsausgaben, des Betriebsvermögens und der Umsatzsteuer liegen.

Darüber hinaus werden spezielle betriebliche Kennzahlen zur Kostenstruktur dargestellt.

1 Ärzte, Heilpraktiker

1.1 Grundlagen

Die selbständige Ausübung des Arztberufs ist einer der „Katalogberufe" des § 18 EStG und somit eine freiberufliche Tätigkeit. Die Tätigkeit wird überwiegend in Form der Einzelpraxis, aber vermehrt auch in Form von Sozietäten ausgeübt. Die Sozietäten haben in aller Regel die Rechtsform der BGB-Gesellschaft.

Auch Heilpraktiker sind Angehörige eines freien Berufs i.S.d. § 18 Abs. 1 Nr. 1 EStG.

Die nachstehenden Ausführungen gelten im wesentlichen für Allgemeinärzte und für Fachärzte. Eine Ausnahme stellen die Zahnärzte dar, da insoweit vor allem im Bereich der Umsatzsteuer Besonderheiten gelten.

1.2 Einnahmen

Die Einnahmen setzen sich zusammen aus
- den Vergütungen der Kassenärztlichen Vereinigung,
- den Vergütungen der Privatpatienten,
- den Hilfsumsätzen und
- dem Eigenverbrauch.

Vergütungen der Kassenärztlichen Vereinigung
Die Abschlagszahlungen und vierteljährlichen Abschlußzahlungen sind als Betriebseinnahmen in dem Jahr zu erfassen, in dem sie zugeflossen sind. Der Zufluß liegt aber noch nicht vor, wenn die jeweiligen Krankenkassen ihre Zahlungen an die Kassenärztliche Vereinigung leisten.

Die Abschlagszahlungen und die Quartalszahlungen der Kassenärztlichen Vereinigung stellen wiederkehrende Leistungen dar[1]. Zu beachten ist dies beim Jahreswechsel.

BEISPIEL

Die Überweisung Ihrer Kassenärztlichen Vereinigung für die Abschlagszahlung für Dezember 1998 in Höhe von 25.000 DM wird am 5. 1. 1999 auf Ihrem betrieblichen Girokonto gutgeschrieben.

Die Zahlung erfolgt innerhalb von 10 Tagen nach dem Jahreswechsel. Die Einnahmen sind daher abweichend vom Zufluß im Jahr der wirtschaftlichen Zugehörigkeit, d.h. in 1998, zu erfassen.

Vergütung der Privatpatienten
Auch für die Vergütungen der Privatpatienten gilt das Zuflußprinzip.

Lassen Sie Ihre Honorarforderungen der Privatpatienten durch eine *privatärztliche Verrechnungsstelle oder sonstige Abrechnungsstelle* einziehen, so gelten die Einnahmen bereits mit dem Eingang bei der Verrechnungsstelle als Ihnen zugeflossen. Dies gilt auch dann, wenn Sie mit der privatärztlichen Verrechnungsstelle die Abrechnung und Zuteilung der für Sie eingegangenen Honorare zu bestimmten Terminen vereinbart haben. Die Verrechnungsstelle vereinnahmt die Beträge nur als Bevollmächtigte des Arztes. Dies ist ein wesentlicher Unterschied der Verrechnungsstelle zu der Kassenärztlichen Vereinigung.

BEISPIEL

Sie rechnen die Honorare Ihrer Privatpatienten über die privatärztliche Verrechnungsstelle ab. Die eingehenden Zahlungen werden vereinbarungsgemäß nach Ablauf des Monats in einem Betrag überwiesen. Im Dezember 1998 gehen 15.000 DM an Zahlungen ein, die Ihnen am 15. 1. 1999 auf Ihrem betrieblichen Girokonto gutgeschrieben werden.

Obwohl der Zahlungseingang bei Ihnen erst 1999 erfolgt, sind die Einnahmen von 15.000 DM dem Jahr 1998 zuzurechnen.

Erlassen Sie einem Patienten aus *privaten Gründen* eine Honorarforderung, so ist dieser Vorgang als Entnahme der Honorarforderung zu werten. Die Betriebseinnahmen sind daher im Zeitpunkt des Erlasses um den erlassenen Betrag zu erhöhen.

Hilfsumsätze

Zu den Hilfsumsätzen zählen insbesondere die Verkäufe des Anlagevermögens sowie Zinsen für betriebliche Finanzanlagen.

Zu den Betriebseinnahmen rechnen auch die Erlöse aus werthaltigem Abfall (z.B. Silberabfälle bei Röntgenärzten).

Eigenverbrauch

Die Nutzungsanteile für den privaten Gebrauch betrieblicher Wirtschaftsgüter sind als Betriebseinnahmen anzusetzen. Der Ansatz erfolgt als Ausgleich für den vollumfänglichen Betriebsausgabenabzug. Die häufigsten Fälle sind dabei die Telefonnutzung und die Pkw-Nutzung.

BEACHTEN SIE:

Wird der private Nutzungsanteil des Pkw's anhand eines Fahrtenbuchs nachgewiesen, genügt ab dem 1.1.1998 bei der Durchführung von *Hausbesuchen* nicht mehr, als Reisezweck und Reiseziel lediglich „Patientenbesuch" anzugeben. Diesbezügliche Erleichterungen sind zum 31.12.1997 ausgelaufen.

1.3 Betriebsausgaben

Berufskleidung

Probleme bereitet beim Betriebsausgabenabzug die bei Ärzten übliche weiße Bekleidung. Aufwendungen für weiße Hemden, T-Shirts, Socken und Schuhe sind nicht als Betriebsausgaben abziehbar. Bei weißen Hosen ist ein Betriebsausgabenabzug nur möglich, wenn sie typische Berufskleidung darstellen. Dies setzt voraus, daß eine außerberufliche Verwendung wegen ihres rein funktionalen Charakters ausgeschlossen erscheint. Werden die Hosen nicht im Fachhandel bezogen, spricht eine widerlegbare Vermutung dafür, daß es sich nicht um typische Berufskleidung handelt.

Promotionskosten

Die Kosten der Promotion eines frei praktizierenden Arztes zum Dr. med. sind in der Regel keine Betriebsausgaben.

Umzugskosten

Die erforderlichen Umzugskosten zur Verlegung der Praxisräume sind auf jeden Fall Betriebsausgaben.

Umzugskosten bei einem *Wohnungswechsel* eines frei praktizierenden Arztes können betrieblich veranlaßt sein und somit als Betriebsausgaben abgezogen werden, wenn dadurch die Betreuung von stationär aufgenommenen Patienten erleichtert wird.

Notfallkoffer

Die Arztunfallausstattung (Notfallkoffer) enthält ein besonderes Instrumentarium, Blutersatzmittel und Medikamente, die der selbständig tätige Arzt vielfach in seiner Praxis nicht vorzuhalten braucht, sondern im Pkw mitführt, um in akuten Notfällen (besonders bei Unfällen) helfen zu können. Die Kosten des Notfallkoffers können als Betriebsausgaben abgezogen werden.

Aufwendungen für Waschmaschinen, Bügelautomaten, Kühlschränke usw.

Es handelt sich hier um Wirtschaftsgüter, die sowohl für den betrieblichen Bereich als auch für den privaten Bereich eingesetzt werden können.

Keine Probleme mit dem Betriebsausgabenabzug ergeben sich, wenn die Praxisräume von den Wohnräumen getrennt liegen und die Wirtschaftsgüter sich in den Praxisräumen befinden. Hier kann von einer ausschließlichen oder nahezu ausschließlichen betrieblichen Nutzung ausgegangen werden.

Liegen diese Voraussetzungen nicht vor, ist ein Betriebsausgabenabzug nur möglich, wenn

- die betriebliche Nutzung nicht von untergeordneter Bedeutung ist und
- die betriebliche und private Nutzung sich leicht und einwandfrei anhand von Unterlagen nach objektiven, nachprüfbaren Merkmalen (ggf. auch im Schätzungswege) feststellen läßt.

Liegt der festgestellte Nutzungsanteil über 50 % betrieblicher Nutzung, sind die Wirtschaftsgüter dem Betriebsvermögen zuzurechnen.

Versicherungsbeiträge

Die Kosten einer *Berufshaftpflichtversicherung* können als Betriebsausgaben abgezogen werden.

Beiträge zur *Krankenhaustagegeldversicherung* können auch dann nicht als Betriebsausgaben abgezogen werden, wenn sich im Rahmen einer Sozietät die Gesellschafter gegenseitig im Gesellschaftsvertrag zum Abschluß der Versicherung verpflichten.

Beiträge zu *Teilhaberversicherungen* und *Unfallversicherungen* stellen keine abzugsfähigen Betriebsausgaben dar.

Im Zusammenhang mit der Finanzierung von Praxiseinrichtungen wird gelegentlich der Abschluß einer *Praxis-Unterbrechungs-Versicherung* verlangt. Die Versicherung soll gewährleisten, daß der Arzt während einer Praxisunterbrechung seinen finanziellen betrieblichen Verpflichtungen (z.B. Gehaltszahlungen, Mietzahlungen) nachkommen kann. Solche Versicherungen können auch dann nicht als Betriebsausgaben abgezogen werden, wenn dadurch ein betrieblicher Kredit abgesichert wird.

Apparate- und Laborgemeinschaften

In zunehmenden Maße schließen sich Ärzte zu Apparate- und Laborgemeinschaften zusammen. Der Zusammenschluß erfolgt in aller Regel in Form von BGB-Gesellschaften.

Häufig sollen nach den Gesellschaftsverträgen die Gemeinschaften nur kostendeckend arbeiten. Die Deckung der Ausgaben erfolgt über Umlagen der beteiligten Ärzte.

Für die Gemeinschaft erfolgt eine einheitliche und gesonderte Feststellung, die sich allerdings - mangels eigener Einnahmen - auf die Ermittlung der Ausgaben beschränkt. Der festgestellte Verlustanteil wird bei der Einkommensteuererklärung berücksichtigt. Zur Vermeidung einer doppelten Berücksichtigung der Ausgaben dürfen daher bei der Ermittlung des Gewinns des beteiligten Arztes die von diesem gezahlten Kostenbeiträge (Umlagen) nicht als Betriebsausgaben abgesetzt werden.

1.4 Betriebsvermögen

Gebäude

Befinden sich die Praxisräume im eigenen Ein- oder Mehrfamilienhaus, gehören die Praxisräume zum notwendigen Betriebsvermögen, es sei denn, der betrieblich genutzte Anteil ist von untergeordneter Bedeutung. Die mit den Praxisräumen im Zusammenhang stehenden Aufwendungen (AfA, Zinsen, Grundsteuer usw.) können als Betriebsausgaben abgezogen werden. Der Betriebsausgabenabzug ist auch dann möglich, wenn die Praxisräume wegen untergeordneter Bedeutung nicht zum Betriebsvermögen rechnen.

Wertpapiere

Wertpapiere werden durch ihre Verpfändung für betriebliche Kredite nicht zum notwendigen Betriebsvermögen.

Darlehensforderungen

Darlehensforderungen, die Sie gegenüber einem Patienten haben, rechnen zum notwendigen Betriebsvermögen, wenn das Darlehen zur Rettung von Honoraransprüchen gewährt wurde. Kann der Patient das Darlehen nicht mehr zurückzahlen, kann der noch ausstehende Darlehensanspruch als Betriebsausgabe geltend gemacht werden.

Edelmetalle

In einer Röntgenarztpraxis gewonnene und zur Veräußerung bestimmte Silberabfälle bleiben Betriebsvermögen, auch wenn sie in Barren umgegossen werden.

1.5 Umsatzsteuer

Unter die *Steuerfreiheit* fallen die Umsätze aus der Tätigkeit als Arzt oder Heilpraktiker. Tätigkeit als Arzt ist die Ausübung der Heilkunde unter der Berufsbezeichnung Arzt oder Ärztin. Unter die Steuerbefreiung fallen u.a. auch

- die Erstellung von ärztlichen Gutachten über den Gesundheitszustand eines Menschen,
- die Erstellung ärztlicher Gutachten über die Freiheit des Trinkwassers von Krankheitserregern,
- die Untersuchung von Körperflüssigkeiten oder menschlichem Gewebe sowie diagnostische Tierversuche, soweit sie im Rahmen der Ausübung der Heilkunde vorgenommen werden,
- die ärztliche Untersuchung über die pharmakologische Wirkung eines Medikaments beim Menschen,
- ärztliche Untersuchungen nach dem Jugendschutzgesetz, prophylaktische Impfungen und Reihenuntersuchungen,
- Anpassung von Kontaktlinsen durch Augenärzte,
- Anpassung von Hörgeräten durch HNO-Ärzte.

Nicht unter die Tätigkeit als Arzt oder Heilpraktiker fallen und somit auch *nicht durch die Steuerfreiheit abgedeckt* sind

- die schriftstellerische Tätigkeit, auch soweit es sich dabei um Berichte in einer ärztlichen Fachzeitschrift handelt,
- die Vortragstätigkeit, auch wenn der Vortrag vor Ärzten im Rahmen der Fortbildung gehalten wird,
- die Lehrtätigkeit,
- die Lieferungen von Hilfsmitteln, z.B. Kontaktlinsen, Schuheinlagen,
- der Verkauf von Medikamenten aus einer ärztlichen Abgabestelle für Arzneien,
- die entgeltliche Nutzungsüberlassung von medizinischen Großgeräten,
- die Sozialberatung im Rahmen von Schwangerschaftsabbrüchen (die medizinische Beratung hingegen fällt unter die Steuerbefreiung).

Für den Bereich des Eigenverbrauchs sowie für Lieferungen von Gegenständen des Anlagevermögens greift die Steuerbefreiung nur, wenn eine ausschließliche Verwendung für steuerfreie Tätigkeiten i.S. des § 4 Nr. 8 bis 27 UStG gegeben ist. Die Ausschließlichkeit ist auch dann noch gegeben, wenn die Gegenstände in geringem Umfang (höchstens 5 %) für schädliche Tätigkeiten verwendet werden.

BEACHTEN SIE:

Werden nicht nur in geringem Umfang Tätigkeiten wie z.B. Lehr- oder Vortragstätigkeiten ausgeübt, ist die 5 %-Grenze schnell überschritten. Achten Sie daher darauf, daß die Verwendung von Gegenständen (z.B. Pkw) die Grenze nicht überschreitet, da ansonsten der Verkauf des Wirtschaftsguts oder der Eigenverbrauch in vollem Umfang steuerpflichtig wird.

Die Steuerbefreiung der beschriebenen ärztlichen Leistungen führen aber auch dazu, daß ein *Vorsteuerabzug* nicht möglich ist. Werden neben der ärztlichen Leistung auch sonstige steuerpflichtige Leistungen erbracht, kann zumindest ein teilweiser Vorsteuerabzug in Betracht kommen.

1.6 Kostenstruktur

Das Statistische Bundesamt hat im Rahmen seiner Kostenstrukturerhebungen folgende Werte ermittelt (Stand 1994):

Arztpraxen (ohne Zahnarzt- und Tierarztpraxen)

Umsatz DM	Kosten (in % des Umsatzes)							
	Gesamt	darunter						
		Materialverbrauch	Fremdlaborkosten	Personalkosten	Mieten	Energiekosten	Kfz-Kosten	Abschreibung
250.000 - 300.000	60,4	2,6	2,0	27,9	7,4	1,5	2,6	4,3
300.000 - 400.000	57,2	2,6	1,5	27,1	6,7	1,3	2,1	3,9
400.000 - 500.000	56,5	2,8	1,8	26,4	6,0	1,2	1,9	4,5
500.000 - 600.000	56,3	3,2	1,3	26,5	5,7	1,1	1,6	5,0
600.000 - 700.000	53,3	3,1	1,3	25,5	5,1	1,0	1,8	4,0
700.000 - 800.000	54,6	3,8	0,8	26,2	5,1	1,0	1,4	4,5
800.000 - 900.000	51,7	3,2	1,0	23,2	4,6	0,7	1,6	5,1
900.000 - 1 Mio.	54,4	4,5	1,1	24,9	4,4	0,7	1,4	5,0
1 Mio. - 2 Mio.	57,6	6,5	0,6	24,4	5,5	0,9	1,1	6,1

Tierarztpraxen

Umsatz DM	Kosten (in % des Umsatzes)							
	Gesamt	darunter						
		Materialverbrauch	Fremdlaborkosten	Personalkosten	Mieten	Energiekosten	Kfz-Kosten	Abschreibung
250.000 - 300.000	65,6	26,9	-	16,4	4,0	1,0	4,6	2,4
300.000 - 400.000	68,5	30,2	-	17,1	3,5	0,8	4,5	2,9
400.000 - 500.000	67,9	30,0	-	18,1	3,5	0,9	4,9	2,1
500.000 - 600.000	71,2	30,1	-	22,0	3,1	0,9	4,0	1,8

2 Architekten/Bauingenieure

2.1 Grundlagen

Die Berufsbezeichnung „Architekt" darf nur führen, wer in die von der Architektenkammer zu führende Architektenliste eingetragen ist. Die Tätigkeit wird überwiegend in Form der Einzelpraxis, losen Arbeits- bzw. Bürogemeinschaften oder von Sozietäten ausgeübt. Die Sozietäten haben in aller Regel die Rechtsform der BGB-Gesellschaft.

2.2 Einnahmen

Die Einnahmen setzen sich zusammen aus

- den Honoraren für Architektenleistungen bzw. Leistungen des Bauingenieurs,
- den Hilfsumsätzen und
- dem Eigenverbrauch.

Honorare

Zu den *Honoraren* zählen neben den Vergütungen der Honorarordnung auch Vergütungen im Rahmen von *Architekturpreisverleihungen* oder *Ideenwettbewerben*.

Im Rahmen der Gewinnermittlung durch Einnahme-Überschußrechnung sind Honorare in dem Wirtschaftsjahr als Betriebseinnahmen anzusetzen, in dem sie zugeflossen sind. Das gilt auch für Vorschüsse, Teil- und Abschlagszahlungen. Vorschußweise geleistete Honorare sind auch dann zugeflossen, wenn im Zeitpunkt der Steuerveranlagung feststeht, daß sie ganz oder teilweise zurückzuzahlen sind. Die spätere Rückzahlung ist als Betriebsausgabe bei ihrem Abfluß zu erfassen.

Erlassen Sie einem Kunden aus *privaten Gründen* eine Honorarforderung, so ist dieser Vorgang als Entnahme der Honorarforderung zu werten. Die Betriebseinnahmen sind daher im Zeitpunkt des Erlasses um den erlassenen Betrag zu erhöhen.

Hilfsumsätze

Zu den Hilfsumsätzen zählen insbesondere die Verkäufe des Anlagevermögens sowie Zinsen für betriebliche Finanzanlagen.

Eigenverbrauch

Die Nutzungsanteile für den privaten Gebrauch betrieblicher Wirtschaftsgüter sind als Betriebseinnahmen anzusetzen. Der Ansatz erfolgt als Ausgleich für den vollumfänglichen Betriebsausgabenabzug. Die häufigsten Fälle sind dabei die Telefonnutzung und die Pkw-Nutzung.

2.3 Betriebsausgaben

Verlust von Darlehen bzw. Beteiligungen

Bei einem freiberuflich tätigen Architekten, der an einer Wohnungsbau-AG beteiligt ist, können die Anschaffungskosten der Beteiligung bzw. der Restbetrag des Darlehens als Betriebsausgaben geltend gemacht werden, wenn die Beträge endgültig verlorengegangen sind. Voraussetzung ist aber, daß die Beteiligung bzw. das Darlehen zum notwendigen Betriebsvermögen gehört.

2.4 Betriebsvermögen

Beteiligungen

Die Beteiligung eines freiberuflichen Architekten an einer Bauträger-AG und eine Darlehensforderung gegen diese Gesellschaft können zum notwendigen Betriebsvermögen gehören.

2.5 Umsatzsteuer

Die Umsätze eines Architekten oder Bauingenieurs unterliegen dem *allgemeinen Steuersatz*.

Erfolgt die Versteuerung nach vereinbarten Entgelten (Sollversteuerung), entsteht die Umsatzsteuer mit Erbringen der Leistung. Das gilt auch für *Teilleistungen*.

Wann liegen Teilleistungen vor?

Die Leistungen von Architekten und Ingenieuren, die nach der HOAI abgerechnet werden, sind grundsätzlich als einheitliche Leistungen anzusehen. Allein durch die Aufgliederung der Leistungsbilder, die der Ermittlung der Honorare dient, kann nicht gefolgert werden, daß die Leistung teilbar ist. Nur wenn zwischen dem Auftraggeber und Auftragnehmer im Rahmen des Gesamtauftrages über ein Leistungsbild zusätzliche Vereinbarungen über die gesonderte Ausführung und Honorierung einzelner Leistungsphasen getroffen werden, sind insoweit Teilleistungen anzunehmen.

Sonderregelungen gelten aber bei Leistungen an die Finanzbauverwaltung, die nach der RBBau abgerechnet werden. Im Rahmen der Auftragserteilung ist die Aufstellung der Haushaltsunterlage - Bau - eine gesonderte Leistung (Teilleistung).

BEACHTEN SIE:

Die Probleme bei der Frage von Teilleistungen können vermieden werden, wenn anstelle der Sollversteuerung die Versteuerung nach vereinnahmten Entgelten (Istversteuerung) gewählt wird. Diese Besteuerungsform hat generell den Vorteil, daß die Umsatzversteuerung zum gleichen Zeitpunkt zu erfolgen hat wie der Ansatz bei den Betriebseinnahmen. Umständliche Umrechnungen zur Erstellung der Umsatzsteuererklärungen können dann entfallen.

Für den Bereich der Eingangsumsätze steht Ihnen aufgrund der vollen Steuerpflicht der Ausgangsumsätze der *vollumfängliche Vorsteuerabzug* zu.

BEACHTEN SIE:

Anstelle des Vorsteuerabzugs aus Eingangsrechnungen mit ordnungsgemäßem Umsatzsteuerausweis kann auch ein pauschaler Vorsteuerabzug in Anspruch genommen werden. Der pauschale Vorsteuerabzug beträgt bei Architekten und Bauingenieuren 1,9 % (bis 31.3.1998: 1,8 %) des Umsatzes.

Wird die Möglichkeit des pauschalen Vorsteueranspruchs in Anspruch genommen, besteht jederzeit die Möglichkeit, zum normalen Vorsteuerabzug zu wechseln. Danach besteht erst nach 5 Jahren wiederum die Gelegenheit, zum pauschalierten Vorsteuerabzug überzugehen.

2.6 Gewerbesteuer

Als *freiberufliche Tätigkeit* fällt die Tätigkeit als Architekt und Bauingenieur im Normalfall *nicht unter das Gewerbesteuergesetz*. Zur Tätigkeit als Architekt gehört insoweit auch die Tätigkeit als Sachverständiger für Baufragen.

Ausnahmen kommen in Betracht, wenn die Tätigkeit z.B. wegen fehlender Eigenverantwortlichkeit nicht mehr unter die freiberufliche Tätigkeit eingeordnet werden kann.

Zum Gewerbebetrieb wird die Tätigkeit auch bei Gemeinschaften, wenn einer der Beteiligten (z.B. durch einen Erbfall) eine *berufsfremde Person* ist.

Gemischte Tätigkeiten

Bei Architekten und Bauingenieuren kommt es nicht selten vor, daß neben der freiberuflichen Tätigkeit eine gewerbliche Tätigkeit (z.B. gewerblicher Grundstückshandel) ausgeübt wird.

Die Tätigkeiten sind getrennt zu behandeln, wenn eine Trennung nach der Verkehrsauffassung ohne besondere Schwierigkeiten möglich ist. Eine getrennte Behandlung wird insbesondere dann in Betracht kommen, wenn

- eine getrennte Buchführung vorhanden ist,
- getrennte Bankkonten geführt werden,
- die Räumlichkeiten der beiden Betriebe getrennt sind.

Die getrennte Behandlung der Betriebe ist auch dann zulässig, wenn in einem Beruf freiberufliche und gewerbliche Merkmale zusammentreffen und ein enger sachlicher und wirtschaftlicher Zusammenhang zwischen den Tätigkeitsarten besteht, also eine sog. gemischte Tätigkeit vorliegt. Sind bei einer gemischten Tätigkeit die beiden Tätigkeitsmerkmale so miteinander verflochten und bedingen sie sich gegenseitig unlösbar, so muß der gesamte Betrieb als einheitlicher angesehen werden. In diesem Fall ist unter Würdigung aller Umstände zu entscheiden, ob nach dem Gesamtbild die gemischte Tätigkeit insgesamt als freiberuflich oder als gewerblich zu behandeln ist.

J

Werden von Architekten in Verbindung mit gewerblichen Grundstücksverkäufen Architektenaufträge jeweils in getrennten Verträgen vereinbart und durchgeführt, so liegt eine gemischte Tätigkeit, die eine Trennung der aus den Grundstücksgeschäften und aus den Architektenleistungen erzielten Gewinne ausschließt, im allgemeinen nicht vor.

2.7 Kostenstruktur

Das Statistische Bundesamt hat im Rahmen seiner Kostenstrukturerhebungen folgende Werte ermittelt (Stand 1994):

Architekten

Umsatz DM	Kosten (in % des Umsatzes)							
	Gesamt	darunter						
		Personalkosten	Mieten	Energiekosten	Versicherungen	Zinsen	Kfz-Kosten	Abschreibung
100.000 - 250.000	50,6	14,9	5,5	1,2	2,3	1,1	6,0	2,9
250.000 - 500.000	64,3	31,8	4,5	1,0	1,9	1,3	3,9	2,5
500.000 - 1 Mio.	66,1	35,0	3,5	0,7	1,4	1,4	2,7	2,8
1 Mio. - 2. Mio.	71,0	40,8	3,8	0,6	1,1	0,8	1,8	2,1

Ingenieurbüros für bautechnische Gesamtplanung

Umsatz DM	Kosten (in % des Umsatzes)							
	Gesamt	darunter						
		Personalkosten	Mieten	Energiekosten	Versicherungen	Zinsen	Kfz-Kosten	Abschreibung
100.000 - 250.000	51,1	16,5	4,3	1,2	1,9	1,0	6,1	3,3
250.000 - 500.000	59,4	29,1	3,9	0,8	1,6	1,0	4,1	4,4
500.000 - 1 Mio.	68,7	38,6	2,8	0,7	1,3	1,4	3,1	3,9
1 Mio. - 2. Mio.	75,7	46,1	2,6	0,6	1,2	1,3	2,4	3,3

Ingenieurbüros für technische Fachplanung

Umsatz DM	Gesamt	Kosten (in % des Umsatzes) darunter						
		Personalkosten	Mieten	Energiekosten	Versicherungen	Zinsen	Kfz-Kosten	Abschreibung
100.000 - 250.000	45,0	10,6	4,6	1,0	1,7	1,2	5,3	3,8
250.000 - 500.000	58,7	25,8	4,0	0,8	1,4	1,8	3,9	3,4
500.000 - 1 Mio.	68,6	38,1	3,5	0,7	1,3	1,1	2,9	3,6
1 Mio. - 2 Mio.	72,9	43,2	3,9	0,5	0,9	1,0	2,2	3,4
2 Mio. - 5 Mio.	77,8	49,7	2,7	0,5	1,3	1,6	2,0	2,0

3 Rechtsanwälte/Patentanwälte/Notare

3.1 Grundlagen

Die selbständige Ausübung einer Tätigkeit als Rechtsanwalt, Patentanwalt oder Notar gehört zu den „Katalogberufen" des § 18 EStG. Angehörige dieser Berufsgruppe erzielen somit *Einkünfte aus freiberuflicher Tätigkeit.*

Für Angehörige freier Berufe besteht grundsätzlich *keine Buchführungspflicht.* Werden trotzdem freiwillig Bücher geführt, muß die Buchführung allerdings der Gewinnermittlung zugrundegelegt werden. Dies kommt in der Praxis jedoch äußerst selten vor. In der weit überwiegenden Zahl der Fälle wird der Gewinn von Rechtsanwälten, Patentanwälten oder Notaren durch *Einnahme-Überschußrechnung* (§ 4 Abs. 3 EStG) ermittelt. Hierauf beziehen sich die nachfolgenden Ausführungen.

3.2 Einnahmen

Die Betriebseinnahmen bei Rechtsanwälten, Patentanwälten und Notaren setzen sich im allgemeinen zusammen aus

- Honoraren,
- Auslagenersatz,
- Hilfsumsätzen und
- Eigenverbrauch.

J

Honorare

Alle Honorare, Vergütungen und sonstigen Einnahmen, die aus der freiberuflichen Berufstätigkeit bezogen werden, gehören zu den Betriebseinnahmen. Abschlagszahlungen oder *Vorschüsse* sind in dem Jahr zu erfassen, in dem die Beträge zufließen. Der Zeitpunkt, zu dem die Leistung tatsächlich erbracht wird, ist nicht entscheidend. Wird aus privaten Gründen auf die Zahlung einer Honorarforderung *verzichtet*, ist dieser Vorgang als Entnahme der Forderung zu werten. Der Gewinn muß demnach um den Wert der entnommenen Forderung erhöht werden.

Auslagenersatz

Auslagenerstattungen, die neben den Honoraren für Reisekosten, Telefongebühren und andere Aufwendungen gezahlt werden, sind keine durchlaufenden Posten, sondern müssen als Betriebseinnahmen erfaßt werden.

Hilfsumsätze

Zu den Hilfsumsätzen zählen u.a. Einnahmen aus dem Verkauf von Gegenständen des Anlagevermögens und Zinseinnahmen aus betrieblichen Finanzanlagen.

Eigenverbrauch

Der Ansatz von Beträgen für den privaten Eigenverbrauch (z.B. für Pkw- oder Telefonprivatnutzung) als Betriebseinnahmen soll einen Ausgleich dafür schaffen, daß die entsprechenden Aufwendungen in vollem Umfang als Betriebsausgaben abgezogen werden. Während für die private Telefonnutzung im allgemeinen ein Drittel der Gesamtkosten, maximal 420 DM bzw. 720 DM (bei Telefonanschluß in der Privatwohnung), in Ansatz gebracht wird, sehen die Einkommensteuer-Richtlinien für die private Pkw-Nutzung einen Anteil von *monatlich 1 %* des Listenpreises des Fahrzeuges vor.

Nebentätigkeiten

Einnahmen aus Nebentätigkeiten können aus Vereinfachungsgründen in die Gewinnermittlung für die Kanzlei mit einbezogen werden, wenn sich aus der Art der Tätigkeit eine gewisse Nähe zur Haupttätigkeit ergibt. Darunter können fallen die Einnahmen als Testamentsvollstrecker, Konkursverwalter, Schiedsrichter in Rechtsstreitigkeiten, Autor juristischer Fachliteratur und Berater oder Gutachter in wirtschaftlichen Angelegenheiten.

Durchlaufende Posten

Von Anwälten und Notaren werden häufig *Fremdgelder* vereinnahmt, weitergeleitet (z.B. Gerichtskostenvorschüsse, Notariatskosten oder andere Gebühren) und vorübergehend verwaltet (z.B. Kaufpreisraten bei Grundstücksgeschäften). Die Abwicklung dieser Zahlungen erfolgt zumeist über die sogenannten *Anderkonten*. Bei derartigen Beträgen handelt es sich um durchlaufende Posten, die die Gewinnermittlung des Anwalts oder Notars nicht berühren. Dabei ist es unerheblich, ob die Vereinnahmung und Verausgabung der Beträge im gleichen Kalenderjahr erfolgt. Abwicklungsgebühren oder andere Honorare, die von den Fremdgeldern in Abzug gebracht werden und nicht weiterzuleiten sind, müssen allerdings als Betriebseinnahmen erfaßt werden. Siehe hierzu auch die Ausführungen unter *Anderkonten*.

3.3 Betriebsausgaben

Alle Aufwendungen, die durch den Betrieb veranlaßt sind, dürfen im Rahmen der Einnahme-Überschußrechnung als Betriebsausgaben abgezogen werden. Die nachfolgenden Ausführungen gehen auf einige spezielle Fragen des Betriebsausgabenabzugs bei Rechtsanwälten, Patentanwälten und Notaren ein.

Fachliteratur/Tageszeitung

Aufwendungen für berufstypische Fachliteratur gehören zu den Betriebsausgaben, während die Kosten für allgemeinbildende Bücher und Zeitschriften sowie für Tageszeitungen grundsätzlich den nichtabziehbaren Kosten der Lebensführung zuzuordnen sind.

PRAXIS-TIP

Haben Sie in Ihrem Büro einen Warteraum oder eine Warteecke für Ihre Mandanten, wo Sie Tageszeitungen und Unterhaltungszeitschriften auslegen, so dürfen Sie die Kosten dafür als Betriebsausgaben geltend machen, wenn eine private Mitbenutzung ausgeschlossen oder von untergeordneter Bedeutung ist. Beziehen Sie Zeitschriften über einen Lesezirkel, wird das Finanzamt den Abzug der Aufwendungen in der Regel nicht beanstanden.

J

Forderungs-/Darlehensverluste

Bei der Gewinnermittlung durch Einnahme-Überschußrechnung ist der Verlust einer Honorarforderung, z.B. wegen Zahlungsunfähigkeit des Mandanten, keine Betriebsausgabe, weil dieser Betrag aufgrund des Zuflußprinzips noch gar nicht als Einnahme erfaßt war.

Darlehensverluste können in der Regel ebenfalls nicht zu Betriebsausgaben führen, da Geldgeschäfte dem Anwalts- und Notarberuf wesensfremd sind. In Ausnahmefällen sind die besonderen Umstände eingehend darzulegen, unter denen sich doch ein betrieblicher Zusammenhang ergibt, der einen Abzug als Betriebsausgabe rechtfertigt. Dies könnte z.B. beim Verlust eines Darlehens gegenüber einem Arbeitnehmer in Betracht kommen. Die gleichen Grundsätze gelten für Verluste aus Bürgschaftsübernahmen.

Fortbildungskosten

Kongresse, Fachtagungen und Informationsreisen führen häufig in touristisch interessante Gebiete. Deswegen ergeben sich regelmäßig Schwierigkeiten bezüglich des Betriebsausgabenabzugs für solche Aufwendungen. Um dies zu vermeiden, sollten Sie folgende Punkte beachten:

- Gruppenreisen müssen auf Ihre speziellen betrieblichen Verhältnisse zugeschnitten sein.
- Das Reiseprogramm muß straff organisiert sein.
- Die Themen der Veranstaltungen müssen objektiv für Ihre berufliche Fortbildung geeignet sein.
- Der Besuch der Fachveranstaltungen muß nachgewiesen werden (am besten durch Anwesenheitstestate).

Die *Mitnahme von Familienangehörigen* auf eine solche Reise spricht regelmäßig gegen eine betriebliche Veranlassung.

Promotionskosten/Ernennung zum Professor

Die Kosten für eine Promotion sind wie die Kosten eines Hochschulstudiums nicht als Betriebsausgaben abzugsfähig. Gleiches gilt für Repräsentationsaufwendungen, die anläßlich der Ernennung zum Professor anfallen.

Raumkosten/Arbeitszimmer

Die Aufwendungen für Büroräume (Miete oder Abschreibung) einschließlich der Nebenkosten für Heizung, Strom, Wasser, Reinigung etc. sind als Betriebsausgaben abzugsfähig, soweit diese auf die betriebliche Nutzung entfallen. Wird für die Tätigkeit ein *häusliches Arbeitszimmer* genutzt, ist ein Abzug der auf diesen Raum entfallenden Kosten als Betriebsausgaben nur dann zulässig, wenn der Raum *ausschließlich* oder nahezu ausschließlich für betriebliche Zwecke verwendet wird. Näheres zum häuslichen Arbeitszimmer siehe unter B 6.3.

Veruntreuung von Honoraren

Werden Angestellte damit beauftragt, Honorare in Empfang zu nehmen und später abzurechnen, und werden dabei Geldbeträge veruntreut, so können die dadurch entstandenen Verluste Betriebsausgaben sein.

3.4 Betriebsvermögen

Gebäude

Befinden sich die betrieblich genutzten Räume im eigenen Haus, gehören diese zum notwendigen Betriebsvermögen, es sei denn, der betrieblich genutzte Anteil ist von untergeordneter Bedeutung. Befinden sich im gleichen Gebäude auch die Privatwohnung des Anwalts oder Notars oder andere nicht beruflich genutzte Räume, muß das Grundstück zur Ermittlung des zum Betriebsvermögen gehörenden Anteils aufgeteilt werden.

Darlehensverbindlichkeiten

Verbindlichkeiten aus der Finanzierung des Gebäudes (Darlehen, Kredite) sind entsprechend des betrieblichen Anteils am Gebäude dem Betriebsvermögen zuzuordnen. Werden Darlehen ausschließlich zur Finanzierung eines rein betrieblich genutzten Büroanbaus aufgenommen, sind diese Schulden in vollem Umfang Betriebsvermögen.

3.5 Umsatzsteuer

Regelbesteuerung

Die Umsätze von Rechtsanwälten, Patentanwälten und Notaren unterliegen der Umsatzsteuer mit dem allgemeinen Steuersatz von derzeit 16 % (bis 31.3.1998:

15 %). Dies gilt auch für Hilfsumsätze, wie z.B. den Verkauf von Wirtschaftsgütern des Anlagevermögens und Auslagenerstattungen. Durchlaufende Posten, z.B. Gerichtskostenvorschüsse, unterliegen nicht der Umsatzsteuer.

Ehrenamtliche Tätigkeit

Steuerfrei sind nach § 4 Nr. 26 UStG die Entgelte für die ehrenamtliche Tätigkeit,

- wenn diese für juristische Personen des öffentlichen Rechts ausgeübt wird oder
- wenn das Entgelt für die Tätigkeit nur in Auslagenersatz und einer angemessenen Entschädigung für Zeitversäumnis besteht.

Schriftstellerische Tätigkeit

Wird der Anwalt oder Notar neben der eigentlichen Berufstätigkeit noch schriftstellerisch tätig, z.B. als Autor von Fachbüchern oder -beiträgen, unterliegen diese Umsätze dem *ermäßigten Steuersatz von z.Zt. 7 %.*

Kleinunternehmer

Die Kleinunternehmerregelung kommt nur in Betracht, wenn der Umsatz aus der Tätigkeit als Anwalt oder Notar im Vorjahr *32.500 DM* nicht überschritten hat und im laufenden Kalenderjahr voraussichtlich *100.000 DM* nicht übersteigen wird. Bei Kleinunternehmern wird die USt nicht erhoben.

Vorsteuerabzug

Da Rechtsanwälte, Patentanwälte und Notare bei der USt grundsätzlich der Regelbesteuerung unterliegen, darf der Vorsteuerabzug nach den allgemeinen Vorschriften vorgenommen werden. Dies bedeutet einen Abzug der Vorsteuern mit den tatsächlich angefallenen und nachzuweisenden Beträgen.

PRAXIS-TIP

Für den Vorsteuerabzug bei *Sozietäten* ist folgendes zu beachten:

Erwirbt ein Anwalt oder Notar, der einer Sozietät angehört, einen Pkw zu Eigentum, so kann die Sozietät die dem Käufer in Rechnung gestellte USt nicht als Vorsteuer abziehen. Es empfiehlt sich daher, in solchen Fällen die Anschaffung über die Sozietät zu tätigen, um in den Genuß des Vorsteuerabzugs zu kommen.

BEACHTEN SIE:

Bei Inanspruchnahme der *Kleinunternehmerregelung* ist ein Vorsteuerabzug nicht *möglich.*

3.6 Gewerbesteuer

Einkünfte aus einer freiberuflichen Tätigkeit *unterliegen nicht der Gewerbesteuer*. Dies gilt auch für eine *Sozietät* oder *Partnerschaftsgesellschaft*, wenn daran keine Personen beteiligt sind, die nicht zu den Freiberuflern gehören. Wird allerdings nach dem Tod eines Freiberuflers dessen Kanzlei in eigener Verantwortung und auf eigene Rechnung von einem beruflich nicht qualifzierten *Erben* fortgesetzt, so bezieht dieser hieraus Einkünfte aus Gewerbebetrieb.

BEACHTEN SIE:

Die treuhänderische Tätigkeit eines Rechtsanwalts - z.B. für Bauherrengemeinschaften - ist nach der Rechtsprechung des Bundesfinanzhofs als gewerbliche Tätigkeit einzustufen [2].

3.7 Sonstiges

Auskunftsverweigerungsrecht

Die Abgabenordnung sieht in § 102 AO zum Schutz bestimmter Berufsgruppen ein Auskunftsverweigerungsrecht vor. Dieses Recht erstreckt sich insbesondere auch auf Rechtsanwälte, Patentanwälte und Notare. Danach dürfen diese Berufsgruppen Auskünfte über alle Daten und Fakten verweigern, die ihnen *im Rahmen ihrer Berufsausübung* bekannt werden. Auch die Vorlage bestimmter Unterlagen im Besteuerungsverfahren (z.B. anläßlich einer Betriebsprüfung) wird dadurch eingeschränkt. So brauchen grundsätzlich *nicht vorgelegt* zu werden:

- Mandantenkarteien oder -dateien,
- Handakten,
- sonstige mandantenbezogene Unterlagen, wie z.B. Schriftwechsel.

Lassen sich allerdings für die Besteuerung relevante Vorgänge, z.B. Honorarrechnungen oder Vereinbarungen über einen teilweisen Verzicht auf eine Honorarforderung, nur aus diesen Unterlagen nachvollziehen, besteht im Rahmen der allgemeinen Mitwirkungs- und Auskunftspflicht die Verpflichtung, dem Finanzamt diese Unterlagen zugänglich zu machen. Ggf. müssen zuvor die unter das Auskunftsverweigerungsrecht fallenden Vorgänge aus den Akten ausgesondert werden.

Anderkonten

Die Vorlage der Anderkonten gegenüber dem Finanzamt (z.B. im Rahmen einer Betriebsprüfung) liegt im Grenzbereich zwischen dem Auskunftsverweigerungsrecht einerseits und der steuerlichen Mitwirkungs- und Auskunftspflicht andererseits.

Dabei sind die verschiedenen Blickwinkel, aus denen das Anderkonto gesehen wird, zu beachten: Handelt es sich bei den Anderkonten um *betriebliche Bankkonten*, deren Vorlage zur Überprüfung der vollständigen und richtigen Erfassung der Betriebseinnahmen unverzichtbar ist, oder verletzt der Anwalt durch die Herausgabe der Anderkonten womöglich sein *Berufsgeheimnis*, weil dort Gelder durchlaufen, die ihm von seinen Mandanten für die unterschiedlichsten Zwecke anvertraut wurden?

Zur Lösung dieser Frage sollte beachtet werden, daß die Vorschrift des § 102 AO lediglich dazu dienen soll, persönliche Daten und Verhältnisse *der Mandanten* zu schützen. Sie kann dagegen den Anwalt oder Notar nicht davor bewahren, Angaben über die *eigenen steuerlichen Verhältnisse* zu machen. Genau das will aber das Finanzamt. Der Betriebsprüfer soll durch Einsichtnahme in die Bankauszüge feststellen, ob dort tatsächlich nur Beträge zugeflossen sind, die dem Anwalt oder Notar zur Weiterleitung, z.B. an die Gerichtskasse oder an einen Prozeßgegner, übergeben wurden, oder ob dort, evtl. gemeinsam mit anderen Beträgen, auch *Honorarzahlungen* gutgeschrieben wurden. Dabei geht es dem Finanzamt nicht nur um die vollständige, sondern auch um die *zeitlich richtige Erfassung* der Betriebseinnahmen.

BEISPIEL

Sie haben vor Gericht für einen Mandanten einen Vergleich erreicht. Die Zahlungen werden über Ihr Anderkonto abgewickelt. Ihr Mandant zahlt dort am 20. 12. 1997 insgesamt 50.000 DM ein. Der Betrag setzt sich wie folgt zusammen:

Zahlung an den Prozeßgegner	35.000 DM
Gerichtskosten	7.000 DM
Anwaltshonorar (einschl. 15 % USt)	8.000 DM
Gesamt	**50.000 DM**

Sie leiten die Beträge am 15.1.1998 weiter und lassen an diesem Tag auch Ihr Honorar vom Anderkonto auf das Betriebskonto umbuchen.

Obwohl das Honorar erst 1998 auf Ihrem Betriebskonto eingeht, müssen Sie den Betrag als Betriebseinnahme des Jahres 1997 erfassen und dort auch der USt unterwerfen. Der Zufluß ist mit der Gutschrift auf dem Anderkonto erfolgt, da Sie bereits zu diesem Zeitpunkt über das Geld verfügen konnten.

PRAXIS-TIP

Es ist also durchaus begründet, wenn das Finanzamt auf der Vorlage des Anderkontos besteht. Die Rechtsprechung des BFH bestätigt dies [3]. Allerdings legen die Richter auch höchsten Wert auf das *pflichtgemäße Ermessen* des Finanzamts. Dem Wunsch nach Vorlage für die Besteuerung absolut nicht relevanter Unterlagen muß demnach nicht entsprochen werden. Sie dürfen daher vor der Vorlage von Anderkonten, Handakten und ähnlichen Vorgängen alle Unterlagen aussortieren, die für die Überprüfung Ihrer Betriebseinnahmen nicht von Bedeutung sind.

3.8 Kostenstruktur

Das Statistische Bundesamt hat im Rahmen seiner Kostenstrukturerhebungen folgende Werte ermittelt (Stand 1994):

Rechtsanwaltspraxen mit Notariat

Umsatz DM	Kosten (in % des Umsatzes)							
	Gesamt	darunter						
		Personalkosten	Mieten	Energiekosten	Versicherungen	Zinsen	Kfz-Kosten	Abschreibung
100.000 - 250.000	60,7	27,4	8,5	1,7	2,0	1,7	4,5	1,8
250.000 - 500.000	59,7	29,1	6,8	1,0	1,2	1,7	3,3	2,6
500.000 - 700.000	59,7	31,7	5,5	1,0	1,0	1,6	2,5	2,4
700.000 - 1 Mio.	56,1	29,4	6,1	0,6	0,8	0,8	2,8	1,3

Rechtsanwaltspraxen ohne Notariat

Umsatz DM	Kosten (in % des Umsatzes)							
	Gesamt	darunter						
		Personalkosten	Mieten	Energiekosten	Versicherungen	Zinsen	Kfz-Kosten	Abschreibung
100.000 - 250.000	57,8	24,2	8,3	1,5	1,2	1,4	4,7	2,3
250.000 - 500.000	58,4	28,8	6,6	1,1	0,9	1,2	3,2	2,4
500.000 - 1 Mio.	59,6	30,1	5,5	0,8	0,7	1,2	3,0	2,4
1 Mio. - 2 Mio.	62,4	29,8	4,9	0,7	0,9	0,7	2,1	1,6

4 Schriftsteller/Künstler

4.1 Grundlagen

Die selbständige Ausübung einer schriftstellerischen oder künstlerischen Tätigkeit gehört zu den „Katalogberufen" des § 18 EStG. Angehörige dieser Berufsgruppe erzielen somit *Einkünfte aus freiberuflicher Tätigkeit.* Dabei ist es unerheblich, ob die Tätigkeit haupt- oder nebenberuflich ausgeübt wird.

Schriftsteller
Ein Schriftsteller muß eigene Gedanken zum Ausdruck bringen, auch wenn sich diese auf rein tatsächliche Vorgänge beziehen. Es ist nicht erforderlich, daß das Geschriebene einen wissenschaftlichen oder künstlerischen Inhalt hat. Der Schriftsteller braucht weder Dichter noch Künstler noch Gelehrter zu sein.

Künstler
Eine künstlerische Tätigkeit liegt vor, wenn die Arbeiten nach ihrem Gesamtbild eigenschöpferisch sind und eine bestimmte *künstlerische Gestaltungshöhe* erreichen. Sie kann als solche nur anerkannt werden, wenn der Künstler auf sämtliche zur Herstellung eines Kunstwerks erforderlichen Tätigkeiten den entscheidenden gestaltenden Einfluß ausübt.

Wegen *Abgrenzungsfragen* zwischen freiberuflicher und gewerblicher Tätigkeit wird auf die untenstehenden Ausführungen zur Gewerbesteuer verwiesen.

4.2 Einnahmen

Die Betriebseinnahmen bei Schriftstellern und Künstlern setzen sich im allgemeinen zusammen aus:

- Honoraren und Vergütungen
- Auslagenersatz
- Hilfsumsätzen

Honorare und Vergütungen
Alle Honorare, Vergütungen und sonstigen Einnahmen, die ein Schriftsteller oder Künstler aus seiner Tätigkeit bezieht, gehören zu den Betriebseinnahmen. Abschlagszahlungen oder *Vorschüsse* sind in dem Jahr zu erfassen, in dem die Beträge zufließen. Der Zeitpunkt, zu dem die Leistung tatsächlich erbracht wird, ist nicht entscheidend.

PRAXIS-TIP

Zu den Betriebseinnahmen bei Schriftstellern gehören auch die Urheberrechtsvergütungen der *VG Wort*.

J

Auslagenersatz
Auslagenerstattungen, die von Verlagen usw. - neben den Honoraren - für Reisekosten, Telefongebühren und andere Aufwendungen gezahlt werden, sind keine durchlaufenden Posten, sondern müssen als Betriebseinnahmen erfaßt werden.

Hilfsumsätze
Zu den Hilfsumsätzen zählen u.a. Einnahmen aus dem Verkauf von Gegenständen des Anlagevermögens und Zinseinnahmen aus betrieblichen Finanzanlagen.

4.3 Betriebsausgaben

Alle Aufwendungen, die durch die schriftstellerische oder künstlerische Tätigkeit veranlaßt sind, dürfen im Rahmen der Einnahme-Überschußrechnung als Betriebsausgaben abgezogen werden. Die nachfolgenden Ausführungen gehen auf einige spezielle Fragen des Betriebsausgabenabzugs bei Schriftstellern und Künstlern ein.

Arbeitszimmer
Die Aufwendungen für ein häusliches Arbeitszimmer sind grundsätzlich als Betriebsausgaben abzugsfähig, wenn der Raum *ausschließlich* oder nahezu ausschließlich für betriebliche Zwecke genutzt wird. Liegen diese Voraussetzungen vor, dürfen die anteilig auf diesen Raum entfallenden Aufwendungen, wie Miete, Strom- und Heizkosten, steuermindernd geltend gemacht werden. In der Regel erfolgt die Aufteilung der Kosten nach dem Verhältnis der Nutzflächen. Bei einem Arbeitszimmer im eigenen Haus oder in der eigengenutzten Eigentumswohnung treten anstelle der Miete die anteiligen Abschreibungsbeträge. Ab *1996* wurde allerdings die Abzugsmöglichkeit der Arbeitszimmerkosten erheblich eingeschränkt. Näheres hierzu kann den Ausführungen unter B 6.3 entnommen werden.

Einrichtungsgegenstände/Computer
Aufwendungen für die Anschafffung von Einrichtungsgegenständen wie Schreibtisch, Bücherschrank oder Regale sind im Wege der Abschreibung als Betriebsausgaben abzugsfähig, wenn diese Sachen ausschließlich für *betriebliche Zwecke* genutzt werden. Anschaffungskosten von mehr als 800 DM (ohne USt) müssen über die *voraussichtliche Nutzungsdauer* abgeschrieben werden.

PRAXIS-TIP

Übersteigen die Netto-Anschaffungskosten den Betrag von 800 DM nicht, handelt es sich um sog. geringwertige Wirtschaftsgüter (GWG). Für GWG läßt § 6 Abs. 2 EStG eine sofortige Vollabschreibung im Jahr der Anschaffung zu.

Werden für eine schriftstellerische Tätigkeit ein Computer (PC oder Notebook) oder andere technische Hilfsmittel oder Geräte eingesetzt, so dürfen auch die Abschreibungsbeträge für diese Wirtschaftsgüter als Betriebsausgaben in Abzug gebracht werden. Allerdings sollte eine private Mitbenutzung weitestgehend ausgeschlossen sein. Reine Spielcomputer sind steuerlich nicht absetzbar.

Betriebsausgabenpauschale

Anstelle des Einzelnachweises von Betriebsausgaben darf in folgendem Umfang vom Ansatz einer Betriebsausgabenpauschale Gebrauch gemacht werden:

- *Hauptberufliche schriftstellerische Tätigkeit*:
  30 % der Betriebseinnahmen, max. 4.800 DM
- *Künstlerische oder schriftstellerische Nebentätigkeit*:
  25 % der Betriebseinnahmen, max. 1.200 DM

BEISPIEL

Sie haben aus Ihrer schriftstellerischen Nebentätigkeit im Jahr 1998 Einnahmen in Höhe von 6.000 DM erzielt und wollen die Betriebsausgabenpauschale in Anspruch nehmen. 25 % von 6.000 DM sind 1.500 DM, d.h. Sie dürfen in Ihrer Gewinnermittlung maximal den Betrag von 1.200 DM in Abzug bringen. Es ergibt sich somit für Sie ein Gewinn aus der Nebentätigkeit in Höhe von 4.800 DM (6.000 DM - 1.200 DM).

4.4 Betriebsvermögen

Bei der Tätigkeit als Schriftsteller oder Künstler ist das Betriebsvermögen zumeist von untergeordneter Bedeutung. Deshalb soll hier nicht näher darauf eingegangen werden.

4.5 Umsatzsteuer

Regelbesteuerung

Die Umsätze von Schriftstellern und Künstlern unterliegen grundsätzlich der Umsatzsteuer nach den allgemeinen Vorschriften. Allerdings kommt hier zumeist der *ermäßigte Steuersatz* mit derzeit 7 % zum Ansatz.

BEACHTEN SIE:

Entgeltliche Nebentätigkeiten, wie z.B. die Erstellung von Gutachten, das Halten von Reden und Vorträgen oder die Erteilung von Autogrammen, unterliegen dem Regelsteuersatz von z.Zt. 16 % (bis 31.3.1998: 15 %). Mit diesem Steuersatz sind auch die Auslagenerstattungen zu besteuern.

Kleinunternehmer

Wird die schriftstellerische oder künstlerische Tätigkeit nur in geringem Umfang ausgeübt, kann die Inanspruchnahme der *Kleinunternehmerregelung* in Betracht kommen. Dies ist dann zulässig, wenn der Umsatz im Vorjahr *32.500 DM* nicht überschritten hat und im laufenden Kalenderjahr voraussichtlich *100.000 DM* nicht übersteigen wird. Bei Kleinunternehmern wird die USt nicht erhoben.

Vorsteuerabzug

Werden die Umsätze der Regelbesteuerung unterworfen, darf der Vorsteuerabzug nach den allgemeinen Vorschriften vorgenommen werden. Dies bedeutet einen Abzug der Vorsteuern mit den tatsächlich angefallenen und nachzuweisenden Beträgen.

PRAXIS-TIP

Das Umsatzsteuerrecht sieht auch die Möglichkeit einer *Pauschalierung der Vorsteuer* vor. Hierzu gibt es folgende *Durchschnittsätze*:

	Prozent des Umsatzes	ab 1.4.1998
Schriftsteller	2,4 %	2,6 %
Bildhauer	6,6 %	7,0 %

Grafiker	4,9 %	5,2 %
Kunstmaler	4,9 %	5,2 %
Selbständige Mitarbeiter bei Bühne, Film, Funk, Fernsehen und Schallplattenproduzenten	3,4 %	3,6 %

Wird von diesen Durchschnittsätzen Gebrauch gemacht, kommt darüber hinaus ein Vorsteuerabzug nicht in Betracht.

BEACHTEN SIE:

Bei Inanspruchnahme der *Kleinunternehmerregelung* ist ein Vorsteuerabzug nicht möglich.

4.6 Gewerbesteuer

Die Einkünfte aus der freiberuflichen Tätigkeit als Schriftsteller oder Künstler *unterliegen nicht der Gewerbesteuer*. In Einzelfällen können sich allerdings Abgrenzungsprobleme zwischen freiberuflicher und *gewerblicher Tätigkeit* ergeben. Hierzu einige Beispiele:

Verwertet ein *Schriftsteller* seine eigenen schriftstellerischen Erzeugnisse im *Selbstverlag*, so kann es sich bei den daraus erzielten Einkünften insgesamt um Einkünfte aus Gewerbebetrieb handeln [4].

Reporter, *Journalisten* und Bildberichterstatter sind keine Schriftsteller.

Ein *Industrie-Designer* arbeitet oftmals im Übergangsbereich zwischen Kunst und Gewerbe. Dabei schließt ein gewerblicher Verwendungszweck eines Gegenstandes die künstlerische Tätigkeit nicht aus [5].

Bei einem *Kunsthandwerker*, der von ihm selbst entworfene Gegenstände herstellt, können handwerkliche und künstlerische Tätigkeit nebeneinander vorliegen [6].

Die beratende Tätigkeit eines als Künstler anerkannten *Modeschöpfers* kann ebenfalls künstlerisch sein [7].

Die Tätigkeit eines Künstlers im Bereich der *Werbung* ist dann als künstlerisch einzustufen, wenn sie als eigenschöpferische Leistung zu werten ist [8].

Künstleragenten üben eine gewerbliche Tätigkeit aus.

4.7 Sonstiges

Liebhaberei

Werden aus einer schriftstellerischen oder künstlerischen Tätigkeit über einen längeren Zeitraum nur *Verluste* erzielt, kann das Finanzamt u.U. den steuermindernden Abzug dieser Verluste versagen. Dies wird vor allen Dingen dann der Fall sein, wenn nach den gegebenen tatsächlichen Verhältnissen keine Aussicht besteht, daß *jemals ein positives Gesamtergebnis* zu erzielen sein wird[9]. Das Steuerrecht spricht in diesen Fällen von *Liebhaberei*.

BEISPIEL

Ihre Vorarbeiten für ein wissenschaftliches Fachbuch sind sehr umfangreich und kostspielig. Im einzelnen sind Ihnen als Autor hierfür Aufwendungen in folgender Höhe entstanden:

1992	5.000 DM
1993	12.000 DM
1994	20.000 DM
1995	15.000 DM
1996	40.000 DM
1997	8.000 DM
Gesamt:	**100.000 DM**

In 1998 beginnt der Verkauf Ihres Buches mit einer Auflage von 1.000 Exemplaren. Da es sich mit einem sehr speziellen Fachgebiet beschäftigt, ist es nur für einen eng umrissenen Kreis von Fachleuten von Interesse. Weitere Auflagen sind aus diesem Grund auch für die fernere Zukunft nicht geplant. Sie erhalten pro verkauftem Exemplar ein Honorar von 35 DM, können also maximal Einnahmen in Höhe von insgesamt 35.000 DM erzielen. Unter Berücksichtigung der in diesem Zusammenhang entstandenen Kosten von insgesamt 100.000 DM ergibt sich für Sie somit aus diesem Sachverhalt ein Gesamtverlust von mindestens 65.000 DM. Das Finanzamt wird deshalb die Berücksichtigung der Verluste in den einzelnen Jahren wegen Liebhaberei versagen.

PRAXIS-TIP

Die Ausführung schriftstellerischer oder künstlerischer Arbeiten erfordert häufig eine gewisse Vorlaufzeit, in der keine oder nur geringe Einnahmen erzielt werden. Will das Finanzamt bereits in dieser Phase den Abzug von Verlusten versagen, sollten Sie dies nicht ohne weiteres akzeptieren. Die Annahme einer Liebhaberei setzt nämlich voraus, wie oben bereits erläutert, daß davon auszugehen ist, daß sich über einen längeren Zeitraum kein positives Gesamtergebnis erzielen läßt. Dieser längere Zeitraum kann acht, im Einzelfall aber auch mehr als zehn Jahre betragen. Sie sollten deshalb darauf bestehen, daß Ihnen diese Zeitspanne zur Erzielung von Gewinnen eingeräumt wird. Hilfreich ist dabei, wenn Sie bereits im Vorfeld nachweisen oder zumindest glaubhaft machen können, auf welche Weise sich künftig die Gewinne erwirtschaften lassen.

4.8 Kostenstruktur

Die Betriebsstrukturen bei Schriftstellern oder Künstlern weichen im einzelnen gravierend voneinander ab und können nur schwer miteinander verglichen werden. Deshalb werden vom Statistischen Bundesamt für diese Berufszweige Erhebungen zur Kostenstruktur nicht vorgenommen.

5 Zahnärzte

5.1 Grundlagen

Die selbständige Ausübung des Zahnarztberufs ist einer der „Katalogberufe" des § 18 EStG und somit eine freiberufliche Tätigkeit. Die Tätigkeit wird überwiegend in Form der Einzelpraxis, aber vermehrt auch in Form von Sozietäten ausgeübt. Die Sozietäten haben in aller Regel die Rechtsform der BGB-Gesellschaft.

Im Bereich der Betriebseinnahmen und Betriebsausgaben bestehen keine Unterschiede zu den Ärzten (siehe J 1).

5.2 Betriebsvermögen

Goldvorräte

Wird der von einem Zahnarzt angeschaffte *Zahngoldvorrat* nicht innerhalb eines Zeitraums von maximal sieben Jahren verbraucht, kann dies ein Indiz dafür sein, daß er zur privaten Vermögensbildung angeschafft worden ist.

Angeschafftes Zahngold gehört bei Zahnärzten grundsätzlich zum notwendigen Betriebsvermögen, auch wenn es sich um Vorratsbeschaffungen handelt. Dieser Beurteilung sind allerdings Grenzen gesetzt. Ergibt sich, daß der Zahnarzt während eines überschaubaren Zeitraums den angeschafften Goldvorrat mengenmäßig nicht verbrauchen konnte oder tatsächlich nicht verbraucht hat, sondern zur Realisierung von Wertsteigerungen oder zur Begrenzung von Wertverlusten Teile des Zahngoldvorrats an den Lieferanten zurückverkauft hat, kann daraus geschlossen werden, daß für die Beschaffung zumindest eines Teils des Goldvorrates allein spekulative Überlegungen ursächlich waren.

Dieser Schluß ist jedoch dann nicht zulässig, wenn der Zahnarzt nachweist, daß er bei Anschaffung mit einem Verbrauch innerhalb des Zeitraums von sieben Jahren gerechnet hatte. Als Indiz für den voraussichtlichen Verbrauch kann dabei der Verbrauch in den Vorjahren dienen.

5.3 Umsatzsteuer

Unter die *Steuerfreiheit* fallen die Umsätze aus der Tätigkeit als Zahnarzt. Tätigkeit als Zahnarzt ist die Ausübung der Zahnheilkunde unter der Berufsbezeichnung Zahnarzt oder Zahnärztin. Die Umsatzsteuerbefreiung gilt insoweit auch, wenn die Zahnarztpraxis in der Rechtsform der GmbH betrieben wird, wenn der alleinige Gesellschafter und Geschäftsführer approbierter Zahnarzt ist und die Umsätze ausführt [10].

Nicht zu den steuerfreien Leistungen rechnen die Lieferung oder Wiederherstellung von Zahnprothesen und kieferorthopädischen Apparaten, soweit die bezeichneten Gegenstände im Unternehmen des Zahnarztes hergestellt oder wiederhergestellt werden. Dabei ist es unerheblich, ob die Arbeiten vom Zahnarzt selbst oder von angestellten Personen durchgeführt werden. Zur Herstellung von Zahnprothesen und kieferorthopädischen Apparaten gehört auch die Beistellung von Material (z.B. Gold und Zähne) bei Herstellung von Zahnprothesen außerhalb der Zahnarztpraxis (z.B. Zahnlabor). Die Lieferung von kieferorthopädischen Apparaten wird steuerpflichtig, wenn die Apparate nicht zur Verwirklichung einer Heilbehandlung eingesetzt worden sind[11].

Auch zu den steuerpflichtigen Leistungen gehören

- die Vortragstätigkeit, auch wenn der Vortrag vor Zahnärzten im Rahmen der Fortbildung gehalten wird,
- die Lehrtätigkeit.

Für den Bereich des Eigenverbrauchs sowie für Lieferungen von Gegenständen des Anlagevermögens greift die Steuerbefreiung nur, wenn eine ausschließliche Verwendung für steuerfreie Tätigkeiten i.S. des § 4 Nr. 8 bis 27 UStG gegeben ist. Die Ausschließlichkeit ist auch dann noch gegeben, wenn die Gegenstände in geringem Umfang (höchstens 5 %) für schädliche Tätigkeiten verwendet werden.

BEACHTEN SIE:

Werden nicht nur in geringem Umfang Tätigkeiten wie z.B. die Herstellung von Zahnprothesen oder kieferorthopädischen Apparaten ausgeübt, ist die 5 %-Grenze schnell überschritten. Achten Sie daher darauf, daß die Verwendung von Gegenständen (z.B. Pkw) die Grenze nicht überschreitet, da ansonsten der Verkauf des Wirtschaftsguts oder der Eigenverbrauch in vollem Umfang steuerpflichtig wird.

Die Steuerbefreiung der beschriebenen zahnärztlichen Leistungen führen aber auch dazu, daß ein *Vorsteuerabzug* nicht möglich ist. Werden neben den reinen zahnärztlichen Leistungen auch sonstige steuerpflichtige Leistungen erbracht, kann zumindest ein teilweiser Vorsteuerabzug in Betracht kommen.

5.4 Kostenstruktur

Das Statistische Bundesamt hat im Rahmen seiner Kostenstrukturerhebungen folgende Werte für Zahnärzte ermittelt (Stand 1994):

Umsatz DM	Kosten (in % des Umsatzes)							
	Gesamt	darunter						
		Materialverbrauch	Fremdlaborkosten	Personalkosten	Mieten	Energiekosten	Kfz-Kosten	Abschreibung
250.000 - 400.000	76,3	5,0	24,1	22,4	5,1	1,1	1,4	5,4
400.000 - 500.000	72,0	5,0	24,5	20,2	4,3	1,0	1,2	5,1
500.000 - 600.000	70,6	4,6	25,3	19,8	3,8	1,0	1,2	4,6
600.000 - 700.000	71,3	4,7	26,1	19,8	3,4	0,9	1,2	4,6
700.000 - 800.000	68,5	4,9	24,4	20,3	3,3	0,9	1,1	3,8
800.000 - 900.000	69,7	5,6	25,6	20,3	2,8	0,8	1,1	3,7
900.000 - 1 Mio.	69,1	5,1	24,3	21,5	3,0	0,7	1,0	3,2
1 Mio. - 2 Mio.	68,2	5,6	22,5	22,5	2,8	0,7	0,9	3,3

[1] BFH, Urteil vom 6.7.1995, IV R 63/94, BStBl 1996 II S. 266
[2] BFH, Urteil vom 1.2.1990, IV R 42/89, BStBl 1990 II S. 534
[3] BFH, Urteil vom 15.9.1992, VII R 66/91, n.v.
[4] BFH, Urteil vom 11.5.1976, VIII R 111/71, BStBl 1976 II S. 641
[5] BFH, Urteil vom 14.12.1976, VIII R 76/75, BStBl 1977 II S. 474
[6] BFH, Urteil vom 11.7.1991, IV R 15/90, BStBl 1991 II S. 889
[7] BFH, Urteil vom 2.10.1968, I R 1/66, BStBl 1969 II S. 138
[8] BFH, Urteil vom 11.7.1991, IV R 33/90, BStBl 1992 II S. 353
[9] BFH, Urteil vom 23.5.1985, IV R 84/82, BStBl 1985 II S. 515
[10] BFH, Urteil vom 4.3.1998, XI R 53/96
[11] BFH, Urteil vom 23.10.1997, V R 36/96

Stichwortverzeichnis

A

C

D

E

H

I

M

N

O

P

R

S

T

U

V

W

Z

Abkürzungsverzeichnis

Abs. .... Absatz
AfA .... Absetzung für Abnutzung
AO .... Abgabenordnung
BewG .... Bewertungsgesetz
BFH .... Bundesfinanzhof
BFH/NV .... Sammlung amtlich nicht veröffentlichter Entscheidungen des Bundesfinanzhofs (Zeitschrift)
BFHE .... Amtliche Sammlung der Entscheidungen des Bundesfinanzhofs
BGB .... Bürgerliches Gesetzbuch
BGBl .... Bundesgesetzblatt
BGH .... Bundesgerichtshof
BMF .... Bundesfinanzministerium
BpO .... Betriebsprüfungsordnung
BStBl .... Bundessteuerblatt
BVerfG .... Bundesverfassungsgericht
BVV .... Betriebsvermögensvergleich
DStR .... Deutsches Steuerrecht (Zeitschrift)
EFG .... Entscheidungen der Finanzgerichte (Zeitschrift)
ESt/EStG .... Einkommensteuer/Einkommensteuergesetz
EStH .... Amtliches Einkommensteuer-Handbuch
EStR .... Einkommensteuerrichtlinien
EÜR .... Einnahme-Überschußrechnung
FG .... Finanzgericht
FinMin .... Finanzministerium
GewSt/GewStG .... Gewerbesteuer/Gewerbesteuergesetz
ggf. .... gegebenenfalls
GmbH .... Gesellschaft mit beschränkter Haftung
GmbHG .... GmbH-Gesetz
GrS .... Großer Senat

GuV .... Gewinn und Verlust
GWG .... Geringwertiges Wirtschaftsgut
H .... Hinweise
HFR .... Höchstrichterliche Finanzrechtsprechung (Zeitschrift)
HGB .... Handelsgesetzbuch
i.d.R. .... in der Regel
i.S./i.S.d. .... im Sinne/im Sinne des
IHK .... Industrie- und Handelskammer
KapG .... Kapitalgesellschaft
KSt/KStG .... Körperschaftsteuer/Körperschaftsteuergesetz
LSt .... Lohnsteuer
mtl. .... monatlich
n.v. .... nicht veröffentlicht
PartGG .... Gesetz zur Schaffung von Partnerschaftsgesellschaften
R .... Richtlinie
rkr. .... rechtskräftig
RStBl .... Reichssteuerblatt
S. .... Seite
u.ä. .... und ähnliches
UmwStG .... Umwandlungsteuergesetz
USt/UStG .... Umsatzsteuer/Umsatzsteuergesetz
v.H. .... vom Hundert
WG .... Wirtschaftsgut
z.B. .... zum Beispiel